A negação da MORTE

ERNEST BECKER

A negação da MORTE

Tradução de
LUIZ CARLOS DO NASCIMENTO SILVA

Revisão Técnica de
JOSÉ LUIZ MEURER

21ª edição

EDITORA RECORD
RIO DE JANEIRO • SÃO PAULO
2025

CIP-BRASIL. CATALOGAÇÃO NA FONTE
SINDICATO NACIONAL DOS EDITORES DE LIVROS, RJ.

B356n
21ª ed.
Becker, Ernest, 1924-1974
A negação da morte / Ernest Becker; tradução de Luiz Carlos do Nascimento Silva; revisão técnica de José Luiz Meurer. – 21ª ed. – Rio de Janeiro: Record, 2025.

Tradução de: The denial of death
Inclui bibliografia.
ISBN 978-85-01-03417-5

1. Morte. 2. Freud, Sigmund, 1856-1939. 3. Kierkegaard, Soren, 1813-1855. I. Título.

95-0976

CDD – 155.937
128.5
CDU – 159.964.2:236.1

Título original norte-americano
The denial of death

Copyright © 1973 by The Free Press, uma divisão da Macmillan, Inc.
Todos os direitos reservados.

Direitos exclusivos de publicação em língua portuguesa para o mundo inteiro adquiridos pela
EDITORA RECORD LTDA.
Rua Argentina, 171 – Rio de Janeiro, RJ – 20921-380 – Tel.: (21) 2585-2000, que se reserva a propriedade literária desta tradução

Impresso no Brasil

ISBN 978-85-01-03417-5

Seja um leitor preferencial Record
Cadastre-se no site www.record.com.br e receba informações sobre nossos lançamentos e nossas promoções.

Atendimento e venda direta ao leitor
sac@record.com.br

À memória de meus adorados pais, que sem o saberem me deram — entre muitas outras coisas — o dom mais paradoxal de todos: uma confusão quanto ao heroísmo.

Non ridere, non lugere, neque detestari, sed intelligere. (Não rir, não lamentar, nem amaldiçoar, mas compreender.)

— SPINOZA

Sumário

Prefácio 11
CAPÍTULO 1: *Introdução: A Natureza Humana e o Heróico* 19

PARTE I: A PSICOLOGIA PROFUNDA DO HEROÍSMO 29

CAPÍTULO 2: O Terror da Morte 31
CAPÍTULO 3: A Reformulação de Certas Idéias Psicanalíticas Básicas 47
CAPÍTULO 4: O Caráter Humano como Mentira Vital 71
CAPÍTULO 5: O Psicanalista Kierkegaard 93
CAPÍTULO 6: O Problema do Caráter de Freud, Noch Einmal 123

PARTE II: OS FRACASSOS DO HEROÍSMO 159

CAPÍTULO 7: O Feitiço das Pessoas — O Nexo da Dependência 161
CAPÍTULO 8: Otto Rank e a Aproximação Entre a Psicanálise e Kierkegaard 197
CAPÍTULO 9: O Efeito Atual da Psicanálise 217
CAPÍTULO 10: Uma Visão Geral da Doença Mental 253

PARTE III: RETROSPECTO E CONCLUSÃO: OS DILEMAS DO HEROÍSMO 303

CAPÍTULO 11: Psicologia e Religião:
O Que É o Indivíduo Heróico? 305

Referências 339
Índice 357

Prefácio

... por enquanto, desisti de escrever — já existe um excesso de verdade no mundo — uma superprodução que aparentemente não pode ser consumida!

— OTTO RANK[1]

A perspectiva da morte, disse o Dr. Johnson, concentra maravilhosamente a atenção da mente. A principal tese deste livro é que essa perspectiva faz muito mais: a idéia da morte e o medo que ela inspira perseguem o animal humano como nenhuma outra coisa. É uma das molas mestras da atividade humana — atividade destinada, em sua maior parte, a evitar a fatalidade da morte, a vencê-la mediante a negação de que ela seja o destino final do homem. O célebre antropólogo A. M. Hocart alegou, certa vez, que os primitivos não eram importunados pelo medo da morte. Uma perspicaz amostragem de provas antropológicas iria mostrar que a morte era, com muita freqüência, acompanhada de júbilo e festejos, parecendo ser uma ocasião mais para comemoração do que medo — muito semelhante ao velório irlandês. Hocart queria dissipar a idéia de que os primitivos eram (comparados ao homem moderno) infantis e assustados pela realidade. Os antropólogos já realizaram, em grande parte, essa reabilitação dos primitivos. Mas este argumento deixa inalterado o fato de que o medo da morte é, na verdade, uma proposição universal na condição humana. Não há dúvida de que os primitivos celebram com freqüência a morte — como Hocart e outros demonstraram — *porque* acreditam que a morte é a promoção suprema, a última elevação ritual para uma forma de vida superior, para o desfrute da eternidade de alguma forma.

A maioria dos ocidentais modernos tem dificuldade em acreditar nisso, o que faz com que o medo da morte tenha um papel muito destacado em nossa configuração psicológica.

Nestas páginas, tento mostrar que o medo da morte é uma proposição universal que une dados provenientes de várias disciplinas das ciências humanas, tornando claros e inteligíveis atos humanos que enterramos sob montanhas de fatos obscurecidos com intermináveis discussões sobre os "verdadeiros" motivos humanos. O intelectual da nossa época é esmagado por um fardo que nunca imaginou ter de carregar: a superprodução de verdades que não podem ser consumidas. Durante séculos, o homem viveu na crença de que a verdade era tênue e enganosa e que, tão logo ele a encontrasse, os problemas da humanidade terminariam. E aqui estamos, nas décadas finais do século XX, engasgados com tanta verdade. Trabalhos brilhantes foram escritos e descobertas geniais foram feitas, no entanto a mente se encontra calada enquanto o mundo gira em sua antiqüíssima carreira demoníaca. Lembro-me de ter lido que, na famosa Exposição Mundial de St. Louis, em 1904, o orador da prestigiosa reunião científica tivera dificuldade para falar tendo como fundo o barulho das novas armas que estavam sendo demonstradas perto dali. Ele dissera alguma coisa condescendente e tolerante sobre aquela demonstração desnecessariamente demolidora, como se o futuro pertencesse à ciência e não ao militarismo. A Primeira Guerra Mundial mostrou a todo mundo a prioridade das coisas neste planeta. Neste ano (1973), a ordem de prioridades voltou a ser demonstrada por um orçamento bélico mundial de 204 bilhões de dólares, numa época em que as condições de vida humana no planeta eram piores do que nunca.

Por que, então, poderá o leitor perguntar, acrescentar mais um outro denso volume a uma superprodução inútil? Bem, é claro que existem razões pessoais: hábito, compulsão, obstinada esperança. E há Eros, a ânsia pela unificação da experiência, pela forma, por uma maior expressividade. Uma das razões do estado de superprodução inútil do conhecimento, creio eu, é estar este conhecimento espalhado por toda parte, falado em mil vozes competitivas. Seus fragmentos insignificantes são ampliados de maneira desproporcional enquanto suas compreensões principais e relativas à história do mundo ficam por aí, implorando atenção. Não há um centro vital, pulsante. Norman O. Brown observou que o grande mundo precisa de mais Eros e menos antagonismo, o mesmo acontecendo com o mundo intelectual. É preciso revelar a harmonia que une muitas posições diferentes, a fim de que as "polêmicas estéreis e ignorantes" possam ser anuladas.[2]

Escrevi este livro, fundamentalmente, como uma tentativa de harmonizar a babel de pontos de vista sobre o homem e sobre a condição humana, apoiado na crença de que chegou a hora de sintetizar o que há de melhor em muitos campos do pensamento, das ciências humanas à religião. Tentei evitar contrariar e negar qualquer ponto de vista que indicasse conter um núcleo de veracidade, por mais antipático que ele me parecesse. Nos últimos anos, tenho percebido cada vez mais que o problema do conhecimento do homem não está no hábito de demolir pontos de vista opostos, mas sim em incluí-los numa estrutura teórica mais ampla. Uma das ironias do processo criativo está em que ele se invalida parcialmente para que possa funcionar. Quero dizer que, em geral, para produzir um trabalho, o autor tem de exagerar a ênfase que existe nele para que possa contrapô-lo de maneira competitiva a outras versões da verdade. É assim que ele se deixa levar pelo seu próprio exagero, já que é sobre ele que se constrói a sua imagem característica. Mas todo pensador honesto que seja basicamente um empírico precisa ter um certo grau de verdade em sua posição, não importa a que extremos tenha tido de chegar para formulá-la. O problema está em encontrar a verdade sob o exagero, desbastar o excesso de refinamento ou distorção e encaixá-la no lugar adequado.

Uma segunda razão para eu ter escrito este livro foi o fato de ter tido mais problemas do que devia com esse encaixar de verdades válidas nos últimos doze anos. Tenho tentado chegar a uma conclusão sobre as idéias de Freud e seus intérpretes e herdeiros sobre o que poderia ser um concentrado da psicologia moderna. Agora acho que, finalmente, consegui. Nesse sentido, este livro é uma tentativa de obtenção da paz para a minha alma de estudioso, uma oferenda pela absolvição intelectual. Sinto que ele é o meu primeiro trabalho maduro.

Uma das principais coisas que tento fazer neste livro é apresentar um resumo da psicologia depois de Freud, voltando a relacionar toda a evolução da psicologia ao ainda eminente Kierkegaard. Defendo, pois, uma fusão da psicologia com a perspectiva mítico-religiosa. Baseio essa argumentação, em grande parte, na obra de Otto Rank, e fiz uma grande tentativa de transcrever a relevância de sua magnífica estrutura de pensamento. Esse domínio da obra de Rank já se mostrava necessário há muito tempo, e se eu tiver conseguido, é provável que isso constitua o principal mérito do livro.

Rank é tão destacado nestas páginas que talvez valesse a pena dizer algumas palavras de apresentação. Frederick Perls observou, certa vez, que o livro de Rank, *Art and Artist*, estava "acima dos elogios".[3] Lembro-me de ter ficado tão impressionado com esse julgamento que fui imediatamente procurar o livro: eu não conseguia imaginar como qualquer coisa científica podia estar "acima dos elogios". Mesmo a obra do próprio Freud me parecia merecedora de elogios, isto é, uma obra que de algum modo se poderia esperar como produto da mente humana. Mas Perls tinha razão: Rank era outra coisa. Não se pode simplesmente elogiar grande parte de sua obra, porque no seu assombroso brilhantismo ela é, com freqüência, fantástica, gratuita, superlativa; as compreensões parecem um dom, além do que é necessário. Suponho que uma parte da razão disso — além da sua genialidade — é o fato de o pensamento de Rank sempre abranger vários campos do conhecimento. Quando, por exemplo, ele falava de dados antropológicos e se esperava uma compreensão antropológica, recebia-se uma outra coisa, algo mais. Vivendo, como vivemos, numa era de hiperespecialização, perdemos a expectativa desse tipo de deleite. Os especialistas nos oferecem emoções controláveis — quando nos emocionam.

Uma coisa que espero da apresentação que faço de Rank é que ela leve o leitor diretamente aos seus livros. Não há nada que substitua a leitura de Rank. Meus exemplares pessoais de seus livros estão marcados com uma abundância incomum de notas, sublinhados, pontos de exclamação duplos. Ele é uma mina para muitos anos de estudo e reflexão. O que eu pretendo expor de Rank é apenas um esboço de seu pensamento: os fundamentos desse pensamento, muitas de suas introvisões básicas, e suas implicações globais. Será um Rank sem brilho, e não o assombrosamente rico de seus livros. Além disso, a apresentação e a apreciação sumária que Ira Progoff faz de Rank são tão corretas, tão bem equilibradas no julgamento, que dificilmente poderiam ser melhoradas com uma rápida avaliação.[4] Rank é muito difuso, muito difícil de ler e tão rico em significados que é quase inacessível para o leitor comum. Ele estava dolorosamente ciente disso e, durante algum tempo, alimentou a esperança de que Anaïs Nin reescrevesse seus livros a fim de que pudessem ter uma chance de causar o efeito que deveriam ter causado. O que ofereço nestas páginas é a minha versão de Rank, feita à minha maneira, uma espécie de curta "tradução" de seu sistema, na esperança de torná-lo acessível de modo geral. Neste livro, abordo apenas sua psicologia individual; em outro livro irei fazer um esboço de seu plano para uma psicologia da História.

Existem várias maneiras de olhar para Rank. Alguns o vêem como brilhante colega de trabalho de Freud, um membro do círculo inicial da psicanálise que, graças à sua imensa erudição, tornou a experiência psicanalítica mais aceitável aos críticos e mostrou como ela podia iluminar a história da civilização, os mitos e as lendas — como, por exemplo, em seu trabalho inicial sobre *The Myth of the Birth of the Hero* (O Mito do Nascimento do Herói) e *The Incest-Motif* (O Motivo do Incesto). Alguns diriam mesmo que, como Rank nunca foi analisado, suas repressões foram gradativamente tomando conta dele, fazendo-o se afastar da vida estável e criativa que tinha junto a Freud. Em seus últimos anos, a instabilidade pessoal foi dominando-o aos poucos e ele morreu cedo, frustrado e solitário. Outros vêem Rank como um discípulo demasiado entusiasta de Freud, que tentou ser original antes do tempo e, ao fazê-lo, chegou até a exagerar o reducionismo psicanalítico. Essa opinião é baseada quase que unicamente em seu livro publicado em 1924, *The Trauma of Birth* (O Trauma do Nascimento), e em geral pára aí. Outros, ainda, vêem Rank como um membro notável do círculo íntimo da psicanálise, cuja educação universitária foi sugerida e financeiramente auxiliada por Freud. O investimento rendeu à psicanálise compreensões em muitos campos: história da civilização, desenvolvimento da infância, psicologia da arte, crítica literária, pensamento primitivo e assim por diante. Em suma, uma espécie de menino-prodígio multifacetado mas não muito bem organizado ou autocontrolado — um Theodor Reik intelectualmente superior, vamos dizer assim.

Mas todas essas maneiras de resumir Rank estão erradas, e sabemos que elas derivam, em sua maior parte, da mitologia reinante no círculo dos próprios psicanalistas. Estes nunca perdoaram Rank por ter-se afastado de Freud, diminuindo assim o símbolo da sua imortalidade (para usar a maneira de Rank de compreender sua amargura e mesquinhez). Reconhecidamente, o *Trauma of Birth* de Rank deu a seus detratores uma arma fácil para atacá-lo, uma razão justa para diminuir-lhe o valor; foi um livro exagerado e malfadado que envenenou a sua imagem pública, muito embora ele próprio o reconsiderasse e fosse muito além. Não sendo meramente um colega de trabalho de Freud, um factótum da psicanálise, Rank tinha seu próprio sistema de idéias, singular e perfeitamente concebido. Sabia por onde queria começar, que conjunto de dados teria de examinar e para onde tudo aquilo apontava. Conhecia essas coisas especificamente com relação à psicanálise propriamente dita, à qual ele queria transcender e transcendeu; ele a conhecia de maneira imperfeita, no que se referia às implicações filosóficas de seu próprio sistema de pensamento, mas não teve tempo de resolver isso, porque sua vida foi interrompida cedo demais. Não há dúvida de que foi um fazedor de sistemas tão completo quanto Adler e Jung; seu sistema de pensamento é, no mínimo, tão brilhante quanto os deles, se não o é mais, em alguns aspectos. Respeitamos Adler pela solidez de julgamento, pela correção de seu entendimento, pelo humanismo inflexível; admiramos Jung pela coragem e pela sinceridade com que abraçou tanto a ciência como a religião; porém ainda mais do que esses dois, o sistema de Rank tem implicações para o mais profundo e mais amplo desenvolvimento das ciências sociais, implicações que mal começaram a ser exploradas.

Paul Roazen, escrevendo sobre "A Lenda de Freud",[5] observou com propriedade que "qualquer autor cujos erros demoraram esse tempo todo para serem corrigidos é (...) um vulto e tanto da história intelectual". No entanto, tudo isso é muito curioso, porque Adler, Jung e Rank corrigiram, muito cedo, a maioria dos erros básicos de Freud. A questão para o historiador é, antes, o que havia na natureza do movimento psicanalítico, as próprias idéias, a opinião pública e a acadêmica que mantiveram aquelas correções tão ignoradas ou tão separadas do movimento principal do pensamento científico cumulativo.

Mesmo um livro com um objetivo amplo tem de ser muito seletivo quanto às verdades que escolhe na montanha de verdades que nos asfixia. Muitos pensadores de importância são mencionados apenas de passagem: o leitor poderá ter curiosidade de saber, por exemplo, por que me apóio tanto em Rank e quase não menciono Jung em um livro que tem como meta principal a aproximação entre a psicanálise e a religião. Uma das razões é que Jung é muito proeminente e tem muitos intérpretes eficientes, enquanto Rank é quase desconhecido e praticamente não tem tido ninguém que o defenda. Outra razão é que, embora o pensamento de Rank seja difícil, ele está sempre apontado para os problemas centrais. Já o de Jung se perde, em boa parte, num esoterismo desnecessário. O resultado é que, com freqüência, ele obscurece de um lado aquilo que revela do outro. Não consigo acreditar que todos os seus volumes sobre alquimia acrescentem um só grama ao peso de sua compreensão psicanalítica.

Devo um número muito grande de contribuições sobre o entendimento da natureza humana a trocas de idéias com Marie Becker, cuja finura e cujo realismo nesses assuntos são raros. Quero agradecer (com as costumeiras isenções de culpa) a Paul Roazen por sua gentileza em passar o Capítulo Seis pelo crivo de seu grande conhecimento de Freud. Robert N. Bellah leu todo o original, e me sinto muito grato por suas críticas gerais e suas sugestões específicas. Aquelas que pude aproveitar melhoraram indiscutivelmente o livro. Quanto às outras, receio que representem a tarefa maior e mais demorada de mudar a mim mesmo.

CAPÍTULO 1

Introdução: A Natureza Humana e o Heróico

Em épocas como a em que vivemos existe uma grande pressão para que se apresentem conceitos que ajudem os homens a compreenderem o seu dilema; há uma ânsia por idéias vitais, por uma simplificação da desnecessária complexidade intelectual. Às vezes esse desejo de simplificar engendra grandes mentiras, desde que elas resolvam as tensões e facilitem que a ação prossiga exatamente como as racionalizações de que as pessoas precisam. Mas também tende a retardar o descobrimento de verdades capazes de ajudar os homens a adquirirem uma certa compreensão do que acontece com eles e de lhes dizer onde realmente estão os problemas.

Uma dessas verdades vitais, conhecida há muito tempo, é a idéia do *heroísmo*; mas em épocas eruditamente "normais", nunca pensamos em considerá-la importante, em exibi-la, em usá-la como um conceito central. No entanto, a mente popular sempre soube o quanto ela era importante. Como observou William James — que se interessava praticamente por tudo — na virada do século: "o instinto comum da humanidade pela realidade (...) sempre achou que o mundo era, essencialmente, um palco para o heroísmo."[1] Não era somente a mente popular que sabia, mas filósofos de todas as idades, e na nossa cultura em especial Emerson e Nietzsche — motivo pelo qual ainda nos emocionamos com eles: gostamos que nos lembrem que a nossa tendência central, nossa principal tarefa neste planeta, é a heróica.*

---

*Na discussão que se segue, sou obrigado a repetir e resumir coisas que escrevi em outro trabalho (*The Birth and Death of Meaning*, segunda edição, Nova York: Free Press, 1971) para armar a estrutura para os outros capítulos.

Uma maneira de olhar para todo o desenvolvimento da ciência social desde Marx e da psicologia desde Freud é achar que ele representa um maciço detalhamento e esclarecimento do problema do heroísmo humano. Essa perspectiva dá o tom para a seriedade de nossa discussão: temos, agora, a base científica para uma verdadeira compreensão da natureza do heroísmo e de seu lugar na vida humana. Se o "instinto comum da humanidade pela realidade" estiver certo, teremos conseguido o notável feito de expor essa realidade de uma maneira científica.

Um dos conceitos-chave para compreender a ânsia do homem pelo heroísmo é a idéia de narcisismo. Como Erich Fromm nos lembrou tão bem, essa idéia é uma das grandes e duradouras contribuições de Freud. Freud descobriu que cada um de nós repete a tragédia do Narciso da mitologia grega: estamos perdidamente absortos em nós mesmos. Se nos preocupamos com alguém, em geral é conosco, antes de qualquer outra coisa. Como disse Aristóteles em algum lugar: sorte é quando o sujeito ao seu lado é que é atingido pela flecha. Dois mil e quinhentos anos de história não alteraram o narcisismo básico do homem. Na maior parte do tempo, para a maioria de nós, esta ainda é uma definição exeqüível de sorte. Um dos aspectos mais mesquinhos do narcisismo é acharmos que praticamente todos são sacrificáveis, exceto nós mesmos. Deveríamos estar preparados, como disse Emerson certa vez, para recriar o mundo todo como extensão de nós mesmos, mesmo que não existisse ninguém mais. A idéia nos amedronta. Não sabemos como poderíamos fazer isso sem outras pessoas — e no entanto, no fundo o recurso básico ali está: poderíamos ser suficientes sozinhos, se houvesse necessidade, se pudéssemos confiar em nós mesmos como queria Emerson. E se não sentimos emocionalmente essa confiança, ainda assim a maioria de nós iria lutar para sobreviver com todas as nossas forças, não importa quantos à nossa volta morressem. Nosso organismo está pronto para encher o mundo sozinho, ainda que nossa mente se acovarde com a idéia. É esse narcisismo que faz com que, nas guerras, homens continuem marchando até serem atingidos por tiros à queima-roupa: no fundo do coração, o indivíduo não acha que *ele* vai morrer, apenas sente pena daquele que está ao seu lado. A explicação de Freud para isso era de que o inconsciente não conhece a morte ou o tempo:

nos seus recessos orgânicos fisioquímicos mais íntimos, o homem se sente imortal.

Nenhuma dessas observações implica perfídia humana. O homem não aparenta ser capaz de "evitar" o seu egoísmo; este parece vir de sua natureza animal. Através de inúmeras eras de evolução, o organismo tem precisado proteger a sua integridade. Uma vez dada sua identidade fisioquímica, ele dedicou-se a preservá-la. Este é um dos principais problemas do transplante de órgãos: o organismo se protege contra a matéria estranha, mesmo que se trate de um novo coração que pode mantê-lo vivo. O próprio protoplasma abriga a si mesmo e adestra a si mesmo contra o mundo, contra invasões de sua integridade. Parece deleitar-se com suas próprias pulsações, expandindo-se no mundo e ingerindo parte dele. Se tomássemos um organismo cego e mudo e lhe déssemos uma consciência de si mesmo e um nome, se fizéssemos com que ele se destacasse da natureza e soubesse que era inigualável, teríamos o narcisismo. No ser humano, a identidade fisioquímica e a sensação de poder e atividade tornaram-se conscientes.

No homem, um nível prático de narcisismo é inseparável da auto-estima, de um sentimento básico de valorização de si mesmo. Aprendemos, na maior parte com Alfred Adler, que aquilo de que o homem mais precisa é sentir-se seguro em seu amor-próprio. Mas o homem não é apenas uma gota cega de protoplasma errante, mas sim uma criatura com um nome e que vive em um mundo de símbolos e sonhos, para além da matéria. Seu sentido de amor-próprio se constitui mediante símbolos, seu tão prezado narcisismo se alimenta de símbolos. Há uma idéia abstrata de seu próprio valor, composta de sons, palavras e imagens, perceptível no ar, na mente, por escrito. Isso significa que a ânsia natural do homem pela atividade de seu organismo, seu prazer em incorporar e expandir-se podem ser alimentados ilimitadamente no terreno dos símbolos e, com isso, passar à imortalidade. O organismo solitário pode expandir-se em dimensões de mundos e épocas sem mover um só membro físico; pode incorporar a eternidade em si mesmo, ainda que morra ofegante.

Na infância, vemos a luta pelo amor-próprio na sua fase menos disfarçada. A criança não tem vergonha daquilo de que mais precisa e que mais quer. Todo o seu organismo proclama em voz alta as exigências de seu narcisismo. E essas exigências podem tornar a infância um inferno para os adultos envolvidos, em especial quando há várias crianças competindo ao mesmo tempo pelas prerrogativas da ilimitada auto-extensão, aquilo que poderíamos chamar de "significância cósmica". Esta expressão não deve ser menosprezada, porque é para esse ponto que a nossa discussão está se encaminhando. Preferimos minimizar a importância da "rivalidade entre irmãos", como se fosse alguma espécie de subproduto do crescimento, um pouco de competitividade e egoísmo de crianças que foram mimadas, que ainda não cresceram a ponto de adquirirem uma natureza social mais generosa. No entanto ela é demasiado absorvente e incessante para ser apenas uma incômoda aberração. Ela expressa o âmago do ser: o desejo de se destacar, de ser *algo* na criação. Quando se combina o narcisismo natural com a necessidade básica de amor-próprio, tem-se uma criatura que precisa se sentir objeto de valor fundamental: a primeira no universo, representando em si mesma a vida toda. É esta a razão para a luta diária e, em geral, atormentadora entre irmãos: a criança não admite ficar em segundo lugar ou ser desvalorizada, muito menos excluída. Então surgem diálogos do tipo: "Você deu a ele o doce maior!", "Você deu a ele mais suco!", "Tome um pouquinho mais, então." "Agora *ela* é que ganhou mais suco do que eu!", "Você deixou ela acender a lareira, e não eu." "Está bem, acenda um pedaço de papel." "Mas esse pedaço de papel é menor do que o que ela acendeu." E assim por diante. Um animal que adquire seu sentimento de valor mediante símbolos é obrigado a se comparar, em todos os mínimos detalhes, com aqueles que o cercam, para ter certeza de que não vai ficar em segundo lugar. A rivalidade entre irmãos é um problema crítico que reflete a condição humana básica: não é que as crianças sejam maldosas, egoístas ou dominadoras. Elas simplesmente expressam muito abertamente o trágico destino do homem: justificar-se desesperadamente como um objeto de valor primordial no universo, se destacar, ser um herói, dar a maior contribuição possível para a vida no mundo, mostrar que *vale* mais do que qualquer outra coisa ou pessoa.

Quando notamos como é natural o homem lutar para ser um herói, como é profunda a penetração disso em sua constituição evolutiva e organísmica e com que franqueza ele o demonstra quando criança, fica ainda mais curioso o grau de ignorância que a maioria de nós tem, conscientemente, daquilo que realmente queremos e de que precisamos. Na nossa civilização, em especial na era moderna, o heróico parece grande demais para nós, ou nós parecemos pequenos demais para ele. Diga a um jovem que ele tem o direito de ser herói, e ele ficará ruborizado. Disfarçamos a nossa luta acumulando números numa conta bancária para refletir em particular o nosso senso de valor heróico. Ou tendo apenas uma casa um pouco melhor no bairro, um carro maior, filhos mais inteligentes. Enquanto isso pulsa a ânsia pela excepcionalidade cósmica, disfarçada em empreendimentos de menor amplitude. De vez em quando, alguém admite que leva o seu heroísmo a sério, o que provoca um calafrio na maioria de nós. O congressista norte-americano Mendel Rivers, por exemplo, que deu à máquina militar dotações orçamentárias especiais, disse ser o homem mais poderoso desde Júlio César. Podemos nos horrorizar com a estupidez do heroísmo dos seres terrestres, tanto de César como de seus imitadores, mas a culpa não é deles. Ela está na maneira como a sociedade arma o seu sistema de heróis e na maneira como deixa as pessoas preencherem os seus lugares. A ânsia pelo heroísmo é natural, e admiti-la é um gesto de honestidade. Se todo mundo a admitisse, é provável que isso liberasse uma força tão represada que seria devastadora para as sociedades atuais.

O fato é que a sociedade é assim e sempre foi: um sistema de ação regido por símbolos, uma estrutura de condições sociais e de papéis, de costumes e regras de comportamento, destinada a servir de veículo para o heroísmo dos seres terrestres. Cada roteiro é único e singular, já que cada cultura tem um sistema de heroísmo diferente. O que os antropólogos chamam de "relatividade cultural" é, na verdade, a relatividade dos sistemas de heróis em todo o mundo. Um sistema cultural é uma dramatização de seres heróicos sobre a terra. Cada sistema cria papéis para a realização de vários graus de heroísmo: do "alto" heroísmo de um Churchill, um Mao ou um Buda ao "baixo" heroísmo do trabalhador das minas de carvão, do camponês, do simples sacerdote (o simples, habitual, terreno heroísmo desempenhado pelo trabalhador de mãos calejadas que sustenta uma família mesmo na fome e na doença).

Não importa se o sistema de heroísmo de uma cultura é francamente mágico, religioso e primitivo ou secular, científico e civilizado. É, de qualquer forma, um sistema de heróis mítico, no qual as pessoas se esforçam para adquirir um sentimento básico de valor, para serem especiais no cosmo, úteis para a criação, inabaláveis quanto ao seu significado. Elas adquirem esse sentimento escavando um lugar na natureza, construindo uma edificação que reflita o valor do homem como um templo, uma catedral, um totem, um arranha-céu ou uma família que se estenda por três gerações. A esperança e a fé estão em que as coisas que o homem cria em sociedade tenham um valor e um significado duradouros, que sobrevivam ou se sobreponham à morte e à decadência, enfim, que o homem e seus produtos tenham importância. Quando Norman O. Brown disse que a sociedade ocidental, mesmo a partir de Newton, por mais científica ou secular que alegue ser, ainda é tão "religiosa" quanto qualquer outra, eis o que ele queria dizer: a sociedade "civilizada" é uma esperançosa crença de que a ciência, o dinheiro e os bens *façam com que o homem valha* mais do que qualquer outro animal. Nesse sentido, tudo aquilo que o homem faz é religioso e heróico e, no entanto, corre o perigo de ser fictício e falível.

A pergunta que se torna, então, a mais importante das que o homem pode fazer a si mesmo é simplesmente a seguinte: até que ponto ele está cônscio daquilo que faz para se tornar um herói? Sugeri que, se todos admitissem honestamente sua ânsia pelo heroísmo, isso seria uma arrasadora liberação da verdade. Faria com que os homens exigissem que a cultura lhes desse o que lhes é devido — um sentimento básico de valor humano como contribuintes sem igual para a vida cósmica. De que modo conseguiriam as nossas sociedades modernas satisfazer uma exigência assim tão honesta, sem serem abaladas em suas fundações? Só as sociedades que hoje chamamos de "primitivas" proporcionavam esse sentimento a seus membros. Os grupos minoritários da sociedade industrial de hoje que clamam por liberdade e dignidade humana estão, na realidade, pedindo que lhes seja dado um sentimento básico de heroísmo, que historicamente lhes foi roubado. É por isso que suas insistentes reivindicações causam tantos problemas e perturbações: como é que fazemos uma coisa "absurda" dessas dentro dos recursos que fundamentam a sociedade hoje em dia? "Eles estão pedindo o impossível", é como expressamos nosso desejo de nos livrar da incômoda questão.

Mas a verdade em relação à necessidade de heroísmo não é fácil de ser admitida por ninguém, nem mesmo pelos próprios indivíduos que querem ter reconhecidas suas reivindicações. Aí é que está a dificuldade. Como iremos ver adiante, tornar-se ciente daquilo que se está fazendo para alcançar o heroísmo é o principal problema auto-analítico da vida. Tudo o que é doloroso e moderador naquilo que os gênios psicanalítico e religioso têm descoberto a respeito do homem gira em torno do terror de admitir o que se está fazendo para obter-se a auto-estima. É por isso que os atos heróicos dos humanos são de uma impulsividade cega que os consome. Nas pessoas apaixonadas trata-se de um grito à procura da glória, tão isento de crítica e tão reflexo como o uivo de um cachorro. Nas massas mais passivas de homens medíocres ela fica disfarçada enquanto eles desempenham, humildes e queixosos, os papéis que a sociedade designa para seus atos heróicos. Eles tentam conseguir suas promoções dentro do sistema, usando os uniformes-padrão e permitindo que estes se sobressaiam pouco e com toda a segurança — apenas com uma pequena fita ou uma *boutonnière* vermelha, nunca com a cabeça e os ombros.

Se fôssemos retirar esse disfarce maciço, blocos de repressão que pesam sobre as técnicas humanas de obter a glória, chegaríamos à questão mais libertadora de todas, o principal problema da vida humana: até que ponto o sistema cultural de heróis que sustenta e estimula os homens é *empiricamente verdadeiro*? Mencionamos o lado mais mesquinho da ânsia do homem pelo heroísmo cósmico, mas também existe, é óbvio, o lado nobre. O homem dará a vida pela sua pátria, sua sociedade, sua família. Tomará a decisão de atirar-se sobre uma granada para salvar seus camaradas; ele é capaz da mais alta generosidade e do mais elevado auto-sacrifício. Mas tem que sentir e crer que aquilo que está fazendo é verdadeiramente heróico, transcendente ao tempo e extremamente significativo. A crise da sociedade moderna está precisamente no fato de que os jovens já não se sentem seres heróicos no plano de ação preparado pela sua cultura. Eles não acreditam que este plano seja verdadeiro para os problemas de suas vidas e de sua época. Estamos vivendo uma crise de heroísmo que atinge todos os aspectos de nossa vida social. Há os que abandonam o heroísmo da universidade, outros, o da atividade econômica e de uma carreira, alguns, o da atividade política. Surgem os anti-heróis, aqueles que seriam indivíduos heróicos à sua maneira, como Charles Manson com a sua "família" especial, aqueles cujos atormentados atos heróicos atacam o sistema que deixou de representar o heroísmo estabelecido em consenso. A grande perplexidade e agitação de nossa época é que os jovens perceberam — sabe-se lá quais as conseqüências — uma grande verdade sócio-histórica: assim como há auto-sacrifícios inúteis em guerras injustas, também existe uma ignóbil atividade heróica de sociedades inteiras: pode ser a perversamente destruidora atividade heróica da Alemanha de Hitler ou o simples, degradante e tolo ato heróico da aquisição e exibição de bens de consumo, no acúmulo de dinheiro e de privilégios que agora caracteriza sistemas de vida inteiros, tanto capitalistas como soviéticos.

E a crise da sociedade também é, claro, a crise da religião organizada: a religião já não é válida como um sistema de heróis, e por isso a juventude a despreza. Se a cultura tradicional fica desacreditada como atividade heróica, a igreja que apóia essa cultura se desmerece automaticamente. Se a igreja, por outro lado, preferir insistir na sua própria atividade heróica, poderá verificar que, em pontos cruciais, terá que agir contra a cultura, recrutar jovens para serem anti-heróis em relação às formas de viver da sociedade em que vivem. Este é o dilema da religião na nossa era.

Conclusão

O que tentei fazer nesta breve introdução foi sugerir que o problema da atividade heróica é o problema central da vida humana, que ele penetra mais na natureza humana do que qualquer outra coisa, porque é baseado no narcisismo organísmico e na necessidade que a criança tem de amor-próprio como a condição mesma de sua vida. A própria sociedade é um sistema codificado de heróis, o que significa que a sociedade, em toda parte, é um mito vivo do significado da vida humana, uma criação, aliás, que desafia significados. Toda sociedade é, assim, uma "religião": a "religião" soviética e a "religião" maoísta são tão verdadeiramente religiosas quanto a "religião" científica e a do consumismo, não importa o quanto elas tentem se disfarçar omitindo idéias religiosas e espirituais em suas vidas. Como iremos ver em breve, foi Otto Rank quem mostrou psicologicamente essa natureza religiosa de toda a criação cultural humana. Recentemente, a idéia foi reavivada por Norman O. Brown no seu livro *Life Against Death* (A Vida Contra a Morte) e por Robert Jay Lifton, em seu livro *Revolutionary Immortality* (Imortalidade Revolucionária). Se aceitarmos essas propostas, teremos de admitir que estamos lidando com o problema humano verdadeiramente universal; e deveremos estar preparados para investigá-lo com toda a honestidade possível, para ficarmos tão chocados pela auto-revelação do homem quanto permita o melhor dos pensamentos. Apanhemos esse pensamento com Kierkegaard e façamo-lo passar por Freud, para ver onde este desnudar dos últimos 150 anos irá nos levar. Se a penetrante honestidade de alguns livros pudesse alterar imediatamente o mundo, os cinco autores que acabamos de citar já teriam abalado as nações até seus alicerces. Como, porém, todos estão seguindo em frente como se as verdades vitais sobre o homem ainda não existissem, é necessário acrescentar mais um outro peso na balança da auto-exposição humana. Há 2.500 anos que vimos esperando e acreditando que, se a humanidade pudesse revelar-se a si mesma, pudesse vir a ter um conhecimento amplo de suas motivações próprias tão acalentadas, poderia de algum modo fazer com que a balança das coisas pendesse a seu favor.

PARTE I

A PSICOLOGIA PROFUNDA DO HEROÍSMO

Eu bebo, não por simplesmente gostar do vinho nem para zombar da fé — não; é apenas para esquecer de mim mesmo por um instante. É só isso que desejo da embriaguez, apenas isso.

— OMAR KHAYYAM

CAPÍTULO 2

O Terror da Morte

Será que não cabe a nós confessar que em nossa atitude civilizada em relação à morte estamos, uma vez mais, vivendo psicologicamente além de nossos recursos, e devemos nos reformar e dar à verdade o valor que ela merece? Não seria melhor dar à morte o lugar na realidade em nossos pensamentos que lhe pertence, e dar um pouco mais de destaque àquela inconsciente atitude para com a morte que até aqui temos suprimido com tanto cuidado? Isso nem parece, realmente, uma realização de maior vulto, mais sim um passo atrás... mas tem o mérito de levar um tanto mais em consideração a verdadeira situação. (...)

— SIGMUND FREUD[1]

A primeira coisa que temos de fazer com o heroísmo é pôr à mostra o seu avesso, mostrar o que dá à atividade heróica humana a sua natureza e seu ímpeto específicos. Apresentamos aqui, de imediato, uma das grandes redescobertas do pensamento moderno: de todas as coisas que movem o homem, uma das principais é o seu terror da morte. Depois de Darwin, o problema da morte como problema evolucionário ficou em destaque e muitos pensadores viram logo que se tratava de um grande problema psicológico para o homem.[2] Viram, também com muita rapidez, o que era o verdadeiro heroísmo, como escreveu Shaler bem na virada do século.[3] O heroísmo é, antes de qualquer coisa, um reflexo do terror da morte. O que mais admiramos é a coragem de enfrentar a morte; damos a esse valor a nossa mais alta e mais constante adoração. Ele toca fundo em nossos corações porque temos dúvida sobre até que ponto *nós mesmos* seríamos valentes. Quando vemos um homem enfrentando bravamente a sua extinção, ensaiamos a nossa própria vitória. E assim, o herói tem sido alvo de honra e aclamação desde, provavelmente, o início da evolução humana. Mas, mesmo antes disso, nossos ancestrais primatas acatavam aqueles que eram extrapoderosos e corajosos, ignorando os que fossem covardes. O homem elevou a coragem animal ao patamar de culto.

A pesquisa antropológica e histórica também começou, no século XIX, a montar um retrato do heróico desde as eras primitivas e antigas. O herói era o homem que podia entrar no mundo espiritual, no mundo dos mortos, e voltar vivo. Tinha seus descendentes nos cultos misteriosos do Mediterrâneo Oriental, que eram cultos de morte e ressurreição. O herói divino de cada um desses cultos era alguém que tinha voltado dos mortos. E como sabemos, hoje, com base na pesquisa de mitos e rituais antigos, o próprio cristianismo era um concorrente dos cultos misteriosos e saiu vencedor — entre outras razões — porque também tinha em destaque um homem que curava, tinha poderes sobrenaturais e havia ressuscitado. O grande triunfo da Páscoa é o grito de alegria "Cristo ressuscitou!", um eco da mesma alegria que os devotos de cultos secretos demonstravam em suas cerimônias da vitória sobre a morte. Esses cultos, como diz G. Stanley Hall com tanta propriedade, eram uma tentativa de alcançar "um banho de imunidade" em relação ao maior dos males: a morte e o terror dela.[4] Todas as religiões históricas se dedicavam a este mesmo problema, ou seja, como suportar o fim da vida. Religiões como o hinduísmo e o budismo realizavam o truque engenhoso de fingir não querer renascer, que é uma espécie de mágica negativa: alegar que não quer aquilo que mais se quer.[5] Quando a filosofia assumiu o lugar da religião, também assumiu o problema central da religião, e a morte se tornou a verdadeira "musa da filosofia", desde seus primórdios na Grécia, até Heidegger e o existencialismo moderno.[6]

Já temos grande quantidade de trabalhos e pensamentos sobre o assunto, da religião e da filosofia e — de Darwin para cá — da própria ciência. O problema é como extrair disso alguma coisa que faça sentido; o acúmulo de pesquisas e opiniões sobre o medo da morte é grande demais para ser abordado e resumido com simplicidade. Só a renovação do interesse pela morte, nas últimas décadas, já criou uma pilha enorme de trabalhos, e esta literatura não caminha para uma direção única.

O Argumento da "Mente Sadia"

Há pessoas "de mente sadia" que afirmam que o medo da morte não é uma coisa natural para o homem, que não nascemos com ele. Um número crescente de estudos cuidadosos sobre como o medo da morte se desenvolve na criança[7] dá conta de que a criança não tem conhecimento algum da morte até por volta dos 3 a 5 anos de idade. E como poderia tê-lo? É uma idéia demasiado abstrata, demasiado afastada de sua experiência. A criança vive em um mundo que está cheio de coisas vivas, que se mexem respondendo a ela, distraindo-a, alimentando-a. Ela não sabe o que significa a vida desaparecer para sempre, nem teoriza para onde deveria ir. Só aos poucos reconhece que há uma coisa chamada morte, que leva algumas pessoas embora para sempre; com muita relutância, passa a admitir que mais cedo ou mais tarde ela leva todo mundo embora, mas essa percepção gradativa de inevitabilidade da morte pode vir a ocorrer só pelo nono ou décimo ano de vida.

Embora a criança não tenha conhecimento de uma idéia abstrata como a negação absoluta, tem suas ansiedades próprias. É absolutamente dependente da mãe, sente solidão quando ela está ausente, frustração quando se vê privada de agrados, irritação com a fome e a falta de conforto, e assim por diante. Se a criança fosse abandonada à própria sorte, seu mundo iria despencar, e seu organismo deve perceber isso em determinado nível; chamamos isso de ansiedade pela perda do objeto. Não será essa ansiedade, então, um medo natural, orgânico, de aniquilamento? Há os que consideram esta questão muito relativa. Acreditam eles que, se a mãe tiver cumprido sua tarefa de maneira carinhosa, que inspire confiança, as ansiedades e culpas naturais da criança irão desenvolver-se de forma moderada, e ela conseguirá colocá-las firmemente sob o controle de sua personalidade em desenvolvimento.[8] A criança que tiver boas experiências no contato com a mãe irá adquirir um sentimento básico de segurança e não estará sujeita a temores mórbidos de perder o apoio, de ser aniquilada, ou coisa semelhante.[9] À medida que ela crescer e passar a compreender a morte de forma racional, por volta da idade de nove ou dez anos, irá aceitá-la como parte da sua visão do mundo, mas essa idéia não irá envenenar sua atitude autoconfiante em relação à vida. O psiquiatra Rheingold garante que a angústia de aniquilação não faz parte da experiência natural da criança, mas é formada por experiências adversas com uma mãe que lhe causou privações.[10] Essa teoria coloca todo o ônus da ansiedade na educação da criança, e não na sua natureza. Outro psiquiatra, numa linha menos radical, vê o medo da morte muito aumentado pelas experiências da criança com os pais. Isso aconteceria pela negação, por parte destes, dos impulsos vitais da criança e, de modo mais geral, pelo antagonismo da sociedade à liberdade e à espontaneidade do homem.[11]

Esse ponto de vista é muito popular, hoje, no difundido movimento em favor da vida sem repressão, na ânsia de uma nova liberdade para os impulsos biológicos naturais, numa nova atitude de valorização e prazer em relação ao corpo, no abandono da vergonha, da culpa e do ódio a si mesmo. Segundo esse ponto de vista, o medo da morte é algo que a sociedade cria e, ao mesmo tempo, usa contra a pessoa para mantê-la submissa. O psiquiatra Moloney falava nele como um "mecanismo da cultura", e Marcuse como uma "ideologia".[12] Norman O. Brown, em um livro muitíssimo influente que iremos comentar com algum detalhe, chegou mesmo a dizer que poderia haver nascimento e desenvolvimento da criança numa "segunda inocência", na qual ela estaria inteiramente aberta à vida física e livre do medo da morte, porque não teria negada a sua vitalidade natural.[13]

É fácil perceber que, com base nesse ponto de vista, aqueles que tiverem experiências adversas no início da vida serão os mais morbidamente fixados na ansiedade da morte; e se, por acaso, quando crescerem, forem filósofos, é provável que façam da idéia da morte uma máxima central de seu pensamento — como fez Schopenhauer, que odiava a mãe e declarou ser a morte "a musa da filosofia". Se você tem uma estrutura de caráter "amarga" ou teve experiências especialmente trágicas, deverá vir a ser um pessimista. Um psicólogo comentou comigo que toda a idéia do temor da morte era uma importação dos existencialistas e dos teólogos protestantes que haviam ficado marcados pelas suas experiências européias, levando com eles o peso extra da herança calvinista e luterana de negação da vida. Até o destacado psicólogo Gardner Murphy parece pender para essa escola e insiste conosco para que estudemos *a pessoa* que manifesta o temor da morte, que coloca a ansiedade no centro de seu pensamento. Murphy também pergunta por que viver a vida no amor e na alegria também não pode ser considerado real e básico.[14]

O Argumento da "Mentalidade Mórbida"

O argumento da "mente sadia" que acabamos de examinar é apenas um dos lados do quadro de pesquisas e opiniões acumuladas sobre o problema do temor da morte. Um grande número de pessoas concordaria com essas observações sobre as experiências do início da vida e admitiria que elas podem aumentar as ansiedades naturais e os temores que vêm mais tarde, mas essas pessoas também iriam argumentar, com muita ênfase que, apesar de tudo, o temor da morte é natural e está presente em todos os indivíduos. Ele é o temor básico que influencia todos, um temor ao qual ninguém está imune. William James falou muito cedo em defesa dessa escola e, com o seu curioso realismo de sempre, chamou a morte de "o verme que estava no âmago" das pretensões do homem à felicidade.[15] O estudioso da natureza humana Max Scheler achava que todos os homens deveriam ter uma certa intuição desse "verme no âmago", quer a admitissem, quer não.[16] Inúmeras outras autoridades — citaremos algumas nas páginas seguintes — pertencem a essa mesma escola. São estudiosos da estatura de Freud (muitos de seu círculo íntimo) e pesquisadores sérios que não são psicanalistas. Como podemos entender uma discussão na qual existem dois campos distintos, ambos repletos de eminentes autoridades? Jacques Choron chega mesmo a dizer que é discutível a possibilidade de concluir se o medo da morte é ou não é a ansiedade básica do homem.[17] Em assuntos como este, então, o máximo que se pode fazer é apoiar um dos lados, dar uma opinião baseada nos autores que pareçam mais convincentes e apresentar alguns dos seus argumentos.

Com toda franqueza, eu me coloco ao lado da segunda escola. Na verdade, todo este livro é uma rede de argumentos baseados na universalidade do temor da morte — o "terror", como prefiro chamá-lo, a fim de transmitir o quanto ele é exaustivo quando o encaramos de frente. O primeiro documento que desejo apresentar e sobre o qual quero me estender é um trabalho escrito pelo célebre psicanalista Gregory Zilboorg. Trata-se de um ensaio especialmente impactante que, devido ao seu poder de síntese e ao seu alcance, não recebeu acréscimos que o melhorassem, muito embora tenha aparecido há várias décadas.[18] Zilboorg diz que a maioria das pessoas pensa que o temor da morte está ausente porque ele raramente mostra a sua verdadeira face. Mas, por baixo de todas as aparências, afirma o autor, o medo da morte está universalmente presente:

> Porque por trás da sensação de insegurança diante do perigo, por trás do sentimento de desânimo e depressão, sempre se esconde o medo básico da morte, um medo que sofre elaborações muitíssimo complexas e se manifesta de muitas maneiras indiretas. (...) Ninguém está livre do medo da morte. (...) As neuroses de angústia, os diferentes estados fóbicos, até mesmo um número considerável de estados depressivos suicidas e muitas esquizofrenias demonstram amplamente o sempre presente medo da morte, que se entrelaça com os principais conflitos das condições psicopatológicas dadas. (...) Podemos considerar como ponto pacífico que o medo da morte sempre está presente em nosso funcionamento mental.[19]

Será que James não disse a mesma coisa antes, à sua maneira?

> Que as otimistas mentalidades saudáveis aproveitem ao máximo o seu estranho poder de viver o momento e ignorar e esquecer, mas ainda assim o pano de fundo maligno está ali para ser lembrado, e a caveira irá aparecer com um riso escarninho durante o banquete.[20]

A diferença entre essas duas opiniões está não tanto no uso das imagens e no estilo quanto no fato de que a de Zilboorg é feita quase meio século depois e é baseada num trabalho clínico real e não apenas na especulação filosófica ou na intuição pessoal. Mas ela continua a linha reta de desenvolvimento a partir de James e dos pós-darwinianos que viam o medo da morte como um problema biológico e evolucionário. Aqui, acredito que ele pisa num solo muito firme. Zilboorg salienta que esse temor é, na verdade, uma expressão do instinto de autopreservação, que funciona como um constante impulso de manter a vida e dominar os perigos que a ameaçam:

> Esse gasto constante de energia psicológica na tarefa de preservar a vida seria impossível se o temor da morte não fosse tão constante. O próprio termo "autopreservação" dá a entender um esforço contra alguma força de desintegração; o aspecto afetivo disso é o temor, o temor da morte.[21]

Em outras palavras, o temor da morte deve estar presente por trás de todo o nosso funcionamento normal, a fim de que o organismo possa estar armado em prol da autopreservação. Mas o temor da morte não pode estar presente de forma constante no funcionamento mental do indivíduo, caso contrário o organismo não poderia funcionar. Zilboorg continua:

> Se esse temor estivesse constantemente no plano consciente não teríamos condições de funcionar normalmente. Ele deve ser reprimido de forma adequada, para nos manter vivendo com um pouco de conforto que seja. Sabemos muito bem que reprimir significa mais do que guardar e esquecer o que foi guardado e o lugar onde o guardamos. Significa também um esforço psicológico constante no sentido de manter a tampa fechada e, no íntimo, nunca relaxar nossa vigilância.[22]

E assim podemos compreender o que parece ser um estranhíssimo paradoxo: ao mesmo tempo que o temor da morte está sempre presente no funcionamento psicológico normal do nosso instinto de autopreservação, também é total o nosso *esquecimento* desse temor em nossa vida consciente:

> Portanto, em épocas normais andamos de um lado para outro sem acreditar em nenhum momento na nossa morte, como se confiássemos plenamente em nossa imortalidade corpórea. Estamos preocupados em dominar a morte. (...) Alguém dirá, é claro, que sabe que vai morrer

um dia, mas que não se importa. Está aproveitando bem a vida, e não pensa na morte e não faz questão de se importar com ela — mas isso é uma admissão puramente intelectual, verbal. O afeto do temor está reprimido.[23]

O argumento da biologia e da evolução é básico e tem de ser levado a sério; não vejo como pode ser deixado de fora em qualquer debate. Os animais, para sobreviverem, têm tido de se proteger mediante reações de medo, em relação não apenas a outros animais, mas à própria natureza. Tiveram que perceber a proporção verdadeira das suas limitadas forças diante do mundo perigoso em que viviam. A realidade e o medo andam juntos, naturalmente. Como o bebê humano se encontra numa situação ainda mais exposta e desamparada, é tolice presumir que a reação animal ao medo teria desaparecido numa espécie assim tão fraca e sensível. É mais razoável pensar que essa reação de medo realmente foi ampliada, como pensavam alguns dos primeiros darwinianos: os homens primitivos que mais tinham medo eram os mais realistas em relação à sua situação na natureza, e transmitiram a seus descendentes um realismo valoroso para a sobrevivência.[24] O resultado foi o surgimento do homem tal como o conhecemos: um animal hiperansioso que inventa constantemente razões para a sua ansiedade.

O argumento da psicanálise é menos especulativo e deve ser levado ainda mais a sério. Ela nos mostrou algo de novo a respeito do mundo interior da criança: ele é mais cheio de terror do que imaginamos, já que a criança é diferente dos outros animais. Poderíamos dizer que o medo é programado, nos animais inferiores, por instintos que já vêm prontos; um animal sem instintos não possui medos programados. Os temores do homem são formados com base nas maneiras pelas quais ele percebe o mundo. E o que é que há de peculiar em relação à percepção que a criança tem do mundo? Em primeiro lugar, a extrema confusão das relações de causa e efeito; em segundo, a extrema irrealidade quanto aos limites de seus próprios poderes. A criança vive numa situação de extrema dependência. Entretanto, quando suas necessidades são atendidas, deve parecer-lhe que tem poderes mágicos, verdadeira onipotência. Se ela sente dor, fome, ou desconforto, tudo o que tem a fazer é gritar, e será aliviada e acalentada por sons suaves e carinhosos. Ela é um mágico e um telepata que só precisa balbuciar e imaginar para o mundo funcionar segundo os seus desejos. Agora, porém, a penalidade por essas percepções. Em um mundo mágico no qual coisas fazem com que outras coisas aconteçam por um simples pensamento ou por um olhar de insatisfação, tudo pode acontecer a qualquer pessoa. Quando a criança sente frustrações inevitáveis e reais por parte dos pais, dirige a eles ódio e sentimentos destrutivos e não tem meios de saber que os sentimentos malévolos não podem ser atendidos pela mesma mágica que atendeu a seus outros desejos. Os psicanalistas acreditam que essa confusão é a causa principal de culpa e desamparo na criança. No seu belo ensaio, Wahl resumiu esse paradoxo:

> ...os processos de socialização, para todas as crianças, são dolorosos e frustrantes e, por isso, nenhuma criança escapa de sentir desejos hostis de morte em relação aos seus socializadores. Portanto, nenhuma delas escapa ao medo da morte pessoal, quer na forma direta, quer na forma simbólica. A repressão é, em geral, (...) imediata e efetiva. (...)[25]

A criança é demasiado fraca para assumir a responsabilidade por todo esse sentimento destrutivo, e não pode controlar a mágica execução de seus desejos. É isso que entendemos por um ego imaturo: a criança não tem a capacidade segura de organizar suas percepções e o seu relacionamento com o mundo; não sabe controlar a própria atividade e não tem um comando seguro sobre os atos dos outros. Não tem, assim, controle verdadeiro algum sobre a magia de causa e efeito que percebe, dentro de si mesma ou do lado de fora, na natureza e em outras pessoas. Seus desejos destrutivos poderiam explodir, o mesmo acontecendo com os desejos de seus pais. As forças da natureza são confusas, externa e internamente. E para um ego fraco, este fato exige quantidades de poder potencial exagerado e um terror ainda maior. O resultado é que a criança — ao menos numa parte do tempo — vive com uma sensação íntima de caos à qual os outros animais estão imunes.[26]

Ironicamente, mesmo quando a criança percebe relações reais de causa e efeito, estas se tornam um fardo para ela, que exagera em sua generalização. Uma dessas generalizações é o que os psicanalistas chamam de "princípio de talião". A criança esmaga insetos, vê o gato comer um rato e fazê-lo desaparecer, junta-se à família para fazer um coelho de estimação desaparecer dentro deles, e assim por diante. Passa a conhecer alguma coisa a respeito das relações de poder do mundo mas não sabe dar a elas um valor relativo: os pais poderiam comê-la e fazê-la desaparecer, e da mesma forma ela poderia comê-los. Quando o pai tem um brilho ameaçador nos olhos enquanto mata um rato a pauladas, a criança que observa também poderá esperar ser morta a pauladas — especialmente se estiver tendo pensamentos mágicos ruins.

Não tenho a pretensão de fazer um retrato exato de processos que ainda não estão claros para nós, ou dar a entender que todas as crianças vivem no mesmo mundo e enfrentam os mesmos problemas. Eu também não iria querer fazer com que o mundo infantil parecesse mais apavorante do que na realidade é na maior parte do tempo. No entanto, penso que é importante mostrar as dolorosas contradições que devem estar presentes neste mundo realmente fantástico dos primeiros anos da infância. Talvez então possamos compreender melhor o motivo pelo qual Zilboorg disse que o temor da morte "sofre elaborações muitíssimo complexas e se manifesta de muitas maneiras indiretas". Ou, como Wahl explicou com tanta perfeição, que a morte é um *símbolo complexo*, e não uma coisa específica, perfeitamente definida, para a criança:

> ...o conceito de morte que a criança tem não é uma coisa única, mas sim uma composição de paradoxos (...) a própria morte não é apenas um estado, mas um símbolo complexo, cujo significado irá variar de uma pessoa para outra e de uma cultura para outra.[27]

Poderíamos compreender, também, o motivo pelo qual as crianças têm seus pesadelos recorrentes, suas fobias universais de insetos e de cachorros bravos. No seu torturado mundo interior se entrelaçam símbolos complexos de muitas realidades inadmissíveis — terror do mundo, o horror dos próprios desejos, o medo de vingança por parte dos pais, o desaparecimento de coisas, a falta de controle do indivíduo sobre qualquer coisa. É demasiado para qualquer animal suportar, mas a criança tem que suportar, e por isso acorda gritando com uma regularidade quase pontual durante o período em que seu ego fraco está no processo de consolidar as coisas.

O "Desaparecimento" do Medo da Morte

No entanto, o espaço entre os pesadelos se torna cada vez maior, e algumas crianças os têm mais do que outras: voltamos assim ao início de nossa argumentação, em que se dizia que o medo da morte não é normal, mas sim um exagero neurótico que se alimenta de experiências desagradáveis do passado. Caso contrário, argumentam os autores desta tese, como explicar que tantas pessoas — a imensa maioria — parecem sobreviver à perturbação dos pesadelos da infância e levam uma vida saudável, mais ou menos otimista, sem ser perturbadas pela morte? Como disse Montaigne, o camponês tem uma profunda indiferença e paciência em relação à morte e ao lado sinistro da vida; e se afirmamos que isso se deve à sua estupidez, então "vamos aprender com a estupidez".[28] Hoje, quando sabemos mais do que Montaigne, diríamos "vamos todos aprender com a repressão"... mas a moral teria o mesmo peso: a repressão toma conta do símbolo complexo da morte, na maioria das pessoas.

O seu desaparecimento, entretanto, não significa que o medo da morte nunca esteve presente. O argumento daqueles que acreditam na universalidade do terror inato da morte baseia-se, em sua maioria, naquilo que sabemos sobre o quanto a repressão é eficiente. É provável que a discussão nunca possa ser decidida com clareza: se você alega que um conceito não está presente porque está reprimido, você não pode perder. Não é um jogo justo, intelectualmente falando, porque você tem sempre o trunfo nas mãos. Esse tipo de argumento faz com que a psicanálise pareça não-científica para muitas pessoas, já que seus proponentes podem alegar que se alguém nega um de seus conceitos, é porque está reprimindo a consciência da verdade daquele conceito.

Mas a repressão não é uma palavra mágica criada para ganhar discussões: trata-se de um fenômeno verdadeiro, e temos conseguido estudar muitos de seus funcionamentos. Este estudo dá a ela legitimidade como conceito científico e faz dela um aliado mais ou menos confiável de nossa argumentação. Em primeiro lugar, há um crescente número de pesquisadores tentando chegar à consciência da morte negada pela repressão através de testes psicológicos como a medição das reações galvânicas da pele. Esse grupo declara, com insistência, que por baixo do mais sereno exterior esconde-se a ansiedade universal, o "verme no âmago".[29]

Em segundo lugar, não há nada como os choques do mundo real para afrouxar as repressões. Há pouco tempo, psiquiatras anunciaram um aumento das neuroses de angústia em crianças como conseqüência dos tremores de terra ao sul da Califórnia. Para aquelas crianças, a descoberta de que a vida inclui o perigo cataclísmico foi demais para os seus sistemas de negação ainda imperfeitos — daí os manifestos surtos de ansiedade. Com os adultos, vemos essa manifestação de ansiedade diante de catástrofe iminente, em que ela toma a forma de pânico. Várias pessoas já sofreram fraturas de membros e outros ferimentos por terem aberto à força a porta de emergência do avião em que se encontravam e, durante a decolagem, pularam da asa para o chão. O incidente foi provocado pela possível explosão de gases na descarga de um motor do avião. É óbvio que, por trás daqueles barulhos inofensivos, outras coisas estavam explodindo no interior daquelas criaturas.

Ainda mais importante é a forma de funcionar da repressão: ela não é simplesmente uma força negativa se opondo às energias da vida. Ela vive à custa das energias da vida e as usa de forma criativa. Quero dizer que os temores são naturalmente absorvidos pelo esforço organísmico expansivo. A natureza parece ter embutido nos seres vivos uma mentalidade saudável inata. Ela se expressa na auto-satisfação, no prazer de estender qualidades do indivíduo ao mundo, na incorporação de coisas existentes nesse mundo, no hábito de se alimentar com ilimitadas experiências. Isso corresponde a uma grande quantidade de experiência positiva, e quando um organismo poderoso se move com essa experiência, ela causa satisfação. Como disse certa vez Santayana: um leão deve sentir-se mais certo do que uma gazela de que Deus está do seu lado. Em nível mais elementar, o organismo funciona ativamente contra a sua própria fragilidade, ao procurar expandir-se e perpetuar-se; em vez de encolher-se, ele se desloca em direção a mais vida. Também faz uma coisa de cada vez, evitando distrações inúteis durante uma atividade que exija dedicação plena. Dessa maneira, parece que o medo da morte pode ser cuidadosamente ignorado ou realmente absorvido pelos processos de expansão da vida. De vez em quando, parece que vemos um ser cheio de vitalidade humana: estou pensando no retrato de *Zorba, o Grego*, feito por Nikos Kazantzakis. Zorba era o ideal de vitória incontestável da paixão de cada dia que tudo absorve, a vitória sobre a timidez e a morte, capaz de purificar outros na sua chama de afirmação vital. Mas o próprio Kazantzakis não era um Zorba — o que, em parte, explica o motivo pelo qual a personagem de Zorba parecia um tanto falsa —, tampouco o é a maioria dos outros homens. Ainda assim, todo mundo goza de uma dose prática de narcisismo básico, muito embora não seja o do leão. A criança que é bem alimentada e amada desenvolve, como dissemos, um sentido de onipotência mágica, de indestrutibilidade, de poder comprovado e de apoio seguro. Ela pode imaginar-se, lá no fundo, eterna. Poderíamos dizer que a sua repressão da idéia da morte lhe é facilitada porque ela, a criança, na sua vitalidade muito narcisística, está fortalecida contra tal idéia. Esse tipo de caráter provavelmente ajudou Freud a dizer que o inconsciente não conhece a morte. Seja como for, sabemos que o narcisismo básico é aumentado quando as experiências da infância do indivíduo são apoiadoras da vida e reforçam afetuosamente o sentimento do eu, de ser realmente especial, verdadeiramente o Número Um na criação. O resultado é que algumas pessoas têm mais daquilo que o psicanalista Leon J. Saul chamou com propriedade de "Sustentação Interna"[30]. É o sentimento de confiança corporal em face da experiência que faz com que a pessoa atravesse mais facilmente sérias crises da vida e até mesmo bruscas mudanças de personalidade. Ela quase parece substituir os instintos diretivos dos animais inferiores. Não se pode deixar de pensar de novo em Freud, que tinha mais sustentação interna do que a maioria dos homens graças à sua mãe e ao ambiente inicial favorável. Ele conheceu a confiança e a coragem que essa sustentação dava a um homem e enfrentou com coragem a vida e um câncer fatal, demonstrando um heroísmo estóico. Uma vez mais, temos evidências de que o complexo símbolo do temor da morte seria muito variável em sua intensidade. Seria, como concluiu Wahl, "profundamente dependente da natureza e das vicissitudes do processo evolutivo".[31]

Mas quero ter o cuidado de não dar um valor demasiado à vitalidade natural e à sustentação interna. Como iremos ver no Capítulo Seis, até mesmo Freud, que era um privilegiado nesse aspecto, sofreu a vida toda de fobias e da angústia da morte. Ele chegou a perceber plenamente o mundo sob o aspecto do terror natural. Não creio que o complexo símbolo da morte esteja ausente por algum momento, não importa o grau de vitalidade e de sustentação interna que uma pessoa tenha. Ainda mais, se dizemos que esses poderes internos tornam a repressão fácil e natural, estamos apenas contando a história pela metade. Na verdade, eles obtêm o seu próprio poder da repressão. Os psiquiatras afirmam que o temor da morte varia de intensidade dependendo do processo evolutivo de cada pessoa. Acho que uma importante razão para essa variabilidade é que, no processo de evolução, o temor sofre transformações. Quanto mais favorável a criação da criança, maior a ocultação do temor da morte. Afinal, a repressão torna-se possível pela identificação natural da criança com os poderes de seus pais. Se ela tiver sido bem cuidada, a identificação virá fácil e solidamente, e o poderoso triunfo que os seus pais conquistam sobre a morte se torna automaticamente dela também. O que é mais natural, para banir os temores do indivíduo, do que viver à custa de poderes delegados? E o que significa todo o período de crescimento, senão a renúncia ao projeto de vida do indivíduo? Estarei falando sobre essas questões durante todo o livro, e não quero desenvolvê-las nesta abordagem introdutória. O que veremos é que o homem molda para si mesmo um mundo governável: ele se lança à ação sem usar de crítica, sem pensar. Aceita a programação ditada pela sua cultura, que lhe diz para onde ele deva olhar; não se apossa do mundo com uma única mordida, como faria um gigante, mas em pequenos pedaços mastigáveis, como faz um castor. Usa todos os tipos de técnicas, que chamamos de "defesa do caráter": aprende a não se expor, a não se destacar; aprende a inserir-se no jogo dos poderes externos, tanto de pessoas concretas como de coisas e ordens de sua cultura. O resultado é que ele passa a existir na imaginada infalibilidade do mundo que o cerca. Ele não precisa ter medo quando seus pés estão fincados com solidez e sua vida está mapeada em um labirinto pronto para ser usado. Tudo o que tem a fazer é lançar-se à frente, em um estilo compulsivo de impetuosidade, aos "hábitos do mundo" que a criança aprende e no qual vive mais tarde como uma espécie de penosa equanimidade — a "estranha capacidade de viver o momento e ignorar e esquecer", como disse James. Esta é a razão mais profunda pela qual o camponês de Montaigne só vai ficar perturbado bem no final, quando o Anjo da Morte, que sempre esteve pousado em seu ombro, estender as asas. Ou então quando sofrer um choque prematuro que o deixe com uma percepção muda, como os "Maridos" no belo filme de John Cassavetes, de mesmo título. Em épocas assim, quando desponta aquela percepção que sempre foi eclipsada por alguma atividade frenética, vemos a transmutação da repressão redestilada, por assim dizer, e o medo da morte surge em pura essência. É por isso que as pessoas têm surtos psicóticos quando a repressão já não funciona mais, quando a descarga de tensões através da atividade já não é mais possível. Além disso, a mentalidade do camponês é muito menos romântica do que Montaigne quer nos fazer crer. A serenidade do camponês está, em geral, imersa num estilo de vida que tem elementos de verdadeira loucura, e por isso ela o protege: uma subcorrente de ódio e amargura constantes expressos em rixas, provocações, brigas e discussões em família, a mentalidade mesquinha, a auto-reprovação, a superstição, o obsessivo controle da vida diária por um autoritarismo rígido, e assim por diante. Como diz o título de um recente ensaio de Joseph Lopreato: "O que é que você acha de ser um camponês?"

Vamos abordar, também, outra grande dimensão na qual o complexo símbolo da morte é transmutado e superado pelo homem — a crença na imortalidade, a continuação do nosso ser na eternidade. Por agora, podemos concluir que existem muitas maneiras pelas quais a repressão atua para acalmar o angustiado animal humano, a fim de que ele não precise ter o mínimo de angústia.

Imagino que conciliamos nossas duas posições divergentes em relação ao temor da morte. As posições "ambiental" e "inata" são ambas partes do mesmo quadro, fundindo-se naturalmente uma na outra. Tudo depende de que ângulo você aborda o quadro: do lado dos disfarces e transmutações do temor da morte ou do lado da aparente ausência desse temor. Admito com certo constrangimento científico que, qualquer que seja o ângulo que você usar, não chegará ao autêntico temor da morte. E por isso concordo relutantemente com Choron, reconhecendo que é provável que a discussão nunca possa ser "vencida". Apesar de tudo, surge algo muito importante: existem diferentes imagens do homem que ele pode traçar e escolher.

De um lado, vemos um animal humano que está parcialmente morto para o mundo, que é mais "nobre" quando mostra uma certa desatenção para com seu destino, quando se deixa levar vida afora; que é mais "livre" quando vive numa segura dependência em relação aos poderes que o cercam, quando o controle que tem sobre si mesmo é menor. Do outro lado, temos uma imagem de um animal humano que é evidentemente sensível em relação ao mundo, que não consegue descartá-lo, que é atirado de volta aos seus próprios parcos poderes, e que parece muito pouco livre para se deslocar e agir. É muitíssimo desprovido de dignidade e conta com mínimo controle de si mesmo. A imagem que escolhemos para com ela nos identificarmos depende em grande parte de nós mesmos. Vamos, então, explorar e ampliar mais essas imagens, para ver o que elas nos revelam.

CAPÍTULO 3

A Reformulação de Certas Idéias Psicanalíticas Básicas

Da criança de cinco anos até mim, é apenas um passo. Mas do bebê recém-nascido até a criança de cinco anos, a distância é espantosa.

— Leon Tolstoi

Agora que fizemos um esboço da argumentação nos dois primeiros capítulos, está na hora de acrescentar os detalhes. Qual é exatamente o motivo de o mundo ser assim terrível para o animal humano? Por que as pessoas têm tanta dificuldade de mobilizar os recursos a fim de enfrentar aberta e bravamente esse terror? Falar nessas coisas nos leva direto ao cerne da teoria psicanalítica e àquilo que agora é o renascimento existencial na psicologia; revela a natureza do homem com uma clareza e uma abrangência realmente assombrosas.

O Dilema Existencial do Homem

Sempre soubemos que havia algo de peculiar em relação ao homem, algo de muito profundo que o caracterizava e o destacava dos outros animais. Era algo que teria de se situar no seu âmago, algo que o faria sofrer seu destino característico, do que se tornaria impossível escapar. Durante muito tempo, sempre que os filósofos falavam do âmago do homem, referiam-se a ele como a "essência" do homem, algo fixado em sua natureza, bem no fundo, como uma qualidade ou substância especial. Mas nunca se encontrou alguma coisa que se parecesse com isso; a peculiaridade do homem continuava sendo um dilema. O motivo pelo qual ele nunca foi encontrado, como expôs Erich Fromm num excelente exame, é que *não há* essência alguma. A essência do homem é, na verdade, sua natureza *paradoxal*, dado o fato de ser ele metade animal e metade simbólico.[1] Como iremos ver no Capítulo Cinco, foi Kierkegaard quem mostrou o paradoxo existencial na psicologia moderna que a sua brilhante análise do mito de Adão e Eva já havia demonstrado, influenciando a mente ocidental para todo o sempre. Em épocas recentes, todo psicólogo responsável por algum trabalho relevante fez desse paradoxo o principal problema de seu pensamento: Otto Rank (a quem desejo dedicar capítulos especiais, mais adiante) com mais consistência e brilhantismo do que qualquer um desde Kierkegaard, Carl Jung, Erich Fromm, Rollo May, Ernest Schachtel, Abraham Maslow, Harold F. Searles, Norman O. Brown, Laura Perls e outros.

Poderíamos chamar esse paradoxo existencial de condição de *individualidade dentro da finitude*. O homem tem uma identidade simbólica que o destaca nitidamente da natureza. Ele é um eu simbólico, uma criatura com um nome, uma história de vida. É um criador com uma mente que voa alto para especular sobre o átomo e o infinito, que com imaginação pode colocar-se em um ponto no espaço e, extasiado, contemplar o seu próprio planeta. Essa imensa expansão, essa sagacidade, essa capacidade de abstração, essa consciência de si mesmo dão literalmente ao homem a posição de um pequeno deus na natureza, como o sabiam os pensadores da Renascença.

No entanto, ao mesmo tempo, como também sabiam os sábios orientais, o homem é um verme e um alimento para os vermes. Este é o paradoxo: ele está fora da natureza e inevitavelmente nela; ele é dual, está lá nas estrelas e, no entanto, acha-se alojado num corpo cujo coração pulsa e que respira e que antigamente pertenceu a um peixe e ainda traz as marcas das guelras para prová-lo. Seu corpo é um invólucro de carne, que lhe é estranho sob muitos aspectos — o mais estranho e mais repugnante deles é o fato de que ele sente dor, sangra e um dia irá definhar e morrer. O homem está literalmente dividido em dois: tem consciência de sua esplêndida e ímpar situação de destaque na natureza, dotado de uma dominadora majestade, e no entanto retorna ao interior da terra, uns sete palmos, para cega e mudamente apodrecer e desaparecer para sempre. Estar num dilema desses e conviver com ele é assustador. Os animais inferiores, é claro, não sofrem essa dolorosa contradição, porque lhes falta uma identidade simbólica e a concomitante consciência de si mesmos. Eles simplesmente agem e se movem reflexamente, levados pelos instintos. Se fazem alguma pausa, é apenas uma pausa física. No íntimo eles são anônimos, e mesmo seus rostos não têm nome. Vivem num mundo sem tempo, pulsando, por assim dizer, num estado de existência muda. Foi isso que tornou tão simples abater a tiros rebanhos inteiros de búfalos ou de elefantes. Os animais não sabem que a morte está acontecendo e continuam a pastar placidamente enquanto outros caem ao seu lado. O conhecimento da morte é reflexivo e conceitual, e disto os animais são poupados. Eles vivem e desaparecem com a mesma ausência de reflexão: uns poucos minutos de medo, uns poucos segundos de angústia, e tudo está acabado. Mas levar uma vida inteira com o destino da morte assediando os nossos sonhos e até mesmo os dias mais ensolarados... isto é outra coisa.

Só quando você deixa que todo o peso desse paradoxo penetre em sua mente e seus sentimentos você pode perceber como é impossível um animal viver em semelhante situação. Eu acredito que têm razão, absoluta razão, aqueles que acham que uma plena compreensão da condição humana levaria o homem à loucura. De vez em quando, nascem crianças com guelras e caudas, mas isso não é divulgado — ao contrário, é abafado ao máximo. Quem é que quer enfrentar plenamente com coragem a criatura que nós somos, que tem de usar suas garras e luta pelo ar que respira num universo além do seu entendimento? Acho que essas coisas ilustram o significado da assustadora observação feita por Pascal: "O homem é necessariamente louco, porque não ser louco resultaria em outra forma de loucura." *Necessariamente*, porque o dualismo existencial cria uma situação impossível, um torturante dilema. Louco porque, como iremos ver, tudo o que o homem faz no seu mundo simbólico é uma tentativa de negar e vencer o seu destino grotesco. O homem literalmente se entrega a um esquecimento cego utilizando-se de jogos sociais, truques psicológicos, preocupações pessoais tão distantes da realidade de sua situação que se constituem em formas de loucura — loucura admitida pelo consenso, loucura compartilhada, disfarçada e digna, mais ainda assim loucura. "Os traços de caráter", disse Sandor Ferenczi, uma das mais brilhantes inteligências do círculo de psicanalistas íntimos de Freud, "são psicoses secretas." Não se trata de uma tirada espirituosa dita sem reflexão por uma ciência jovem embriagada com a sua capacidade de explicação e seu sucesso; é um maduro julgamento científico, uma devastadora revelação de si mesmo a que pôde chegar o homem na tentativa de se compreender. Ferenczi já havia conseguido enxergar além das máscaras da sisudez, do sorriso, da seriedade e da satisfação que as pessoas usam para enganar o mundo e a si mesmas sobre suas psicoses secretas. Mais recentemente, Erich Fromm[2] se perguntava por que a maioria das pessoas não enlouquecia diante da contradição existencial entre um eu simbólico, que parece dar ao homem um valor infinito num esquema de coisas atemporal, e um corpo que vale cerca de 98 centavos de dólar. Como conciliar as duas coisas?

Para compreender o peso desse dualismo da condição humana, temos que saber que a criança não tem condições de lidar com nem uma nem outra dessas duas situações extremas. O traço mais característico na criança é que ela é precoce ou prematura. Seu mundo se acumula sobre ela, e ela se acumula sobre si mesma. Ela tem, desde o início, um apurado sistema sensorial que rapidamente se desenvolve para assimilar todas as sensações de seu mundo com uma sutileza extraordinária. Some-se a isso o rápido desenvolvimento da linguagem e da consciência do eu e amontoe-se tudo sobre um desamparado corpo de bebê que tenta em vão agarrar o mundo de forma correta e em segurança. A resultante é um absurdo. A criança se vê assoberbada por experiências do dualismo do eu e do corpo, provenientes de ambas as áreas, já que não pode ser dona de nenhuma delas. A criança não é um eu social confiante, hábil manipuladora de categorias simbólicas de palavras, pensamentos, nomes ou lugares — ou especialmente do tempo, o grande mistério para ela, que nem mesmo sabe o que é um relógio. Tampouco é um animal adulto atuante que possa trabalhar e procriar, fazer as coisas sérias que ela vê acontecendo à sua volta: não pode "fazer como o papai", de forma alguma. Ela é um prodígio no limbo. Em ambas as metades de sua experiência ela é uma criatura despossuída, e no entanto as impressões continuam caindo aos borbotões sobre ela e as sensações continuam brotando dentro dela, inundando-lhe o corpo. Ela tem que entendê-las de algum modo, criar uma certa ascendência sobre elas. Será idéias sobre o corpo, ou o corpo sobre as idéias? Não é nada fácil. Não poderá haver uma vitória ou uma solução definitiva do dilema existencial em que ela se encontra. É um problema seu desde quase o início de sua vida, e no entanto ela é muito criança para atacá-lo. As crianças se sentem assombradas por símbolos cuja necessidade elas não entendem, ordens verbais que parecem desprovidas de significação, e regras e códigos que as afastam de seus prazeres, expressão direta de suas energias naturais. E quando tentam dominar o corpo, fingir que ele não existe, agir "como um homenzinho", o corpo subitamente as domina, afunda-as em vômito e excrementos — e a criança chora de desespero por ver desintegrada a sua pretensão de ser um animal puramente simbólico. Muitas vezes, a criança defeca na roupa ou continua a urinar na cama de propósito, para protestar contra a imposição de regras simbólicas artificiais: parece estar dizendo que o corpo é a sua realidade primordial e que ela quer continuar no Paraíso físico mais simples, e não ser atirada ao mundo do "certo e errado".

Dessa maneira, percebemos diretamente e de forma comovedora que aquilo que chamamos de caráter da criança é um *modus vivendi* conquistado ao longo da luta mais desigual que qualquer animal tem de enfrentar. Uma luta que a criança nunca poderá entender realmente, porque não sabe o que lhe está acontecendo, porque está reagindo dessa ou daquela maneira e o que realmente está em jogo nessa batalha. A vitória nesse tipo de batalha é verdadeiramente uma vitória de Pirro: o caráter é uma face que a pessoa apresenta ao mundo, mas que esconde uma derrota interior. A criança vem ao mundo com um nome, uma família, um mundo de diversões ao seu redor, tudo nitidamente talhado para ela. Mas as suas entranhas estão cheias de recordações horripilantes de batalhas impossíveis, aterradoras angústias envolvendo sangue, dor, solidão, escuridão; misturadas com desejos ilimitados, sensações de indizível beleza, majestade, espanto, mistério; e fantasias e alucinações de misturas entre os dois componentes, corpo e símbolos, tentando inutilmente uma fórmula conciliatória entre o corporal e o simbólico. Veremos, poucas páginas adiante, como a sexualidade penetra com o seu foco muito definido, para confundir e complicar ainda mais o mundo da criança. Crescer é esconder a massa de tecido cicatricial interno que lateja em nossos sonhos.

Assim, vemos que as duas dimensões da existência humana — o corpo e o eu — nunca poderão ser conciliadas sem deixar marca, o que explica a segunda metade da observação de Pascal: "não ser louco resultaria em outra forma de loucura." Aqui, Pascal prova que grandes estudiosos da natureza humana enxergavam por trás das máscaras dos homens muito antes da psicanálise científica. Faltava-lhes a comprovação clínica, mas viam que a mais fria das repressões, a mais convincente serenidade ou a mais calorosa satisfação consigo mesmo era uma consumada mentira, tanto para com o mundo como para com a própria pessoa. Com a comprovação clínica do pensamento psicanalítico, conseguimos um retrato bem abrangente dos tipos característicos humanos — isso que agora podemos chamar de "estilos de loucura", segundo Pascal. Poderíamos dizer que a psicanálise nos revelou as complexas punições que incidem sobre o homem por ele negar sua verdadeira condição, aquilo que poderíamos chamar de *os custos de fingir que não se é louco*. Se tivéssemos que apresentar a mais breve explicação de todo o mal que os homens causaram a si mesmos e ao seu mundo, desde o início dos tempos até o amanhã, não seria em termos da hereditariedade animal do homem, de seus instintos e de sua evolução, mas simplesmente quanto ao *tributo que lhe é cobrado por sua presunção de sanidade*. Falaremos mais sobre essa teoria vital mais tarde.

O Significado da Analidade

Um pensador sensível na era de Freud foi obrigado a viver uma vida intelectual torturada — pelo menos, esta é uma observação autobiográfica. Parece haver muita verdade na visão freudiana do mundo e, ao mesmo tempo, grande parte dessa visão parece bem opinativa. As ambigüidades do legado de Freud não estavam nas idéias errôneas que ele tinha, já que foi relativamente fácil pô-las de lado. O problema estava em sua visão em profundidade, brilhantemente verdadeira, que foi exposta de maneira tal que se adequou a apenas um dos lados da realidade. É preciso um trabalho de esclarecimento imenso para alinhá-los. Na verdade, o que foi preciso foi um esquema referencial em que se pudesse encaixar o conjunto de conhecimentos adquirido com a compreensão psicanalítica, a fim de que a sua verdade pudesse surgir clara e inequivocamente, livre do reducionismo, do instintivismo e do biologismo do século XIX, aos quais Freud a agrilhoou. Esse esquema referencial é o existencial. As reinterpretações de Freud num contexto existencial dão à sua compreensão uma verdadeira estatura científica. Este objetivo foi recentemente alcançado de maneira brilhante por Norman O. Brown[3] em sua reinterpretação da idéia de "analidade" e seu fundamental papel na teoria psicanalítica. É provável que o principal valor desse livro, historicamente falando, esteja na reabilitação das idéias mais abstrusas e singulares de Freud, tornando-as propriedade das ciências humanas.

Sinto-me tentado a transcrever trechos da riqueza analítica do livro de Brown, mas não há razão para repetir o que ele já escreveu. Observemos, apenas, que a chave básica para o problema da analidade está em que ela reflete o dualismo da condição do homem — o seu eu e o seu corpo. A analidade e seus problemas surgem na infância porque é nesse período que a criança já faz a alarmante descoberta de que seu corpo é estranho e falível e exerce sobre ela uma ascendência definitiva, através de exigências e necessidades. Por mais que a criança tente realizar os maiores vôos da sua fantasia, ela deverá sempre voltar ao seu corpo. O mais estranho e humilhante de tudo é a descoberta de que o seu corpo tem, localizado na extremidade traseira inferior e fora do alcance dos olhos, um orifício do qual saem cheiros fétidos e, ainda mais, uma substância fétida — muitíssimo desagradável para todos os demais e até mesmo para a própria criança.

A princípio, a criança se diverte com o seu ânus e suas fezes, e alegremente enfia o dedo no orifício, cheirando-o, lambuzando as paredes com fezes, brincando de tocar objetos com o ânus, e coisas assim. Esta é uma forma universal de brincar que realiza o trabalho sério de todo o brincar: reflete a descoberta e o exercício de funções naturais do corpo; domina uma

área de coisas estranhas; estabelece poder e controle sobre as leis deterministas do mundo natural; e faz tudo isso com símbolos e imaginação.*
Com a brincadeira anal, a criança já se vai tornando um filósofo da condição humana. Como todos os filósofos, porém, ainda está presa a essa condição, e sua principal tarefa na vida passa a ser negar aquilo que o ânus representa: o fato de que, na verdade, ela — a criança — nada mais é do que corpo, no que diz respeito à natureza. Os valores da natureza são valores físicos, os valores humanos são valores mentais, e embora estes alcem os vôos mais elevados, são construídos sobre excremento, impossíveis sem ele, sempre trazidos de volta para ele. Como disse Montaigne, no mais alto trono do mundo o homem senta-se sobre o traseiro. Em geral, esse epigrama faz as pessoas rirem, porque parece resgatar o mundo do orgulho artificial e do esnobismo e trazer as coisas de volta aos valores igualitários. Mas se nos aprofundarmos nessa observação e dissermos que os homens se sentam não apenas sobre os seus traseiros mas sobre um monte quente e fumegante de seu próprio excremento, a piada já não terá mais graça. A tragédia do dualismo do homem, sua ridícula situação, torna-se então demasiado real. O ânus e seu incompreensível e repulsivo produto representam não apenas determinismo e sujeição físicos, mas também o destino de tudo o que é físico: deterioração e morte.

Agora compreendemos que aquilo que os psicanalistas chamaram de "analidade" ou traços de caráter anal são, na realidade, formas do protesto universal contra o acidente e a morte. Vista dessa maneira, grande parte do mais complexo corpo de conhecimento e entendimento psicanalítico adquire uma nova vitalidade e um novo significado. Dizer que alguém é "anal" significa que esse alguém está tentando, com uma tenacidade além do normal, proteger-se contra os acidentes da vida e o perigo da morte,

---

*Como a brincadeira anal é um exercício de dominação, essencial ao ser humano, é melhor não interferir nela. Se o adulto, angustiado, a interrompe, acrescenta à função animal uma dose extra de ansiedade: ela se torna mais ameaçadora e tem que ser negada e evitada em grau muito maior, como sendo uma parte estranha à própria pessoa. Essa negação exacerbada e penosa é o que chamamos de "caráter anal". Uma criação "anal", então, seria uma afirmação, por uma intensa repressão, do horror do degradante corpo animal como o fardo humano *sans pareil*.

tentando usar os símbolos da cultura como um meio seguro de triunfar sobre o mistério da natureza, tentando fazer-se passar por tudo, menos por um animal. Quando pesquisamos a literatura antropológica, verificamos que em toda parte os homens foram anais em certos níveis básicos de seus anseios culturais. Descobrimos que muitas vezes os primitivos têm demonstrado a mais desavergonhada analidade. Foram mais ingênuos quanto ao seu verdadeiro problema, e não dissimularam bem o seu disfarce, por assim dizer, das falibilidades da condição humana. Sabemos que os homens da tribo Chagga usam um tampão anal a vida inteira, fingindo terem lacrado o ânus e não precisarem defecar. Um óbvio triunfo sobre uma mera condição física. Ou tomem-se como exemplos a prática muito comum de segregar as mulheres em cabanas especiais durante a menstruação e todos os diversos tabus relativos à menstruação: é óbvio que o homem procura controlar os misteriosos processos na natureza quando eles se manifestam no seu corpo. Não pode permitir que o corpo tenha ascendência sobre ele.[4]

A analidade explica por que os homens anseiam por se libertarem de contradições e ambigüidades, por que gostam que seus símbolos sejam puros, que sua Verdade seja com V maiúsculo. Por outro lado, quando os homens querem realmente protestar contra os artificialismos, quando se rebelam contra os simbolismos da cultura, voltam-se para o físico. Mandam os pensamentos de volta à terra e os maneirismos de volta à química básica. Um exemplo perfeito disso foi dado no filme "anal" *Voar É com os Pássaros (Brewster McCloud)*, no qual discursos, distintivos oficiais e brilhantes superfícies manufaturadas eram agredidos por um excremento destruidor que caía do céu. A mensagem foi aquela que os modernos produtores de filmes estão apresentando com grande ousadia: instando o mundo a abandonar a hipocrisia ao salientar questões básicas sobre a vida e o corpo. Stanley Kubrick sacudiu as platéias quando mostrou, em *2001 — Uma Odisséia no Espaço*, o homem penetrando no espaço como um macaco, dançando uma valsa sentimentalóide de Strauss; e também em *A Laranja Mecânica (A Clockwork Orange)*, ele mostrou com que naturalidade e prazer um homem pode matar e estuprar afinado com a heróica transcendência da Nona Sinfonia de Beethoven.

O que perturba na analidade é que ela revela que toda cultura, todos os estilos de vida criativos do homem são, em alguma parte básica, um protesto que se criou contra a realidade da natureza, uma negação da verdade da condição humana, e uma tentativa de esquecer a criatura patética que o homem é. Uma das partes mais chocantes do estudo de Brown é a apresentação que ele faz da analidade em Jonathan Swift. O cúmulo do horror, para Swift, era o fato de que o sublime, o belo e o divino são inseparáveis das funções animais básicas. Na cabeça do homem apaixonado está a ilusão de que a beleza sublime "é toda cabeça e asas, sem traseiro para deturpá-la".[5] Em um dos poemas de Swift, um jovem explica a grotesca contradição que o dilacera:[6]

> Não admira que eu tenha enlouquecido;
> Oh! A Célia, a Célia, a Célia caga!

Em outras palavras, na mente de Swift havia uma contradição absoluta "entre o estar apaixonado e uma consciência das funções excrementícias da amada".[7]

Erwin Straus, em sua brilhante monografia sobre a obsessão,[8] mostrou também, mais anteriormente, o quanto Swift sentia de aversão pela animalidade do corpo, pela sua sujeira e sua deterioração. Straus emitiu uma opinião mais clínica sobre a repugnância de Swift, vendo-a como parte da típica visão obsessiva do mundo: "Para todos os obsessivos, o sexo é separado da união e da procriação. (...) Através do (...) isolamento dos órgãos genitais do corpo como um todo, as funções sexuais são sentidas como excreções e como decadência."[9] Este grau de fragmentação é extremo, mas todos nós vemos o mundo através de olhos obsessivos, pelo menos uma parte do tempo e até certo ponto; e, como disse Freud, não são apenas os neuróticos que fazem objeções ao fato de que "nascemos entre urina e fezes".[10] Neste horror da incongruência do homem, Swift, o poeta, expressa de uma maneira mais atormentada o dilema que assedia a todos nós, e vale a pena resumir esse dilema uma última vez: excretar é a maldição que ameaça com a loucura, porque mostra ao homem a sua abjeta finitude, sua materialidade, a provável irrealidade de suas esperanças e de seus sonhos.

Mas, ainda mais imediatamente, representa o absoluto aturdimento diante do cabal *absurdo* da criação: moldar o sublime milagre do rosto humano, o *mysterium tremendum* da radiosa beleza feminina, as verdadeiras deusas que são as mulheres bonitas; tirar isso do nada, do vácuo, e fazê-lo brilhar à plena luz do dia; tomar um milagre desses e dentro dele colocar outros milagres mais, na profundidade misteriosa dos olhos que investigam — os olhos que provocaram uma comoção até mesmo no impassível Darwin: fazer tudo isso e combiná-lo com um ânus que caga! É demais. A natureza zomba de nós, e por isso os poetas vivem atormentados.

Tentei reproduzir só um pouco do choque de um exame científico e poético do problema da analidade e, se tiver conseguido meu intento de uma maneira assim informal, poderemos entender o paradoxo existencial: o que realmente incomoda as pessoas é a incongruência, a vida tal como *é*. Essa concepção leva a todo um reexame da teoria freudiana, não apenas do problema da analidade, mas também da idéia central de Freud, o complexo de Édipo. Vamos nos estender sobre isso, usando outra vez a brilhante reformulação de Brown.

O Projeto Edipiano

Muitas vezes, Freud revelou-se propenso a compreender os motivos humanos de uma maneira que se pode chamar de "primitiva". Às vezes a tal ponto que, quando discípulos como Rank e Ferenczi se separaram dele, acusaram-no de ingenuidade. A acusação, claro, é ridícula, mas há uma certa explicação para isso, que é a teimosia com que Freud se apegava a suas rígidas fórmulas sexuais. Não importa o quanto tenha mudado ao ficar mais velho, ele sempre manteve viva a letra do dogma psicanalítico e lutou contra as tentativas de diluição dos temas que achava ter descoberto. Iremos compreender melhor o porquê em um capítulo mais adiante.

Veja-se, por exemplo, o complexo de Édipo. Numa fase inicial de seu trabalho, Freud disse que esse complexo é a dinâmica central da vida psíquica. Em sua opinião, o menino tem impulsos inatos de sexualidade e chega até a querer possuir a própria mãe. Ao mesmo tempo, sabe que o pai é seu concorrente, e mantém sob controle uma agressividade assassina para com o pai. O motivo de mantê-la sob controle é que ele sabe que o pai é fisicamente mais forte do que ele e que o resultado de uma luta aberta seria a vitória do pai e a castração do filho. Daí o horror ao sangue, à mutilação e aos órgãos genitais femininos, que pareceriam ter sido mutilados: eles atestariam que a castração é uma realidade.

Freud modificou suas opiniões ao longo de sua vida, mas nunca as abandonou totalmente. Não é de admirar: elas continuavam sendo "confirmadas", de uma maneira especial, pelas pessoas estudadas por ele. Havia realmente alguma coisa referente ao ânus e aos órgãos genitais, à condição material da família e às suas relações sexuais, que pesavam sobre a psique dos neuróticos como uma pedra. Freud achava que uma carga assim tão pesada deveria datar de épocas imemoriais, do primeiro surgimento de seres humanos originados de ancestrais primatas. Achava que a culpa que cada um de nós sente no íntimo está ligada a um crime original de parricídio e incesto, cometido nos obscuros recessos da pré-história. A culpa estaria muitíssimo arraigada, uma grande parte dela confundida com o corpo, o sexo, os excrementos e com os pais. Freud nunca abandonou seus pontos de vista porque eles estavam corretos quanto à sugestão essencial sobre a condição humana — mas não inteiramente no sentido que ele concebera, ou melhor, não dentro do esquema de pensamento por ele oferecido. Hoje, percebemos que toda essa conversa sobre sangue e excrementos, sexo e culpa é verdadeira não devido a impulsos ao parricídio e ao incesto ou ao medo de uma castração física real, mas porque todas essas coisas refletem o horror do homem em relação à sua condição animal básica, uma condição que ele — especialmente quando criança — não compreende e, quando adulto, não aceita. A culpa que ele sente em relação aos processos e impulsos de seu corpo é "pura" culpa: culpa como inibição, como determinismo, como limitação e pequenez. Ela é conseqüência da repressão da *condição animal básica*, o incompreensível mistério do corpo e do mundo.

Desde a virada do século, os psicanalistas têm-se preocupado com as experiências da infância. O estranho, porém, é que só recentemente criamos condições de montar um quadro razoavelmente completo, plausível e inteligível do motivo pelo qual a infância é um período tão crítico para o homem. Devemos esse quadro a muita gente, especialmente ao esquecido Rank, mas foi Norman O. Brown quem o resumiu mais definitivamente, creio eu. Como demonstrava ele em sua reorientação de Freud, o complexo de Édipo não é o problema estreitamente sexual de desejos e rivalidade. Mais exatamente, o complexo de Édipo é o *projeto* edipiano, um projeto que resume o problema básico da vida da criança: se ela será um objeto passivo do destino, um apêndice dos outros, um joguete do mundo ou um centro ativo dentro de si própria — se irá, enfim, controlar ou não o seu destino com suas próprias forças. Como expõe Brown:

> O projeto edipiano não é, como insinuam as primeiras formulações de Freud, um amor natural pela mãe mas, como reconhecem seus trabalhos posteriores, um produto do conflito de ambivalência e uma tentativa de superar esse conflito por meio da pomposidade narcísica. A essência do complexo edipiano é o projeto de se tornar Deus — na fórmula de Spinoza, *causa sui*. (...) Como prova disso, ele exibe claramente o narcisismo infantil pervertido pela fuga à morte. (...)

Se a principal tarefa da criança é uma fuga ao desamparo e à eliminação, as questões sexuais são secundárias e derivadas:

> Assim, uma vez mais, parece que as organizações sexuais, pré-genital e genital, não correspondem à distribuição natural de Eros no corpo humano: representam uma hipercatexia, uma supercarga, de determinadas funções e zonas do corpo, uma hipercatexia induzida pelas fantasias do narcisismo humano fugindo da morte.[11]

Tomemos essas preciosidades técnicas e vamos expandi-las um pouco. O projeto edipiano é a fuga à passividade, à eliminação, à contingência: a criança quer vencer a morte tornando-se *pai de si mesma*, o criador e o sustentador de sua própria vida. Vimos, no Capítulo Dois, que a criança tem noção da morte por volta dos três anos, mas muito antes disso já está tentando fortalecer-se contra a vulnerabilidade. Esse processo começa naturalmente nas fases bem iniciais da vida do bebê — na chamada fase "oral". Esta é a fase anterior ao ponto em que a criança, em sua própria consciência, diferencia-se da mãe e torna-se plenamente conhecedora do seu corpo e suas funções — ou, como dizemos tecnicamente, antes de o corpo da criança se tornar um objeto em seu campo fenomenológico. A mãe, nessa época, representa literalmente o mundo vital da criança. Durante esse período, o trabalho e as atenções da mãe voltam-se para a satisfação dos desejos da criança, o alívio automático de suas tensões e suas dores. A criança, então, nessa época, é simplesmente "cheia de si", uma inabalável manipuladora e paladina de seu mundo. Vive mergulhada na própria onipotência e controla magicamente tudo aquilo de que precisa para alimentar o seu poder. Tudo o que precisa fazer é chorar para receber comida e calor, apontar para pedir a lua e receber, em vez desta, um maravilhoso chocalho. Não admira que consideremos ser esse o período do "narcisismo primário": controlando a mãe, a criança controla, triunfante, o seu mundo. A criança tem no seu próprio corpo o seu projeto narcísico, e ela o usa para tentar "engolir o mundo". A "fase anal" é uma outra denominação que empregamos para nos referir ao período em que a criança começa a voltar sua atenção para o próprio corpo como um objeto em seu campo fenomenal. Ela o descobre e procura controlá-lo. Seu projeto narcísico se torna, então, o domínio e a posse do mundo através do autocontrole.

A cada fase da descoberta que vai se desenrolando, do seu mundo e dos problemas que ele traz, a criança empenha-se em moldar esse ambiente para o seu engrandecimento. Ela tem de manter a sensação de que detém um poder e um controle absolutos, e para fazer isso precisa cultivar algum tipo de independência ou convicção de que está dando forma à própria vida. É por isso que Brown, como Rank, pôde dizer que o projeto edipiano é "inevitavelmente autogerado na criança e dirigido contra os pais, sem levar em conta como os pais se comportam". Expressando isto através de um paradoxo, "as crianças ensinam a si próprias os hábitos de higiene".[12] O significado profundo disso é que não existe uma maneira "perfeita" de criar uma criança, uma vez que ela "se cria" ao tentar transformar-se em controlador absoluto do seu destino. Como esse objetivo é impossível, todo caráter é, no fundo e de certa maneira, fantasticamente irreal, fundamentalmente imperfeito. Como tão bem resumiu Ferenczi: "O caráter, do ponto de vista do psicanalista, é uma espécie de anormalidade, uma espécie de automatização de uma determinada maneira de reagir, muito semelhante a um sintoma obsessivo."[13]

O Complexo de Castração

O projeto narcisista da autocriação, usando o corpo como a base primordial de operações, está fadado ao fracasso. E a criança descobre isso: *é assim* que entendemos o poder e o significado daquilo que é chamado de "complexo de castração", tal como Freud desenvolveu em seus trabalhos subseqüentes e como Rank[14] e Brown expuseram em minúcias. Segundo essa mais nova concepção deste complexo, não é às ameaças do pai que a criança reage. Como Brown diz tão bem, o complexo de castração passa a existir unicamente em confrontação com a mãe. Este fenômeno é crucial, e é necessário que nos demoremos um pouco na explicação de como ele ocorre.

Tudo se concentra no fato de que a mãe monopoliza o mundo da criança; no princípio, ela *é* o mundo da criança. A criança não pode sobreviver sem ela e, no entanto, para obter o controle sobre seus próprios poderes, tem que se livrar dela. A mãe representa, assim, duas coisas para a criança, e isso nos ajuda a compreender por que os psicanalistas têm afirmado que a ambivalência caracteriza todo o período inicial de crescimento. De um lado, a mãe é uma pura fonte de prazer e satisfação, um poder seguro onde se apoiar. Ela deve afigurar-se como a deusa da beleza e da bondade, da vitória e do poder; este é o seu lado "iluminado", poderíamos dizer, e exerce uma atração cega. Mas do outro lado, a criança tem que lutar contra essa mesma dependência, ou então perderá a sensação de ter o domínio sobre seus próprios poderes. Esta é outra maneira de dizer que a mãe, ao representar uma segura dependência biológica, é também uma ameaça fundamental.

A criança passa a observá-la como uma ameaça, que já é o começo do complexo de castração em confrontação com ela. A criança observa que o corpo da mãe é diferente do homem — surpreendentemente diferente. E essa diferença vai, aos poucos, fazendo com que a criança se sinta angustiada. Freud nunca tentou atenuar o choque das revelações de sua teoria, e chamou essa angústia de "horror à criatura mutilada", à "mãe castrada", à visão de órgãos genitais "desprovidos de um pênis". O efeito de choque descrito por Freud pareceu caricato para muita gente. O horror nas percepções da criança parecia demasiadamente artificial, conveniente e feito para se encaixar no vício que Freud tinha de explicações sexuais e reducionismo biológico. Outros, também, viam a maneira de pensar de Freud como um reflexo de seu arraigado patriarcalismo, seu forte senso de superioridade masculina, que fazia com que a mulher parecesse naturalmente inferior por ela não ter os componentes masculinos.

O fato é que o "horror à criatura mutilada" é forjado, mas é a criança que o forja. Os psicanalistas relatavam fielmente o que seus pacientes neuróticos lhes diziam, ainda que tivessem que encaixar as palavras certas em suas expressões. O que perturba os neuróticos — como perturba a maioria das pessoas — é a sua própria impotência; eles precisam encontrar algo a que possam se opor. Se a mãe representa a dependência biológica, então a dependência pode ser combatida focalizando-a na realidade da *diferenciação sexual*. Para que a criança possa vir a ser verdadeiramente *causa sui*, terá que desafiar de forma agressiva os pais, de alguma maneira ultrapassá-los e ultrapassar as ameaças e tentações que eles personificam. Os órgãos genitais, na verdade, são uma coisa pequena no mundo perceptual da criança. Como Brown disse muito bem, o horror é "invenção da criança; é um tecido de fantasia inseparável do fantástico projeto que ela tem de se tornar pai de si mesma (e, como fantasia, só vagamente ligado à visão real da genitália feminina)."[15] Ou, então, podemos dizer que a criança "fetichiza" o corpo da mãe como um objeto de perigo global para ela. É uma maneira de reduzir a importância da mãe, retirando-lhe o primeiro lugar na criação. Usando a fórmula de Erwin Straus, diríamos que a criança separa os órgãos genitais da mãe de sua totalidade como objeto de amor. Eles passam, então, a ser observados como uma ameaça, como degradação.

A Inveja do Pênis

A verdadeira ameaça que a mãe representa passa a ser vinculada à sua *evidente corporalidade*. Seus órgãos genitais são usados como um conveniente foco para a obsessão da criança em relação ao problema da corporalidade. Se a mãe é uma deusa da luz, é também uma bruxa das trevas. A criança vê a ligação da mãe com a terra, seus secretos processos corporais que a prendem à natureza: o seio com seu misterioso leite viscoso, os odores e o sangue menstruais, a quase contínua imersão da mãe produtiva em sua corporalidade, e não menos — algo a que a criança aliás é muito sensível — o caráter muitas vezes neurótico e irremediável dessa imersão. Depois que a criança obtém indícios de que a mãe pode ter bebês, depois que os vê sendo amamentados e cuidados, depois que vê bem uma grande quantidade de sangue menstrual no banheiro, que parece deixar a bruxa intacta e despreocupada, então não têm dúvida quanto à imersão da mãe nos concretos significados e falibilidades do corpo. A mãe tem que demonstrar determinismo, e a criança expressa o seu horror por depender completamente daquilo que é fisicamente vulnerável. E assim compreendemos não apenas a preferência do menino pela masculinidade, mas também a "inveja do pênis"* por parte da menina. Tanto os meninos como as meninas sucumbem

---

*A inveja do pênis, então, surge do fato de que os órgãos genitais da mãe foram separados de seu corpo com uma focalização do problema de degradação e de vulnerabilidade. Bernard Brodsky observa, sobre sua paciente: "Sua concepção da mulher como fecal estimulara enormemente a sua inveja do pênis, já que o pênis vigorosamente ereto era o antônimo das fezes mortas, inertes." (B. Brodsky, "The Self-Representation, Anality, and the Fear of Dying", *Journal of the American Psychoanalytic Association*, 1959, vol. 7, p. 102.) Phyllis Greenacre — notável estudiosa das vivências da criança — já havia feito observações sobre essa mesma equação da percepção da criança: pênis = movimento, portanto vida; fezes = inércia, portanto morte. (P. Greenacre, *Trauma, Growth and Personality*, Nova York: Norton, 1952, p. 264.) Isso torna a inveja do pênis muito natural. Greenacre chegou até a usar a idéia perspicaz de "reverência ao pênis" para indicar o fascínio que o grande complemento masculino pode gerar nas percepções que a criança tem do seu pai. A criança, afinal de contas, vive em um mundo em que predomina o poder corporal — ela não compreende o poder abstrato ou simbólico. Assim, mais corpo é igual a mais vida. Uma mulher adulta pode sentir bem um resquício da mesma sensação. Uma reentrância e uma falta de protuberância, com tudo o que acontece no interior, é diferente de um prolongamento agressivo que deve dar menos sensação de vulnerabilidade.

A paciente de Brodsky, como podíamos esperar, tinha problemas porque as duas dimensões de sua ambivalência em relação à mãe, a necessidade que a paciente tinha de sua mãe e a ameaça que a paciente via em sua mãe estavam exacerbadas: "A superproteção e os obstáculos, por parte da mãe, a que a paciente adquirisse habilidades motoras contribuíram para o desenvolvimento defeituoso da auto-imagem. Ela possuía tanto uma intensa ansiedade de separação como uma acentuada ansiedade de castração." Em outras palavras, sua dependência estava intensificada e ao mesmo tempo intensificava sua angústia de castração, já que ela não podia se libertar de um objeto que representava degradação. Isso é uma fórmula que quase certamente produz neurose como se encontra na clínica.

ao desejo de fugir do sexo representado pela mãe.¹⁶ É pouca a persuasão de que precisam para se identificarem com o pai e com o mundo dele. Ele parece mais neutro fisicamente, mais limpamente poderoso, menos imerso em determinismos corporais; parece mais "simbolicamente livre", representa o vasto mundo fora de casa, o mundo social com os seu organizado triunfo sobre a natureza, a própria fuga à contingência que a criança tanto busca.

Tanto o menino quanto a menina se afastam da mãe, numa espécie de reflexo automático de suas necessidades de crescimento e independência. Mas o "horror, terror, desprezo"¹⁷ que eles sentem faz, como dissemos, parte de suas percepções fantásticas de uma situação que não suportam. Essa situação é não apenas a dependência biológica e a corporalidade, representada pela mãe, mas também a terrível revelação do problema do próprio corpo infantil. O corpo da mãe não revela somente um sexo que pressagia vulnerabilidade e dependência: ele representa o problema de dois sexos e, com isso, põe a criança diante da evidência de que seu corpo é, por si mesmo, arbitrário. O problema não está tanto no fato de a criança perceber que nenhum dos dois sexos é "completo" em si mesmo ou de ela compreender que a particularidade de cada sexo é uma limitação de potencial, uma derrota para a fantasia de viver a plenitude sob certas formas — ela não pode mesmo saber dessas coisas ou senti-las plenamente. O que acontece é que não se trata de um problema sexual; ele é mais global, sentido como a maldição da arbitrariedade que o corpo representa. A criança vem para um mundo no qual poderia ter nascido homem ou mulher, até mesmo cachorro, gato, ou peixe — a despeito do que isso possa parecer com relação a poder e controle, capacidade de suportar dor, aniquilamento e morte. O horror da diferenciação sexual é um horror da "realidade biológica", como Brown diz tão bem.¹⁸ Trata-se de uma queda da ilusão para a dura realidade. E um horror de assumir um imenso fardo novo, o fardo do significado da vida e do corpo, da fatalidade da imperfeição do indivíduo, de sua impotência, de sua finitude.

Este, por fim, é o impotente terror do complexo de castração que faz os homens tremerem em seus pesadelos. Ele exprime a percepção, por parte da criança, de que está sobrecarregada com um projeto impossível, que a procura da *causa sui*, na qual ela se empenha, *não pode ser conseguida por meios corpóreo-sexuais*[19] — nem mesmo provando ter um corpo diferente do da mãe. A fortaleza do corpo, a base fundamental para as operações narcísicas contra o mundo a fim de garantir os ilimitados poderes do indivíduo desabam rapidamente, como se fossem de areia. É este o trágico destronamento da criança, a expulsão do paraíso que o complexo de castração representa. Antes, ela usava qualquer zona ou apêndice do corpo para o seu projeto edipiano de autogeração. Agora, os próprios órgãos genitais zombam de sua auto-suficiência.

Isso suscita a questão de saber por que a sexualidade é um problema tão universal. Ninguém escreveu sobre o problema da sexualidade melhor do que Rank em seu formidável ensaio "Sexual Enlightenment" (Esclarecimento Sexual).[20] Como vou falar dele com certo detalhe no Capítulo Oito, não há motivo para repetir os comentários aqui. Mas podemos antecipá-los mostrando como a sexualidade é inseparável do nosso paradoxo existencial, o dualismo da natureza humana. A pessoa é tanto um eu como um corpo, e desde o começo há uma confusão sobre onde "ela" realmente "está" — no simbólico eu interior ou no corpo físico. Cada um destes reinos fenomenológicos é diferente. O eu interior representa a liberdade de pensamento, a imaginação, e a esfera infinita do simbolismo. O corpo representa determinismo e confinamento. A criança vai aprendendo aos poucos que a sua liberdade é entravada pelo corpo e seus apêndices, que ditam "o que" ela é. Por essa razão, a sexualidade é um problema tanto para o adulto quanto para a criança: a solução física do problema de quem somos e por que surgimos neste planeta não ajuda — na verdade, é uma terrível ameaça. Não diz à pessoa o que esta é, bem no íntimo, ou que tipo de dom característico ela deve pôr em prática no mundo. É por isso que é tão difícil ter sexo sem culpa: a culpa está ali porque o corpo projeta uma sombra sobre a liberdade interior da pessoa, o seu "verdadeiro eu" que — através do ato do sexo — está sendo forçado a representar um papel padronizado, mecânico, biológico. Pior ainda, o eu interior nem sequer é levado em consideração. O corpo assume o controle completo da pessoa toda, e este tipo de culpa faz o eu interior encolher-se ameaçando desaparecer.

É por isso que a mulher pede a garantia de que o homem queira "a ela", e não "apenas" o seu corpo. Ela é dolorosamente cônscia de que a sua personalidade interior característica pode ser dispensada no ato sexual. E se é dispensada, é porque não tem importância. A verdade é que, em geral, o homem quer mesmo apenas o corpo, e a personalidade total da mulher fica reduzida a um simples papel animal. O paradoxo existencial desaparece, e a pessoa não tem humanidade característica para protestar. Um modo criativo de enfrentar isso é, naturalmente, deixar que aconteça e aderir: é o que os psicanalistas chamam de "regressão a serviço do ego". A pessoa se torna, durante algum tempo, meramente o seu eu físico e, com isso, amortece a sensação dolorosa do paradoxo existencial e a culpa que acompanha o sexo. O amor é uma das grandes soluções para esse tipo de sexualidade, porque permite o colapso do indivíduo na sua dimensão animal, sem medo nem culpa, com a confiança e a garantia de que a sua liberdade interior característica não será anulada por uma capitulação animal.

A Cena Primária

Este é o lugar certo para abordar outra idéia psicanalítica que sempre pareceu, a muitos, uma idéia além do acreditável, o chamado "trauma da cena primária". A noção psicanalítica ortodoxa era que, quando a criança presencia uma relação sexual entre os pais (a cena primária), isso lhe causa um trauma profundo, por ela não poder tomar parte na relação. Freud falou sobre a verdadeira "provação da excitação sexual ao observar o coito dos pais".[21] Exposta com tanta crueza assim, a idéia parece bastante incrível, mas devemos nos lembrar de que Freud se orgulhava, acima de tudo, da descoberta da sexualidade *infantil*. Na concepção de outros psicanalistas, essa idéia recebe uma ênfase ligeiramente diferente. Assim, como expôs Roheim, a cena primária representa a realização do desejo da criança de uma união com a mãe; mas a criança vê o pai tomando-lhe o lugar e, em vez de uma completa identificação com a mãe que auxilia, a criança vê a "violenta movimentação" de uma luta.[22] Por fim, Ferenczi — que era um perspicaz estudioso dos efeitos dos pais sobre a criança — dá ao assunto uma outra versão ligeiramente diferente da rígida formulação de Freud:

> Se a relação íntima dos pais for observada pela criança no primeiro ou no segundo ano de vida, quando a sua capacidade de excitação já existe mas lhe faltam saídas adequadas para sua emoção, poderá haver, como resultado, uma neurose infantil.[23]

Roheim e Ferenczi estão, nesse caso, falando de coisas muito diferentes do tema de Freud. Roheim está falando de identificação com a mãe, que representa o apoio total da criança, e da incapacidade de a criança compreender a relação de seu objeto amado com outros objetos como o pai. Ferenczi está dizendo que a criança fica dominada por emoções que ainda não sabe organizar. É precisamente aí que entra uma interpretação mais existencial do problema. A criança usa seu corpo como seu projeto *causa sui*; só abandona em definitivo esse projeto quando fica sabendo de sua impossibilidade. Cada uma dessas alternativas é uma questão de vida e morte para ela. E por isso, se vamos falar em trauma, deve ser devido a uma confusão de questões de vida e morte. Mesmo quando somos adultos, a maioria de nós experimenta um certo desagrado e uma certa desilusão com a idéia de nossos pais terem relações sexuais. Não parece "certo" eles fazerem isso. Penso que a razão exata de nosso desagrado é o fato de a imagem deles estar confusa aos nossos olhos. O que os pais representam, acima de tudo, é o desencorajamento do corpo como um projeto *causa sui*; eles representam o complexo de castração, a desilusão com o corpo e o medo dele. Mais ainda, eles próprios constituem a materialização viva da visão cultural do mundo que a criança precisa ter para sair do impasse com o seu próprio corpo. Quando *eles mesmos* não transcendem o corpo em suas relações mais íntimas, a criança deverá sentir uma certa confusão angustiante. Como é que o seu ego em luta irá lidar com essas mensagens duplas e compreendê-las? Além do mais, uma dessas mensagens é apresentada em grunhidos, gemidos e movimentos físicos, que devem ter um efeito arrasador, por ser precisamente o horror ao corpo o que a criança está tentando dominar. Se ela tentar voltar ao papel do corpo e imitar os pais, estes ficam ansiosos ou furiosos. Ela pode muito bem sentir-se traída por eles: eles reservam seus corpos para a mais íntima das relações, mas negam essa relação à criança. Desestimulam a atividade física, com todas as forças de que dispõem e, no entanto, eles mesmos a praticam com uma impetuosidade que a tudo absorve. Quando reunimos tudo isso, podemos ver que a cena primária pode ser mesmo um trauma. Não porque a criança não pode participar do ato sexual e exprimir seus próprios impulsos, mas sim porque a cena primária é, em si mesma, um símbolo complexo que combina o horror ao corpo, a traição do superego cultural e o absoluto bloqueio de qualquer providência que a criança possa tomar nessa situação ou qualquer compreensão clara que ela possa obter. É o símbolo de um angustiante vínculo múltiplo.

O corpo, então, é o destino animal do ser, e tem de ser combatido de certas maneiras. Ao mesmo tempo, o corpo oferece experiências e sensações, o prazer concreto que falta ao mundo simbólico interior. Não admira que o homem esteja profundamente atormentado pelos problemas sexuais, não admira que Freud considerasse o sexo muito importante para a vida humana — em especial nos conflitos neuróticos de seus pacientes. O sexo é um inevitável componente da confusão do homem quanto ao significado da vida, um significado dividido inapelavelmente em dois reinos — os símbolos (liberdade) e o corpo (destino). Não admira, também, que a maioria de nós nunca abandone inteiramente as tentativas iniciais da criança de usar o corpo e seus componentes como uma fortaleza ou uma máquina para coagir magicamente o mundo. Tentamos extrair do corpo respostas metafísicas que o corpo — como algo material — não tem possibilidades de dar. Tentamos solucionar o transcendente mistério da criação com experiências em um produto físico e parcial dessa criação. É por isso que a mística do sexo é praticada de forma tão ampla — na França tradicional, por exemplo, e ao mesmo tempo provoca tantas desilusões. Ela é consoladoramente infantil em sua indulgência e seu prazer, e no entanto muito frustrante no que toca à verdadeira conscientização e ao verdadeiro crescimento, se a pessoa a estiver usando para tentar responder questões metafísicas. Essa mística se torna, então, uma mentira em relação à realidade, uma cortina que impede a plena tomada de consciência.[24] Se o adulto reduzir o problema da vida à área da sexualidade, repetirá a fetichização da criança que concentra o problema da mãe nos órgãos genitais desta. O sexo se torna, então, uma proteção contra o terror, uma fetichização da plena tomada de consciência sobre o verdadeiro problema da vida. Essa argumentação, entretanto, não esgota as razões pelas quais o sexo é uma parte tão proeminente das confusões da vida. O sexo também é uma maneira positiva de trabalhar no projeto pessoal de liberdade do indivíduo. Afinal, ele é uma das poucas áreas de verdadeira privacidade que uma pessoa tem numa existência que é quase que totalmente social, inteiramente modelada pelos pais e pela sociedade. Nesse sentido, o sexo como projeto representa um recuo das padronizações e monopolizações do mundo social. Não é de espantar que as pessoas se dediquem a ele de forma tão exaustiva, muitas vezes a partir da infância, sob a forma de masturbações secretas que representam um protesto e um triunfo do eu pessoal. Como iremos ver na Parte II deste livro, Rank chega ao ponto de dizer que esse uso do sexo explica todos os conflitos sexuais do indivíduo — "da masturbação às mais variadas perversões".[25] A pessoa tenta usar o seu sexo de maneira inteiramente individual, a fim de *controlá-lo* e aliviá-lo de seu determinismo. É como se a pessoa tentasse transcender o corpo privando-o inteiramente de seu caráter determinado, para prazer e invenção, em lugar daquilo que a natureza "pretendeu". Não há dúvidas de que as "perversões" das crianças mostram isso de forma muito clara: elas são os verdadeiros artistas do corpo, usando-o como argila para afirmar seu domínio simbólico. Freud percebeu isso e registrou-o como "perversão polimórfica". Mas parece que ele não percebeu que esse tipo de brincar já é uma séria tentativa de transcender o determinismo, não apenas uma procura meramente animal de prazeres corporais.

Na época em que a criança se torna um adulto, a procura invertida de uma existência pessoal através da perversão se instala em um molde individual e se torna mais secreta. Tem de ser secreta, porque a comunidade não irá tolerar a tentativa das pessoas de se individualizarem por completo.[26] Se houver uma vitória sobre a deficiência e a limitação humanas terá que ser um projeto social, e não individual. A sociedade quer que caiba a ela a decisão de como as pessoas irão transcender a morte; só irá tolerar o projeto *causa sui* se ele se encaixar no projeto social padrão. Caso contrário, haverá o alarma de "Anarquia!". Este é um dos motivos para a existência de intolerância e censura, sob todos os modos, com relação à moralidade pessoal: as pessoas temem que a moralidade padrão vá ser solapada — outra maneira de dizer que temem já não poderem mais controlar a vida e a morte. Diz-se que uma pessoa foi "socializada" precisamente quando aceita "sublimar" o caráter corporal-sexual de seu projeto edipiano.[27] Ora, esses eufemismos significam, em geral, que a pessoa aceita trabalhar no sentido de se tornar pai de si mesma ao abandonar seu projeto e entregá-lo aos "Pais". O complexo de castração fez o seu trabalho, e a pessoa se submete à "realidade social"; pode, agora, reduzir seus desejos e reivindicações e atuar com segurança no mundo dos poderosos adultos. Pode até doar seu corpo à tribo, ao Estado, ao mágico e protetor guarda-chuva dos adultos e seus símbolos. Assim, seu corpo não será mais uma perigosa negação para essa pessoa. Mas não existe diferença real entre uma impossibilidade infantil e uma impossibilidade adulta. A única coisa que a pessoa consegue é um auto-engano aprendido pela prática — aquilo que chamamos de caráter "maduro".

CAPÍTULO 4

O Caráter Humano como Mentira Vital

> *Examine as pessoas à sua volta e irá (...) ouvi-las falar em termos precisos sobre elas mesmas e seu meio, o que parecerá indicar que elas têm idéias sobre o assunto. Mas comece a analisar essas idéias e irá descobrir que praticamente não refletem, de forma alguma, a realidade a que parecem se referir, e se você aprofundar mais a sua análise, irá descobrir que não há nem mesmo uma tentativa de ajustar as idéias a essa realidade.*
>
> *Muito pelo contrário: através dessas teorias, o indivíduo está tentando cortar qualquer visão pessoal da realidade, de sua própria vida. Porque a vida é, no princípio, um caos no qual a pessoa se acha perdida.*
>
> *O indivíduo suspeita que seja assim, mas tem medo de se ver face a face com essa terrível realidade, e tenta cobri-la com uma cortina de fantasia, onde tudo está claro. Não o preocupa o fato de suas "idéias" não serem verdadeiras; ele as usa como trincheiras para a defesa de sua existência, como espantalhos para espantar a realidade.*
>
> — José Ortega y Gasset[1]

O problema da analidade e o complexo de castração já nos fazem avançar bastante no sentido de responder à pergunta que intriga a todos nós: se a qualidade básica do heroísmo é a coragem autêntica, por que tão poucas pessoas são realmente corajosas? Por que é tão raro ver um homem que possa se sustentar nos próprios pés? Até o grande Carlyle, que assustava muita gente, proclamou que se apoiava no pai como em um pilar de pedra enterrado no chão embaixo dele. A inferência não mencionada é que, se ele ficasse apenas sobre seus pés, o chão cederia. Essa questão vai direto ao cerne da condição humana, e estaremos abordando-a de muitos ângulos ao longo deste livro. Certa vez, escrevi[2] que achava que a razão pela qual o homem era tão naturalmente covarde era que ele sentia não ter autoridade; e a razão de ele não ter autoridade estava na própria maneira pela qual o animal humano é formado: todos os nossos significados nos são inculcados pelo lado de fora, pelas nossas relações com os outros. É isso que nos dá um "eu" e um superego. Todo o nosso mundo de certo e errado, bom e mau, nosso nome, exatamente quem somos, tudo isso é enxertado em nós. Nunca sentimos que temos autoridade para oferecer coisas por nossa conta. Como poderíamos fazê-lo, pergunto, já que nos sentimos, sob muitas formas, culpados e em débito em relação aos outros, sendo uma criação secundária deles, devendo a eles o nosso próprio nascimento.

Mas isso é apenas uma parte da história — a mais superficial e mais óbvia. Há razões mais profundas para a nossa falta de coragem, e, para que possamos entender o homem, teremos que pesquisá-las. O psicólogo Abraham Maslow possuía grande perspicácia em relação a idéias significativas e, pouco antes de sua recente morte prematura, começou a atacar o problema do medo de ficar sozinho.[3] Maslow usou uma ampla perspectiva humanística em seu trabalho e gostava de falar sobre conceitos como "pôr em prática o potencial do indivíduo" e a "plena humanidade" do indivíduo. Ele os considerava anseios naturais de desenvolvimento, e ficava imaginando o que os detinha, o que os bloqueava. Respondia à pergunta em linguagem existencial, usando termos como "temor à própria grandeza" e "evasão ao próprio destino". Esta abordagem lança uma nova luz sobre o problema da coragem. Em suas palavras:

> Tememos nossa mais elevada possibilidade (assim como as mais baixas). Em geral, temos medo de nos tornarmos aquilo que podemos vislumbrar em nossos momentos mais perfeitos. (...) Apreciamos e até nos emocionamos com as possibilidades divinas que vemos em nós mesmos em tais momentos culminantes. E, no entanto, trememos simultaneamente de fraqueza, pasmo e medo diante dessas mesmíssimas possibilidades.[4]

Maslow usou um termo adequado para essa evasão ao crescimento, esse medo de o indivíduo concretizar seus plenos poderes. Ele o chamou de "Síndrome de Jonas". Entendia a síndrome como a evasão à plena intensidade da vida:

> *Simplesmente não temos forças suficientes para suportar mais!* É perturbador e cansativo demais. Com tanta freqüência pessoas em (...) momentos de êxtase dizem "Isso é demais", ou "Eu não agüento", ou "Isso me mata". (...) A felicidade delirante não pode ser suportada por muito tempo. Nossos organismos são fracos demais para quaisquer doses generosas de grandeza. (...)

A Síndrome de Jonas, então, vista sob esse ângulo básico, é "em parte um temor justificado de ser dilacerado, de perder o controle, de ser estilhaçado e desintegrado, até mesmo de ser morto pela experiência". E o resultado dessa síndrome é aquilo que seria de esperarmos que um organismo fraco fizesse: reduzir a plena intensidade da vida:

> Para certas pessoas, essa evasão ao próprio crescimento, fixando níveis baixos de aspiração, o medo de fazer aquilo de que se é capaz, a automutilação voluntária, a pseudo-estupidez, a humildade simulada são, na realidade, defesas contra a grandiosidade...[5]*

Tudo se reduz a uma simples falta de força para suportar o superlativo, para abrir-se à totalidade da experiência — uma idéia que era muito apreciada por William James e, mais recentemente, foi desenvolvida em termos

---

*Como iremos ver nas páginas que se seguem, outros pensadores tinham sua versão da "Síndrome de Jonas" muito antes de Maslow. Estou pensando em especial em Rank, que não deu à idéia nenhum nome especial, e em Freud, que provavelmente começou uma abordagem científica desse tema com sua famosa descoberta da síndrome dos "Arruinados pelo Sucesso". Ele via que certas pessoas não suportavam o sucesso depois que o alcançavam; como o sucesso era demais para elas, elas prontamente abriam mão do êxito ou sofriam um colapso nervoso. Estou excluindo Freud, aqui, porque Maslow apresenta muito bem a abordagem existencial, que creio ser uma expansão do horizonte freudiano — muito embora o próprio Freud evoluísse bastante na direção de uma concepção existencial, como veremos no Capítulo Seis, onde esse problema será discutido novamente.

fenomenológicos na obra clássica de Rudolf Otto. Otto discorreu sobre o terror do mundo, a sensação de espanto, assombro e medo avassaladores diante da criação — o milagre dessa criação, o *mysterium tremendum et fascinosum* de cada coisa isolada, do simples fato de existirem coisas.[6] O que Otto fez foi chegar descritivamente ao sentimento natural de inferioridade que o homem tem diante da maciça transcendência da criação; ao seu verdadeiro *sentimento de criatura* diante do esmagador e anulador milagre do Ser. Compreendemos, agora, como uma fenomenologia de experiências religiosas se liga à psicologia: bem no ponto do problema da coragem.

Poderíamos dizer que a criança é um covarde "natural": não pode ter a força de suportar o terror da criação. O mundo tal como *é*, criado do nada, as coisas como são, as coisas como não são, tudo isso é demais para que possamos suportar. Ou, melhor: seria demais para suportarmos sem desmaiar, tremendo como vara verde, imobilizados em transe *em resposta* ao movimento, às cores e aos odores do mundo. Eu digo "seria" porque a maioria de nós — ao deixarmos a infância — já reprimiu a nossa visão do milagre básico da criação. Nós a isolamos, nós a alteramos, e já não percebemos mais o mundo tal como ele aparece na experiência desarmada. Às vezes, podemos reconstituir esse mundo ao nos lembrarmos de algumas percepções marcantes vividas em nossa infância, revivendo essas percepções carregadas de emoções e assombro — por exemplo, o jeito de um avô muito querido, ou o primeiro amor no início da adolescência. Nós alteramos essas percepções altamente emocionais precisamente porque precisamos nos deslocar pelo mundo com um certo tipo de equanimidade, um certo tipo de força e retidão. Não podemos ficar estupefatos com o coração na boca, sorvendo avidamente com os olhos tudo o que de grande e poderoso chamar nossa atenção. A grande dádiva da repressão é a de possibilitar ao homem viver decisivamente em um mundo esmagadoramente miraculoso e incompreensível, mundo tão cheio de beleza, majestade e terror que, se os animais o percebessem, ficariam paralisados e sem ação.

Mas a natureza protegeu o animal inferior dotando-o de instintos. Instinto é uma percepção programada que mobiliza uma reação programada. É muito simples. Os animais não são provocados por aquilo a que não podem reagir. Vivem em um mundo pequenino, um fragmento de realidade, dentro de um programa neuroquímico que os mantém andando atrás de seu focinho e isola tudo o mais. Mas olhem para o homem, a criatura impossível! Aqui, a natureza parece ter deixado de lado a cautela e os instintos programados. Criou um animal que não tem defesa alguma contra a percepção do mundo exterior, um animal inteiramente aberto à experiência. Não apenas adiante de seu nariz, em seu *umwelt*, mas em muitos outros *umwelten*. Pode relacionar-se não apenas com os animais de sua espécie, mas, de certa maneira, com todas as outras espécies. Ele pode contemplar não apenas o que é comestível para ele, mas tudo aquilo que floresce. Vive não apenas o momento presente, mas estende seu eu interior ao amanhã, a sua curiosidade a séculos passados, seus temores a daqui a cinco bilhões de anos. Pergunta-se quando o sol irá esfriar e quais são suas esperanças em relação a uma eternidade no futuro. Vive não apenas em um minúsculo território, tampouco em um planeta inteiro, mas numa galáxia, num universo, e em dimensões além de universos visíveis. É estarrecedor o fardo que o homem suporta, o fardo *experiencial*. Como vimos no capítulo anterior, o homem não pode nem mesmo ter o seu corpo como ponto pacífico, como podem fazer os outros animais. Não se trata apenas de patas traseiras, de um rabo para arrastar, de membros para serem usados ou cortados quando apanhados em uma armadilha provocando dor ou impedindo os movimentos. Para o homem, o seu corpo é um *problema* que tem que ser explicado. Não é só o corpo que é estranho, mas também sua configuração interior, suas recordações e seus sonhos. As próprias entranhas do homem — o seu eu — lhe são confusas. Ele não sabe quem é, por que nasceu, o que está fazendo no planeta, o que deveria fazer, o que pode esperar. Sua existência lhe é incompreensível, um milagre como o restante da criação, mais perto dele, bem perto de seu coração que bate, por isso mesmo ainda mais estranho. Cada coisa é um problema, e o homem não pode apartar de si coisa alguma. Maslow disse bem: "É precisamente em relação ao que há de divino em nós que nos tornamos ambivalentes, ficamos fascinados e temerosos, somos motivados e nos defendemos. Este é um aspecto da dificuldade básica do homem, o de sermos simultaneamente vermes e deuses."[7] Aí está, outra vez: deuses, e com ânus.

O valor histórico da obra de Freud está no fato de ela abordar de forma adequada o animal singular que o homem é, o animal que não está programado por instintos para isolar a percepção e garantir uma equanimidade automática e uma ação vigorosa. O homem teve que inventar e criar, a partir de si mesmo, as limitações da percepção e a equanimidade para viver neste planeta. E por isso o cerne da psicodinâmica, a formação do caráter humano, é um estudo da autolimitação humana e dos assombrosos custos dessa limitação. A hostilidade contra a psicanálise, no passado, hoje e no futuro, será sempre uma hostilidade contra o reconhecimento de que o homem vive à custa de mentir para si mesmo sobre si mesmo e sobre o mundo, e de que o caráter, para acompanhar Ferenczi e Brown, é uma mentira vital. Particularmente, gosto da maneira como Maslow resumiu essa contribuição do pensamento freudiano:

> A maior descoberta de Freud, aquela que se acha na raiz da psicodinâmica, é que *a grande* causa de muita doença psicológica é o medo do autoconhecimento — do conhecimento de nossas emoções, nossos impulsos, nossas recordações, capacidades, potencialidades, nosso destino. Descobrimos que o temor do autoconhecimento é, com muita freqüência, isomórfico e paralelo ao medo do mundo externo.

E o que é esse temor, senão um medo da realidade da criação em relação a nossas forças e possibilidades?

> Em geral, esse tipo de temor é defensivo, no sentido de ser uma proteção para a nossa auto-estima, de nosso amor e respeito por nós mesmos. Nossa tendência é temer qualquer conhecimento que possa fazer com que desprezemos a nós mesmos ou com que nos sintamos inferiores, fracos, inúteis, maus, vergonhosos. Nós nos protegemos e protegemos a imagem ideal de nós mesmos por meio da repressão e de defesas semelhantes, que são essencialmente técnicas pelas quais evitamos a consciência de verdades desagradáveis e perigosas.[8]

O indivíduo tem de fazer uma repressão *global*, de todo o espectro de sua experiência, para ter uma acalentadora sensação de valor interior e segurança básica. Essa sensação de valor e apoio é algo que a natureza dá a cada animal por meio da programação instintiva automática e da pulsação dos processos vitais. Mas o homem, pobre criatura desnuda, tem de construir e obter o seu próprio valor interno e a sua segurança. Terá que reprimir sua pequenez no mundo adulto, seus fracassos na tentativa de viver de acordo com as ordens e os códigos adultos. Terá que reprimir seus sentimentos de inadequação física e moral, não apenas a inadequação de suas boas intenções, mas também sua culpa e suas más intenções: os desejos de morte e o ódio que sente ao ser frustrado e bloqueado pelos adultos. Terá que reprimir a inadequação dos pais, as ansiedades e terrores destes, porque percebê-los termina por minar o sentimento de segurança e poder. Terá que reprimir sua própria analidade, suas comprometedoras funções corporais que significam sua mortalidade, sua indiscutível transitoriedade dentro do mundo natural. Com tudo isso e com muito mais que não mencionamos, terá que reprimir o assombro e o temor básicos diante do mundo externo.

Em seus últimos anos de vida, Freud evidentemente chegou a perceber, como Adler havia feito antes, que aquilo que realmente angustia a criança é a natureza do seu mundo, não tanto seus impulsos interiores. Falava menos sobre o poder do complexo de Édipo e mais sobre "a perplexidade e impotência humanas diante das temidas forças da natureza", "os terrores da natureza", "o doloroso enigma da morte", "nossa ansiedade diante dos perigos da vida", e "as grandes necessidades do destino, contra as quais não há remédio".[9] E quando se tratava do problema central da ansiedade, ele já não considerava mais — como considerara em seus primeiros trabalhos — que a criança estivesse subjugada internamente por seus impulsos instintivos; em vez disso, as formulações de Freud tornaram-se existenciais. A ansiedade era considerada, agora, como uma questão de reação ao desamparo, ao abandono e ao destino, de modo global:

> Afirmo, portanto, que o temor da morte deve ser considerado como análogo ao temor de castração, e que a situação à qual o ego reage é o estado de ser esquecido ou abandonado pelo superego protetor — pelas forças do destino — que põe fim à segurança contra todos os perigos.[10]

Esta formulação indica uma grande ampliação de perspectiva. Acrescente-se a isso uma geração ou duas de trabalho clínico psicanalítico e teremos conseguido uma compreensão notavelmente fiel daquilo que realmente angustia a criança: o fato de que a vida é demais para ela e de que, na verdade, ela tem de evitar um excesso de pensamento, de percepção e de *vida*. Ao mesmo tempo ela precisa evitar a morte, que ronda qualquer tipo de atividade despreocupada, que lhe espia por sobre os ombros enquanto ela, a criança, brinca.

Agora sabemos que o animal humano é caracterizado por dois grandes temores, dos quais os outros animais estão protegidos: o temor da vida e o temor da morte. Na ciência do homem foi Otto Rank, acima de tudo, quem colocou esses temores em evidência, baseando todo o seu sistema de pensamento neles e mostrando o quanto são fundamentais para uma compreensão do homem. Mais ou menos na mesma época em que Rank escreveu, Heidegger situou esses temores no centro da filosofia existencial. Ele alegava que a ansiedade básica do homem é a ansiedade *por* estar no mundo, bem como a ansiedade *de* estar no mundo. Isto é, temor da morte e temor da vida, da experiência e da individuação.[11] O homem reluta em enfrentar o peso esmagador de seu mundo, os verdadeiros perigos desse mundo. Ele retrai-se para não se perder nos devastadores apetites dos outros, para não rodopiar sem controle nas garras e presas de homens, animais e máquinas. Como organismo animal, o homem sente em que tipo de planeta foi colocado — o apavorante, demoníaco frenesi no qual a natureza liberou bilhões de apetites de seres orgânicos individuais de todos os tipos. Isso sem falar em terremotos, meteoros e furacões, que parecem ter seus próprios apetites infernais. Cada coisa, para que possa se expandir prazerosamente, está sempre engolindo outras. Os apetites podem ser inocentes, por se constituírem numa dádiva da natureza, mas qualquer ser vivo apanhado nas malhas dessa infinidade de interesses contrários que agitam este planeta é uma vítima em potencial dessa mesma inocência — e o ser vivo, assim, se esquiva da vida com medo de perder a própria vida. A vida pode sugar o indivíduo, solapar suas energias, submergi-lo, tirar-lhe o autocontrole, dar tanta experiência nova com tanta rapidez que ele irá explodir. Pode fazê-lo destacar-se entre os outros, emergir em terreno perigoso, jogar-lhe por cima novas responsabilidades que precisam de grande força para serem suportadas, expô-lo a novas contingências, novas chances.

Acima de tudo, há o perigo de um escorregão, um acidente, uma doença imprevista e, naturalmente, o perigo da morte, a sucção final, a submersão e a negação totais.

A grande simplificação científica apresentada pela psicanálise é o conceito de que toda experiência inicial é uma tentativa, por parte da criança, de negar a ansiedade com que ela vivencia o seu aparecimento neste mundo, negar o seu medo de perder o apoio e de ficar sozinha, indefesa e amedrontada. O caráter da criança e seu estilo de vida compõem sua maneira de usar o poder dos outros, o apoio das coisas e das idéias de sua cultura e de banir de sua consciência a realidade de sua impotência natural. Não apenas sua impotência diante da morte, mas sua impotência de ficar sozinha, firmemente enraizada em seus próprios poderes. Diante do terror do mundo, do milagre da criação, da esmagadora força da realidade, nem mesmo o tigre tem um poder seguro e ilimitado, quanto mais a criança. O seu mundo é um mistério transcendental; até mesmo os pais, com quem ela se relaciona numa dependência natural e segura, são milagres primários. De que outra maneira eles poderiam aparecer? A mãe é o primeiro milagre espantoso que persegue a criança a vida inteira, quer a criança viva dentro de sua poderosa aura ou se rebele contra ela. A superordenação de seu mundo se intromete em sua vida sob a forma de rostos fantásticos sorrindo bem de perto com bocas escancaradas e dentes à mostra, olhos sinistros que se reviram, penetrando-a de longe com olhares ameaçadores. Ela vive em um mundo de máscaras Kwakiutl de verdade, que zombam de sua auto-suficiência. A única maneira de a criança poder se opor a elas seria saber que ela é tão divina quanto elas, mas isto ela nunca poderá saber de forma direta e inequívoca. Não existe uma resposta segura para o espantoso mistério da face humana que se examina ao espelho. Ao menos nenhuma resposta que possa partir da própria pessoa, de seu próprio centro. O nosso rosto pode ser dividido em sua miraculosidade, mas nos falta o poder divino de saber o que ele significa, a força divina de ter sido responsável pelo seu surgimento.

Assim compreendemos que, se a criança fosse ceder ao esmagador caráter da realidade e da experiência, ela não poderia agir com o tipo de equilíbrio de que precisamos em nosso mundo não-instintivo. Portanto, uma das primeiras coisas que uma criança tem a fazer é "abandonar o êxtase", deixar de lado o temor reverencial e para trás o medo e o tremor. Só então poderá agir com uma certa autoconfiança descontraída, depois de ter naturalizado o seu mundo. Dizemos "naturalizado", mas queremos dizer desnaturado, falsificado, com a verdade obscurecida. O desespero da condição humana fica escondido, um desespero que a criança percebe em seus terrores noturnos e em suas fobias e neuroses diurnas. Esse desespero ela evita com a construção de defesas; e estas defesas lhe permitem uma sensação básica de valor próprio, de significado e de poder. Permitem-lhe sentir que *controla* sua vida e sua morte, que realmente vive e age como um indivíduo de vontade própria e livre, que possui uma identidade sem par e modelada por ela mesma, que ela é *alguém* — não apenas um trêmulo acidente germinado em um planeta-estufa que Carlyle chamava o tempo todo de "mansão da maldição". Dissemos que o estilo de vida de uma pessoa é uma mentira vital, e agora compreendemos melhor o motivo pelo qual dissemos que era vital: ele é uma desonestidade *necessária* e básica acerca da própria pessoa e de toda a sua situação. Essa revelação é a conclusão a que realmente chega a revolução do pensamento de Freud, e é o motivo básico pelo qual ainda lutamos contra ele. Não queremos admitir que somos fundamentalmente desonestos no que se refere à realidade, que não controlamos realmente nossas próprias vidas. Não queremos admitir que não ficamos sozinhos, que sempre nos apoiamos em algo que nos transcende, um certo sistema de idéias e poderes no qual estamos mergulhados e que nos sustenta. Esse poder nem sempre é óbvio: Não precisa ser um deus ou uma pessoa mais forte, mas pode ser o poder de uma atividade que exija plena dedicação, uma paixão, a dedicação a um jogo, um modo de vida que, como uma teia confortável, mantém a pessoa apoiada e ignorante a respeito de si própria e ao fato de que ela não se apóia em seu próprio centro. Todos nós somos levados a sobreviver de uma maneira desinteressada, ignorando quais as energias que realmente consumimos e que tipo de mentira criamos a fim de vivermos segura e serenamente. Santo Agostinho foi um mestre na análise desta questão, como o foram Kierkegaard, Scheler e Tillich em nossos dias. Eles viram que o homem podia pavonear-se como quisesse, mas que na verdade extraía a sua "coragem para ser" de um deus, de uma série de conquistas sexuais, de um Grande Irmão, de uma bandeira, do proletariado ou do fetiche do dinheiro e do tamanho de um saldo bancário.

As defesas que formam o caráter de uma pessoa sustentam uma grande ilusão, e quando percebemos isso podemos compreender aquilo que impulsiona o homem. Ele se deixa levar para longe de si mesmo, do autoconhecimento, da auto-reflexão. Deixa-se atrair por coisas que sustentam a mentira de seu caráter e sua serenidade automática. Mas também é levado precisamente para as coisas que o deixam ansioso, como meio de contorná-las com habilidade, de testar a si mesmo contra elas, de controlá-las ao desafiá-las. Como Kierkegaard nos ensinou, a angústia nos induz a prosseguir, incentivando grande parte de nossa atividade energética: namoramos o nosso próprio crescimento, mas também de forma desonesta. Isso explica grande parte do atrito em nossas vidas. Estabelecemos relações simbióticas a fim de obtermos a segurança de que precisamos, o alívio de nossas angústias, nossa solidão e nosso desamparo. Mas essas relações também nos prendem e nos escravizam ainda mais porque sustentam a mentira que criamos. Então, lutamos contra elas para sermos mais livres. A ironia está em que travamos essa luta dentro de nossa própria armadura e com isso aumentamos a nossa impulsão e a ineficiência de nossa luta pela liberdade. Mesmo em nosso namoro com a angústia ignoramos nossos motivos. Buscamos o estresse, forçamos nossos limites, mas fazemos isso com a nossa *cortina contra o desespero,* e não com o próprio desespero. Fazemos isso com o mercado de ações, com carros esporte, com mísseis atômicos, com a escada do sucesso na empresa ou a concorrência na universidade. Fazemos isso na prisão de um diálogo com a nossa pequena família, casando-nos contra a vontade deles ou escolhendo uma maneira de viver exatamente porque eles não a aprovam, e assim por diante. Daí a natureza complicada e ineficiente de toda a nossa impetuosidade. Mesmo em nossas paixões somos crianças bem pequenas, brincando com brinquedos que representam o mundo verdadeiro. Mesmo quando esses brinquedos quebram e nos custam a vida e a sanidade, sentimo-nos privados do consolo de saber que estávamos no mundo de verdade e não naquele de nossas fantasias. Ainda não enfrentamos o nosso destino adverso em nossos próprios termos viris, em disputa com a realidade objetiva. É fatídico e irônico o fato de que a mentira que precisamos para viver nos condena a uma vida que nunca é realmente nossa.

Só depois da formulação da psicanálise moderna pudemos compreender algo que os poetas e os gênios religiosos sabem há muito tempo: a couraça do caráter era tão vital para nós que deixá-la cair significava correr o risco da morte e da loucura. Não é difícil chegar a uma conclusão. Se o caráter é uma defesa neurótica contra o desespero e é abandonado, surge a enxurrada total do desespero, a plena percepção da verdadeira condição humana, aquilo de que os homens realmente têm medo e contra o que lutam, para onde são impelidos e nunca levados. Freud resumiu isso perfeitamente em certa passagem de sua obra, quando declarou que a psicanálise curava a infelicidade neurótica a fim de apresentar o paciente à comum infelicidade da vida. Neurose é outro termo para descrever uma técnica complicada de evitar sofrimento, mas realidade *é* sofrimento. É por isso que os sábios, desde as épocas mais remotas, têm insistido em que, para se ver a realidade, é preciso morrer e renascer. A idéia de morte e renascimento estava presente em épocas xamanísticas, no pensamento zen, no pensamento estóico, no *Rei Lear* de Shakespeare, bem como no pensamento judaico-cristão e no pensamento existencial moderno. Mas só com a psicologia científica pudemos compreender o que estava em jogo na morte e no renascimento: que o caráter do homem era uma estrutura neurótica que penetrava bem no âmago de sua qualidade humana. Como disse Frederick Perls, "sofrer a própria morte e renascer não é fácil". E não é fácil precisamente porque é muito grande a parte da pessoa que tem de morrer.

Gosto da maneira pela qual Perls concebeu a estrutura neurótica, como um edifício compacto formado por quatro camadas. As duas primeiras são as do cotidiano. Nelas estão táticas que a criança aprende para viver bem na sociedade através do uso fácil de palavras que buscam pronta aprovação e calma, para que os outros possam segui-la. São as camadas da conversa loquaz e vazia, dos chavões e do comportamento estereotipado. Muita gente passa a vida sem nunca chegar abaixo dessas camadas. A terceira é dura, difícil de ser penetrada: é o "impasse" que cobre a nossa sensação de sermos vazios e estarmos perdidos, a mesma sensação que tentamos banir ao construir as defesas do nosso caráter. Por baixo dessa camada está a quarta e mais desconcertante: a camada da "morte", ou do medo da morte. Como vimos, essa é a camada de nossas verdadeiras e básicas angústias animais, o terror que carregamos conosco no segredo de nosso coração. Só quando explodimos essa quarta camada, diz Perl, chegamos àquela camada que poderíamos chamar de nosso "eu autêntico": aquilo que realmente somos sem hipocrisia, sem disfarce, sem defesas contra o medo.[12]

Desse esboço dos complexos anéis de defesa que compõem o nosso caráter e nosso escudo neurótico contra o pavor da verdade, podemos ter alguma idéia do difícil e doloroso processo de tudo ou nada que é o renascimento psicológico. E quando ele termina psicologicamente, está apenas começando humanamente: o pior não é a morte, mas o próprio renascimento — aí é que está a dificuldade. Para o homem, o que significa "nascer outra vez"? Significa *estar sujeito, pela primeira vez*, ao aterrorizante paradoxo da condição humana, já que se tem que nascer não como um deus, mas como homem, ou como um deus-verme, ou um deus que caga. Só que, dessa vez, sem o escudo neurótico que esconde a plena ambigüidade da vida do indivíduo. E por isso sabemos que cada renascimento autêntico é uma verdadeira expulsão do paraíso, como comprovam as vidas de Tolstoi, Péguy e outros. Ele pega homens de granito, homens que eram automaticamente poderosos, "seguros em seus ímpetos", poderíamos dizer, e os faz tremer e chorar — como Péguy, de pé nas plataformas dos ônibus parisienses com lágrimas ardentes correndo-lhe pelas faces enquanto balbuciava orações.

Foi Rank quem admitiu muito cedo que a angústia não podia ser completamente superada por meios terapêuticos, e eis o que ele tinha em mente: é impossível enfrentar sem angústia o terror da condição de indivíduo. Foi Andras Angyal quem chegou ao cerne da questão do renascimento psicoterapêutico, quando disse que o neurótico que recebeu tratamento médico é como um associado dos Alcoólatras Anônimos: nunca poderá aceitar sua cura como definitiva, e o melhor sinal da autenticidade dessa cura é o fato de ele viver com *humildade*.[13]

Humanos Totais e Humanos Parciais

Essa discussão suscita uma contradição básica de todo o empreendimento terapêutico, ainda não suficientemente discutida. Vamos abordá-la em detalhes no final deste livro, mas aqui é o lugar certo para apresentá-la. Trata-se simplesmente do seguinte: de que adianta falar de "desfrutar a nossa plena humanidade" — como insiste Maslow, acompanhado de tantos outros — se "plena humanidade" significa o *desajuste* primário em relação ao mundo? Se você se livrar de sua couraça neurótica de quatro camadas, a armadura que cobre a mentira caracterológica sobre a vida, como poderá falar de "desfrutar" essa vitória de Pirro? A pessoa abre mão de algo restritivo e ilusório, é verdade, mas apenas para se ver face a face com algo ainda mais horrível: o desespero autêntico. Plena humanidade significa pleno medo e pleno tremor, pelo menos uma parte das horas em que o indivíduo está acordado. Quando você faz com que uma pessoa surja para a vida, longe de suas dependências e de sua segurança automática obtida ao abrigo do poder de outrem, que alegria poderá prometer a ela, portadora do fardo de sua solidão? Quando você faz com que uma pessoa olhe para o sol, enquanto ele tosta a carnificina diária que acontece na terra, os ridículos acidentes, a total fragilidade da vida, a impotência dos que ela julgava serem os mais poderosos — que conforto poderá dar a ela, do ponto de vista psicoterapêutico? Luis Buñuel gosta de colocar um cachorro raivoso em seus filmes como um contraponto da segura rotina diária da vida reprimida. O significado desse simbolismo é que, não importa o que os homens finjam, apenas uma mordida acidental os separa da total falibilidade. O artista disfarça a incongruência que é a pulsação da loucura, mas será ciente dela. O que é que o homem comum faria com uma plena consciência do absurdo? Ele moldou o seu caráter com o exato propósito de colocá-lo entre ele mesmo e a realidade da vida; é a sua *tour de force* especial que lhe permite ignorar as incongruências, alimentar-se de impossibilidades, vicejar na cegueira. Com isso, ele obtém uma vitória caracteristicamente humana: a capacidade de ser presunçoso em relação ao terror. Sartre chamou o homem de "paixão inútil", por ser embaraçado de maneira tão irremediável, por estar muito enganado a respeito de sua verdadeira condição. O homem quer ser um deus com o equipamento de apenas um animal, e por isso vive de fantasias. Como Ortega disse tão bem na epígrafe que usamos para este capítulo, o homem usa suas idéias para defesa de sua existência, para afugentar a realidade. A defesa da existência é um jogo sério. Como tirá-la das pessoas e deixá-las alegres?

Maslow fala, de maneira muito convincente, de "auto-realização" e do êxtase de "experiências máximas", nas quais uma pessoa passa a ver o mundo em todo o seu assombro e esplendor e sente a própria expansão interior livre e o milagre do seu ser. Maslow chama este estado de "cognição do ser", a abertura da percepção à verdade do mundo, uma verdade escondida pelas distorções e ilusões neuróticas que protegem o indivíduo de experiências esmagadoras. É uma idéia ótima e correta essa recomendação para desenvolver a capacidade de "cognição do ser" a fim de sairmos da unidimensionalidade de nossas vidas, da caverna de nossa segurança aprisionante. Mas, como a maior parte de tudo que é humano, é um tipo de triunfo muito paradoxal. Isso já foi claramente visto por Maslow, quando ele falou nos "*perigos* da cognição do ser".[14] Maslow era demasiado liberal e sensato para imaginar que a cognição do ser não tinha o seu lado avesso; mas não chegou a mostrar como esse lado avesso era perigoso, capaz de questionar toda a posição do indivíduo no mundo. Não é demais salientar, uma última vez, que a visão do mundo tal como ele é na realidade constitui uma experiência arrasadora e apavorante. Engendra um resultado que é o mesmo que a criança procurou evitar, formando dolorosamente seu caráter ao longo dos anos. *Ele torna impossível uma atividade rotineira, automática, segura, autoconfiante.* Faz com que seja uma impossibilidade o indivíduo viver despreocupado no mundo dos homens. Coloca um animal trêmulo à mercê de todo o cosmo e do problema do significado do mesmo.

Vamos fazer uma digressão, por um instante, a fim de mostrar que essa visão do caráter não é proposta por existencialistas mórbidos, mas, pelo contrário, representa a fusão, agora aceita, da psicologia freudiana com a psicologia pós-freudiana. Houve uma sutil mas muito profunda alteração de nossa compreensão do desenvolvimento inicial da criança. É uma alteração que pode ser definida como um freudianismo moderado. Freud via a criança como um antagonista de seu mundo, como alguém que tem impulsos de agressão e sexualidade que gostaria de pôr em ação no mundo. Mas, como não pode implementar tais impulsos por ser criança, tem que sofrer frustração e criar satisfações substitutivas. A frustração desses impulsos na infância provoca tamanho resíduo de amargura e anti-socialidade que o mundo poderia ser povoado por um tipo de animal ofendido pelo que o mundo lhe fizera, por aquilo de que ele, o mundo, o havia privado. O homem seria, no íntimo, um animal não domesticado, indócil, que se sentiu enganado, que abriga sentimentos e desejos sufocados. Na aparência pode ser agradável, responsável, criativo; mas, por baixo de tudo isso, há um resíduo de escória que ameaça explodir e, de um modo ou de outro, acaba atingindo os outros ou ele próprio.

A teoria de Freud sobre os instintos inatos foi atacada muito cedo nas esferas sociopsicológicas e muito tarde dentro da própria psicanálise, que fez com que virasse moda uma nova visão da criança. Essa nova visão procurava considerar a criança como um ser neutro, livre de instintos, basicamente maleável; à exceção de certos fatores desconhecidos de constituição e temperamento hereditários, a criança seria considerada como uma criatura formada inteiramente pelo seu meio ambiente. Segundo esse modo de ver, os pais eram considerados responsáveis pelas repressões da criança, pelas defesas de caráter que ela desenvolvia e pelo tipo de pessoa que ela viesse a ser, já que eles lhe haviam proporcionado um ambiente e a haviam amoldado a esse ambiente. E ainda mais, como os pais se haviam oposto à natural expansão ativa e livre da criança e haviam exigido sua rendição ao mundo deles, poderiam ser considerados, de certa forma, culpados por quaisquer deformações de seu caráter. Se a criança não possuía instintos, ao menos possuía muita energia livre e uma inocência natural do corpo. Procurava atividades e distrações contínuas, queria se mover pelo seu mundo inteiro e, tanto quanto possível, subjugá-lo para seu uso e deleite. Procurava expressar-se de maneira espontânea, sentir o máximo de satisfação em seus processos físicos, obter de terceiros o máximo de conforto, emoção e prazer. Mas, como esse tipo de expansão ilimitada não é possível no mundo, a criança tem de ser controlada, para seu próprio bem. E os pais são os controladores da atividade da criança. Portanto as atitudes que a criança pudesse ter em relação a si mesma, ao seu corpo e ao seu mundo eram consideradas atitudes implantadas pela sua experiência com seus treinadores e com o seu ambiente imediato.

Era essa a visão pós-freudiana do desenvolvimento do caráter, a reação contra o instintivismo de Freud. Na verdade, ela é pré-freudiana, datando do Iluminismo, de Rousseau e Marx. Nos últimos anos, a crítica mais cáustica e mais cuidadosamente concebida dessa teoria foi apresentada por Norman O. Brown.[15] Os epítetos que ele usou contra Fromm e os neofreudianos foram realmente virulentos para um livro que nos chamava de volta a Eros. Mas o ponto essencial da crítica de Brown era grave e passou despercebido a muitos nas últimas décadas: a situação da criança era insustentável e ela tinha de formar suas próprias defesas contra o mundo, tinha de encontrar um meio de sobreviver nele. Como vimos no Capítulo Três, os dilemas existenciais da criança lhe apresentavam a sua tarefa de modo inteiramente independente dos pais: as "atitudes" da criança nasciam de sua necessidade de se adaptar a toda a desesperada condição humana — não apenas de se ajustar aos caprichos dos pais.

O estudioso de idéias tem direito a imaginar que tipo de livro Brown teria elaborado com o seu brilhantismo se tivesse digerido Adler e Rank com a meticulosidade com que estudara Freud. Foram Adler e Rank, afinal, que compreenderam a situação desesperada da criança, sem cair na armadilha freudiana dos instintos internos ou na do ambientalismo fácil. Como disse Rank, de uma vez por todas, para todos os futuros psicanalistas e estudiosos do homem:

> todo ser humano é (...) igualmente prisioneiro, isto é, *nós* (...) *criamos*, com a liberdade, uma prisão. (...)[16]

Rank criticou o ponto de vista de Rousseau, do homem nascido livre e depois submetido aos grilhões pelo treinamento e pela sociedade. Rank entendia que, diante da natureza avassaladora do mundo, a criança não podia, por iniciativa própria, concentrar a energia e a autoridade necessárias para viver em plena expansibilidade com ilimitados horizontes de percepção e experiência.

Chegamos a um estágio ímpar na evolução do pensamento psicanalítico. Incorporando inteiramente a obra de Adler e Rank em um plano igual ao de Freud, a psicanálise moderna foi capaz de manter a harmonia de estilo e a ponderação do mestre sem os erros, as formulações radicais e os dogmas do freudianismo rigoroso. A meu ver, o livro de Brown representa uma declaração de que o círculo se fechou por completo entre a psicanálise dos fundadores e os mais recentes trabalhos teóricos e clínicos, sem que se perdesse nada de essencial. Mesmo em relação à esquizofrenia, síndrome que, na verdade, podia justificadamente acusar os pais de não terem moldado um ser humano adequado, houve uma acentuada alteração da ênfase, uma nova consciência das trágicas dimensões da vida humana. Ninguém resumiu isso melhor do que Harold Searles, e eu gostaria de citar longamente sua sensível e abalizada opinião pessoal, que penso ser historicamente muito importante:

> Em Chestnut Lodge, as apresentações de casos durante uma hora, duas vezes por semana, versam sobre pacientes esquizofrênicos. (...) Quando o autor esteve lá, há quase doze anos, os terapeutas — inclusive o autor — que apresentavam tais casos tendiam a pintar um quadro totalmente, ou quase totalmente, negativo das relações familiares da infância do paciente; o clima da apresentação era de culpa dos pais, mais do que qualquer outra coisa. À medida que o tempo foi passando, o autor verificou que as apresentações passaram a transmitir cada vez menos essa culpa, e a transmitir cada vez mais a tragédia das vidas dos pacientes — tragédia que está tão interligada com a tragédia da vida para todos nós, que a apresentação se torna, com freqüência, uma experiência profundamente pesarosa tanto para o apresentador como para os ouvintes. Sente-se que a apresentação de casos feita à equipe hospitalar dá, agora, uma imagem mais verdadeira da vida de um paciente, mas uma imagem que abala muito mais profundamente do que o retrato eivado de reprovação, que anteriormente era visto com freqüência.[17]

A tragédia da vida a que Searles se refere é aquela que vimos examinando: a finitude do homem, o seu pavor da morte e a natureza esmagadora da vida. O esquizofrênico sente essas coisas mais do que ninguém, porque não conseguiu armar as defesas confiáveis que uma pessoa normalmente usa para negá-las. A desdita do esquizofrênico está em que ele ficou sobrecarregado com quantidades extras de angústias, culpa e desamparo, em um meio ambiente ainda mais imprevisível e que não lhe dá apoio. Ele não está instalado em segurança em seu corpo, não tem uma base segura que lhe dê condições para vencer um desafio e obter uma negação da verdadeira natureza do mundo. Os pais o tornaram maciçamente inepto como ser vivo. Ele tem que inventar meios de viver no mundo, ultra-engenhosos e ultra-desesperados, que o protejam de ser despedaçado pela experiência, uma vez que já está quase despedaçado. Vemos confirmado outra vez o ponto de vista de que o caráter de uma pessoa é uma defesa contra o desespero, uma tentativa de evitar a loucura, devida à *verdadeira* natureza do mundo. Searles considera a esquizofrenia justamente o resultado da impossibilidade de se fechar a porta ao terror, como um desesperado modo de viver convivendo com o terror. Francamente, não conheço nada mais irrefutável que se precise dizer sobre essa síndrome: ela é um malogro na humanização, o que significa *negar confiantemente* a verdadeira situação do homem neste planeta. A esquizofrenia é o teste-limite para a teoria de caráter e da realidade que vimos expondo aqui. O fracasso em construir defesas do caráter confiáveis permite que a verdadeira natureza do homem apareça. Ela é cientificamente apodíctica. A criatividade das pessoas que se acham na extremidade esquizofrênica do *continuum* humano é uma criatividade que nasce da incapacidade de aceitar as padronizadas negações culturais da verdadeira natureza da experiência. E o preço desse tipo de criatividade quase "extra-humana" é viver à beira da loucura, como os homens sabem há muito tempo. O esquizofrênico é sumamente criativo num sentido quase extra-humano porque está mais longe do animal: falta-lhe a segura programação instintiva dos seres inferiores. E lhe falta a segura programação cultural dos homens comuns. Não admira que ao homem comum ele pareça "louco": ele não faz parte do mundo habitual.*

Conclusão

Vamos encerrar a nossa longa discussão da função do caráter justapondo dois grandes fragmentos de textos poéticos e exemplos de compreensão do homem, separados por quase três séculos. O primeiro, de Thomas Traherne, apresenta uma bela descrição do mundo tal como aparece às percepções da

---

*Para um resumo mais completo do problema do fracasso esquizofrênico, veja o Capítulo 10.

criação antes dela ter podido formar reações automáticas. Traherne descreve as percepções puras da criança:

> Tudo parecia novo, e estranho, a princípio, inexprimivelmente excepcional, encantador e belo. (...) O cereal era o oriental e imortal trigo, que nunca deveria ser colhido, nem tampouco jamais foi semeado. Pensei que ele estivesse ali desde a eternidade para toda a eternidade. A poeira e as pedras da rua eram tão preciosas quanto o ouro; os portões eram, a princípio, o fim do mundo. As árvores verdes, quando as vi pela primeira vez, por um dos portões, me arrebataram e extasiaram, sua doçura e sua beleza fora do comum fizeram meu coração dar saltos, deixaram-me quase louco de êxtase, tão estranhas e maravilhosas eram elas. Os Homens! Ó, como pareciam veneráveis e reverendas criaturas os idosos! Querubins imortais! E os jovens, Anjos cintilantes e reluzentes, e as donzelas, estranhas figuras seráficas de vida e beleza! Meninos e meninas, rolando na rua e brincando, eram jóias que se moviam. Eu não sabia que eles tinham nascido ou que deveriam morrer. (...) A cidade parecia estar no Éden. (...)

Poderíamos chamar isto de o paraíso da pré-repressão. Por outro lado, Traherne passa a descrever a sua queda do Éden; o desenvolvimento de percepções e das negações que a cultura faz da verdadeira natureza da realidade; e como um moderno psicanalista da fase inicial de, por exemplo, Chestnut Lodge, ele acusa os pais por essa queda, e apresenta suas razões contra eles:

> Pensamentos são as coisas mais presentes aos pensamentos, e de uma influência poderosíssima. Minha alma só estava apta e disposta a grandes coisas; mas almas para almas são como maçãs para maçãs, uma podre apodrece outra. Quando comecei a falar e a andar, nada começou a estar presente para mim a não ser o que estava presente para mim no pensamento deles. Tampouco nada estava presente para mim de qualquer outra forma que não a que estivesse presente para eles. (...) Tudo aquilo de que eles não falavam estava ausente. Assim, comecei, entre meus companheiros de brincadeiras, a dar valor a um tambor, um bonito casaco, um níquel, um livro com gravuras etc. (...) Quanto aos Céus, ao Sol e às Estrelas, desapareceram, e nada mais eram para mim

do que as paredes nuas. De modo que a estranha riqueza da invenção do homem sobrepujava a riqueza da Natureza, que era aprendida a duras penas e em segundo plano.[18]

O que é que falta nesse esplêndido retrato, que mostra como a criança cai da percepção natural para os artificialismos do mundo cultural? Nada menos do que aquilo que citamos como a grande fusão pós-freudiana sobre a personalidade humana: a cumplicidade do próprio Traherne no processo, a sua *necessidade* de cair em desgraça a fim de crescer, andar sem angústia, proteger-se *contra* o Sol, as Estrelas e os Céus. Traherne não registra suas outras reações primitivas como, por exemplo, quando seus "companheiros de brincadeiras" cortavam as mãos ou esborrachavam o nariz e a boca, salpicando-o de um vermelho amedrontador e quente que o enchia de terror. Diz ele que não sabia que eles deveriam morrer, que todos pareciam imortais — mas será que seus pais introduziram a morte no mundo? Esta era a podridão profunda que lhe penetrara a alma, e penetrara não vinda dos pais, mas do mundo, da "riqueza da natureza". De certas maneiras complexas, a morte se intrometera como um símbolo em suas percepções e lhe abatera a alma e, para expulsar as *realidades* da vida, Traherne teve de remodelar o seu paraíso, mesmo a ponto de ter que criar mentiras em sua memória, como todos nós fazemos. É verdade, a terra era o lugar de beleza mística, que ele pintou, e com o qual Carlyle concordou, mais tarde, dizendo que era um "templo místico"; mas, ao mesmo tempo, era "uma câmara de condenação" que Traherne preferiu negar em suas recordações da infância.

Para o homem é muito difícil reconstruir a totalidade da condição humana. Ele quer ter o seu mundo seguro, feito para o prazer, quer culpar os outros pelo seu destino. Compare-se com a de Traherne a consciência que uma poetisa moderna tem de plena harmonia da condição humana. Marcia Lee Anderson nos diz, com brilho e perspicácia, que temos que viver em uma câmara de condenação e o que nos é necessário para nos protegermos:

Multiplicamos doenças por prazer,
Inventamos uma necessidade horrível, uma dúvida vergonhosa,
Regalamo-nos na licenciosidade, nutrimo-nos da noite,
Criamos balbúrdia no íntimo — e não saímos.

> Por que sairíamos? Despojado de sutis complicações,
> Quem poderia olhar o sol senão com temor?
> Este é o nosso refúgio contra a contemplação,
> Nosso único refúgio contra o simples e o claro.
> Quem iria sair rastejando de sob o obscuro
> Para ficar indefeso no ar ensolarado?
> Não há terror da obliqüidade tão certo
> Quanto o mais notável terror da desesperança
> De saber como é simples a nossa mais profunda necessidade,
> Como é intensa, e como é impossível satisfazê-la.[19]

A ironia da condição do homem está em que a mais profunda necessidade é livrar-se da angústia da morte e do aniquilamento; mas é a própria vida que a desperta e, por isso, temos que nos recusar a ser plenamente vivos. Marcia Lee Anderson traça o círculo não só em torno de Traherne, mas de Maslow, da psicanálise humanística e, até, do próprio freudiano Norman O. Brown. O que significaria exatamente, nesta terra, ser inteiramente destituído de repressão, viver em plena liberdade física e psíquica? Só pode significar renascer para a loucura. Brown nos alerta sobre o pleno radicalismo de sua leitura de Freud, salientando que acompanha resolutamente o entendimento que teve Ferenczi de que "traços de caráter são, por assim dizer, psicoses secretas".[20] Isso é uma perturbadora verdade científica, e também a subscrevemos juntamente com Brown. Se pareceu difícil os homens chegarem a um acordo sobre essa verdade na era de Freud, um dia ele estará garantido.

Mas a desalentadora realidade que está por trás dessa verdade é ainda mais perturbadora, e parece não haver muita coisa que possamos fazer hoje ou algum dia com ela: quero dizer que, *sem* traços de caráter, tem de haver uma plena e declarada psicose. Bem no final deste livro, quero fazer um resumo das contradições básicas do argumento de Brown em favor de novos homens sem defesas do caráter, de sua esperança de um renascimento da humanidade para uma "segunda inocência". Por enquanto, basta invocar a fórmula científica completa de Marcia Lee Anderson: "Despojado de sutis complicações [isto é, de todas as defesas do caráter — repressão, negação, percepção errônea da realidade], quem poderia olhar o sol senão com temor?"

CAPÍTULO 5

O Psicanalista Kierkegaard

Toda a ordem das coisas me enche de uma sensação de angústia, desde o mosquito até os mistérios da encarnação; tudo me é inteiramente ininteligível, em especial minha própria pessoa. Grande, e sem limites, é a minha tristeza. Ninguém sabe disso, exceto Deus no Céu, e Ele não pode ter pena.

— SÖREN KIERKEGAARD[1]

Hoje, podemos chamar Kierkegaard de "psicanalista" sem receio de que riam de nós — ou, pelo menos, com a confiança de que os zombadores estejam mal informados. Nas últimas décadas, tem-se verificado uma nova descoberta de Kierkegaard, uma descoberta que é significativa porque o liga a toda a estrutura do conhecimento de humanidade de nossa época. Costumávamos pensar que havia uma rígida diferença entre ciência e crença, e que psiquiatria e religião estavam, em conseqüência, muito separadas. Agora, porém, verificamos que as perspectivas psiquiátricas e religiosas quanto à realidade estão intimamente relacionadas. Em primeiro lugar, uma nasce da outra, historicamente, como veremos num bloco mais adiante. E o que é agora ainda mais importante, elas se reforçam mutuamente. A experiência psiquiátrica e a experiência religiosa não podem ser separadas, quer subjetivamente aos olhos da própria pessoa, quer objetivamente na teoria da evolução do caráter.

Em parte alguma essa fusão de categorias religiosas e psiquiátricas é mais clara do que na obra de Kierkegaard. Ele nos deu algumas das melhores análises empíricas da condição humana já criadas. Ironicamente, porém, só na época do ateu cientista Freud nos foi possível ver a estatura científica da obra do teólogo Kierkegaard. Só então tivemos as provas clínicas para apoiá-la. O famoso psicólogo Mowrer resumiu isso perfeitamente há duas décadas: "Freud teve que viver e escrever para que só então a obra de Kierkegaard, mais antiga, pudesse ser compreendida e apreciada de maneira correta."[2] Houve diversas e boas tentativas de mostrar que Kierkegaard previu os dados da moderna psicologia clínica. A maioria dos existencialistas europeus tem tido algo a dizer sobre isso, juntamente com teólogos como Paul Tillich.[3] O significado desse trabalho é que ele traça um círculo em torno da psiquiatria e da religião, mostrando que a melhor análise existencial da condição humana leva diretamente aos problemas da existência de Deus e da fé — exatamente o que Kierkegaard havia afirmado.

Não vou tentar repetir e decifrar a análise — emocionante e muitas vezes difícil de entender — da condição humana, feita por Kierkegaard. O que quero fazer, em vez disso, é tentar apresentar um resumo do principal argumento contido em seus trabalhos psicológicos, tão clara e parcimoniosamente quanto possível, a fim de que o leitor possa entender, em poucas palavras, o que Kierkegaard pretendia dizer. Se eu puder fazer isso sem me envolver demais por estar fascinado pelo gênio de Kierkegaard, o leitor deverá ficar impressionado com o resultado. A estrutura da compreensão que Kierkegaard tem do homem *é quase que exatamente uma recapitulação do moderno retrato clínico do homem que esboçamos nos quatro primeiros capítulos deste livro.* O leitor poderá, então, julgar por si mesmo como os dois retratos são congruentes em pontos básicos (muito embora eu não apresente Kierkegaard em seus impressionantes detalhes), por que estamos, hoje, comparando a estatura de Kierkegaard na psicologia à de Freud, e por que eu e outros estamos preparados para considerar Kierkegaard um estudioso da condição humana tão grande quanto Freud. A verdade é que, embora escrevendo na década de 1840, ele foi realmente pós-freudiano, o que demonstra a eterna excepcionalidade do gênio.

O Paradoxo Existencial, Início
da Psicologia e da Religião

A pedra fundamental da visão do homem de Kierkegaard é o mito da Queda, a expulsão de Adão e Eva do Jardim do Paraíso. Nesse mito se contém, como vimos, o entendimento básico da psicologia de todos os tempos: a de que o homem é uma união de contrários, de autoconsciência e de corpo físico. O homem emergiu da instintiva ação reflexa dos animais inferiores e passou a refletir sobre a sua condição. Foi-lhe dada uma consciência de sua individualidade e de sua divindade parcial na criação, a beleza e o caráter ímpar de seu rosto e de seu nome. Ao mesmo tempo, foi-lhe dada a consciência do terror do mundo e de sua morte e deterioração. Este paradoxo é o que há de realmente constante a respeito do homem em todos os períodos da história e da sociedade. É, assim, a verdadeira "essência" do homem, como disse Fromm. Como vimos, os principais psicólogos modernos, por sua vez, fizeram desse paradoxo a pedra angular de sua compreensão. Mas Kierkegaard já os havia aconselhado: "Além deste ponto a psicologia não pode passar (...) e, além do mais, ela pode confirmar esse detalhe repetidas vezes, na sua observação da vida humana."[4]

A queda na autoconsciência, a saída da confortável ignorância na natureza, acarretou uma grande penalidade para o homem: *pavor* ou angústia. Não se encontra pavor na fera, diz Kierkegaard, "precisamente porque, por natureza, a fera não está restringida pelo espírito".[5] Em lugar de "espírito", leia "eu" ou identidade interior simbólica. A fera não a tem. Ela é ignorante, diz Kierkegaard, e portanto inocente; mas o homem é uma "síntese do espiritual e do físico"[6] e, por isso, sente angústia. Uma vez mais, em lugar de "espiritual" temos que ler "autoconsciente".

> Se um homem fosse uma fera ou um anjo, não seria capaz de sentir pavor. [Isto é, se fosse absolutamente autoconsciente ou totalmente não-animal.] Como ele é uma síntese, pode sentir pavor (...) o próprio homem gera o pavor.[7]

A angústia do homem é uma conseqüência de sua absoluta ambigüidade e de sua completa incapacidade de dominar essa ambigüidade, de ser francamente um animal ou um anjo. Ele não pode viver indiferente ao seu destino, tampouco pode exercer um controle seguro sobre esse destino e vencê-lo, porque isso está fora da condição humana:

> O espírito não pode extinguir a si mesmo [isto é, a autoconsciência não pode desaparecer]. (...) Nem pode o homem mergulhar na vida vegetativa [isto é, ser inteiramente um animal]. (...) Ele não pode fugir do pavor.[8]

Mas o verdadeiro foco do pavor não é a ambigüidade em si, é o resultado do *julgamento* a que o homem é submetido: o de que, se Adão comer o fruto da árvore da sabedoria, Deus lhe dirá: "Terás morte certa." Em outras palavras, o terror final da autoconsciência é o conhecimento da própria morte, que é a sentença específica apenas com relação ao homem no reino animal. Este é o significado do mito do Jardim do Paraíso e da redescoberta da moderna psicologia: a de que a angústia da morte é a angústia característica, a mais intensa angústia do homem.*

A Caracterologia de Kierkegaard

Toda a compreensão que Kierkegaard tem do caráter do homem é que se trata de uma estrutura erguida para evitar a percepção do "terror, perdição [e] aniquilamento [que] são vizinhos de todo homem".[9] Ele entendia a psicologia tal como um psicanalista contemporâneo a entende: sua tarefa é descobrir as estratégias que uma pessoa usa para evitar a angústia. Que estilo essa pessoa usa para funcionar automaticamente e sem espírito crítico no mundo, e de que modo esse estilo mutila o seu verdadeiro crescimento

---

*Dois dos mais brilhantes usos e análises da idéia de dualidade e ambigüidade do homem no pensamento cristão moderno são feitos por Reinhold Niebuhr, em *The Nature and Destiny of Man*, volume 1 (Nova York: Scribner's Sons, 1941), e Paul Tillich, em *Systematic Theology*, Volume III (Chicago: University of Chicago Press, 1963). Capítulo 1. Esses estudos provam, sem sombra de dúvida, a verdade da obra de Kierkegaard, de que as análises psicológicas e religiosas da condição humana são inextricáveis, *se* tratarem dos pontos fundamentais.

e sua verdadeira liberdade de ação e de escolha? Ou, em palavras que são quase de Kierkegaard, até que ponto uma pessoa está sendo escravizada pela sua mentira caracterológica a respeito de si mesma?

Kierkegaard descreveu esses estilos com um brilhantismo que hoje parece fantástico e com um vocabulário que resume grande parte da teoria psicanalítica das defesas do caráter. Enquanto, hoje, falamos de "mecanismos de defesa" como repressão e negação, Kierkegaard falava das mesmas coisas utilizando termos diferentes: ele se referia ao fato de que a maioria dos homens vive em uma "semi-obscuridade" quanto à sua condição,[10] encontra-se em um estado de "confinamento" no qual bloqueia suas percepções da realidade.[11] Ele compreendia o caráter compulsivo, a rigidez do indivíduo que teve de erguer defesas de uma espessura extra contra a angústia, uma pesada couraça para o caráter, e descreveu-o nos seguintes termos:

> Um partidário da mais rígida ortodoxia (...) sabe de tudo, curva-se diante do sagrado, a verdade é para ele um conjunto de cerimônias, ele fala em se apresentar diante do trono de Deus, em quantas vezes se deve fazer mesuras, sabe de tudo da mesma maneira que o aluno que é capaz de demonstrar um teorema de matemática com as letras ABC, mas não quando estas são trocadas por DEF. Fica, portanto, apavorado sempre que ouve alguma coisa não arrumada na mesma ordem.[12]

Não há dúvida de que por "confinamento" Kierkegaard quer dizer o que hoje chamamos de repressão; é a personalidade fechada, a pessoa que ergueu uma cerca em torno de si mesma na infância, que não testou seus poderes, porque não estava livre para descobrir a si mesma e a seu mundo de maneira descontraída. Se a criança não for sobrecarregada por um excesso de bloqueio de suas ações e infectada demais pelas angústias de seus pais, poderá criar suas defesas de modo menos autoritário, até mesmo continuar um tanto flexível e aberta no que se refere ao caráter. Estará preparada para testar a realidade mais em termos de sua ação e de sua experimentação próprias e menos na base da autoridade delegada e do prejulgamento ou pré-percepção. Kierkegaard compreendeu a diferença, fazendo uma distinção entre confinamento "altivo" e confinamento "equivocado". E fez uma recomendação, à moda de Rousseau, para a criação de filhos com o tipo certo de orientação do caráter:

> É de infinita importância que uma criança seja criada com uma concepção do confinamento altivo [reserva], e seja protegida contra o tipo equivocado. Sob um aspecto exterior, é fácil perceber quando tiver chegado o momento em que se deve deixar a criança andar sozinha; (...) a arte consiste em estar constantemente presente e, no entanto, não estar presente, deixar que a criança possa desenvolver-se, embora se mantenha sempre um nítido acompanhamento. A arte está em deixar a criança entregue a si mesma no mais alto grau e na maior escala possível, e expressar esse aparente abandono de tal maneira que, sem que se seja percebido, ao mesmo tempo saiba-se de tudo. (...) E o pai que educa ou faz tudo pela criança a ele confiada mas não evitou que ela se tornasse confinada assumiu uma séria responsabilidade.[13]

Tal como Rousseau e Dewey, Kierkegaard está aconselhando o pai a deixar que a criança faça a sua própria exploração do mundo e desenvolva seus próprios poderes experimentais seguros. Ele sabe que a criança tem que ser protegida contra os perigos e que a vigilância por parte do pai é de vital importância, mas não quer que o pai intrometa suas próprias angústias no quadro, que interrompa a ação da criança antes que isso seja absolutamente necessário. Hoje, sabemos que só uma criação desse tipo dá à criança uma autoconfiança diante de experiências que ela não teria se fosse demasiadamente bloqueada: isso lhe dá uma "sustentação interior". E é precisamente essa sustentação interior que permite à criança criar um confinamento "altivo", ou reserva: isto é, uma avaliação do mundo, autoconfiante e controlada pelo ego, por uma personalidade que pode se abrir mais facilmente à experiência. O confinamento "equivocado", por outro lado, é o resultado de um excesso de bloqueio, excesso de angústia, excesso de esforço para enfrentar a experiência por parte de um ser que ficou sobrecarregado e enfraquecido em seus próprios controles: significa, portanto, mais repressão automática exercida por uma personalidade essencialmente *fechada*. E assim, para Kierkegaard, o "bem" é a abertura para novas possibilidades e escolhas, a capacidade de enfrentar a angústia; o fechado é o mal, aquilo que afasta o indivíduo do que é novo e das percepções e experiências mais amplas. O fechado barra a revelação, interpõe um véu entre a pessoa e a sua situação no mundo.[14] Na forma ideal, estes deveriam ser transparentes, mas, para a pessoa fechada, são opacos.

É fácil perceber que o confinamento é precisamente aquilo que temos chamado de "a mentira do caráter", e Kierkegaard lhe dá o mesmo nome:

> É fácil perceber que confinamento *eo ipso* significa uma mentira, ou, se o leitor preferir, inverdade. Mas inverdade é precisamente não-liberdade (...) a elasticidade da liberdade é consumida a serviço da reserva fechada. (...) Reserva fechada foi o efeito do incapacitante entrincheiramento do ego na individualidade.[15]

Esta é uma descrição psicanalítica perfeitamente contemporânea dos custos da repressão sobre a personalidade total. Estou omitindo a análise mais detalhada e penetrante, feita por Kierkegaard, de como a pessoa se torna fragmentada dentro de si mesma pela repressão: a verdadeira percepção da realidade se encontra sob a superfície, bem à mão, pronta para irromper, deixando a personalidade aparentemente intacta e funcionando como um todo, em continuidade — mas essa continuidade é quebrada e assim a personalidade se encontra realmente à mercê da descontinuidade expressa pela repressão.[16] Para uma inteligência moderna, dotada de experiência clínica, uma análise dessas tem de ser verdadeiramente maravilhosa.

Kierkegaard compreendeu que a mentira do caráter se forma porque a criança precisa se ajustar ao mundo, aos pais e aos seus próprios dilemas existenciais. Ela se forma antes que a criança tenha a oportunidade de aprender sobre si mesma de uma maneira aberta e livre e, por essa razão, as defesas do caráter são automáticas e inconscientes. O problema é que a criança se torna dependente delas e passa a ficar encerrada em sua própria armadura do caráter, incapaz de ver além de sua prisão ou dentro de si própria as defesas que está usando, as coisas que estão determinando a sua não-liberdade.[17] O máximo que a criança pode desejar é que o seu confinamento não venha a ser do tipo "equivocado" ou maciço, no qual o seu caráter temeria demais o mundo para ser capaz de se abrir às possibilidades da experiência. Mas isso depende, em grande parte, dos pais, dos acidentes do meio ambiente, como Kierkegaard sabia. A maioria das pessoas tem pais que "assumiram uma séria responsabilidade". Por isso são obrigadas a se retrair da possibilidade.

Kierkegaard nos apresenta alguns esboços descritivos dos estilos de rejeitar a possibilidade, ou das mentiras do caráter — o que é a mesma coisa. Ele pretende descrever o que hoje chamamos de homens "inautênticos", homens que evitam desenvolver a sua singularidade. São aqueles que seguem modelos de vida automática e pouco exigente aos quais foram condicionados quando crianças. São "inautênticos" porque não pertencem a si próprios, não são pessoas "próprias", não agem a partir de seu próprio centro, não vêem a realidade nos termos dessa realidade. São os homens unidimensionais totalmente imersos nos jogos imaginários de sua sociedade, incapazes de transcenderem seu condicionamento social: os homens de empresa no Ocidente, os burocratas do Oriente, os homens tribais encerrados na tradição — o homem de toda parte que não entende o que significa pensar por si próprio e que, se entendesse, iria acovardar-se diante da idéia de tamanha audácia e risco. Kierkegaard nos dá uma descrição do

> homem *imediato* (...) o seu eu ou ele próprio é algo incluído juntamente com "o outro" no âmbito do temporal e do mundano. (...) Assim, o eu combina imediatamente com "o outro", querendo, desejando, desfrutando etc., mas de forma passiva; (...) ele consegue imitar os outros homens, observando como eles conseguem viver, e assim ele também vive, de certa forma. Na cristandade, ele também é cristão, vai à igreja todo domingo, ouve e compreende o vigário; é, eles se entendem; ele morre; o vigário o conduz à eternidade pelo preço de dez dólares — mas um eu ele não foi, e um eu não se tornou. (...) Porque o homem imediato não reconhece o seu eu, só se reconhece pelos seus trajes, (...) reconhece que tem um eu só pelas aparências.[18]

Esta é uma descrição perfeita do "homem cultural automático" — o homem confinado pela cultura, escravo dela, que imagina ter uma identidade ao pagar o prêmio de seu seguro, que pensa ter controle de sua vida quando acelera seu carro esporte ou usa a sua escova de dentes elétrica. Hoje, os homens inautênticos ou imediatos são tipos bem conhecidos, depois de décadas de análise marxista e existencialista da submissão total do homem ao seu sistema social. Na época de Kierkegaard, porém, deve ter sido um choque ser um moderno morador de cidade europeu e ao mesmo tempo considerado um filisteu. Para Kierkegaard, "filistinismo" era trivialidade, o homem acalentado pelas rotinas diárias de sua sociedade, contente com as satisfações que ela lhe oferecia: no mundo de hoje, o carro, o shopping, as férias de duas semanas no verão. O homem está protegido pelas alternativas seguras e limitadas que a sua sociedade lhe oferece e, se não tirar os olhos de seu caminho, poderá levar a vida com uma certa segurança insípida:

> Privado de imaginação, como o filisteu sempre é, ele vive numa trivial província de experiências que lhe diz como as coisas funcionam, o que é possível, o que é que costuma acontecer. (...) O filistinismo se tranquiliza no trivial. (...)[19]

Por que é que o homem aceita levar uma vida trivial? Devido ao perigo que um amplo horizonte de experiências representa, é claro. Esta é a mais profunda motivação do filistinismo, o fato de ele celebrar o triunfo sobre a possibilidade e a liberdade. O filistinismo conhece o seu verdadeiro inimigo: a liberdade é perigosa. Se você a segue com excesso de disposição, ela ameaça arrastá-lo para o ar; se abre mão dela em demasia, você se torna um prisioneiro da necessidade. O mais seguro é conformar-se com aquilo que for *socialmente* possível. Creio ser este o significado da observação de Kierkegaard.

> Porque o filistinismo acha que tem o controle da possibilidade, acha que, quando tiver atraído essa prodigiosa elasticidade para o campo da probabilidade ou para dentro do hospício, ele a terá prisioneira; leva a possibilidade por toda parte como um prisioneiro na jaula do provável, exibe-a. (...)[20]

Kierkegaard como Teórico das Psicoses

Agora, porém, algo de novo entra em nossa discussão. Kierkegaard fala em atrair a prodigiosa elasticidade da liberdade "para o hospício", onde ela é mantida prisioneira. O que quer ele dizer com uma imagem condensada dessas? Para mim, ele quer dizer que um dos maiores perigos da vida é *um excesso de possibilidade*, e que o lugar em que encontramos as pessoas que sucumbiram a esse perigo é o hospício. Aqui, Kierkegaard mostra que era um teórico superior não apenas da "patologia cultural normal", mas também da patologia anormal ou psicose. Ele compreende que psicose é a neurose levada ao extremo. Pelo menos foi assim que entendi muitas de suas observações na seção de seu livro intitulada "O Desespero Visto sob os Aspectos de Finitude/Infinitude".[21] Vamos nos deter sobre este ponto porque, se a minha interpretação estiver correta, ela irá nos ajudar ainda mais a compreender que as formas mais extremas de perturbação mental são tentativas malsucedidas de lutar contra o problema básico da vida.

 Kierkegaard nos revela um amplo e incrivelmente rico retrato de tipos de fracasso humano, maneiras pelas quais o homem sucumbe à vida e ao mundo, derrotado por eles. Derrotado porque não consegue enfrentar a verdade existencial de sua situação — a verdade de que ele é um eu simbólico interior, o que significa uma certa liberdade, e de que está cercado por um corpo finito, o que limita aquela liberdade. A tentativa de ignorar qualquer um desses aspectos da situação do homem, de reprimir ou negar a necessidade, significa que o homem irá viver uma mentira, deixará de concretizar a sua verdadeira natureza, será "a mais deplorável de todas as coisas". Mas nem sempre o homem tem tanta sorte assim. Ele não pode passar sempre pela vida por ser apenas digno de comiseração. Se a mentira que ele tenta viver ostenta em demasia a realidade, o homem poderá perder tudo durante a vida — e é exatamente isso que entendemos por psicose: o completo e absoluto colapso da estrutura do caráter. Para que Kierkegaard seja considerado um analista magistral da situação humana, terá de nos mostrar que compreende os extremos da condição do homem e o meio cultural do dia-a-dia.

É precisamente isso que ele faz no seu exame dos extremos de possibilidade muito grande e possibilidade muito pequena. Possibilidade muito grande é a tentativa, por parte da pessoa, de exagerar no valor dos poderes do eu simbólico. Reflete a tentativa de exagerar uma metade do dualismo humano em prejuízo da outra. Nesse sentido, o que chamamos de esquizofrenia é uma tentativa, por parte do eu simbólico, de negar as limitações do corpo finito. Ao fazer isso, a pessoa toda se desequilibra e se destrói. É como se a liberdade de criatividade que vem de dentro do eu simbólico não pudesse ser contida pelo corpo, e a pessoa é dilacerada. É assim que compreendemos a esquizofrenia hoje, como a ruptura do eu e do corpo, uma ruptura na qual o eu fica desancorado, ilimitado, não preso o suficiente às coisas do dia-a-dia, não contido o suficiente num comportamento físico fidedigno.[22] E eis como Kierkegaard compreende o problema:

> Porque o eu é uma síntese na qual o finito é o fator limitante, e o infinito é o fator em expansão. O desespero da infinitude é, portanto, o fantástico, o ilimitado.[23]*

Por "desespero da infinitude", Kierkegaard quer dizer a doença da personalidade, o oposto de saúde. E assim a pessoa fica doente por mergulhar no ilimitado, o eu simbólico se torna "fantástico" — como acontece na esquizofrenia — quando se separa do corpo, de uma ligação digna de confiança com a experiência real no mundo cotidiano. O esquizofrênico plenamente desenvolvido é abstrato, etéreo, irreal; ele se ergue para fora das categorias terrenas de espaço e tempo, flutua para fora de seu corpo, vive num eterno agora, não está sujeito à morte e à destruição. Ele as venceu em sua fantasia ou, talvez melhor, no fato real de ter abandonado seu corpo, renunciado às limitações deste corpo. A descrição de Kierkegaard não só é eloqüente mas também precisamente clínica:

---

*O emprego do "eu" por Kierkegaard pode ser um tanto confuso. Ele o emprega para abranger o eu simbólico e o corpo físico. É, na verdade, um sinônimo para "personalidade total" que vai além da pessoa e inclui aquilo que agora chamaríamos de "alma" ou de "região do ser", da qual brotou a pessoa criada. Mas isso não é importante para nós, aqui, exceto para apresentar a idéia de que a pessoa total é um dualismo de finitude e infinitude.

De modo genérico, o fantástico é aquilo que arrasta tanto o homem para o infinito, que simplesmente o leva para longe de si mesmo e, além disso, impede que ele volte para si mesmo. Por isso, quando o sentimento se torna fantástico, o eu é simplesmente volatilizado cada vez mais. (...) O eu, pois, leva uma existência fantástica na busca abstrata do infinito, ou em isolamento abstrato, constantemente carecendo de si mesmo, do qual ele simplesmente se afasta cada vez mais.

Isto é, sem tirar nem pôr, *O Eu Dividido*, de Ronald Laing, mais de um século antes. E mais:

Mas se a possibilidade ultrapassar a necessidade, o eu foge de si mesmo, de modo que não há necessidade para a qual deva retornar — e então isso é o desespero [a doença] da possibilidade. O eu se torna uma possibilidade abstrata que se põe à prova [*sic*: "se esgota"?] patinhando no possível, mas não sai do lugar, não vai para lugar algum, pois precisamente o necessário é o lugar; tornar-se um indivíduo é precisamente um movimento no lugar.[24]

O que Kierkegaard quer dizer, aqui, é que o desenvolvimento da pessoa é um desenvolvimento em profundidade a partir de um centro fixo da personalidade, um centro que una ambos os aspectos do dualismo existencial — o eu e o corpo. Mas esse tipo de desenvolvimento necessita, precisamente, de um reconhecimento da realidade, a realidade dos limites do indivíduo:

O que falta agora ao eu é, por certo, realidade — é o que comumente se diria, assim como se diz de um homem que ele se tornou irreal. Examinando-se mais detalhadamente, o que falta realmente ao homem é a necessidade. (...) O que falta, na verdade, é o poder de (...) submeter-se ao necessário em si mesmo, àquilo que se pode chamar de limites do indivíduo. Por isso, o infortúnio não consiste no fato de um eu desses não ter chegado a ser nada no mundo; não, o infortúnio é o homem não ter se tornado ciente de si mesmo, ciente de que o eu que ele é, é algo perfeitamente definido, o mesmo acontecendo com o necessário. Pelo contrário, ele se perdeu, porque esse eu foi visto fantasticamente refletido no possível.[25]

Naturalmente, essa descrição atinge tanto o homem comum como o extremo da esquizofrenia, e a irrefutabilidade da análise de Kierkegaard é justamente o fato de que os dois podem ser colocados no mesmo *continuum*:

> Em vez de chamar a possibilidade de volta para a necessidade, o homem persegue a possibilidade — e por fim não consegue encontrar o caminho de volta a si mesmo.[26]

A mesma generalidade vale para o que se segue, que poderia descrever o homem médio que vive em um mundo simples de ondas de energia interna e fantasia, como Walter Mitty*, ou o que hoje em dia chamamos de "esquizofrenia ambulatória" — aqueles cujo eu e cujo corpo mantêm um relacionamento muito tênue, mas apesar disso conseguem seguir em frente sem se verem submersos por energias e emoções internas, por imagens, sons, temores e esperanças fantásticos que não cabem neles:

> A despeito, porém, do fato de um homem ter-se tornado fantástico dessa maneira, ele pode (...) ser perfeitamente capaz de ir vivendo, de ser um homem, pelo que parece, de ocupar-se com coisas temporais, casar-se, gerar filhos, conquistar reputação e estima — e talvez ninguém repare que, num sentido mais profundo, lhe falta um eu.[27]

Isto é, faltam-lhe um eu e um corpo seguramente unificados, concentrados em suas energias do ego controlador e enfrentando realisticamente a sua situação e a natureza de seus limites e possibilidades no mundo. Mas esta, como iremos ver, é a idéia de Kierkegaard de uma saúde perfeita, nada fácil de conseguir.

Se a psicose esquizofrênica se acha em um *continuum* de um tipo de inflação normal de fantasia interior, de possibilidade simbólica, algo semelhante deveria se aplicar à psicose depressiva. E é isso o que acontece no

---

*Walter Mitty é o personagem de um dos contos de James Thurber que se refugia das realidades da vida doméstica dominada pela mulher tendo sonhos, acordado, de atos de heroísmo. (*N. do T.*)

retrato que Kierkegaard pinta. A psicose depressiva é o extremo no *continuum* de *excesso de necessidade*, isto é, excesso de finitude, excesso de limitação pelo corpo e pelos comportamentos da pessoa no mundo verdadeiro, e uma liberdade insuficiente do eu interior, da possibilidade simbólica interior. É assim que entendemos a psicose depressiva hoje em dia: como um impedimento nas exigências dos outros — família, emprego, obrigações cotidianas. Num impedimento desses, o indivíduo não sente ou percebe que tem alternativas, não consegue imaginar quaisquer opções de vida porque é incapaz de se liberar da rede de obrigações. No entanto essas obrigações já não lhe dão uma sensação de amor-próprio, de valor primário, de ser um heróico contribuinte para a vida do mundo, ao cumprir seus deveres cotidianos para com a família e com o emprego. Como certa vez eu especulei,[28] o esquizofrênico não está suficientemente inserido em seu mundo — o que Kierkegaard chamou de doença da infinitude. O depressivo, por outro lado, está inserido em seu mundo com demasiada solidez, de forma intensamente esmagadora. Kierkegaard se expressou da seguinte maneira:

> Mas enquanto uma espécie de desespero mergulha loucamente no infinito e se perde, uma segunda espécie se permite, por assim dizer, ser enganada "pelos outros". Ao ver a multidão de homens em atividade, ao se envolver em todos os tipos de assuntos mundanos, ao ficar ciente de como as coisas funcionam neste mundo, esse homem esquece de si mesmo (...) não ousa acreditar em si mesmo, acha arriscado demais ser ele mesmo, muito mais fácil e mais seguro ser como os outros, tornar-se uma imitação, um número, uma insignificância na multidão.[29]

Esta é uma caracterização magnífica do homem "culturalmente normal", aquele que não ousa defender seus próprios significados porque isso significa um perigo e uma exposição grandes demais. É melhor não ser ele mesmo, é melhor viver encaixado nos outros, engastado em um seguro arcabouço de obrigações e deveres sociais e culturais.

Também neste caso, deve-se entender que este tipo de caracterização se encontra num *continuum*, em cuja extremidade achamos a psicose depressiva. A pessoa deprimida tem tanto receio de ser ela mesma, teme tanto exercer a sua individualidade, insistir no que poderiam ser seus próprios significados, suas próprias condições de vida, que parece literalmente *estúpida*. Parece não compreender a situação em que se encontra, não consegue ver além de seus próprios temores, não consegue entender por que se atolou. Kierkegaard diz isso belamente:

> Se compararmos a tendência a funcionar descontroladamente na possibilidade com os esforços de uma criança para enunciar palavras, a falta de possibilidade é como ser mudo (...) porque sem a possibilidade um homem não pode, por assim dizer, respirar.[30]

Esta é precisamente a condição da depressão, quando a pessoa mal pode respirar ou se mover. Uma das táticas inconscientes para a qual a pessoa deprimida apela, para tentar entender a sua situação, é considerar-se imensamente imprestável e culpada. Esta é, na verdade, uma "invenção" maravilhosa, porque lhe permite sair de seu estado de mudez e fazer algum tipo de conceituação de sua situação, entendê-la de alguma forma — ainda que tenha que aceitar toda a culpa de estar provocando tanta miséria desnecessária aos outros. Talvez Kierkegaard estivesse se referindo exatamente a uma tática imaginativa dessas quando, de passagem, mencionou:

> Às vezes, a inventiva da imaginação humana é suficiente para conseguir a possibilidade. (...)[31]

De qualquer maneira, a condição da depressão permitiria uma inventiva criadora da ilusão da possibilidade, do significado, da ação, mas sem oferecer qualquer possibilidade real. Como resume Kierkegaard:

> A perda da possibilidade significa ou que tudo se tornou necessário para o homem, ou que tudo se tornou trivial.[32]

Na verdade, no extremo da psicose depressiva parece que vemos a fusão desses dois: tudo se torna necessário *e* trivial ao mesmo tempo — o que leva ao desespero total. Necessidade com a ilusão do significado seria a mais alta realização do homem; mas quando ela se torna trivial, não há sentido para a vida da pessoa.

Por que iria uma pessoa preferir as acusações de culpa, inutilidade, inépcia — até mesmo de desonra e traição — à verdadeira possibilidade? Isto pode não parecer a escolha, mas é: de um lado, a humildade total, rendição aos "outros", repúdio a qualquer dignidade ou liberdade pessoal; de outro, a liberdade e a independência, movimento para longe dos outros, libertação de si mesmo dos vínculos dos deveres familiares e sociais. Esta é a escolha que a pessoa deprimida enfrenta realmente e evita, em parte, com sua auto-acusação culposa. A resposta não está longe: a pessoa deprimida evita a possibilidade de independência e mais vida precisamente porque é isso que a ameaça de destruição e morte. Ela se agarra às pessoas que a escravizaram numa rede de esmagadoras obrigações, de interação humilhante, precisamente porque essas pessoas *são sua proteção*, sua força, sua proteção contra o mundo. Como a maioria de todos os demais, o deprimido é um covarde que não se mantém sozinho sobre seu próprio centro, que não consegue tirar de dentro de si mesmo a força necessária para enfrentar a vida. Por isso, ele se enterra nos outros; fica protegido pelo necessário e o aceita de bom grado. Agora, porém, é fácil ver a sua tragédia: sua *necessidade* tornou-se *trivial*, e com isso a sua vida servil, dependente e despersonalizada perdeu o significado. É assustador ficar preso dessa maneira. A pessoa escolhe a escravidão porque esta lhe dá segurança e significado. Depois ela perde esse significado e mesmo assim tem medo de sair da escravidão. Ela literalmente morreu para a vida, mas tem de continuar fisicamente neste mundo. E aí está a tortura da psicose depressiva: continuar mergulhado no fracasso e, no entanto, para justificá-lo, continuar a extrair dele uma sensação de que vale a pena.*

Neurose Normal

A maioria das pessoas, é claro, evita os impasses psicóticos do dilema existencial. Elas têm a sorte de poderem ficar na área intermediária do

---

*Vou falar dessas coisas no Capítulo 10, mas estou me alongando sobre elas aqui para mostrar que fazem parte integrante da compreensão de Kierkegaard e que podem ser expressas nos conceitos e na linguagem dele.

"filistinismo". O colapso ocorre por causa de um excesso ou de uma insuficiência de possibilidade. O filistinismo, como observamos antes, conhece o seu verdadeiro inimigo e tenta se garantir com a liberdade. Eis como Kierkegaard resume as três alternativas acessíveis aos homens. As duas primeiras correspondem às síndromes psicóticas da esquizofrenia e da depressão:

> Pois com a audácia do desespero, voou alto o homem que se descontrolou na possibilidade; mas, esmagado pelo desespero, debate-se contra a existência o homem para o qual tudo se tornou necessário. Mas o filistinismo tolamente comemora o seu triunfo (...) ele se imagina senhor, não percebe que precisamente por isso aprisionou-se a si mesmo para ser escravo do desânimo e ser a mais lamentável de todas as coisas.[33]

Em outras palavras, o filistinismo é o que chamaríamos de "'neurose normal'". A maioria dos homens calcula como viver em segurança dentro das probabilidades de um determinado conjunto de regras sociais. O filisteu, o indivíduo acomodado, confia em que, mantendo-se em um nível baixo de intensidade pessoal, pode evitar ser desequilibrado pela experiência. O filistinismo funciona, como disse Kierkegaard, "tranqüilizando-se com o trivial". Sua análise foi escrita quase um século antes de Freud falar na possibilidade de "neuroses sociais", da "patologia de comunidades culturais inteiras".[34]

Outros Anseios de Liberdade

A tríplice tipologia de Kierkegaard não esgota a descrição dos tipos de caráter do homem. Ele sabe que nem todos os homens são tão "imediatos" ou superficiais, tão automaticamente inseridos em sua cultura, tão seguramente encaixados em coisas e nos outros, um reflexo tão fiel de seu mundo. Além disso, um número comparativamente pequeno de pessoas acaba nos extremos psicóticos do *continuum* da derrota humana; algumas obtêm um grau de auto-realização sem se renderem à inércia ou à escravidão totais. E aqui a análise de Kierkegaard se torna mais notável: ele está tentando arrancar da mentira de suas vidas pessoas cujas vidas não parecem uma mentira. Pessoas que, ao contrário, parecem conseguir serem verdadeiras, completas e autênticas.

Há o tipo de homem que tem grande desprezo pela "imediação", que tenta cultivar sua interioridade, tenta fundamentar seu senso de valor pessoal em algo mais profundo e mais interior, criar uma distância entre si mesmo e o homem médio. Kierkegaard chama esse tipo de homem de "introvertido". É um homem um tanto mais preocupado com o que significa ser uma pessoa, ter individualidade e singularidade. Gosta da solidão e se retira periodicamente para refletir, talvez para nutrir idéias sobre o seu eu secreto, sobre o que este eu poderia ser. Este, em resumo, é o único problema verdadeiro da vida, a única preocupação humana que vale a pena: qual é o seu verdadeiro talento, seu dom secreto, sua autêntica vocação? De que maneira a pessoa é realmente ímpar, e como pode expressar essa singularidade, dedicá-la a algo que está além de si mesma? Como é que a pessoa pode tomar o seu ser interior privado, o grande mistério que ela sente no seu íntimo, suas emoções, seus anseios, e usá-los para viver mais distintamente, para enriquecer tanto a si mesma quanto a humanidade com a qualidade característica de seu talento? Na adolescência, na maioria de nós lateja esse dilema, e o expressamos com palavras e pensamentos ou com sofrimentos e anseios sufocados. Mas, em geral, a vida nos suga atirando-nos a atividades padronizadas. O sistema social de heróis em que nascemos traça trilhas para o nosso heroísmo, trilhas com as quais nos conformamos, às quais nos moldamos para que possamos agradar aos outros, tornarmo-nos aquilo que os outros esperam que sejamos. E em vez de trabalhar o nosso segredo interior, vamos aos poucos cobrindo-o e esquecendo-o, enquanto nos tornamos homens puramente exteriores, jogando com sucesso o padronizado jogo dos heróis, no qual caímos por acidente, por conexões familiares, por um patriotismo reflexo, ou pela simples necessidade de comer e pela ânsia de procriar.

Não estou dizendo que o "introvertido" de Kierkegaard mantém essa busca interior inteiramente viva e consciente, mas apenas que ela representa um pouco mais do que um problema vagamente consciente, do que o representado no caso do homem acomodado, tragado pelo ambiente. O introvertido de Kierkegaard sente-se um ser diferenciado do mundo, tem alguma coisa em si mesmo que o mundo não pode refletir, não pode, em sua imediação e superficialidade, apreciar; e por isso esse indivíduo se mantém um tanto afastado do mundo. Mas não demais, não inteiramente. Seria tão bom ser o eu que ele quer ser, realizar sua vocação, seu talento autêntico, mas isso é perigoso, poderia transtornar inteiramente o seu mundo. Ele é, afinal de contas, basicamente fraco, encontra-se numa posição conciliatória: não é um homem imediato, mas tampouco é um homem verdadeiro, muito embora aparente sê-lo. Kierkegaard o descreve:

> ...externamente, ele é, em tudo, "realmente um homem". Tem formação universitária, é marido e pai, até mesmo funcionário público de competência fora do comum, um pai respeitável, muito afável com a esposa, a solicitude em pessoa para com os filhos. E cristão? Bem, sim, também é, de certa forma; no entanto, prefere evitar falar sobre o assunto. (...) Vai à igreja muito raramente, porque tem a impressão de que os padres, na verdade, não sabem do que estão falando. Faz exceção ao caso de determinado sacerdote que, segundo ele, sabe do que está falando, mas não quer ouvi-lo por outra razão: porque teme que isso vá levá-lo longe demais.[35]

"Longe demais", porque na verdade ele não quer levar o problema de sua singularidade a qualquer confrontação total:

> O que faz com que ele seja tão afável como marido, e tão solícito como pai, é que, além de sua boa índole e de seu senso do dever, ele admite para si mesmo, na sua mais recôndita reserva, sua fraqueza.[36]

E assim, ele vive numa espécie de "incógnito", satisfeito com seu brinquedo, em seus períodos de solidão — tendo uma noção de quem ele poderia ser na realidade; contentando-se com insistir numa "pequena diferença", com orgulhar-se de uma superioridade vagamente sentida.

Mas esta não é uma posição fácil de manter com serenidade. É raro, diz Kierkegaard, continuar nela. Desde que você proponha o problema do que significa ser uma pessoa, mesmo veladamente, fracamente, ou com uma ponta de orgulho quanto à sua imaginada diferença em relação aos outros, você poderá se ver em apuros. Introversão é impotência, mas uma impotência já autoconsciente até certo ponto, e pode tornar-se complicada. Poderá levar a um desgaste da dependência da pessoa com relação à família e ao emprego, uma corrosão ulcerosa como reação à sua condição de engastado, uma sensação de escravidão na segurança. Para uma pessoa forte, isso pode se tornar intolerável e ela poderá tentar livrar-se, às vezes pelo suicídio, às vezes afogando-se desesperadamente no mundo e na corrida em busca da experiência.

E isso nos traz ao nosso último tipo de homem: aquele que se faz valer desafiando a própria fraqueza, que tenta ser um deus para si mesmo, senhor de seu destino, um homem criado por si próprio. Não será meramente um joguete na mão dos outros, da sociedade; não será um sofredor passivo e um sonhador secreto, acalentando sua chama interior no esquecimento. Ele mergulhará na vida,

> nos delírios dos grandes empreendimentos, tornar-se-á um espírito irrequieto (...) que quer esquecer (...) Ou irá procurar o esquecimento na sensualidade, talvez na devassidão. (...)[37]

Em seu extremo, a autocriação desafiadora pode tornar-se demoníaca, uma paixão que Kierkegaard chama de "raiva demoníaca", um ataque contra a vida pelo que ela ousou fazer à pessoa, uma revolta contra a existência propriamente dita.

Na nossa época, não teríamos dificuldades para reconhecer essas formas de autocriação desafiadora. Podemos ver, muito claramente, seus efeitos sobre os níveis pessoal e social. Somos testemunhas do novo culto à sensualidade, que parece estar repetindo o naturalismo sexual do antigo mundo romano. É uma vida somente para o dia de hoje, desafiando o amanhã; uma imersão no corpo e em suas experiências e sensações imediatas, na intensidade do toque, da carne protuberante, do paladar e do olfato. Sua finalidade é negar a falta de controle que o indivíduo tem sobre os acontecimentos, sua impotência, sua incerteza como pessoa em um mundo mecânico que vai girando para a decadência e a morte. Não estou dizendo que seja um mal essa redescoberta e reafirmação da vitalidade básica do indivíduo como animal. O mundo moderno, afinal, tem pretendido negar à pessoa até mesmo o seu próprio corpo e o fato de que ela emerge de seu centro animal; tem pretendido fazer da pessoa uma completa abstração despersonalizada. Mas o homem manteve o seu corpo simiesco e descobriu que podia usá-lo como base para uma auto-afirmação carnuda e cabeluda — e os burocratas que se danem. A única coisa que poderia ser indigna com relação a isso é a sua desesperada feição reflexa, um desafio que não resulta da reflexão e, por isso, não é inteiramente tranqüilo.

Do ponto de vista social, temos visto um prometeísmo desafiador que é basicamente inócuo: o poder confiante que pode lançar o homem à Lua e libertá-lo, de certo modo, de sua completa dependência e confinamento à Terra — pelo menos em sua imaginação. O lado mau deste prometeísmo é que ele, também, é impensado, uma imersão estouvada nas delícias da técnica, que não pensa nos objetivos ou no significado; por isso, o homem se exibe na superfície da Lua dando tacadas em bolas de golfe que não mudam de direção por falta de atmosfera. O triunfo técnico de um macaco versátil, como nos fizeram entender de forma tão fria os realizadores do filme *2001 — Uma Odisséia no Espaço*. Em níveis mais agourentos, o desafio do acidente, do mal e da morte assume a forma da produção vertiginosamente crescente de bens de consumo e material bélico. Levado ao seu extremo demoníaco, esse desafio nos deu Hitler e o Vietnã: um rancor contra a nossa impotência, um desafio da nossa condição animal, nossas patéticas limitações como criaturas. Se não temos a onipotência de um deus, pelo menos podemos destruir como se fôssemos um.

O Significado de Ser Homem

Kierkegaard não precisou viver em nossa época para compreender essas coisas. Como aconteceu com Burckhardt, ele já as via prefiguradas no seu tempo, porque compreendia o quanto custa mentir a respeito de si mesmo. Todos os caracteres que esboçou até aqui representam graus de mentiras do homem a respeito de si mesmo em relação à realidade da condição humana. Kierkegaard se dedicou a esse exercício extremamente difícil e incrivelmente sutil por uma só razão: ser capaz, finalmente, de concluir, com autoridade, como uma pessoa seria *se não mentisse*. Kierkegaard queria mostrar as muitas maneiras pelas quais a vida fica entravada e fracassa quando o homem se aparta da realidade de sua condição. Ou, na melhor das hipóteses, que criatura indigna e patética o homem pode ser quando imagina que ao viver apenas para si mesmo está obedecendo à sua natureza. E agora Kierkegaard nos oferece o fruto dourado de todos os seus tortuosos trabalhos: em vez do impasse da impotência, do egocentrismo e da autodestruição humanos, ele agora nos mostra como seria *a verdadeira possibilidade* para o homem.

Afinal, Kierkegaard nada tinha de cientista desinteressado. Ele deu sua descrição psicológica porque teve um vislumbre da liberdade para o homem. Era um teórico da personalidade aberta, da possibilidade humana. Nesta atividade, a psiquiatria atual está muito atrasada em relação a ele. Kierkegaard não tinha uma idéia fácil do que a "saúde" é. Mas sabia o que ela não era: não era um ajustamento normal — tudo menos isso, como se esforçou para nos mostrar. Ser um "homem cultural normal" é, para Kierkegaard, ser doente — quer se saiba disso, quer não: "existe essa coisa chamada saúde fictícia".[38] Nietzsche, mais tarde, expressou a mesma idéia: "Será que existem — uma pergunta para os psicanalistas — neuroses de saúde?" Mas Kierkegaard não apenas fez a pergunta, como também a respondeu. Se saúde não for "normalidade cultural", então deverá referir-se a outra coisa, deverá apontar para além da situação comum do homem, de suas idéias habituais. A saúde mental, em resumo, não é típica, mas típica-ideal. É algo muito além do homem, algo a ser atingido e pelo qual se deve lutar, algo que leva o homem para além de si mesmo. A pessoa "saudável", o verdadeiro indivíduo, a alma auto-realizada, o homem "de verdade", é aquele que *transcendeu* a si próprio.[39]

Como é que alguém transcende a si mesmo, como é que esse alguém se abre à nova possibilidade? Percebendo a verdade de sua situação, dissipando a mentira de seu caráter, fazendo com que seu espírito seja libertado de sua prisão condicionada. O inimigo, tanto para Kierkegaard como para Freud, é o complexo de Édipo. A criança desenvolveu estratégias e técnicas para manter o amor-próprio diante do terror de sua situação. Essas técnicas se tornam uma armadura que mantém a pessoa prisioneira. As próprias defesas, de que ela precisa para se deslocar com autoconfiança e amor-próprio, tornam-se sua armadilha para a vida toda. A fim de transcender a si mesma, a pessoa tem que derrubar aquilo de que precisa para viver. Como Lear, o homem tem que livrar-se de todos os seus "empréstimos culturais" e ficar nu na tempestade da vida. Kierkegaard não tinha ilusões quanto ao anseio do homem pela liberdade. Ele sabia como as pessoas se sentiam à vontade na prisão de suas defesas do caráter. Como muitos prisioneiros, elas se sentem à vontade em suas rotinas limitadas e protegidas, e a idéia de um livramento condicional para o vasto mundo da probabilidade, do acidente e da opção as deixa horrorizadas. Basta tornarmos a ler a confissão de Kierkegaard na epígrafe a este capítulo para ver o motivo. Na prisão do seu caráter, a pessoa pode fingir e achar que é *alguém*, que o mundo é controlável, que há uma razão para a sua vida, uma pronta justificativa para suas ações. Viver automaticamente e de forma pouco exigente é ter garantida pelo menos uma participação mínima nas atividades culturais grandiosas e programadas — o que poderíamos chamar de "heroísmo de prisão": a presunção dos membros do grupo que "sabem".

O tormento de Kierkegaard era o resultado direto de ver o mundo tal como é na realidade em relação à sua situação como criatura. A prisão do caráter da pessoa é trabalhosamente construída para negar uma coisa, e apenas uma coisa: a sua condição de criatura. Isso é o terror. Uma vez admitido o fato de ser uma criatura que defeca, você convida o oceano primitivo da angústia animal a desaguar sobre você. Mas isso é mais do que angústia da criatura, é também a angústia do homem, a angústia que resulta do paradoxo humano de que o homem é sim um animal, porém cônscio de sua limitação animal. A angústia é o resultado da percepção da verdade da nossa condição. O que significa ser um *animal consciente de si mesmo*? A idéia é absurda, se não for monstruosa. Significa saber que se é alimento para os vermes. Este é o horror: ter surgido do nada, ter um nome, consciência de si mesmo, profundos sentimentos íntimos, uma torturante ânsia íntima pela vida e pela auto-expressão — e, apesar de tudo isso, morrer. Parece uma mistificação, que é o motivo pelo qual certo tipo de homem cultural se rebela abertamente contra a idéia de Deus. Que tipo de divindade iria criar um alimento para vermes tão complexo e caprichoso? Divindades cínicas, diziam os gregos, divindades que usam os tormentos do homem para se divertirem.

Mas com isso Kierkegaard parece ter-nos levado a um impasse, a uma situação impossível. Ele nos diz que, compreendendo a verdade de nossa condição, poderemos transcender a nós mesmos. E por outro lado, nos diz que a verdade de nossa condição é a nossa completa e abjeta condição de criatura, que parece nos empurrar ainda mais para baixo na escala da auto-realização, para mais longe de qualquer possibilidade de autotranscendência. Mas isso é apenas uma contradição aparente. A torrente de angústia não é o fim do homem. É, isto sim, uma "escola" que dá ao homem a educação máxima, a maturidade final. É uma professora melhor do que a realidade, diz Kierkegaard,[40] porque a realidade pode ser falseada, distorcida e refreada pelos truques da percepção e da repressão culturais. Mas não se pode mentir sobre a angústia. Desde que você a enfrente, ela revela a verdade de sua situação. Só entendendo essa verdade é que você pode abrir uma nova possibilidade para si.

> Aquele que é educado pelo pavor [angústia] é educado pela possibilidade. (...) Quando essa pessoa, portanto, sai da escola da possibilidade e sabe, com uma perfeição maior do que aquela com que uma criança sabe o alfabeto, que não exige da vida absolutamente nada e que o terror, a perdição e o aniquilamento são vizinhos de todos os homens, e aprendeu a lucrativa lição de que cada terror que cause alarme poderá, no momento seguinte, tornar-se uma realidade, irá interpretar a realidade de maneira diferente. (...)[41]

Não há dúvida alguma: o currículo da "escola" da angústia é a desaprendizagem da repressão, de tudo aquilo que a criança ensinou a si mesma a negar para que pudesse movimentar-se com um mínimo de tranqüilidade animal. Kierkegaard está colocado, assim, diretamente na tradição agostiniana-luterana. A educação, para o homem, significa enfrentar sua natural impotência e morte.[42] Como Lutero insistiu conosco: "Eu digo que morra, isto é, sinta o gosto da morte como se ela estivesse presente." Só se você "provar" a morte com os lábios de seu corpo vivo poderá saber, emocionalmente, que é uma criatura que irá morrer.

O que Kierkegaard está dizendo, em outras palavras, é que a escola da angústia *só* leva à possibilidade *mediante a destruição* da mentira vital do caráter. Parece o máximo de autofracasso, a única coisa que não se deve fazer, porque então não se terá realmente mais nada. Mas fiquem tranqüilos, diz Kierkegaard, "a direção é perfeitamente normal (...) o eu deve ser rompido a fim de se tornar um eu. (...)"[43] William James resumiu belamente essa tradição luterana, nas seguintes palavras:

> Esta é a salvação através do autodesespero, o morrer para nascer de verdade, da teologia luterana, a passagem para o *nada*, sobre a qual escreve Jacob Behmen [Boehme]. Para chegar a ela, em geral é preciso passar por um ponto crítico, dobrar uma esquina dentro da própria pessoa. Alguma coisa tem que ceder, uma dureza inata tem que se quebrar e liquefazer-se.(...)[44]

Uma vez mais — como vimos no capítulo anterior — trata-se da destruição da armadura emocional do caráter, de Lear, dos zen-budistas, da psicoterapia moderna e, de fato, de homens auto-realizados de qualquer época. Aquele grande espírito, Ortega, deu-nos uma descrição disso com palavras grandiosas. Sua exposição parece ter sido escrita, quase que exatamente, por Kierkegaard:

> O homem lúcido é aquele que se livra daquelas "idéias" fantásticas [a mentira caracterológica sobre a realidade] e encara a vida sem temor, percebe que tudo nela é problemático, e se sente perdido. E esta é a verdade elementar — a de que viver é sentir-se perdido — que aquele que a aceita já começou a encontrar a si mesmo, a pisar em terra firme. Por instinto, como fazem os náufragos, olhará em torno, à procura de algo em que possa se agarrar, e esse olhar trágico, implacável, absolu-

tamente sincero, porque se trata da sua salvação, irá fazer com que ele ponha ordem no caos de sua vida. São estas as únicas idéias autênticas; as idéias dos náufragos. Tudo o mais é retórica, pose, farsa. Aquele que realmente não se sentir perdido não tem perdão; quer dizer, nunca se encontrará, nunca enfrentará a sua realidade.[45]

E assim se chega à nova possibilidade, à nova realidade, pela destruição do eu ao fazer face à angústia do terror da existência. O eu tem que ser destruído e reduzido a nada para que a autotranscendência comece. Então, o eu poderá começar a relacionar-se com poderes além de si mesmo. Ele tem que se debater em sua finitude, tem que "morrer", a fim de contestar essa finitude, a fim de olhar além dela. E olhar para o quê? Kierkegaard responde: para a infinitude, para a transcendência absoluta, para o Poder Máximo da Criação que fez criaturas finitas. A nossa compreensão moderna da psicodinâmica confirma que essa progressão é muito lógica: se você admite que é uma criatura, realiza uma coisa básica: derruba todos os seus elos ou suportes inconscientes com o poder. Como vimos no capítulo anterior — e vale a pena repetir aqui —, toda criança se liga a algum poder que a transcende. Em geral esse poder é uma combinação de seus pais, seu grupo social e os símbolos de sua sociedade e de sua nação. Esta é a rede irracional de apoio que permite à criança acreditar em si mesma enquanto atua com base na segurança automática dos poderes delegados. É claro que ela não admite, para si mesma, que vive com poderes tomados por empréstimo, já que admitir isso a levaria a questionar a segurança de sua própria ação, aquela mesma confiança de que ela precisa. Ela negou a sua condição de criatura precisamente ao imaginar que tem um poder seguro, e este poder seguro foi obtido mediante um apoio inconsciente nas pessoas e coisas de sua sociedade. Depois que se expõe a fraqueza e o vazio básicos da pessoa, seu desamparo, é-se forçado a reexaminar todo o problema das ligações de poder. É necessário pensar em refazê-las com uma verdadeira fonte de poder criativo e gerador. É a esta altura que se pode começar a postular a condição de criatura *vis-à-vis* um Criador que é a Primeira Causa de todas as coisas criadas, não apenas dos criadores indiretos, intermediários, da sociedade, os pais e a plêiade de heróis culturais. Estes são os progenitores sociais e culturais que por sua vez foram causados e estão inseridos numa rede de poderes de terceiros.

Desde que a pessoa começa a olhar para a finitude, para o seu relacionamento com o Poder Máximo e passa a refazer seus elos, transferindo-os daqueles que o cercam para aquele Poder Máximo, ela abre para si mesma o horizonte da possibilidade ilimitada, da verdadeira liberdade. É esta a mensagem de Kierkegaard, o clímax de toda a sua argumentação sobre os impasses do caráter, o ideal de saúde, a escola da angústia, a natureza da verdadeira possibilidade e liberdade. A pessoa passa por tudo isso para chegar à fé, à fé de que a sua própria condição de criatura tem algum significado para o Criador; de que, apesar de sua verdadeira insignificância, fraqueza, morte, sua existência tem significado em algum sentido máximo, porque existe dentro de um plano eterno e infinito de coisas provocadas e mantidas para atender a algum desígnio estabelecido por uma força criadora. Repetidas vezes, ao longo de seus trabalhos escritos, Kierkegaard repete a fórmula básica da fé: somos uma criatura que nada pode fazer, mas existimos em face de um Deus vivo para quem "tudo é possível".

Toda a sua argumentação se torna cristalina, com a chave de abóbada da fé coroando a estrutura. Podemos compreender o motivo pelo qual a angústia "é a possibilidade de liberdade": ela derruba "todas as metas finitas", e assim "o homem que for educado pela possibilidade será educado de acordo com a sua infinitude".[46] A possibilidade não leva a lugar algum se não levar à fé. Ela é um estágio intermediário entre condicionamento cultural, a mentira do caráter e a abertura da infinitude com a qual a pessoa pode relacionar-se por meio da fé. Sem o salto para a fé, a nova impotência de se desfazer da armadura de seu caráter mantém a pessoa num terror absoluto. Isso significa que a pessoa vive sem a proteção de sua armadura, exposta à sua solidão e sua impotência e a uma angústia constante. Nas palavras de Kierkegaard:

> Ora, o pavor da possibilidade a mantém como sua presa, até que possa entregá-la a salvo nas mãos da fé. Em nenhum outro lugar ela encontrará repouso (...) ela, que passou pelo currículo do infortúnio oferecido pela possibilidade, perdeu tudo, absolutamente tudo, de um modo que ninguém perdeu, na realidade. Se nessa situação ele não se comportou falsamente para com a possibilidade, se não tentou persuadir o terror que

iria salvá-lo, então recebeu tudo de volta outra vez, como na realidade ninguém jamais recebeu, mesmo que tivesse recebido tudo multiplicado por dez, porque o discípulo da possibilidade recebeu a infinitude. (...)[47]

Se colocarmos toda essa progressão em termos de nossa discussão das possibilidades do heroísmo, ela ficará assim: o homem irrompe através dos limites do heroísmo meramente cultural; destrói a mentira do caráter que o fazia agir como um herói no cotidiano plano social das coisas e, ao fazê-lo, abre-se para a infinitude, para a possibilidade do heroísmo cósmico, para o próprio serviço de Deus. Sua vida adquire, assim, o valor máximo, em lugar do valor meramente social, cultural e histórico. Ele liga seu eu interior secreto, seu talento autêntico, seus mais profundos sentimentos de originalidade, seu anseio íntimo por um significado absoluto ao próprio terreno da criação. Das ruínas do eu cultural rompido resta o mistério do eu particular, invisível, interior, que ansiava pelo significado máximo, pelo heroísmo cósmico. Este mistério invisível no íntimo de toda criatura adquire, agora, um significado cósmico ao afirmar sua conexão com o mistério invisível no íntimo da criação. Este é o significado de fé. Ao mesmo tempo, é o significado da fusão de psicologia e religião no pensamento de Kierkegaard. A pessoa realmente aberta, aquela que despiu a armadura de seu caráter, a mentira vital de seu condicionamento cultural, está fora do alcance da ajuda de qualquer simples "ciência", de qualquer padrão de saúde meramente social. Está absolutamente só e trêmula à beira do esquecimento — que é, ao mesmo tempo, a beira da infinitude. Dar a ela o novo apoio de que necessita, a "coragem de renunciar ao pavor sem qualquer pavor (...) só a fé é capaz disso", diz Kierkegaard. Não que isso seja uma saída fácil para o homem, ou uma panacéia para a condição humana — Kierkegaard nunca é superficial. Ele apresenta uma idéia de beleza extraordinária:

> não que [a fé] aniquile o pavor, mas, ao permanecer sempre jovem, ela está continuamente se desenvolvendo da agonia mortal do pavor.[48]

Em outras palavras, enquanto o homem for uma criatura ambígua, nunca poderá abolir a angústia; o que pode fazer, em vez disso, é usar a angústia como uma eterna mola para prosperar em novas dimensões de pensamento e confiança. A fé propõe uma nova tarefa para a vida, a aventura da receptividade de uma realidade multidimensional.

Podemos compreender o motivo pelo qual Kierkegaard tinha concluiu seu grande estudo da angústia com as seguintes palavras, que têm o peso de um argumento apodíctico:

> O verdadeiro autodidata [isto é, aquele que, sozinho, passa pela escola da angústia e chega à fé] é, precisamente no mesmo grau, um teodidata (...) Tão logo a psicologia tenha acabado com o pavor, nada terá a fazer senão entregá-lo à dogmática.[49]

Em Kierkegaard, psicologia e religião, filosofia e ciência, poesia e verdade fundem-se imperceptivelmente nas aspirações da criatura.[50]

Passemos, agora, à outra figura proeminente na história da psicologia que tinha a mesma aspiração, mas para quem essas coisas não se fundiam de forma consciente. Por que será que os dois prováveis maiores estudiosos da natureza humana podiam ter opiniões tão diametralmente opostas sobre a realidade da fé?

CAPÍTULO 6

O Problema do Caráter de Freud, Noch Einmal

Toda a sexualidade, e não apenas o erotismo anal, está ameaçada de cair vítima da repressão decorrente da adoção, pelo homem, da postura ereta e da redução do valor do sentido do olfato. (...) Todos os neuróticos, e muitos outros também, opõem-se ao fato de que "inter urinas et faeces nascimur". (...) Assim, devemos encontrar, como a mais profunda raiz da repressão sexual que acompanha a civilização, a defesa orgânica da nova forma de vida que começou com a postura ereta.

— Sigmund Freud[1]

Tentei mostrar, em poucas páginas, que Kierkegaard compreendia o problema do caráter e do desenvolvimento humanos com uma acuidade que mostrava a marca excepcional do gênio, chegando, como chegou, tanto tempo antes da psicologia clínica. Ele previu alguns dos pontos fundamentais da teoria psicanalítica e avançou além indo ao problema da fé e, assim, à mais profunda compreensão do homem. Defender esta afirmação é uma das tarefas deste livro. Inevitavelmente, parte dessa defesa deverá ser um certo esboço do problema do caráter de Freud, tal como eu o entendo. Freud também levou a teoria psicanalítica aos seus limites, mas não chegou à fé; parte da razão disso deverá ser explicada pelo seu caráter.

A Psicanálise como Doutrina sobre a Condição de Criatura do Homem

Uma das coisas notáveis acerca da revolução freudiana no pensamento é o fato de ainda não termos sido capazes nem de assimilá-la nem tampouco de ignorá-la. O freudianismo paira sobre e diante do homem contemporâneo como um espectro acusador. Nesse sentido, como muitos já observaram, Freud parece um profeta bíblico, um iconoclasta religioso que falou uma verdade que ninguém quer ouvir e que talvez ninguém jamais venha a querer ouvir. Essa verdade, como nos lembrou Norman O. Brown, é a de que Freud não tinha ilusões sobre a *condição básica de criatura* do homem, chegando até a citar Santo Agostinho.[2] É evidente que Freud sentiu uma afinidade com uma religião que ele não tinha em alta conta, para não dizer coisa pior. Ele não valorizava religião alguma e, no entanto, numa questão tão fundamental quanto a natureza básica do homem, poderíamos colocá-lo ombro a ombro com o agostiniano Kierkegaard.

Esta é uma questão crítica; ela explica por que justamente o pessimismo e a descrença de Freud compõem o detalhe mais contemporâneo de seu pensamento: o pessimismo baseado na realidade e na verdade científica. A questão explica ainda mais. A obstinada insistência de Freud na condição de criatura do homem explica, quase que por si só, por que ele insistia numa visão instintual do homem, isto é, explica o que há de *errado* com a teoria psicanalítica. Ao mesmo tempo, com uma ligeira modificação na abordagem dessa teoria, como a feita primeiro por Rank e agora por Brown, a ênfase psicanalítica na condição de criatura surge como a duradoura compreensão relativa ao caráter humano.

Quanto ao primeiro ponto, a insistência de Freud na condição de criatura, fundamentada no comportamento instintivo, não houve melhor revelação do que na autobiografia de Jung. Jung recorda as duas ocasiões, em 1907 e 1910, em que descobriu que nunca poderia ser amigo de Freud porque jamais poderia seguir o preconceito de sua teoria sexual. Permitam-me usar as palavras do próprio Jung com alguma extensão, para narrar esse encontro decisivo na história do pensamento, na reunião de 1910 em Viena:

Ainda me recordo vivamente de que Freud me disse:

— Meu caro Jung, prometa-me nunca abandonar a teoria sexual. Entenda, temos que torná-la um dogma, um baluarte inabalável.

Ele me disse isso com grande emoção, no tom de um pai que dizia: "E prometa-me uma coisa, meu querido filho: que você irá à igreja todos os domingos." Um tanto estupefato, perguntei:

— Um baluarte... contra o quê?

Ao que ele replicou:

— Contra a negra onda de lama — ele hesitou por um instante e depois acrescentou — do ocultismo. (...)

O que Freud parecia querer dizer com "ocultismo" era, virtualmente, tudo o que a filosofia e a religião, inclusive a nascente ciência contemporânea da parapsicologia, tinham aprendido sobre a psique.

E sobre o encontro anterior, em 1907, Jung revela:

Acima de tudo, a atitude de Freud para com o espírito me parecia altamente questionável. Sempre que, numa pessoa ou numa obra de arte, surgia uma expressão de espiritualidade (no sentido intelectual, não no sentido sobrenatural), ele desconfiava dela e insinuava que aquilo era sexualidade reprimida. A tudo aquilo que não podia ser diretamente interpretado como sexualidade, ele se referia como se se tratasse de "psicossexualidade". Protestei que essa hipótese, levada à sua conclusão lógica, conduziria a um julgamento aniquilador da cultura. A cultura iria aparecer, então, como mera farsa, a conseqüência mórbida da sexualidade reprimida.

— Sim — concordou ele —, e é mesmo, e isso é apenas uma maldição do destino contra a qual não temos forças para lutar.

(...) Não havia dúvida quanto ao fato de que Freud estava emocionalmente envolvido em sua teoria sexual, num grau extraordinário. Quando falava nela, seu tom se tornava insistente, quase ansioso. (...) Uma expressão estranha, profundamente perturbada, surgia-lhe no rosto. (...)[3]

Para Jung, uma atitude dessas era inaceitável, porque não era científica. Para ele, Freud parecia ter abandonado seus modos normalmente críticos e céticos:

Para mim, a teoria sexual era uma hipótese tão oculta, quer dizer, não provada, quanto muitas outras teorias especulativas. A meu ver, uma verdade científica era uma hipótese que podia ser adequada durante certo tempo, mas não devia ser preservada como um artigo de fé para todo o sempre.[4]

Jung ficou confuso e desconcertado com esse aspecto de Freud, mas hoje está muito claro para nós o que estava em jogo. É evidente que Freud nutria a mais intensa convicção de que seu talento autêntico e sua mais reservada e acalentada imagem de si mesmo estavam na missão de revelador de verdades sobre os pontos execráveis da condição humana. Ele via esses pontos execráveis como sexualidade instintiva e como agressão instintiva a serviço daquela sexualidade. "Que surpresa eles não terão quando ouvirem o que temos a lhes dizer!", exclamou ele para Jung ao avistarem a silhueta dos edifícios de Nova York contra o céu em 1909.[5] O "oculto" era tudo aquilo que mentisse sobre a condição básica de criatura do homem, tudo aquilo que tentasse fazer de um homem um criador sublime, espiritual, qualitativamente diferente do reino animal. Esse tipo de "ocultismo" autoenganador e auto-adulador estava entranhado no espírito humano, num presunçoso acordo vigente na sociedade; havia sido proclamado em todos os climas e de todos os púlpitos, tanto religiosos como seculares por um tempo longo demais, suficiente para obscurecer o verdadeiro motivo do homem. Agora, cabia à psicanálise enfrentar sozinha essa máscara antiqüíssima e esmagá-la com um contradogma firmemente colocado sobre um baluarte inabalável. Uma coisa mais fraca não serviria; algo menos poderoso não conseguiria atacar um inimigo tão antigo e formidável quanto a auto-ilusão do homem. E assim temos a emoção das primeiras súplicas de Freud a Jung, bem como o sério e comedido desmascaramento científico de seus últimos trabalhos, como na epígrafe deste capítulo. Sua identidade com a vida era única e sólida.

Hoje também está claro, para nós, que Freud estava errado a respeito do dogma, como Jung e Adler ficaram sabendo logo no início. O homem não tem quaisquer instintos inatos de sexualidade e agressão. Agora, com o novo Freud surgindo em nossa época, estamos vendo algo mais, que ele estava certo quando obstinadamente se dedicava a revelar a condição de criatura que é a condição do homem. Seu envolvimento emocional era correto. Ele refletia as verdadeiras intuições do gênio, muito embora ficasse provado que a específica contrapartida intelectual daquela emoção — a teoria sexual — estava errada. O corpo do homem era realmente "uma maldição do destino", e a civilização estava erigida com base na repressão — não porque o homem procurasse apenas sexualidade, prazer, vida e expansividade, como pensara Freud, mas porque o homem procurava, também, primordialmente, fugir à morte. *A consciência da morte*, e não a sexualidade, é a repressão primária. Como Rank expôs numa série de livros, e como Brown tornou a argumentar recentemente, a nova perspectiva da psicanálise é que o seu conceito decisivo é a repressão da morte.[6] É isso que há de criatura no homem, *essa* é a repressão sobre a qual se ergue a civilização, uma repressão sem igual para o animal consciente de si mesmo. Freud viu a maldição e dedicou a vida a revelá-la com todas as forças de que dispunha. Ironicamente, porém, não percebeu a precisa razão científica para esta maldição.

Esta é uma das razões pelas quais sua vida foi, até o fim, um diálogo consigo mesmo sobre as molas mestras dos motivos humanos. Freud se esforçava em seu trabalho, tentava fazer com que a verdade surgisse mais clara e inteiramente, e no entanto ela sempre parecia tornar-se mais sombria, mais complexa, mais fugidia. Admiramos Freud por sua dedicação séria, sua disposição para retratar-se, pela natureza de tentativa estilística de algumas de suas afirmações, pela revisão, a vida toda, de suas idéias prediletas.* Nós o admiramos pela sua própria sinuosidade, por suas tergiversações, suas desconfianças, porque parecem fazer dele um cientista mais honesto, refletindo verdadeiramente a multiplicidade da realidade. Mas isso é admirá-lo pelo motivo errado. Uma causa básica de seus percursos sinuosos durante a vida toda era que ele nunca abandonou de todo o dogma sexual, nunca viu ou admitiu claramente que o terror da morte era a repressão básica.

---

*Veja, porém, a percepção de Paul Roazen de como Freud estava confiante por trás do uso do estilo. Veja *Brother Animal: The Story of Freud and Tausk* (Londres: Allen Lane, The Penguin Press, 1970), pp. 92-93.

A Primeira Grande Relutância de Freud:
a Idéia da Morte

Seria complexo demais tentar rastrear esse problema usando os escritos de Freud como prova. Mencionamos antes que, em sua obra ulterior, ele se afastou das estreitas formulações sexuais do complexo de Édipo e voltou-se mais para a natureza da própria vida, para os problemas gerais da existência humana. Poderíamos dizer que ele passou de uma teoria da civilização baseada no medo do pai para outra teoria baseada no terror à natureza.[7] Mas, como sempre, tergiversou. Nunca se tornou francamente um existencialista, mas continuou preso à sua teoria dos instintos.

Parece ter havido uma certa relutância em Freud, e sem tentar examinar minuciosamente seus escritos, acho que essa relutância pode ser revelada por uma idéia-chave. É a mais importante idéia que surgiu em seus escritos anteriores, o "instinto de morte". Depois de ler a apresentação que ele fez dessa idéia em *Beyond the Pleasure Principle* (Além do Princípio do Prazer), parece inevitável a conclusão de que a idéia de um "instinto de morte" era uma tentativa de consertar às pressas a teoria dos instintos ou a teoria da libido que ele não queria abandonar, mas que estava se tornando muito embaraçosa e discutível para explicar a motivação humana. Estava se tornando difícil sustentar o casuísmo da teoria dos sonhos, de que todos os sonhos, mesmo os de angústia, são realizações de desejos.[8] Estava ficando complicado sustentar a afirmação fundamental da psicanálise de que o homem é meramente um animal que procura o prazer.[9] E também os terrores do homem, suas lutas com e contra si mesmo e seu semelhante não eram facilmente explicáveis como conflito institual entre sexualidade e agressão — em especial quando se considerava que o indivíduo era animado por Eros, pela libido, pela força vital bruta que procura a sua satisfação e a sua expansão.[10] A nova idéia de Freud do "instinto de morte" era um recurso que lhe possibilitava manter intacta a anterior teoria dos instintos, agora atribuindo o mal humano a um substrato orgânico mais profundo do que simplesmente o conflito do ego com a sexualidade. Ele agora sustentava que havia um inato impulso em relação tanto à morte como à vida; e com isso podia explicar a agressão, o ódio e o mal da violência do homem de uma nova maneira (embora ainda biológica): a agressividade humana resulta de uma fusão do instinto de vida com o instinto de morte. O instinto de morte representa o desejo de morrer do organismo, mas o organismo pode se salvar de seu impulso para a morte redirigindo-o para fora. O desejo de morrer é, então, substituído pelo desejo de matar, e o homem neutraliza o seu instinto de morte matando outras pessoas. Ali estava, então, um simples dualismo novo que organizava a teoria da libido, que permitia a Freud mantê-la como o baluarte de sua principal tarefa profética: proclamar que o homem se encontrava firmemente inserido no reino animal. Freud ainda podia manter sua fidelidade básica à fisiologia, à química e à biologia, e manter suas esperanças de uma ciência da psicologia reducionista total e simples.[11]

Reconhecidamente, ao falar que o homem neutraliza o instinto de morrer matando outras pessoas, Freud chegou realmente à ligação entre a morte do indivíduo e a carnificina praticada pela humanidade. Mas chegou a ela ao preço de introduzir à força os instintos nas explicações do comportamento humano. Uma vez mais, vemos como a fusão da compreensão verdadeira com a explicação falaciosa tornou tão difícil desemaranhar Freud. Parece que ele não conseguiu atingir o nível existencialista de explicação realmente direto, estabelecer a continuidade do homem e simultaneamente a sua diferença em relação aos animais inferiores com base em seu *protesto* contra a morte, em vez de em seu impulso instintivo inato em direção a ela. O temor da agressão humana, a facilidade com que o animal governado por Eros mata outros seres vivos seriam explicados por uma teoria dessas de forma ainda mais simples e direta.[12] Matar é uma solução simbólica de uma limitação biológica; ela resulta da fusão do nível biológico (angústia animal) com o simbólico (medo da morte) no animal humano. Como iremos ver na próxima seção, ninguém explicou essa dinâmica de maneira mais elegante do que Rank: "o temor da morte que o ego sente é atenuado pela matança, pelo sacrifício do outro; através da morte do outro, a pessoa se livra da penalidade de morrer, de ser morto".[13]

As tortuosas formulações de Freud sobre o instinto de morte podem ser agora seguramente relegadas à lata de lixo da História. Elas só são interessantes como esforços engenhosos de um dedicado profeta no sentido de manter intelectualmente intacto seu dogma básico. Mas a segunda conclusão a que chegamos com base nos trabalhos de Freud sobre aquele problema é muito mais importante. Apesar de todas as suas tendências para a idéia da morte, a inapelável situação da criança, o verdadeiro terror do mundo exterior, e coisas semelhantes, Freud não precisava dar a eles uma posição central em seu pensamento. Não precisava reformular sua visão do homem, passando-a da de um ser que primordialmente procura o prazer do sexo para a de um animal aterrorizado, que foge da morte. Tudo o que tinha a fazer era dizer que o homem carregava a morte dentro de si, inconscientemente, como parte de sua biologia. A ficção da morte como um "instinto" permitiu que Freud mantivesse o terror da morte fora de suas formulações como um primordial problema humano de domínio do ego. Ele não precisou dizer que a morte era *reprimida* se o organismo a levasse com naturalidade em seus processos.[14] Nesta formulação, ela não é um problema humano de caráter geral, muito menos o mais importante problema primário humano, mas é magicamente transformada, como Rank expôs de forma tão sucinta, "de uma necessidade indesejada em um objetivo instintual desejado". Ele acrescenta que "a natureza confortadora dessa ideologia não podia resistir muito tempo, nem à lógica, nem à experiência".[15] Desta forma, como diz Rank, Freud se desfez do "problema da morte" transformando-o num "instinto da morte":

> ... mesmo quando acabou deparando com o inevitável problema da morte, ele procurou dar um novo significado a isso também, em harmonia com o desejo, já que falou em instinto de morte, em vez de temor da morte. Do temor ele já se desfizera em algum outro lugar, onde não era tão ameaçador. (...) [Ele] transformou o temor geral em um temor sexual especial (temor de castração) (...) [e então tentou] curar esse medo através da liberação da sexualidade.[16]

Essa é uma esplêndida crítica da psicanálise ainda hoje. Como Rank lamentou,

> Caso se mantivesse fiel aos fenômenos, seria impossível compreender como uma discussão do impulso de morte poderia desprezar tanto o universal e fundamental temor da morte, como acontece na literatura psicanalítica.[17]

A literatura psicanalítica ficou quase em silêncio sobre o temor da morte até fins da década de 1930 e a Segunda Guerra Mundial. E a razão foi a revelada por Rank: como poderia a terapia psicanalítica *curar cientificamente* o terror da vida e da morte? Mas podia curar os problemas do sexo, que *ela própria postulava*.[18]

Mais pertinente à nossa discussão, porém, é saber se a ficção do instinto de morte revelou alguma coisa na atitude pessoal de Freud em relação à realidade. Rank insinua que sim, mencionando a "ameaçadora" natureza do temor da morte — ameaçadora, deve-se admitir, não apenas à teoria sistemática de Freud. Outro autor também diz que é altamente provável que a idéia da morte como um objetivo natural da vida tenha levado um pouco de paz a Freud.[19] E assim estamos de volta ao caráter pessoal de Freud e a qualquer ensinamento que possamos tirar dele, especificamente em relação ao mais fundamental e aterrador problema de uma vida humana.

Por sorte, graças principalmente ao trabalho biográfico, feito com dedicação, de Ernest Jones, temos um bem documentado retrato de Freud, o homem. Sabemos de suas enxaquecas que duraram a vida inteira, de sua sinusite, de seus problemas com a próstata, de suas demoradas prisões de ventre, de sua compulsividade para fumar charutos. Temos um retrato de como ele desconfiava das pessoas que o cercavam, de que queria lealdade e reconhecimento de sua categoria superior e de sua prioridade como pensador; de como ele era mesquinho para com dissidentes como Adler, Jung e Rank. Seu famoso comentário sobre a morte de Adler é de um cinismo absoluto:

Para um menino judeu saído de um subúrbio de Viena, a morte em Aberdeen é, por si mesma, uma carreira sem precedentes e uma prova do quanto ele progrediu. O mundo realmente recompensou-o ricamente por seu serviço de contestar a psicanálise.*

Em especial no princípio, Freud trabalhava freneticamente. Este tipo de frenesi exige um certo tipo de atmosfera de trabalho — e Freud não hesitou em estruturar suas relações familiares em torno de seu trabalho, de forma realmente patriarcal. Na refeição do meio-dia, após suas entrevistas psicanalíticas, ele observava um rigoroso silêncio, mas exigia que todos estivessem presentes. Se houvesse uma cadeira vazia, gesticulava interrogativamente com o garfo para Martha, querendo saber a respeito da ausência. A atitude inteiramente embevecida e submissa de sua filha Anna alarmou até a ele, que a mandou ser analisada. Era como se ele não percebesse que a encenação que fazia de sua grandeza junto à família não poderia deixar de hipnotizar aqueles que o cercavam. Sabemos que fazia suas longas viagens de férias com o irmão, mas nunca com a mulher, e que de inúmeras maneiras organizava sua vida de modo a que ela refletisse o seu senso de missão e destino histórico.

Nada disso é incomum: não passa de interessante bisbilhotice a respeito de um grande homem. Eu o menciono aqui apenas para mostrar que Freud não era nem melhor nem pior do que outros homens. Parece que ele tinha um narcisismo maior do que a maioria, mas sua mãe o havia criado assim, como o especial foco de atenção e de suas grandes esperanças; ela, enquanto

---

*A biografia de autoria de Jones, apesar da riqueza de detalhes francos sobre Freud, foi feita sob medida para transmitir uma imagem heróica dele; há um consenso agora de que ela não é, em absoluto, a última palavra em objetividade sobre Freud, o homem. Erich Fromm mostrou isso de forma muito incisiva em seu livro *Sigmund Freud's Mission: An Analysis of His Personality and Influence* (Nova York: Grove Press, 1959). Recentemente, Paul Roazen reexaminou os arquivos de Jones, entre muitas outras pesquisas, para apresentar um retrato mais perfeitamente "humano" de Freud. Veja o seu importante livro *Brother Animal* e compare especialmente os comentários de Freud sobre Tausk (p. 140) com a citação sobre Adler. Apresentaremos, mais tarde, mais detalhes da perspectiva de Roazen sobre o caráter de Freud. Outro excelente retrato humano de Freud é a brilhante biografia crítica de autoria de Helen Walker Puner: *Freud, His Life and His Mind* (Londres: The Grey Walls Press, 1949).

viveu, o chamava de "meu Sigi dourado". Todo o seu estilo de vida combinava de maneira dramática com o modo pelo qual ele sempre fora tratado. Claro que a atitude de sua mãe lhe dera uma certa força extra, como ele observou; e ele suportou seu câncer incurável, com seus horríveis e dolorosos efeitos, com admirável dignidade e paciência. Mas será que isso, também, é tão verdadeiramente fora do comum? Certa vez, alguém enalteceu, dirigindo-se a ele, a corajosa tolerância de Franz Rosenzweig para com sua paralisia total, e Freud retrucou: "O que mais ele pode fazer?" A mesma observação pode ser feita com relação a Freud, como a todos nós que sofremos de alguma doença. É verdade que depois da doença Freud continuou escrevendo e fazendo uso do mínimo de drogas possível, apesar de seu sofrimento. Mas Georg Simmel também não continuou até o fim com o seu câncer, recusando medicação porque esta lhe embotava o pensamento? No entanto, ninguém considera Simmel um caráter particularmente forte. Esse tipo de coragem não é raro em homens que se consideram figuras históricas. A auto-imagem dirige a necessária dedicação ao trabalho que lhes dará a imortalidade. O que é a dor perto disso? Penso que podemos concluir, com justiça, que em tudo isso nada havia, com relação a Freud, que o destacasse dos outros homens. Freud em seu egocentrismo; Freud em casa, cantando de galo e fazendo a vida familiar girar em torno de seu trabalho e de suas ambições; Freud em sua vida interpessoal, tentando influenciar e coagir os outros, desejando uma estima e uma lealdade especiais, desconfiando de outras pessoas, vergastando-as com epítetos cortantes e depreciativos; em todas essas coisas, Freud era um homem comum, um homem comum que tinha talento e estilo para realizar o roteiro que quisesse.

Mas Freud não era, em absoluto, o homem "imediato", lançando-se de cabeça na vida, sem refletir. Nos aspectos que acabamos de esboçar, ele era comum. Em outro grande aspecto, era extraordinário — e era este que alimentava diretamente o seu gênio: extremamente auto-analítico, ele ergueu o véu de suas próprias repressões e tentou, até o finzinho da vida, decifrar suas mais profundas motivações. Falamos, anteriormente, no que o instinto da morte poderia ter significado pessoalmente para Freud, e este assunto está em aberto. Ao contrário da maioria dos homens, Freud estava consciente da morte como um problema muito pessoal e íntimo. Foi perseguido pela ansiedade da morte a vida toda, e admitia que não passava um dia sem pensar nela. Isso é nitidamente fora do comum para a maioria das pessoas, e é aqui, penso eu, que se justifica procurarmos alguns indícios sobre a orientação especial de Freud para a realidade e acerca de um "problema" inigualável para ele. Se conseguirmos sinais desse problema, penso que poderemos usá-lo para lançar luz sobre a estrutura total de sua obra e seus possíveis limites.

As experiências de Freud parecem mostrar duas diferentes abordagens ao problema da morte. A primeira é o que poderíamos chamar de compulsividade razoavelmente corriqueira, uma brincadeira mágica com a idéia da morte. Por exemplo, parece que ele brincou com a data de sua morte a vida toda. Seu amigo Fliess brincava misticamente com números, e Freud acreditava nas idéias do amigo. Quando Fliess predisse a morte de Freud aos 51 anos, de acordo com os seus cálculos, Freud "achou mais provável que fosse morrer na casa dos quarenta, de ruptura do coração".[20] Quando os 51 anos se completaram sem novidade, "Freud adotou outra crença supersticiosa — a de que tinha que morrer em fevereiro de 1918".[21] Com freqüência, escrevia e falava a seus discípulos sobre o seu envelhecimento, dizendo que não lhe restava muito tempo de vida. Ele temia, em especial, morrer antes de sua mãe, porque ficava horrorizado ao pensar que ela pudesse ter que receber a notícia da morte dele, o que a faria sofrer. Tinha temores semelhantes com relação a morrer antes do pai. Mesmo quando jovem, tinha o hábito de se despedir dos amigos dizendo: "Adeus, é possível que você não me veja mais."

O que devemos concluir de tudo isso? Creio que é uma maneira perfeitamente rotineira e superficial de lidar com o problema da morte. Todos esses exemplos parecem resumir-se a "jogos de controle mágico". A preocupação de Freud com sua mãe parece um visível deslocamento e racionalização: "Minha morte não me aterroriza; o que me aterroriza é a idéia do sofrimento que isso provocaria nela." O indivíduo se assusta com o vazio, com a lacuna que seria deixada pelo seu desaparecimento. Não é fácil enfrentar e vencer isso, mas é possível enfrentar o sofrimento de uma outra pessoa com o nosso desaparecimento. Em vez de sentir o terror absoluto de se perder como um objeto que desaparece, o indivíduo se agarra à imagem de uma outra pessoa. Não há nada de complicado no uso que Freud faz desses artifícios intelectuais.

Mas existe um outro lado da reação de Freud ao problema da morte que é muito confuso. Segundo o seu biógrafo Jones, Freud sofria ataques periódicos de angústia, nos quais esta se caracterizava como um verdadeiro pavor de morrer e de viajar de trem.[22] Nos seus ataques de pavor, ele tinha visões de si mesmo morrendo e de cenas de despedidas.[23] Ora, isso é completamente diferente dos jogos mágicos e compulsivos com a idéia da morte. Aqui, Freud parece ter desreprimido a idéia de seu desaparecimento e ter reagido à idéia com total angústia emocional. A angústia quanto ao trem é, naturalmente, um ligeiro deslocamento, mas não tão descontrolado quanto seria uma fobia, como concorda Jones.[24]

Ora, desde logo vemos problemas com essa linha de especulação. É impossível ser claro a respeito dessas coisas quando se está lidando com elas assim tão de longe, com palavras impressas e não com o homem em pessoa. Não sabemos com exatidão como é que a mente funciona em relação à emoção, até que ponto as palavras penetram quando se lida com a realidade ou com repressões. Às vezes, a simples admissão de uma idéia à consciência é experimentar essa idéia de maneira vital. Outras vezes, admitir até mesmo uma profunda angústia pode não significar a verdadeira experiência dessa angústia, pelo menos não uma experiência profunda, já que alguma outra coisa poderá estar perturbando a pessoa. Os psicanalistas falam de angústia sem afeto. Será possível alguém admitir o terror da morte e ainda assim não experimentá-lo em níveis mais profundos? Serão as imagens da morte e das despedidas tão profundas quanto a verdadeira sensação de que não se tem, em absoluto, poder algum para se opor à morte? Até que ponto poderá haver uma racionalização parcial até mesmo da angústia mais profunda? Ou será que essas relações se alteram segundo o período da vida do indivíduo e o estresse sob o qual ele se encontra?

Não há como ser claro em relação a esses temas, no caso de Freud. O próprio Jones mostra-se bastante perplexo com as diferentes maneiras de

Freud reagir ao problema da morte — de um lado, crises de angústia; de outro, resignação heróica. E na sua tentativa de compreendê-las, ele diz:

> Freud sempre enfrentou com uma coragem total qualquer perigo real de vida, o que prova que o neurótico pavor de morrer deve ter tido algum outro significado que não o literal.[25]

Não é bem assim: o indivíduo pode enfrentar o verdadeiro perigo de uma doença conhecida, como fez Freud, porque ela lhe dá um *objeto*, um adversário, algo contra o qual pode concentrar a sua coragem. Doença e morte ainda são processos *de viver* nos quais a pessoa está engajada. Mas desvanecer, deixar uma lacuna no mundo, desaparecer no esquecimento — isto é inteiramente diferente.

No entanto, a declaração de Jones nos fornece uma pista verdadeira sobre Freud porque, segundo me parece, ele diz que há uma diferença entre a realidade da morte e a sua justificativa. Como a vida toda do indivíduo é um estilo ou um roteiro com o qual ele tenta negar o esquecimento e estender-se além da morte de maneiras simbólicas, muitas vezes ele não é tocado pela realidade de sua morte porque conseguiu cercá-la de significados mais amplos. Com base nesta distinção, podemos dizer algumas coisas inteligíveis a respeito da angústia da morte em Freud. Podemos tentar chegar ao que o importunava seguindo as pistas obtidas no estilo mais marcante de sua vida, em vez de seguir o infrutífero método de tentar especular sobre em que profundidade seus pensamentos estabeleciam contato com suas emoções.

A Segunda Grande Relutância de Freud

A primeira coisa que parece surgir com clareza sobre a postura de Freud em relação à realidade é que, como muitos homens, ele tinha dificuldade em ceder. Ele não podia se submeter nem ao mundo nem a outros homens. Tentava manter um centro de gravidade dentro de si mesmo e não colocar esse centro em outro ponto qualquer, como fica claro ao examinarmos suas relações com seus discípulos, com dissidentes e com ameaças externas de todos os tipos. Quando, na época da invasão nazista, sua filha quis saber por que todos eles simplesmente não se suicidavam, Freud comentou, caracteristicamente: "Porque é exatamente isso que eles querem que façamos."

Mas Freud era ambivalente no que dizia respeito a ceder. Há muita coisa que indica que ele brincava com a idéia. Um caso muito notável é a sua observação quando a data que ele supersticiosamente fixara para sua morte, fevereiro de 1918, passou sem novidades. Ele comentou: "Isso mostra que pouco se deve confiar no sobrenatural."[26] Esse é um maravilhoso exemplo de como o indivíduo pode brincar com a idéia de submissão a leis e poderes maiores, mas só na mente, desonestamente, enquanto continua emocionalmente distante e inflexível. Existem, porém, outros relatos que indicam que Freud não apenas brincava com a submissão, mas na verdade ansiava por poder deslocar o seu centro para outro ponto qualquer. Certa vez, enquanto discutia fenômenos psíquicos, Jones observou: "Se se pudesse acreditar em processos mentais flutuando no ar, seria possível passar-se a acreditar em anjos." Foi aí que Freud encerrou a discussão com o comentário: "É isso mesmo, até em *der liebe Gott*." Jones acrescenta que as palavras de Freud foram ditas num tom jocoso, ligeiramente zombeteiro. Mas Jones ficou nitidamente desconcertado pelo fato de o mestre abordar o problema de uma crença em Deus sem uma postura firmemente negativa. Ele informa: "...havia algo de perquiridor também no olhar, e eu me afastei não de todo satisfeito, temendo que também houvesse um tom subjacente mais sério de emoção."[27]

Em outra ocasião, Freud conheceu a irmã de um ex-paciente que morrera pouco tempo atrás. A irmã se parecia com o irmão falecido, e um pensamento espontâneo passou pela mente de Freud: "Com que então, é verdade que os mortos podem voltar." Zilboorg, em sua importante discussão sobre Freud e religião, faz o seguinte comentário sobre esse episódio, bem como sobre toda a postura ambivalente de Freud com relação ao sobrenaturalismo:

> Muito embora Freud contasse que esse pensamento foi seguido de imediato por um sentimento de vergonha, subsiste o fato inegável de que havia um forte "traço" emocional em Freud que tocava as raias ora da superstição, ora da crença na imortalidade física do homem aqui na terra.

Também se torna claro que Freud lutava deliberadamente contra certas tendências espirituais dentro de si mesmo. (...) [Ele] parece que estivera num estado de busca e doloroso conflito, no qual o *scholar* positivista (consciente) e o crente em potencial (inconsciente) travavam uma batalha franca.[28]

Zilboorg, então, tira a seguinte conclusão sobre essas tendências espirituais, corroborando nossa opinião de que Freud brincava com a idéia de admitir poderes transcendentes:

> Essas tendências tentavam afirmar-se por meio do conhecido mecanismo da distorção e da elaboração secundária, descrito por Freud como característico do inconsciente e dos sonhos. A tendência tomava a forma de angustiadas e pequenas superstições, de involuntárias e irracionais crenças no que a linguagem comum chama de espiritualismo.[29]

Em outras palavras, Freud dava vazão a suas tendências espirituais tanto quanto o seu caráter permitia, sem que tivesse que refazer as fundações básicas deste caráter. O máximo que ele podia fazer era ceder a superstições comuns. Penso que esta conclusão é indiscutível, com base apenas nos relatos de Jones; mas também temos a expressiva admissão pessoal de Freud de que "minha superstição tem suas raízes na ambição suprimida (imortalidade). (...)"[30] Isto é, tem suas raízes no problema estritamente espiritual de transcender a morte, um problema que, para Freud, era caracteristicamente de *ambição*, de luta, e não de confiar ou ceder.

A lógica e vital pergunta seguinte é: o que é que torna ambivalente a questão de ceder, tão difícil para Freud? O mesmo motivo que a torna difícil para todo mundo. *Ceder* é dispersar o centro escorado do indivíduo, baixar a sua guarda, a armadura do seu caráter, admitir a falta de *auto-suficiência*. E este centro escorado, esta guarda, esta armadura, esta suposta auto-suficiência são exatamente as coisas que compõem todo o projeto de amadurecimento, passando da infância para a maturidade. Aqui, temos que recordar nossa discussão do Capítulo 3, onde vimos que a tarefa básica que a pessoa estabelece para si mesma é a tentativa de ser seu próprio pai —

o que Brown chama tão bem de "projeto edipiano". A paixão *causa sui* é uma fantasia que encobre a fundamental condição de criatura do homem, ou o que podemos chamar, agora, de forma mais precisa, de sua *inapelável falta de autêntica centralização em suas próprias energias para assegurar a vitória de sua vida*. Nenhuma criatura pode garantir isso, e o homem só pode tentar fazê-lo em sua *fantasia*. A ambivalência do projeto *causa sui* é baseada na sempre presente ameaça de realidade, que está à espreita. O indivíduo desconfia, o tempo todo, de que é fundamentalmente incapaz e impotente, mas precisa protestar contra isso. Os pais e mães sempre projetam sua sombra. Qual é, então, o problema de ceder? Ele representa, nada mais nada menos, o abandono do projeto *causa sui*, a mais profunda e completa admissão emocional de que não há força dentro do indivíduo, não há poder para agüentar a superfluidade da experiência. Ceder é admitir que o apoio tem que vir de fora do indivíduo e que a justificativa para a sua vida tem que vir *totalmente* de alguma teia autotranscendente na qual a pessoa consente em ficar pendurada — tal como uma criança em sua caminha-berço, os olhos vidrados em admiração indefesa, dependente da mãe que se dirige a ela com voz suave.

Se o projeto *causa sui* é uma mentira difícil demais de se admitir porque atira o indivíduo de volta ao berço, é uma mentira que cobra o seu preço quando se tenta evitar a realidade. Isto nos leva até o cerne de nossa discussão do caráter de Freud. Agora, podemos falar claramente sobre a maneira de ele executar o seu projeto *causa sui*, e podemos vinculá-la à sua absoluta negação da realidade ameaçadora. Estou me referindo às duas ocasiões em que Freud desmaiou. O desmaio representa, como sabemos, a mais maciça negação, a recusa ou a incapacidade de continuar consciente diante de uma ameaça. As duas ocasiões em que um grande homem perde o total controle de si mesmo contêm certas informações vitais sobre o cerne de seu problema de vida. Felizmente, temos os relatos dos dois incidentes, feitos em primeira mão por Jung, e eu gostaria de transcrever na íntegra o que ele disse.

O primeiro desmaio teve lugar em Bremen, em 1909, quando Freud e Jung estavam a caminho dos Estados Unidos para fazerem palestras sobre suas obras. Jung diz que esse incidente foi provocado — indiretamente — pelo seu interesse nos "cadáveres das turfeiras":

> Eu sabia que, em certos distritos do norte da Alemanha, encontravam-se os chamados cadáveres das turfeiras. São os corpos de homens préhistóricos que se afogaram nos pântanos ou ali foram enterrados. A água da turfeira em que os corpos estão contém ácido húmico, que consome os ossos e, ao mesmo tempo, curte a pele, de modo que ela e os cabelos ficam perfeitamente preservados.(...)
> Tendo lido a respeito desses cadáveres das turfeiras, lembrei-me deles quando estávamos em Bremen, mas, por estar um pouco inebriado, confundi-os com as múmias nos porões revestidos de chumbo da cidade. Este meu interesse mexeu com os nervos de Freud. "Por que está tão preocupado com esses cadáveres?", perguntou-me ele várias vezes. Ficava excessivamente irritado com tudo aquilo e, durante uma daquelas conversas sobre o assunto, enquanto jantávamos juntos, teve um desmaio repentino. Depois, disse-me que estava convencido de que toda aquela conversa sobre cadáveres significava que eu tinha desejos de morte em relação a ele.[31]

O segundo desmaio ocorreu em 1912, na época de uma reunião estratégica especial que levou Freud e alguns de seus seguidores a Munique. Eis o relato pessoal que Jung fez do incidente:

> Alguém desviara a conversa para Amenófis IV (Akhnaton). Foi salientado que esse faraó, em conseqüência de sua atitude negativa para com o pai, havia destruído os cartuchos do pai nas estelas, e que por trás de sua grande criação de uma religião monoteísta havia à espreita um complexo de pai. Aquilo me irritou, e tentei argumentar que Amenófis tinha sido uma pessoa criativa e profundamente religiosa, cujos atos não podiam ser explicados por resistências pessoais em relação ao pai. Pelo contrário, disse eu, ele honrara a memória do pai, e o seu zelo pela destruição tinha sido dirigido apenas contra o nome do deus Amon, que ele mandou apagar em toda parte; e esse nome foi também raspado dos cartuchos do pai dele, Amon-hotep. Além do mais, outros faraós

haviam substituído, em monumentos e estátuas, os nomes de seus antepassados verdadeiros ou divinos pelos seus próprios, achando que tinham o direito de fazê-lo por serem encarnações do mesmo deus. Eles, no entanto, salientei, não tinham fundado nem um novo estilo, nem uma nova religião.

Nesse momento, Freud escorregou da cadeira, desmaiado.[32]

Os Desmaios em Relação ao Problema Geral da Vida de Freud

Tem havido uma série de interpretações do significado desses casos de desmaio, por parte de muitos e sensíveis estudiosos da vida de Freud; Freud e Jung deram suas interpretações. Estou me estendendo sobre este assunto não apenas porque ele pode fornecer a chave do problema do caráter de Freud, mas porque confirma, melhor do que qualquer outra coisa, acho eu, toda a compreensão pós-freudiana do homem que esboçamos nos cinco primeiros capítulos. Obtemos uma compreensão mais nítida quando podemos refletir abstrações no espelho vivo da vida de um grande homem.

Foi Paul Roazen quem, em sua brilhante interpretação recente, revelou o significado central daquelas crises de desmaio.[33] Tal como Rank, Roazen compreendeu que o movimento psicanalítico como um todo era o característico projeto *causa sui* de Freud; ele era o veículo pessoal para o heroísmo, para a transcendência de sua vulnerabilidade e suas limitações humanas. Como iremos ver nos capítulos seguintes, foi Rank quem mostrou que o verdadeiro gênio tem um imenso problema que outros homens não têm. Ele tem de conquistar o seu valor como pessoa com o seu trabalho, o que significa que o seu trabalho carrega o ônus de justificá-lo. E o que é que "justificar" significa para o homem? Significa transcender a morte ao habilitar-se à imortalidade. O gênio repete a presunção narcisística da criança: vive a fantasia do controle da vida, da morte e do destino no "corpo" de sua obra. A singularidade do gênio também decepa suas raízes. Ele é um fenômeno que não foi prenunciado e não parece ter quaisquer dívidas atribuíveis às qualidades dos outros; parece ter surgido da natureza como autógeno. Poderíamos dizer que ele tem o "mais puro" projeto *causa sui*: ele, na verdade, não tem família, é o pai de si mesmo. Como Roazen salienta, Freud voou tão alto acima de sua família natural, que não é surpresa o fato dele entregar-se a fantasias de autocriação: "Freud estava sempre voltando à fantasia de ter sido criado sem pai."[34] Ora, você não pode tornar-se pai de si mesmo enquanto não tiver seus próprios filhos, como Roazen diz tão bem. E os filhos naturais não servem, porque não têm "as qualidades de imortalidade associadas ao gênio".[35] Esta formulação é perfeita. Logo, Freud teve que criar toda uma família nova — o movimento psicanalítico — que seria o seu veículo característico para a imortalidade. Quando ele morresse, o gênio do movimento iria garantir a sua eterna lembrança e, com isso, uma eterna identidade na mente dos homens e nos efeitos de seu trabalho sobre a terra.

Vejamos, porém, o problema do projeto *causa sui* do gênio. No projeto edipiano normal, a pessoa internaliza os pais e o superego que eles representam, isto é, a cultura em geral. Mas o gênio não pode fazer isso, porque o seu projeto é ímpar e portanto não pode ser preenchido pelos pais ou pela cultura. É criado especificamente por uma renúncia aos pais, uma renúncia ao que eles representam e, até mesmo, a suas próprias pessoas concretas (pelo menos em fantasia), já que parece não haver coisa alguma, neles, que tenha causado o gênio. Aqui vemos de onde o gênio obtém o seu fardo extra de culpa: ele renunciou ao pai, tanto espiritual como fisicamente. Este ato lhe dá uma angústia extra, porque agora ele, por sua vez, está vulnerável, sem ninguém em quem se apoiar. Está sozinho em sua liberdade. A culpa é conseqüência do medo, como disse Rank.

Não surpreende então que Freud fosse especialmente sensível à idéia do assassinato do pai. Podemos imaginar que o assassinato do pai fosse um símbolo complexo para ele, abrangendo ao mesmo tempo a pesada culpa de ficar sozinho em sua vulnerabilidade e um ataque à sua identidade como pai, ao movimento psicanalítico como seu veículo *causa sui* e, assim, à sua imortalidade. Em uma palavra, o assassinato do pai significaria sua própria insignificância como criatura. É exatamente para essa interpretação que apontam os episódios dos desmaios. Os anos em torno de 1912 constituíram a época em que o futuro do movimento psicanalítico caracterizou-se como problema. Freud estava à procura de um herdeiro, e Jung seria o "filho" que ele tão orgulhosamente escolhera como seu sucessor espiritual e que iria garantir o sucesso e a continuação da psicanálise. Freud literalmente sobrecarregou Jung com suas esperanças e expectativas, tão destacado era o seu lugar no plano de vida de Freud.[36] Assim, podemos compreender como é inteiramente lógico que a defecção de Jung do movimento invocaria, por si só, o complexo símbolo do assassinato do pai e representaria a morte de Freud.[37]

Não é de admirar que, por ocasião do primeiro desmaio, Freud tenha acusado Jung de "desejos de morte" em relação a ele e que Jung se sentisse inteiramente inocente de quaisquer desejos desse tipo. Ele diz que ficou "muitíssimo surpreso com aquela interpretação".[38] Para ele, tratava-se de fantasias de Freud, mas fantasias de grande intensidade, "tão fortes que, obviamente, podiam fazê-lo desmaiar". Sobre a segunda ocasião, Jung diz que toda a atmosfera estava muito tensa; sejam quais forem as outras causas que possam ter contribuído para o desmaio de Freud, evidentemente a fantasia do assassinato do pai estava, uma vez mais, envolvida. De fato, a atmosfera de rivalidade pairava sobre toda a reunião durante o almoço. Era um encontro estratégico carregado de possibilidades de dissensão nas fileiras psicanalíticas. Jones transmitiu isso em sua versão dos desmaios de 1912:

> ...quando estávamos acabando de almoçar (...) [Freud] começou a repreender os dois suíços, Jung e Riklin, por escreverem artigos expondo a psicanálise nos periódicos suíços sem mencionar o nome dele. Jung retrucou que eles não tinham achado necessário mencioná-lo, já que o nome era muito conhecido, mas Freud já havia percebido os primeiros sinais da dissidência que iria acontecer um ano depois. Insistiu, e eu me lembro de ter pensado que ele estava levando o assunto muito para o lado pessoal. De repente, para nossa consternação, ele caiu ao chão, sem sentidos.[39]

Jung não é nada convincente em suas elegantes negativas de rivalidade para com Freud, em suas insinceras explicações do motivo pelo qual os suíços estavam omitindo a menção do nome de Freud. Até mesmo na sua negativa de desejos de morte em relação a Freud ele deixa clara a sua competitividade.

> Por que eu iria querer que ele morresse? Eu tinha vindo para aprender.
> Ele não estava no meu caminho; ele estava em Viena, eu em Zurique.[40]

De um lado, ele admite que mantém um relacionamento de aprendizado com Freud, o mestre; por outro lado, tenta provar que é independente, que está em pé de igualdade. Com toda certeza, Freud sentiu a ameaça à sua prioridade, o que, na verdade, seria um ato de traição filial para ele.[41] Jung estava se afastando do rebanho, ameaçando introduzir uma rivalidade com o ramo suíço da psicanálise. O que aconteceria com o "pai", então, e tudo aquilo que ele representava? O fato é que Freud desmaiou no exato momento em que Jung fez pouco da questão de prioridade na fundação de uma nova religião por Amenófis IV. Isso ameaçava toda a vida de trabalho missionário de Freud. Freud tinha um quadro da Esfinge e das pirâmides colocado em lugar de destaque no seu consultório, seu aposento mais íntimo. Aquilo não era, para ele, uma imagem romântica ou um passatempo arqueológico. O Egito representava todo o misterioso e inexplorado passado da humanidade que a psicanálise tinha sido escolhida para decifrar.[42] Existe, diz Roazen, uma associação direta entre a psicanálise do século XX e a antiga egiptologia, entre o riscar do nome de seu pai das estelas, por parte de Amenófis, e a mesma coisa feita por Jung de Zurique. Jung estava atacando a imortalidade de Freud.

Mas este ataque existia aos olhos de Freud, e não necessariamente aos de Jung. O fato dele falar dos cadáveres das turfeiras no momento do primeiro desmaio podia muito bem refletir, pura e simplesmente, angústias existenciais. Jung estava fascinado pela idéia da morte. Podemos muito bem imaginar Jung, mais moço, também ansioso com relação à viagem à América, estendendo-se sobre o problema dos cadáveres, na presença de um homem que ele olhava com respeito, porque queria abordar algo que o fascinava com um pensador que poderia refletir com ele, talvez melhorar o entendimento do mistério dos cadáveres, da morte e do destino. Por outro lado, Erich Fromm (que dificilmente é um fã de Jung) deu o seu diagnóstico, classificando Jung como possuidor de um caráter necrofílico. Com base em um dos sonhos de Jung na época de seu rompimento com Freud, Fromm acredita que Jung realmente tinha desejos inconscientes de morte em relação a Freud.[43]

No entanto, toda essa especulação não vem ao caso, porque estamos falando das percepções e dos problemas de Freud. De acordo com este ponto de vista, o detalhe importante da ocasião do primeiro desmaio é que a conversa sobre múmias surgiu devido à confusão de Jung quanto aos cadáveres. As angústias de Freud em *ambas* as ocasiões estão portanto ligadas aos mesmos assuntos do Egito e da eliminação do pai. Além disso, é importante observar que, naquela histórica viagem, Jung tinha sido convidado por causa de seu trabalho, e não necessariamente devido à sua ligação com Freud; ele era, literal e abertamente, um concorrente.

As Interpretações de Jones e Freud

Olhamos ainda mais de "dentro" do problema das percepções de Freud quando examinamos suas tentativas de compreender o que lhe acontecera. Jones conta uma história da ocasião do primeiro desmaio um tanto diferente da de Jung. Jones diz que o que caracterizara a reunião de 1909 fora que Freud, após discutir um pouco, convencera Jung a beber vinho durante o almoço e, com isso, quebrara a fanática abstinência de Jung. Fora "só depois disso" que Freud caíra desmaiado.[44] No encontro posterior, em 1912, aconteceu coisa semelhante. Tinha havido uma certa tensão entre Jung e Freud, e depois de uma "boa reprimenda paternal", Jung ficara "extremamente arrependido, aceitara todas as críticas" de Freud, e "prometera reformar-se". Freud ficara muito entusiasmado por ter reconquistado Jung. Jones conclui que o que caracterizara as duas reuniões fora o fato de que Freud conseguira uma vitória sobre Jung.[45]

Qual a relação que a vitória tem com um desmaio? Só com o gênio da teoria de Freud é que uma relação dessas pode ser explicada de forma significativa. Como vimos no Capítulo Quatro, foi Freud quem desvendou a noção de que se pode ser "arrasado pelo sucesso": que quando uma pessoa alcança o verdadeiramente superlativo, este é com freqüência sentido como um ônus intolerável, porque significa que ela o conseguiu competindo com o pai e sendo melhor do que ele. Não é de admirar, então, que quando o próprio Freud analisou, mais tarde, os desmaios, pôde se basear na sua descoberta com uma honestidade perscrutadora e implacável. Ele explicou que, quando criança, muitas vezes desejara a morte de seu irmão caçula, Julius, e quando Julius realmente morreu na época em que Freud tinha um ano e sete meses de idade aquilo o deixara com um terrível sentimento de culpa. Jones comenta:

> Parece, portanto, que o próprio Freud era um caso brando do tipo que ele descrevia como "aqueles que são arrasados pelo sucesso", neste caso o sucesso de derrotar um oponente [Jung] — cujo exemplo mais antigo era o seu bem-sucedido desejo de morte contra seu irmãozinho Julius. Com relação a isso, pensamos no curioso episódio de ofuscação que Freud sofreu na Acróple em 1904, episódio que, quando estava com oitenta e um anos de idade, ele analisou e ligou ao fato de ter satisfeito o proibido desejo de ser melhor do que seu pai. De fato, o próprio Freud mencionou a semelhança entre aquela experiência e o tipo de reação que estamos examinando.[46]

Em outras palavras, todas as vitórias sobre um rival, inclusive o próprio pai, tornam a despertar a culpa pela vitória e provocam no indivíduo a incapacidade de suportá-la. Temos que compreender o que significa "vitória" na cosmologia de Freud para sentir o impacto da angústia e compreender o motivo pelo qual uma pessoa desmaia. Ela é explicada pela dinâmica do complexo de Édipo clássico. O "prêmio" pela vitória é, naturalmente, a mãe que o menino cobiça, e ganhar do pai significa liquidar com ele. Se a criança perder, a vingança será terrível; se ganhar, a culpa será naturalmente avassaladora.

Ora, o clássico complexo de Édipo explica, sem dúvida nenhuma, alguns casos de temor da vitória. Mas o próprio Freud abandonou, mais tarde, a dinâmica estritamente sexual do problema, pelo menos no seu caso pessoal. Já para o fim da vida, ele admitia francamente que a sua relutância em sobrepujar o pai baseava-se num sentimento de "respeito" em relação a ele.[47] Foi este o significado do episódio na Acrópole, que menciona. Hoje, como argumentam alguns autores, iríamos presumir que a palavra "respeito" poderia ser um eufemismo para indicar outros sentimentos que Freud tinha para com o pai: que ele estava realmente perturbado pela fraqueza do pai, que lançava uma sombra sobre a sua própria força, e que por isso se sentia exposto e angustiado quando pensava no seu sucesso.

Já nos encontramos, assim, num terreno mais amplo e mais existencial ao explicar o caráter avassalador da vitória. Duas gerações de estudiosos já mostraram ter dúvidas quanto ao fato de um Freud de 19 meses de idade poder ser vivamente analítico em relação a sua experiência a ponto de recriminar-se pelo seu ciúme e seus desejos de morte, acreditando-os responsáveis pela morte de seu irmão Julius. Até o próprio Freud considerou um exagero aquele nível de percepção, em sua obra teórica: disse que era quase impossível que uma criança de tão tenra idade tivesse ciúme de um irmãozinho recém-chegado. É evidente que Jones, que registrou tudo isso, não entendeu nada.[48]

Jones diz que a análise que o próprio Freud fez de seu desmaio, com base na teoria dos "arrasados pelo sucesso", é confirmada pelo fato de que, na ocasião de cada desmaio, havia uma discussão sobre os desejos de morte. Isso é perfeitamente verdade, mas não da maneira precisa que Freud queria mostrar, dizendo que estavam vinculados à força da vitória. É muito provável que Freud esteja cometendo um erro que comete com freqüência, o de tentar fixar com uma precisão excessiva aquilo que, na verdade, faz parte de um símbolo complexo e de um problema muito maior. Refiro-me, é claro, ao sentimento avassalador causado pela experiência de se sentir arrebatado para muito longe do seu chão habitual, de não ter a capacidade de suportar o superlativo. Este sentimento é o que caracteriza os dois casos de desmaio, além da presença específica de Jung. É razoável aumentar o fardo colocado sobre Freud: não estava em jogo apenas uma reação a Jung. Afinal, Freud carregava sobre seus ombros um dos grandes movimentos iconoclastas do pensamento humano, um movimento que arrastava toda a concorrência, toda a hostilidade, toda a difamação, todos os outros significados mais "espirituais" ("ocultos") que a humanidade reputava tão sagrados, todas as outras mentes que possuíam pensamentos tão sublimes e que insistiam em verdades tão amplamente sustentadas, apoiadas e aclamadas através dos séculos. Seu organismo, em suas camadas mais profundas, tinha todo o direito de sentir-se insuportavelmente oprimido por esse peso e afundar sob ele num prazeroso olvido. Teríamos a ousadia de imaginar que uma pessoa pode suportar com facilidade toda essa missão superior sem se apoiar em poderes sobre-humanos? Como adotar uma postura em relação a toda essa transcendência impessoal e histórica e ainda enfrentar o pessoal, o concreto e o físico — as pirâmides, os cadáveres das turfeiras, a nossa própria religião? É como se todo o organismo da pessoa declarasse: "Eu não agüento, não tenho forças para enfrentar isso." Admite-se, com relutância, que a forte e grande figura de Jung, um pensador original, assumindo uma posição independente e até questionando e se opondo a Freud, acrescente de fato questões a tudo isso. Mas a presença concreta de Jung é apenas um aspecto de um problema geral de poder. Nesta acepção, até mesmo acabar ganhando de Jung representava, para Freud, colocar todo o peso do movimento psicanalítico diretamente sobre seus ombros. Podemos ver como é oportuna a compreensão dos casos dos "arrasados pelo sucesso", embora não de acordo com a dinâmica específica que Freud tinha em mente.

A Ambivalência Emocional do *Causa Sui*

O ponto crítico de toda a nossa discussão está contido em uma confissão de Freud a Karl Abraham: que o desamparo era uma das duas coisas que ele sempre detestara mais.[49] (A outra era a pobreza — porque significa desamparo.) Freud odiava o desamparo e lutava contra ele, e a sensação emocional de extremo desamparo diante da experiência era demais para ele poder suportar. Ela o expunha de todo ao avesso da dependência que ele tentava controlar. Esse tipo de contínua automodelação por um homem metido na posição de liderança de Freud deve ter consumido doses enormes de energia. Não admira que, quando Freud estava voltando a si depois do segundo desmaio, tenham-no ouvido dizer: "Como deve ser doce morrer!"[50] E não há razão para duvidar do relato que Jung fez da ocasião, que é sem igual.

> Enquanto eu o carregava, ele semidespertou, e nunca esquecerei o olhar que me lançou, como se eu fosse seu pai.[51]

Como deve ser doce abrir mão do colossal fardo de uma vida de autodomínio, autoformação, relaxar a crispação com que a pessoa se agarra ao seu próprio centro e ceder passivamente a um poder e a uma autoridade superiores, e que alegria nessa rendição: o conforto, a confiança, o alívio no peito e nos ombros da pessoa, a leveza do coração, a sensação de estar sustentado por algo maior, menos falível. Com os seus problemas característicos, o homem é o único animal que pode, muitas vezes de bom grado, abraçar o profundo sono da morte, mesmo sabendo que isso significa o esquecimento.

Existe, porém, a ambivalência na qual Freud — como todos nós — se viu apanhado. Fundir-se confiantemente no pai, ou no substituto do pai, ou mesmo no Grande Pai no céu, é abandonar o projeto *causa sui*, a tentativa de ser pai de si mesmo. E se você a abandona fica diminuído, porque o seu destino já não lhe pertence. Você é então a eterna criança seguindo em frente no mundo dos mais velhos. E que tipo de mundo é este, se você está tentando acrescentar a ele algo de novo e revolucionário, algo de seu, para perdurar na história? É por isso que Freud tinha que lutar contra a rendição — ela arriscava suprimir toda a sua identidade. Ele tecia a sua própria teia; como é que poderia pendurar-se na teia de uma outra pessoa? Foi Rank, mais do que ninguém, quem compreendeu o problema dos simples mortais sobrecarregados com os trabalhos dos gênios: onde irão obter o suporte para suas ousadas e ofuscantes criações? Veremos as opiniões de Rank no próximo capítulo. Neste, já é óbvio que Freud preferiu executar o seu projeto *causa sui* utilizando-se de sua obra e de sua organização — o movimento psicanalítico — como um espelho *que lhe devolvesse, pelo reflexo, o poder*. Dissemos, mais atrás, que o projeto *causa sui* é uma mentira pela qual se tem que pagar um tributo; agora podemos compreender que esse tributo é emocional, que terá sempre que levar consigo tanto a tentação de admitir uma dependência indefesa como a luta contra essa admissão. A pessoa vive com um certo grau de firme determinação.*

Há outra corroboração desse ponto de vista no relacionamento, de quinze anos de duração, entre Freud e Fliess. Brome acredita que esse relacionamento era emocional, mais poderoso do que qualquer biógrafo anterior admitira, e cita as próprias confissões de Freud referentes aos seus muito profundos e "obscuros" sentimentos em relação a Fliess. É mais do que uma coincidência, então, que anos antes Freud tivesse sofrido sintomas, em relação a Fliess, semelhantes aos que sofreu em relação a Jung — e exatamente na mesma sala do mesmo hotel da reunião de 1912. Naquela época anterior, os sintomas não eram tão intensos, e eram dirigidos não a uma forte figura oponente, mas a um Fliess enfermo. Quando Freud analisou isso, disse que "existe uma certa dose de indisciplinado sentimento homossexual na raiz dessa questão". Jones relata que, por diversas vezes, Freud comentou o "lado feminino de sua natureza".[52]

Muito embora a honestidade auto-analítica de Freud fosse uma coisa rara, ainda temos que ser céticos quanto a ela. Qualquer homem pode ter impulsos homossexuais específicos, e Freud não precisa ser uma exceção. Ainda assim, conhecendo a tendência que Freud tinha, a vida inteira, de reduzir sentimentos vagamente angustiados a motivações sexuais específicas, temos o direito de presumir que seus impulsos "indisciplinados" poderiam, também, ter representado a ambivalência da necessidade de dependência. O próprio Jones computou honestamente o problema da homossexualidade em sua análise do caráter de Freud, e acho que ele deu ao problema o seu peso adequado. Jones diz que isso fazia parte do avesso da dependência em Freud, uma dependência que, de certo modo, o induzia ao erro, por exemplo, em sua tendência a superestimar certas pessoas —

---

*Erich Fromm, em sua importante discussão do caráter de Freud, também destaca o desamparo e a dependência como sendo o outro lado de Freud e, assim, também confirma o que disse Jones. Mas Fromm, assim me parece, acentua demais isso como um reflexo ambivalente do relacionamento de Freud com a mãe na infância, enquanto que eu acho que se trata mais de um fenômeno universal de reação à ambição de herói e aos fardos característicos de Freud. Veja Fromm, *Sigmund Freud's Mission*, Capítulo 5.

Breuer, especialmente Fliess, e também Jung. Jones chega até a dizer que esse lado de Freud se originava de "certo comprometimento da autoconfiança."⁵³ Sem dúvida, Freud abominava esse lado de sua natureza e recebeu de bom grado a autodependência que obteve quando uma parte de sua dependência "homossexual" foi revelada como sendo a fraqueza que, de fato, era. Ele escreveu a Ferenczi a 6 de outubro de 1910, dizendo que havia dominado a passividade que sentira em relação a Fliess e que já não tinha qualquer necessidade de revelar sua personalidade por inteiro:

> Desde o caso de Fliess (...) essa necessidade foi extinta. Uma parte da catexia homossexual foi retirada e utilizada para ampliar o meu ego.⁵⁴

O ego é o essencial; só ele dá autonomia, a capacidade de ter uma certa liberdade de ação e escolha, de traçar, tanto quanto possível, o próprio destino. Hoje, de maneira geral, vemos a homossexualidade como um amplo problema de ineptidão, identidade vaga, passividade, desamparo — em suma, uma incapacidade de adotar uma postura forte em relação à vida. Nesta acepção, Jones teria razão ao falar sobre um comprometimento da autoconfiança em Freud, como este demonstrou, tanto para com a forte figura de Jung como para com a figura enferma de Fliess. Em ambos os casos, é a força da pessoa que é ameaçada por um fardo maior.

Por outro lado, nossa compreensão moderna da homossexualidade atinge um plano ainda mais profundo do problema — o nível de imortalidade e heroísmo que já discutimos em relação a Freud e ao gênio em geral. Rank escreveu sobre isso de maneira brilhante. Pretendemos demonstrar o trabalho dele no Capítulo 10, mas precisamos nos adiantar aqui no que se refere especificamente a Freud. Dissemos que o espírito verdadeiramente talentoso e livre tenta abstrair-se da família como instrumento de procriação característica. É apenas lógico, então, que se o gênio for seguir ao pé da letra o projeto *causa sui* irá enfrentar uma grande tentação: ignorar, de certo modo, a mulher e o papel biológico do próprio corpo dele. É como se ele pensasse: "Eu não existo para ser usado como um instrumento de procriação física segundo os interesses da raça; minha individualidade é tão total e integral, que incluo meu corpo no meu projeto *causa sui*." E assim, o gênio pode tentar procriar-se espiritualmente através de uma ligação com homens jovens de talento, para criá-los à sua própria imagem e transmitir-lhes o espírito do seu gênio. É como se ele fosse tentar duplicar-se exatamente, espírito e corpo. Afinal, qualquer coisa que possa tolher o livre vôo do talento espiritual da pessoa deve parecer humilhante. A mulher já é uma ameaça à corporalidade do homem: basta um pequeno incidente para fazê-lo retrair-se das relações sexuais com ela. Por isso, o indivíduo evita que o seu centro cuidadosamente guardado se disperse e seja ameaçado por significados ambíguos. A maioria dos homens se contenta em manter seus significados firmemente controlados abstendo-se da infidelidade extraconjugal. Mas é possível alimentar narcisisticamente seus significados, ainda mais ao se abster de "infidelidade heterossexual", por assim dizer.

Segundo esse ponto de vista, quando Freud falava no "lado feminino de sua natureza" podia, perfeitamente, estar falando da força de seu ego, ao invés de sua fraqueza, de sua sincera determinação de planejar sua imortalidade. É do conhecimento geral que as relações sexuais entre Freud e sua mulher cessaram por volta dos 41 anos e que ele, pelo que sabemos, foi estritamente monógamo. Esse comportamento estaria coerente com o seu projeto *causa sui*: o auto-engrandecimento narcisístico, negando a dependência com relação ao corpo feminino e ao papel dado ao indivíduo pela sua natureza biológica; e ainda o controle e o secreto reforço do poder e do significado de sua individualidade. Como Roazen salienta, nas palavras do próprio Freud ele via o seu herói da seguinte maneira:

> ...um homem cujas necessidades e atividades sexuais eram excepcionalmente reduzidas, como se uma aspiração mais elevada o tivesse erguido acima da necessidade animal comum da humanidade.[55]

É evidente que Freud canalizou toda a sua paixão para o movimento psicanalítico e para a sua própria imortalidade. Estes formavam a sua "aspiração mais elevada", que também poderia incluir, supostamente, uma homossexualidade espiritual, que não oferecia ameaça alguma como "necessidade animal".

A Ambivalência Conceitual do *Causa Sui*

Até agora, estivemos falando de ambivalência emocional, mas também existe um lado conceitual da questão. Uma coisa é enfrentar e admitir uma reação emocional à experiência de desaparecer; outra coisa é justificar esse desaparecimento. Freud podia admitir dependência e desamparo, mas como atribuir qualquer significado à sua própria morte? Ele tinha que justificá-la a partir de seu projeto *causa sui*, o movimento psicanalítico, ou um tanto de fora daquele projeto. Eis a ambivalência do *causa sui* a um nível conceitual: como é que se pode confiar em quaisquer significados que não sejam criados pelo homem? Estes são os únicos significados que conhecemos com segurança. A natureza parece não se preocupar, parece até ser perversamente contrária aos significados humanos; e nós lutamos, procurando trazer para o mundo os nossos significados dignos de confiança. Mas os significados humanos são frágeis, efêmeros: estão sendo constantemente desacreditados por acontecimentos históricos e calamidades naturais. Um Hitler pode apagar séculos de significados científicos e religiosos enquanto um terremoto pode anular um milhão de vezes o significado de uma vida pessoal. A humanidade tem reagido ao procurar conseguir do além alguns significados humanos. Os melhores esforços do homem parecem extremamente falíveis sem o apelo a algo mais elevado para uma justificativa, um suporte conceitual para o significado da vida, vindo de algum tipo de dimensão transcendental. Como essa crença tem que absorver o terror básico do homem, não pode ser meramente abstrata mas sim enraizada nas emoções, num sentimento interior de segurança em algo mais forte, maior e mais importante do que as próprias força e vida do indivíduo. É como se a pessoa dissesse: "O pulsar de minha vida declina, eu desapareço no esquecimento, mas 'Deus' (ou 'Aquilo') continua, torna-se até mais glorioso com o meu sacrifício em vida e através dele." Pelo menos, essa sensação é uma crença eficiente para o indivíduo.

 É evidente que o problema do ponto até o qual uma vida tem que ir para conseguir um sentido heróico garantido deixava Freud muito preocupado. De acordo com a teoria psicanalítica, a criança enfrenta o terror da vida e da solidão, inicialmente, afirmando a sua própria onipotência e, em seguida, usando a moralidade cultural como veículo para a sua imortalidade. Quando chegamos à idade adulta, essa imortalidade confiante, delegada, torna-se uma importante defesa a serviço da equanimidade de nosso organismo diante do perigo. Como já vimos, uma das principais razões pelas quais é tão fácil mandar homens para a guerra é que, lá no íntimo, cada um deles sente pena do homem que está a seu lado e que vai morrer. Cada qual se protege em sua fantasia, até sentir o choque de que está sangrando. É lógico que, se você for um dos poucos que admitem a angústia da morte, você deve questionar a fantasia da imortalidade, que é exatamente a experiência de Freud. Zilboorg afirma que esse problema perturbou Freud a vida inteira. Ele ansiava por obter a fama, previa essa fama, esperava que através dela pudesse criar sua imortalidade: "Imortalidade significa ser amado por muitas pessoas anônimas." Essa definição é a visão de imortalidade do Iluminismo: viver sendo estimado por homens ainda não nascidos, pelas obras com as quais você tenha contribuído para a vida e o aperfeiçoamento deles.

Mas é uma imortalidade inteiramente "deste mundo" — aí é que está a dificuldade. E deve ter irritado Freud consideravelmente. Suas opiniões sobre a imortalidade eram carregadas de uma "grave ambivalência, até mesmo multivalência".[56] Ainda no início da vida, disse à noiva que ele havia destruído todas as cartas que recebera, acrescentando irônica e triunfantemente que seus futuros biógrafos teriam imensa dificuldade em conseguir dados sobre ele depois que tivesse partido deste mundo. Mais tarde, disse coisa semelhante a respeito de suas cartas enviadas a Fliess: se em vez de um de seus discípulos, tivesse sido ele a pôr a mão nelas, ele as teria destruído, e não teria deixado que a "chamada posteridade" ficasse com elas. Zilboorg parece pensar que essa oscilação entre o desejo de imortalidade e o desprezo por ela reflete o infeliz hábito de Freud de formar polaridades em seu pensamento. A mim, porém, parece mais uma brincadeira mágica com a realidade: como o indivíduo teme que a vida nesta dimensão possa não ter valor e qualquer significado real, ele alivia a sua angústia zombando em especial daquilo que mais deseja, enquanto que por debaixo de sua escrivaninha mantém os dedos fazendo figa.

De um lado, a pessoa faz da psicanálise a sua religião particular, a sua estrada real para a imortalidade. De outro lado, ela é única e está isolada o suficiente para questionar toda a carreira do homem neste planeta. Ao mesmo tempo, não pode abandonar o projeto da sua criação de imortalidade, porque a promessa religiosa de imortalidade é pura ilusão, própria para crianças e para o homem crédulo comum. Freud estava nessa terrível situação incômoda, como confessou ao reverendo Oskar Pfister:

> Posso imaginar que, há vários milhões de anos, no período triássico, todos os grandes -odontes e -térios tinham muito orgulho da evolução da raça dos sáurios e estavam na expectativa de Deus sabe lá que magnífico futuro para eles. E então, com a exceção do maldito crocodilo, todos eles foram extintos. O senhor pode alegar que (...) o homem é dotado de inteligência, o que dá a ele o direito de pensar no futuro e acreditar nesse futuro. Ora, não há dúvida de que existe algo de especial em relação à mente, tão pouco é o que se sabe sobre ela e sua relação com a natureza. Eu, pessoalmente, tenho um enorme respeito pela mente, mas será que a natureza o tem? A mente é apenas um pedacinho da natureza; o resto da natureza me parece que pode viver muito bem sem ela. Será que vai se permitir ser muito influenciada pela consideração que tenha pela mente?
> Aquele que puder sentir-se mais confiante do que eu a respeito disso é digno de inveja.[57]

É difícil para um homem trabalhar resolutamente quando seu trabalho pode não significar mais do que ruídos de seu aparelho digestivo, do que o soltar gases e os gritos dos dinossauros — ruídos agora silenciados para sempre. Ou talvez o indivíduo trabalhe ainda mais para desafiar a desumana indiferença da natureza. Assim, seria possível até compelir a natureza a submeter-se aos produtos da mente misteriosa, fazendo das palavras e dos pensamentos um inabalável monumento à honestidade do homem quanto à sua situação. É isso que torna o homem forte e verdadeiro — o fato dele desafiar os ilusórios consolos da religião. As ilusões humanas provam que os homens não merecem nada melhor do que o esquecimento. É assim que Freud deve ter raciocinado ao fazer da psicanálise a concorrente da religião.

A ciência psicanalítica iria apurar os fatos reais do mundo moral e reformá-lo — se é que alguma coisa poderia fazê-lo. Vemos o motivo pelo qual a própria psicanálise era uma religião para Freud, como observaram tantos pensadores autorizados, de Jung e Rank a Zilboorg e Rieff.

Tudo isso pode ser expresso de outra maneira: Freud empenhou-se em desafiar a natureza redobrando os esforços para tornar verdade a mentira do *causa sui*. Zilboorg, em sua penetrante análise de Freud e religião, terminou com os seguintes comentários:

> Desde que iniciou a sua chamada "conquista da natureza", o homem tem tentado qualificar-se como conquistador do universo. A fim de se destacar com a supremacia de um conquistador, ele agarrou seu troféu (natureza, universo). Tinha que sentir que o Criador do troféu estava aniquilado, senão a sua soberania fantasiada sobre o universo estaria ameaçada. É essa tendência que está refletida na sua relutância em aceitar a fé religiosa no seu verdadeiro sentido. (...) Não é surpresa, portanto, descobrir que, no campo da psicologia humana, um homem, não importa a sua grandeza — um homem como Freud —, tinha constantemente diante de si a visão de alguém que está sempre infeliz, desamparado, angustiado, amargurado, olhando o nada com medo e afastando-se da "chamada posteridade" com antecipada... repugnância.[58]

Zilboorg diz que Freud foi levado a adotar uma atitude intelectual rígida, quase solipsística, pela "necessidade de se livrar de qualquer suspeita de dependência intelectual de outros ou de dependência espiritual de um Deus pessoal".[59] A mentira do *causa sui* adquire um impulso especial devido àquilo que a pessoa não quer ou não pode admitir; neste caso, a própria verdade com a qual a pessoa procura desafiar a natureza fica prejudicada.

Jung, que concordaria com Zilboorg, apresenta o que, para mim, parece o mais curto e mais adequado sumário do caracterológico problema da vida de Freud:

> Freud nunca se perguntou por que era compelido a falar continuamente de sexo, por que essa idéia se apossara dele daquela maneira. Continuava alheio ao fato de que a sua "monotonia de expressão" revelava

> uma fuga de si mesmo, ou daquele outro lado dele que, talvez, possa ser chamado de místico. Enquanto ele se recusasse a reconhecer esse lado, nunca poderia reconciliar-se consigo mesmo. (...)
> Nada havia a fazer com relação a esse unilateralismo de Freud. Talvez alguma experiência interior pudesse ter-lhe aberto os olhos. (...) Ele continuou sendo vítima do único aspecto que podia reconhecer, e por este motivo eu o vejo como uma figura trágica; porque era um grande homem e, ainda mais, um homem dominado pelo seu *daímôn*.[60]

O que quer dizer, de fato, ser uma figura trágica firmemente controlada pelo seu *daímôn*? Quer dizer possuir um grande talento, procurar incansavelmente a expressão desse talento através da inabalável afirmação do projeto *causa sui*, o único capaz de lhe dar nascimento e forma. O indivíduo é consumido pelo que tem de fazer para expressar o seu talento. A paixão de seu caráter se torna inseparável de seu dogma. Jung diz a mesma coisa de maneira excelente, quando conclui que Freud "devia estar tão profundamente afetado pelo poder de Eros, que na verdade queria elevá-lo ao nível de um dogma... como um nume religioso".[61] Eros é precisamente a energia natural do organismo da criança que não deixará que ela descanse, que a mantém sempre impulsionada para a frente enquanto ela molda a mentira de seu caráter — o que, ironicamente, *permite* que o próprio impulso continue, mas agora sob a ilusão do autocontrole.

Conclusão

Ao fecharmos o círculo em torno do início mesmo de nossa discussão de Freud, podemos ver que suas duas grandes relutâncias, como as chamamos, estão relacionadas entre si e, na verdade, se fundem numa só. Primeiro, ele se recusava a afastar-se inteiramente de sua teoria do instinto e adotar a idéia mais geral de um medo da morte. Segundo, recusou-se a adotar uma postura complacente em relação à natureza externa. Freud era incapaz de dar grande expressão ao seu lado místico e dependente. Parece-me que as duas relutâncias se relacionam na sua recusa em abandonar o projeto *causa sui*, o que teria levado a uma maior visão problemática da condição de criatura humana. Mas essa visão é o campo de cultura da fé, ou pelo menos leva a pessoa até a fé como uma realidade experimental, e não uma ilusão. Freud nunca se permitiu pisar nesse campo. Eros é o estreitamento, em Freud, de um horizonte experiencial mais amplo. Ou, em outras palavras, para passar da condição *científica* de criatura para a condição *religiosa* de criatura, o terror da *morte* teria que substituir o sexo e a *passividade* interior teria que substituir o Eros obsessivo, o impulso da criatura. E foi justamente essa dupla concessão — emocional interior e conceitual — que Freud não conseguiu fazer bem. Porque fazê-lo, como julgou Jung com compreensão, significaria abandonar o seu *daímôn*, toda a sua paixão sem igual como gênio, exatamente a dádiva que ele preparara para a humanidade.

PARTE II
OS FRACASSOS DO HEROÍSMO

Neurose e psicose são maneiras de expressão para seres humanos que perderam a coragem. Todo aquele que tiver percebido isso (...) irá, daí em diante, evitar fazer, com pessoas nesse estado de desânimo, tediosas excursões pelas misteriosas regiões da psique.

— Alfred Adler

CAPÍTULO 7

O Feitiço das Pessoas — O Nexo da Dependência

Ah, mon cher, para quem está sozinho, sem Deus e sem um senhor, o peso dos dias é terrível. Por isso, é preciso escolher um senhor, já que Deus está fora de moda.

— Albert Camus[1]

... homens, incapazes de liberdade — que não podem suportar o terror do sagrado que se manifesta diante de seus olhos abertos —, devem voltar-se para o mistério, devem esconder (...) a (...) verdade.

— Carlo Levi[2]

Durante séculos, os homens vêm se recriminando por sua insensatez — o fato de terem dedicado sua lealdade a este ou aquele, de terem acreditado de maneira tão cega e terem obedecido de tão bom grado. Quando os homens escapam de um feitiço que esteve muito perto de destruí-los e pensam nele, parece que ele não faz sentido. Como pode um homem maduro ficar tão fascinado, e por quê? Sabemos que, ao longo de toda a história, massas têm seguido líderes devido à aura mágica que eles projetavam, porque pareciam figuras acima do normal. Aparentemente, essa explicação parece suficiente, porque é razoável e fiel à realidade: os homens adoram e temem o poder e, por isso, dedicam sua lealdade àqueles que o administram.

Mas isso só toca a superfície e, além disso, é demasiado prático. Os homens não se tornam escravos por simples egoísmo astuto. A escravização está na alma, como lamentou Gorki. O que tem que ser explicado nas relações humanas é precisamente *o fascínio da pessoa* que detém ou simboliza o poder. Há algo, nela, que parece irradiar-se para os outros e fundi-los em sua aura, um "efeito fascinante", como o chamou Christine Olden, da "personalidade narcisística"[3] ou, como Jung preferia chamar essa pessoa, a "personalidade-mana".[4] Mas as pessoas não irradiam auras azuis ou douradas. A personalidade-mana pode tentar criar um brilho no olhar ou uma mistificação especial de sinais pintados em sua testa, uma vestimenta e uma maneira de se comportar, mas continua sendo o *Homo sapiens*, safra padrão, praticamente indistinguível de outros, a menos que se tenha por ele um interesse especial. O mana da personalidade-mana está nos olhos de quem o observa; o fascínio está naquele que o sente. É exatamente isso que tem que ser explicado: se todas as pessoas são mais ou menos iguais, por que ardemos com paixões tão avassaladoras assim por algumas delas? Que conclusão devemos tirar do seguinte relato feito por uma vencedora do concurso de Miss Maryland, que descreve o seu primeiro encontro com Frank Sinatra?

> Ele era o meu acompanhante. Recebi um recado, e devo ter tomado cinco aspirinas para me acalmar. No restaurante, eu o vi no lado oposto do salão e senti um aperto no estômago e um arrepio da cabeça aos pés. Ele tinha o que me pareceu uma auréola de estrelas em torno de sua cabeça. Projetava algo que nunca vi na vida. (...) quando estou com ele, sinto uma admiração reverente, e não sei por que não consigo evitar isso. (...) Não consigo pensar. Ele é muito fascinante. (...)[5]

Imagine uma teoria científica que pudesse explicar a escravização humana alcançando o seu nexo. Imagine que, depois de séculos de lamentações sobre a loucura humana, os homens finalmente compreendessem o motivo pelo qual ficaram fascinados de maneira tão fatal por certo indivíduo. Imagine ser capaz de detalhar as causas precisas da completa escravidão pessoal, tão fria e objetivamente quanto um químico separando elementos. Quando você imaginar tudo isso irá compreender, melhor do que nunca, a importância da psicanálise para a história do mundo. Ela foi a única que revelou esse mistério. Freud percebeu que um paciente em análise adquiria um afeto peculiarmente intenso pela pessoa do analista. O analista tornava-se literalmente o centro de seu mundo e sua vida. Ele o devorava com os olhos e seu coração enchia-se de alegria ao vê-lo. O analista ocupava seus pensamentos até mesmo em seus sonhos. Todo esse fascínio tem os elementos de um intenso caso de amor, mas não está limitado às mulheres. Os homens demonstram a "mesma afeição pelo médico, o mesmo exagero na avaliação de suas qualidades, a mesma adoção de seu interesse, o mesmo ciúme de todos aqueles ligados a ele".[6] Freud percebeu que isso era um fenômeno excepcional e, para explicá-lo, chamou-o de "transferência". O paciente transfere os sentimentos que tinha para com os pais, quando criança, para a pessoa do médico. Amplia o médico para um tamanho exagerado, acima do normal, tal como a criança vê os pais. Torna-se dependente dele, extrai dele proteção e força, assim como a criança funde o seu destino com o dos pais, e assim por diante. Na transferência, vemos a pessoa adulta como uma criança, no íntimo, uma criança que distorce o mundo para aliviar seu desamparo e seus temores, que vê coisas como deseja que elas sejam para sua própria segurança, que age automática e acriticamente, tal como fazia no período pré-edipiano.[7]

Freud compreendeu que a transferência era apenas outra forma da sugestibilidade humana básica, que torna possível a hipnose. Era a mesma rendição passiva a um poder superior,[8] e nisso se encontra a sua verdadeira excepcionalidade. O que, afinal, é mais "misterioso" do que a hipnose, a visão de adultos caindo em estupores instantâneos e obedecendo como autômatos às ordens de um estranho? Parece que um poder realmente sobrenatural está em ação, como se alguma pessoa possuísse, mesmo, um mana que pudesse enredar outras num feitiço. No entanto, só parecia isso porque o homem ignorava a escravidão de sua própria alma. Ele queria acreditar que, se perdesse a vontade, seria por causa de uma outra pessoa. Não queria admitir que a sua perda da vontade era algo que ele próprio levava consigo como um anseio secreto, uma presteza para responder à voz e ao estalar dos dedos desse alguém. A hipnose só foi um mistério enquanto o homem não admitia seus próprios motivos inconscientes. Ela nos desconcertava porque negávamos aquilo que era básico em nossa natureza. Talvez até pudéssemos dizer que os homens ficavam mistificados de bom grado pela hipnose porque se viam obrigados a negar a grande mentira sobre a qual se baseavam suas vidas conscientes: a mentira da auto-suficiência, da livre autodeterminação, de julgamento e escolha independentes. A persistente moda dos filmes de vampiros pode ser uma pista para indicar como estão perto da superfície os nossos medos reprimidos: a angústia de perdermos o controle, de ficarmos completamente sob o feitiço de outrem, de não estarmos realmente no comando de nós mesmos. Um olhar profundo, uma canção misteriosa, e nossas vidas podem se perder para sempre.

Tudo isso foi posto em relevo, de forma excelente, por Ferenczi em 1909, num ensaio básico que não teve grandes aperfeiçoamentos em meio século de trabalho psicanalítico.[9]* Ferenczi salientou como era importante que o hipnotizador fosse uma pessoa imponente, de alto nível social, com um modo de agir que demonstrasse autoconfiança. Quando dava as ordens, às vezes o paciente caía como se atingido por um *coup de foudre*. Nada havia a fazer, a não ser obedecer, uma vez que com sua figura imponente, autoritária, o hipnotizador tomava o lugar dos pais. Sabia "exatamente como

---

*Estou ciente da extensa bibliografia sobre transferência e as extensões, modificações e debates que proliferam em torno dela; mas ultrapassaria de muito meus propósitos tentar compilar, aqui, a literatura técnica. Veremos, mais adiante, algumas das maneiras cruciais nas quais a nossa compreensão da transferência ultrapassa Freud e Ferenczi. Mas não estou certo de que as discussões técnicas entre os psicanalistas, sobre a exata natureza da transferência, da hipnose e de coisas análogas, acrescentem grande coisa à compreensão que eles têm do fenômeno. A tentativa inicial de Trigant Burrow de fazer da transferência um problema inteiramente de aprendizagem social me parece uma falácia evidente, como iremos ver mais adiante. (Trigant Burrow, "The Problem of the Transference", *British Journal of Medical Psychology*, 1927, vol. 7, pp. 193-202.) Freud ainda me parece correto ao não levar em conta as teorias fisiológicas de indução no transe hipnótico, apesar dos argumentos apresentados mais tarde por Kubie e Margolin (cf. Freud, *Group Psychology and the Analysis of the Ego*, 1922 (Nova York: edição Bantam Books, 1960), p. 74; e L. S. Kubie e Sydney Margolin, "The Process of Hypnotism and the Nature of the Hypnotic State", *American Journal of Psychiatry*, 1944, vol. 180, pp. 611-622); cf., também, Merton M. Gill e Margaret Brenmam, *Hypnosis and Related States: Psychoanalytic Studies in Regression* (Nova York: Science Editions, 1959), pp. 143, 196-197. A área na qual foi feita a mais significativa revisão da teoria da transferência é, naturalmente, o seu uso e sua interpretação na terapia, e isso foge nitidamente ao âmbito de meu estudo.

amedrontar e ser delicado, numa eficiência provada durante milhares de anos nas relações entre pai e filho".[10] Vemos a mesma técnica usada pelos evangelizadores, quando arengam suas platéias com uma voz esganiçada e, alternadamente, passam de imediato a tranqüilizá-las com voz suave. Com um grito de agonia e êxtase, de partir o coração, a pessoa se atira aos pés do evangelizador para ser salva.

Como a maior ambição da criança é obedecer ao todo-poderoso pai, acreditar nele e imitá-lo, o que é mais natural do que um instantâneo e imaginário retorno à infância por meio do transe hipnótico? A explicação da facilidade da hipnose, disse Ferenczi, está em que "no mais profundo de nossa alma, ainda somos crianças, e assim continuamos a vida toda."[11] E assim, num só golpe teórico, Ferenczi pôde destruir o mistério da hipnose ao mostrar que o sujeito leva dentro de si a predisposição para ela:

> ... não existe essa coisa de "hipnotizar", de "dar idéias" no sentido de incorporação psíquica de algo inteiramente estranho, vindo de fora, mas apenas procedimentos que são capazes de fazer funcionar mecanismos inconscientes, preexistentes, auto-sugestivos. (...) De acordo com essa concepção, a aplicação da sugestão e da hipnose consiste na deliberada criação de condições sob as quais a tendência à crença cega e à obediência não crítica, presente em todo mundo, mas em geral reprimida (...), possa ser inconscientemente transferida à pessoa que está hipnotizando ou sugerindo.[12]

Há uma razão muito importante para esta abordagem do desvendar do segredo da hipnose por parte de Ferenczi. Ao descobrir uma predisposição universal no íntimo do homem, a própria psicologia freudiana obteve a chave para uma universal psicologia histórica subjacente. Como nem todo mundo é submetido a uma hipnose formal, a maioria das pessoas pode esconder e disfarçar sua ânsia íntima de se fundir com figuras poderosas. Mas a predisposição para a hipnose é a mesma que provoca a transferência, e ninguém está imune a isso, ou seja, ninguém pode oferecer argumentos que eliminem as manifestações de transferência nas atividades humanas do dia-a-dia. Ela não é visível na superfície: os adultos andam de um lado para outro aparentando serem inteiramente independentes; representam o papel de pais e parecem bem maduros — e são, mesmo. Não poderiam funcionar se carregassem dentro de si o sentimento, da época da infância, de temor respeitoso para com os pais, a tendência a obedecê-los de forma automática e sem pensar. Mas, diz Ferenczi, embora normalmente essas coisas desapareçam, "a necessidade de estar sujeito a alguém continua; só o papel do pai é transferido para professores, superiores, personalidades marcantes; a submissa lealdade a governantes, que é tão disseminada, também é uma transferência desse tipo".[13]

A Grande Obra de Freud sobre Psicologia de Grupo

Com uma base teórica que resolveu o problema da hipnose e que descobriu o mecanismo universal da transferência, Freud se viu quase que obrigado a fornecer o melhor entendimento jamais apresentado sobre a psicologia da liderança. Por isso escreveu sua grande obra, *Group Psychology and the Analysis of the Ego*, um livro de menos de cem páginas que, em minha opinião, talvez seja o tratado potencialmente mais libertador jamais concebido pelo homem. Em idade mais avançada, Freud escreveu alguns livros que refletiam preferências pessoais e ideológicas. Mas *Group Psychology* foi um trabalho científico sério que se colocou conscientemente numa longa tradição. Os primeiros teóricos da psicologia dos grupos haviam tentado explicar o motivo pelo qual os homens agiam com a docilidade de carneiros quando funcionavam em grupos. Desenvolveram teorias como "contágio mental" e "instinto de rebanho", que se tornaram muito populares. Mas como Freud viu logo, aquelas idéias nunca chegaram a explicar realmente o que os homens faziam com o seu juízo crítico e seu bom senso quando se viam incluídos em grupos. Freud percebeu logo o que eles faziam: simplesmente voltavam a ser crianças dependentes, seguindo cegamente a voz interior de seus pais, que agora chegava até eles sob o feitiço hipnótico do líder. Abandonavam seus egos ao dele, identificavam-se com o poder do líder e tentavam funcionar fazendo dele um ideal.

Não é tanto pelo fato de o homem ser um animal de rebanho, disse Freud, mas de ser um animal de horda, liderado por um chefe.[14] É só isso que pode explicar as "fantásticas e coercitivas características da formação de grupos". O chefe é uma "personalidade perigosa, para com o qual só é possível uma atitude passivo-masoquista, ao qual a vontade da pessoa deve ser entregue — embora ficar sozinho com ele, 'encará-lo de frente', pareça um empreendimento arriscado". Só isso, diz Freud, explica a "paralisia" que existe no elo entre uma pessoa com um poder inferior e uma com um poder superior. O homem tem "uma paixão extrema pela autoridade" e "quer ser governado por uma força irrestrita".[15] É esta característica que o líder incorpora hipnoticamente na sua pessoa dominadora. Ou como disse Fenichel mais tarde, as pessoas têm uma "ânsia por serem hipnotizadas" precisamente porque querem voltar à proteção mágica, à participação na onipotência, ao "sentimento oceânico" de que desfrutavam quando eram amados e protegidos pelos pais.[16] E assim, alega Freud, não é que os grupos provoquem qualquer coisa de novo nas pessoas; eles apenas satisfazem as aspirações eróticas, profundamente arraigadas, que as pessoas sempre trazem dentro de si, inconscientemente. Para Freud, era esta força vital que mantinha unidos os grupos. Funcionava como uma espécie de cimento psíquico que prendia as pessoas numa interdependência mútua e irracional: os poderes magnéticos do líder, retribuídos pela culposa delegação, a ele, da vontade de todos.

Ninguém que se lembre, honestamente, de como pode ser arriscado enfrentar certas pessoas cara a cara ou de como é agradável aquecer-se, confiante, no calor do poder de outrem pode acusar Freud de retórica psicanalítica. Ao explicar o poder preciso que mantinha os grupos unidos, Freud também pôde mostrar por que os grupos não temem o perigo. Os membros não sentem que estão sozinhos com sua própria insignificância e seu desamparo, já que têm os poderes do líder-herói com quem estão identificados. O narcisismo natural — a sensação de que a pessoa que está *ao seu lado* vai morrer mas você não — é reforçado pela dependência confiante do poder do líder. Não admira que centenas de milhares de homens saíssem das trincheiras marchando, diante do intenso fogo de artilharia na Primeira Guerra Mundial. Eles estavam, por assim dizer, parcialmente auto-hipnotizados. Não admira que homens imaginem vitórias quando é impossível inverter as condições de inferioridade: não têm eles os poderes onipotentes da figura dos pais? Por que será que os grupos são tão cegos e estúpidos? — é o que os homens sempre perguntavam. Como exigem ilusões, respondia Freud, eles "dão, constantemente, aquilo que é uma precedência irreal em relação ao que é real".[17] E nós sabemos a razão. O mundo real é simplesmente terrível demais para que se admita a sua existência. Ele mostra que o homem é um animal pequeno, trêmulo, que irá decair e morrer. A ilusão muda tudo isso, faz com que o homem pareça importante, fundamental para o universo, de certa maneira imortal. Quem transmite essa ilusão, senão os pais ao alimentarem a macromentira do *causa sui* cultural? As massas confiam em que os líderes lhes darão exatamente a falsidade de que precisam; o líder reativa as ilusões que triunfam sobre o complexo de castração e as amplia, tornando-as uma vitória verdadeiramente heróica. Além do mais, torna possível uma nova experiência, a expressão de impulsos proibidos, desejos secretos e fantasias. No comportamento em grupo vale tudo, porque o líder assim aprova.[18] É como tornar a ser um bebê onipotente, encorajado pelo pai ou pela mãe a regalar-se à saciedade, ou como estar em tratamento psicanalítico, onde o analista não o censure por nada que você sinta ou pense. No grupo, cada homem parece um herói onipotente que pode dar plena vazão a seus apetites sob o olhar aprovador do pai. E com isso compreendemos o terrível sadismo da atividade em grupo.

Esta a grande obra de Freud sobre a psicologia dos grupos, sobre a dinâmica da obediência cega, a ilusão, o sadismo das massas. Em trabalhos recentes, Erich Fromm, em especial, assinalou o valor duradouro das descobertas de Freud, como parte de uma progressiva e contínua crítica da maldade e da cegueira humanas. De seu trabalho inicial, *Escape from Freedom*, ao seu recente *The Heart of Man*, Fromm desenvolveu as idéias de Freud sobre a necessidade de um auxiliar mágico. Ele tem mantido vivo o entendimento básico de Freud sobre o narcisismo como característica primordial do homem: faz o indivíduo inflar-se com a importância de sua própria vida e contribui para a desvalorização da vida dos outros; ajuda a traçar linhas nítidas entre "aqueles que são como eu ou me pertencem" e aqueles que são "estranhos". Fromm insistia, também, na importância do que ele chama de "simbiose incestuosa": o temor de deixar a família e entrar no mundo sob sua própria responsabilidade e suas próprias forças; o desejo de se manter incluído numa fonte maior de poder. São essas coisas que favorecem a mística de "grupo", "nação", "sangue", "mãe-pátria", e semelhantes. Esses sentimentos têm raízes nas vivências de épocas mais primitivas do indivíduo, vivências de uma confortável fusão com a mãe. Como disse Fromm, tais sentimentos mantêm o indivíduo "na prisão da maternal fixação racial-nacional-religiosa".[19] Fromm é um autor que emociona o leitor, e não adianta eu repetir ou desenvolver aquilo que ele já disse tão bem. É preciso ir diretamente a ele e verificar como são convincentes essas opiniões, como continuam tão bem o que é essencial em Freud aplicando contribuições aos problemas hodiernos de escravidão, maldade e permanente loucura da política. Isso, a meu ver, é a linha autêntica de pensamento crítico cumulativo sobre a condição humana. O espantoso é que essa linha central de trabalho sobre o problema da liberdade desde o Iluminismo ocupa muito pouco da preocupação e da atividade dos cientistas. Ela deveria, ao contrário, formar o maior corpo de trabalhos teóricos e empíricos nas ciências humanas.

Desenvolvimentos Subseqüentes a Freud

Hoje, não aceitamos sem uma análise crítica todos os argumentos de Freud sobre a dinâmica de grupo. Um dos pontos débeis da teoria de Freud estava em que ele gostava demais de seu mito filogenético da "horda primitiva", uma tentativa de reconstruir os mais remotos começos da sociedade, quando proto-homens — como os babuínos — viviam sob o comando tirânico de um macho dominador. Para Freud, esse anseio das pessoas por uma personalidade forte, seu respeito e seu temor em relação a ela continuavam sendo o modelo para o funcionamento básico de todos os grupos. Foi Redl, em seu importante ensaio, que mostrou que a tentativa de Freud de explicar tudo pela "personalidade forte" não correspondia à realidade. Redl, que estudou muitos tipos diferentes de grupos, verificou que o domínio por parte de uma personalidade forte ocorria em alguns dos grupos, mas não em todos.[20] Mas descobriu que, em todos os grupos, havia o que chamou de uma "pessoa central" que mantinha o grupo unido graças a certas qualidades que ele possuía. Esse deslocamento da ênfase é sutil e deixa Freud basicamente intacto, mas nos permite fazer análises mais sutis da verdadeira dinâmica de grupos.

Por exemplo, Freud descobriu que o líder nos permite expressar impulsos proibidos e desejos secretos. Redl viu que em alguns grupos há, realmente, aquilo que ele chama com perfeição de "o poder de contágio da pessoa sem conflitos". Há líderes que nos seduzem porque não têm os conflitos que nós temos. Admiramos a equanimidade nos casos em que sentimos vergonha e humilhação. Freud viu que o líder elimina o temor e permite que todos se sintam onipotentes. Redl aprimorou isso um pouco ao mostrar o quanto o líder era muitas vezes importante pelo simples fato de ser ele que realizava o "ato iniciador" quando ninguém mais tinha a ousadia de realizá-lo. Redl chama isso, com inteligência, de "o mágico ato iniciador". Este ato iniciador pode ser qualquer coisa, desde um juramento até um ato sexual ou um assassinato. Como Redl salienta, de acordo com a lógica desse ato aquele que primeiro cometer um assassinato é o assassino; todos os outros são seguidores. Freud disse, em *Totem and Taboo*, que atos que são ilegais para o indivíduo podem ser justificados se todo o grupo partilhar da responsabilidade por eles. Mas eles podem ser justificados de outra maneira: aquele que inicia o ato assume o risco e a culpa. O resultado é realmente mágico: cada membro do grupo pode repetir o ato sem culpa. Eles não são culpados, só o líder é que é. Redl chama isso, com propriedade, de "magia da prioridade". Mas ela faz algo mais ainda do que aliviar a culpa: *transforma o fato* do assassinato. Esse detalhe crucial nos introduz diretamente na fenomenologia da transformação pelo grupo do mundo quotidiano. Se uma pessoa mata sem culpa ao imitar o herói que corre o risco primeiro, já não se trata mais de assassinatos e sim de uma "agressão santa".[21] Em outras palavras, a participação no grupo redestila a realidade cotidiana e dá a ela a aura do sagrado — tal como, na infância, o brincar criava uma realidade intensificada.

Esse penetrante vocabulário de "atos iniciadores", "poder de contágio da pessoa sem conflitos", "magia da prioridade" e assim por diante permite-nos compreender mais sutilmente a dinâmica do sadismo em grupo, a extrema frieza com que os grupos matam. Não se trata, apenas, do fato de que "o pai o permite" ou "ordena". É mais: *a mágica transformação heróica do mundo e do próprio indivíduo.* É esta a ilusão pela qual o homem anseia, como disse Freud, e que torna a pessoa central um veículo tão eficiente para a emoção em grupo.

Não vou tentar repetir ou resumir, aqui, as sutilezas do ensaio de Redl. Vamos, apenas, sublinhar o fato de que seu argumento do "feitiço lançado pelas pessoas" é muito complexo, incluindo muito mais coisas do que parece à primeira vista. De fato, pode incluir tudo, menos feitiço. Redl mostrou que os grupos usam os líderes para vários tipos de justificativa ou alívio de conflito, para o amor ou para até mesmo o oposto, como alvos de agressão e ódio que fazem com que o grupo se mantenha unido por um laço comum. (Como disse o anúncio de um recente filme popular: "Eles o seguem bravamente até o inferno, só pelo prazer de matá-lo e se vingarem.") Redl não se propôs substituir o entendimento básico de Freud, mas apenas a ampliá-lo e acrescentar-lhe nuanças. O que há de instrutivo em seus exemplos é que a maioria das funções da "pessoa central" tem realmente a ver com culpa, expiação e heroísmo sem ambigüidades. A importante conclusão, para nós, é que os grupos, às vezes, "usam" o líder com pouco respeito por ele pessoalmente, sempre com a finalidade de atender às necessidades e impulsos dos grupos. W. R. Bion, num importante trabalho recente,[22] estendeu ainda mais essa linha de pensamento a partir de Freud, argumentando que tanto o líder é uma criatura do grupo quanto os membros do grupo são criaturas dele, e que ele perde a sua "característica individual" por ser um líder, tal como os integrantes do grupo a perdem por serem seguidores. O líder não tem mais liberdade para ser ele mesmo do que qualquer membro do grupo, justamente porque tem que ser um reflexo das pretensões do grupo a fim de ter condições de se qualificar para a liderança.[23]

Tudo isso nos leva a refletir melancolicamente sobre como o homem médio é não-heróico, mesmo quando segue heróis. Ele simplesmente os sobrecarrega com a sua bagagem. Ele os segue com reservas, com um coração desonesto. O eminente psicanalista Paul Schilder já havia observado que o homem entra no próprio transe hipnótico com reservas. Ele disse, com perspicácia, que era esse fato que tirava da hipnose a "profunda seriedade que distingue toda paixão realmente grande". E por isso ele a chamou de "tímida", porque faltava-lhe "a grande, livre e incondicional renúncia".[24] Penso que essa caracterização é belamente apta para descrever os tímidos "heroísmos" do comportamento de grupo. Não há nada de livre ou másculo neles. Mesmo quando a pessoa funde o seu ego com o pai autoritário, o "feitiço" está nos seus próprios interesses mesquinhos. As pessoas usam seus líderes quase que como uma desculpa. Quando cedem às ordens do líder, sempre podem reservar um sentimento de que essas ordens lhes são estranhas, que são da responsabilidade do líder, que os terríveis atos que estão cometendo são cometidos em nome dele, e não delas. Essa, então, é outra coisa que faz com que as pessoas se sintam muito sem culpa, como salienta Canetti: elas podem imaginar-se como vítimas temporárias do líder.[25] Quanto mais cederem ao feitiço dele, e quanto mais terríveis forem os crimes que elas cometem, tanto mais poderão achar que os delitos não são originários delas mesmas. É tão claro esse uso do líder! Ele nos lembra a descoberta feita por James Frazer, de que no passado remoto as tribos usavam, com freqüência, seus reis como bodes expiatórios que, quando já não atendiam às necessidades do povo, eram executados. São essas as muitas maneiras pelas quais os homens podem bancar os heróis, enquanto fogem covardemente à responsabilidade pelos seus atos.

Muito poucas pessoas, por exemplo, ficaram impressionadas com as recentes "extravagâncias heróicas" da "família" Manson. Quando olhamos para elas à luz da dinâmica de grupo que vimos discutindo, podemos compreender melhor por que nos sentimos chocados — não apenas pelos assassinatos gratuitos que eles cometeram, mas por algo mais. Quando as pessoas tentam praticar atos de um heroísmo exagerado, partindo da posição de escravização voluntária, nada há a admirar. Tudo é muito automático, previsível e patético. Ali estava um grupo de jovens homens e mulheres que se haviam identificado com Charles Manson e que viviam em submissão masoquista em relação a ele. Dedicavam-lhe total devoção e o consideravam um certo tipo de deus humano. Na verdade, ele correspondia à descrição feita por Freud do "pai primitivo": era autoritário, muito exigente com seus seguidores e um grande adepto da disciplina. Seu olhar era intenso, e para aqueles que caíam sob o seu feitiço não há dúvida de que projetava uma aura hipnótica. Era uma figura muito segura de si. Tinha até a sua própria "verdade", sua visão megalomaníaca de conquistar o mundo. Para seus seguidores, sua visão parecia uma missão heróica, da qual tinham o privilégio de participar. Ele os havia convencido de que só podiam ser salvos se seguissem o seu plano. A "família" era muito unida, inexistiam as inibições sexuais, e os membros tinham livre acesso uns aos outros. Chegavam até a usar o sexo livremente, com a finalidade de atrair gente de fora para a família. Parece óbvio, ao se saber disso tudo, que Manson combinava o "fascinante efeito da personalidade narcisística" com o "poder de contágio da personalidade sem conflitos". Todos podiam livrar-se à vontade de suas repressões sob o exemplo e o comando de Manson, não apenas quanto a sexo, mas quanto a assassinato. Os membros da "família" não pareceram demonstrar qualquer remorso, culpa ou vergonha de seus crimes.

O público ficou estupefato com essa ostensiva "falta de sentimento humano". Mas sob o aspecto da dinâmica que vimos estudando, estamos diante da conclusão, ainda mais espantosa, de que comunidades homicidas como a "família" Manson não são realmente destituídas de um humanitarismo básico. O que as torna tão terríveis é o fato de exagerarem as disposições presentes em todos nós. Por que deveriam sentir culpa ou remorso? O líder assume a responsabilidade pelo ato destrutivo, e aqueles que destroem sob seu comando já não são assassinos, mas "heróis santos". Eles anseiam por servir na poderosa aura que ele projeta e cumprir a ilusão que ele lhes fornece, uma ilusão que lhes permita transformar heroicamente o mundo. Sob esse feitiço hipnótico e com a plena força de suas próprias ânsias por uma auto-expansão heróica, eles não precisam ter medo: podem matar com frieza. De fato, eles pareciam sentir que estavam fazendo um "favor" a suas vítimas, o que significa que as santificavam ao incluí-las em sua própria "missão santa". Como aprendemos com a literatura antropológica, a vítima que é sacrificada se torna uma oferenda santa aos deuses, à natureza, ou ao destino. A comunidade obtém mais vida por meio da morte da vítima e, por isso, a vítima tem o privilégio de servir ao mundo da maneira mais elevada possível, por meio de sua morte sacrificial.

Uma maneira direta, então, de compreender comunidades homicidas como a família Manson é considerá-las transformações mágicas, nas quais pessoas passivas e vazias, arrasadas por conflitos e culpa, conseguem o seu heroísmo barato, sentindo realmente que podem controlar o destino e influenciar a vida e a morte. "Heroísmo barato" porque não está sob o comando delas, não resulta de uma ousadia própria, e não está sob o controle de seus próprios temores: tudo é feito com a imagem do líder estampada em suas psiques.

Uma Visão mais Ampla da Transferência

Com base nesta discussão da transferência, podemos ver uma grande causa das devastações em grande escala que o homem provoca no mundo. Ele não é apenas um animal que destrói obtendo prazer natural, que arrasa tudo ao seu redor porque se sente onipotente e invencível. Pelo contrário, ele é um animal cheio de temores, que se agarra ao mundo e nele se apóia em busca de proteção e firmeza e tenta afirmar, de maneira covarde, seus débeis poderes. As qualidades do líder e os problemas das pessoas, então, se encaixam numa simbiose natural. Tenho me estendido a respeito de algumas sutilezas da psicologia de grupo para mostrar que os poderes do líder derivam daquilo que ele puder fazer pelas pessoas, além da magia que ele próprio possui. As pessoas projetam seus problemas nele, o que lhe dá o seu papel e a sua estatura. Os líderes precisam tanto de seguidores quanto são necessários a eles: projetam em seus seguidores a sua própria incapacidade de ficarem sozinhos, seu medo do isolamento. Devemos dizer que, se não houvesse líderes naturais possuidores da magia do carisma, os homens teriam que inventá-los, assim como os líderes têm que criar seguidores se não houver nenhum disponível. Se acentuarmos esse lado simbiótico do problema da transferência chegamos à mais ampla compreensão dele, formando a principal parte da discussão sobre a qual quero me estender agora.*

---

*Agora que esboçamos alguns dos pontos capitais da fácil simbiose de grupos e líderes, temos que ter o cuidado de não deixar um retrato inacabado, unilateral; há um outro lado para mostrar, um lado muito diferente. A culpa de todos os seguidores não desaparece tão facilmente sob o encanto de um líder, não importa o grau de responsabilidade que ele assuma ou o quanto ele pareça divino. Nem todos podem ser levados a uma identificação com ele, e nem todos sentem uma culpa que possa ser dominada com facilidade. Muitas pessoas podem sentir-se profundamente culpadas se violarem em nome dele códigos morais há muito consagrados e profundamente arraigados. No entanto, ironicamente, é exatamente isso que as coloca ainda mais sob o poder do líder, que as torna uma massa ainda mais maleável em suas mãos.

Se, como vimos, o grupo já vem pronto para o líder, com sede de servidão, ele tenta aprofundar essa servidão ainda mais. Se os membros do grupo tentarem ficar livres de culpa por servi-lo, ele tenta jogar sobre eles uma carga extra de culpa e medo, para lançar a rede de sua imoralidade em torno delas. Ele consegue um controle realmente coercitivo sobre os membros do grupo precisamente porque eles o seguem para cometerem atos de brutalidade. Pode, então, usar a culpa deles contra eles, prendendo-os mais a ele. Usa a angústia deles para seus fins, chegando até a provocá-la quando precisa; e pode usar o medo que eles têm, de serem descobertos e sofrerem vingança por parte de suas vítimas, como uma espécie de chantagem que os mantém dóceis e obedientes para novas atrocidades. Vimos um exemplo clássico dessa técnica por parte dos líderes nazistas. Foi a mesma psicologia que as quadrilhas criminosas e gângsteres sempre usaram: ficarem mais unidos através do próprio crime. Os nazistas chamavam isso de vínculo de sangue (*Blutkitt*), e a SS usava-o à vontade. Para os escalões inferiores, o serviço nos campos de concentração conseguia essa lealdade; mas a técnica também era usada nos níveis mais elevados, em especial com relutantes pessoas de destaque e talento que eles queriam recrutar. A estas, eles induziam a cometer atrocidades extras que as identificavam, de forma indelével, com a SS e lhes dava uma identidade nova, criminosa. (Ver o excelente trabalho de Leo Alexander: "Sociopsychologic Structure of the SS", *Archives of Neurology and Psychiatry*, 1948, 59: 622-634.) E, à medida que a era nazista avançava gradativamente e o número de vítimas crescia, os líderes se aproveitavam dos temores de represálias por parte daqueles que iriam vingar as vítimas que os nazistas tinham feito. Era o velho truque dos gângsteres, dessa vez usado para unir em bloco uma nação inteira. Assim, aquilo que pode começar como uma missão heróica de um Hitler ou de um Manson passa a ser sustentado por intimidações e ameaças, por mais medo e mais culpa. Os seguidores descobrem que têm que continuar com o plano megalomaníaco, porque ele se torna a sua única chance de sobrevivência em um mundo hostil. Os seguidores têm que fazer o que o líder quiser, o que se torna aquilo que eles próprios têm que querer para que possam sobreviver. Se o líder cair, eles também perecem; não podem desistir, nem ele permite que desistam. E assim a nação alemã continuou lutando até a destruição final de Berlim; a família Manson manteve-se unida devido à perseguição e às ameaças dele de fugir para o deserto e aguardar o fim do mundo. Isso dá, também, uma nova dimensão para compreendermos o motivo pelo qual as pessoas apóiam seus líderes até na derrota, como fizeram os egípcios com Nasser. Sem ele, elas poderão sentir-se demasiado expostas a uma represália, a um aniquilamento total. Tendo sido batizadas no fogo dele, elas já não podem ficar sozinhas. (Sobre tudo isso, ver Ernst Kris, "The Covenant of the Gangsters", *Journal of Criminal Psychopathology*, 1942-3, 4:441-454; Paul Roazen, *Freud*, pp. 238-242; T. W. Adorno, "Freudian Theory and the Pattern of Fascist Propaganda", in *Psychoanalysis and the Social Sciences*, 1951, pp. 298-300; e Ed Sanders, *The Family: The Story of Charles Manson's Dune Buggy Attack Battalion* (Nova York: Dutton, 1971). Cf. esp. pp. 145, 199 e 257.)

Freud já havia revelado tanto sobre os problemas dos seguidores quanto sobre o magnetismo do líder, quando nos ensinou o anelo pela transferência e o que isso era capaz de fazer. Mas é exatamente aí que está a dificuldade. Como sempre, ele nos mostrou para onde devíamos olhar, mas estreitou demais o foco. Ele tinha idéia, como explicou sucintamente Wolstein, "do motivo pelo qual o homem se metia em encrencas",[26] e suas explicações da encrenca quase sempre acabavam baseando-se no motivo sexual. O fato de as pessoas estarem tão sujeitas à hipnose era, para ele, prova de que esta dependia da sexualidade. A atração transferencial que sentimos pelas pessoas seria meramente uma manifestação das primeiras atrações que a criança sente pelos que a cercam, mas agora essa atração puramente sexual está tão enterrada no subconsciente que não percebemos o que realmente motiva nossas fascinações. Nas inconfundíveis palavras de Freud:

> ...temos que concluir que todos os sentimentos de solidariedade, amizade, confiança e assim por diante que usamos na vida estão geneticamente ligados à sexualidade e se desenvolveram a partir de desejos puramente sexuais, por um debilitamento de seu objetivo sexual, por mais puros e não-sensuais que possam parecer nas formas que assumem para a nossa autopercepção consciente. No início, não conhecíamos nenhum outro objeto que não os objetos sexuais; a psicanálise nos mostra que aquelas pessoas que apenas respeitamos ou de quem gostamos na vida real podem ser, para nós, também objetos sexuais em nossa mente inconsciente.[27]

Já vimos como esse tipo de reducionismo ao motivo sexual criou dificuldades para a própria psicanálise logo no início, e como foi preciso surgir uma sucessão de pensadores de grande envergadura para livrar a psicanálise dessa obsessão de Freud. Em sua obra ulterior, o próprio Freud não ficava muito perturbado por sua obsessão quando chegava a hora de explicar algumas coisas de maneira mais ampla; o mesmo se pode dizer de sua estreita ênfase sexual quanto à entrega transferencial. Em 1912, disse que o fato de a transferência poder levar a uma submissão completa era, para ele, prova "inconfundível" de seu "caráter erótico".[28] Mas em sua obra posterior, quando acentuava cada vez mais o terror da condição humana, falava da ânsia da criança por um pai poderoso, como "proteção contra estranhos poderes superiores", como conseqüência de "fraqueza humana" e "desamparo infantil".[29] No entanto, esse enunciado não representa um abandono absoluto de suas explicações iniciais. Para Freud, "eros" cobria não só impulsos sexuais específicos, mas também a ânsia da criança pela onipotência, pela sensação oceânica que acompanha uma fusão com os poderes dos pais. Com esse tipo de generalização, Freud podia ter, ao mesmo tempo, suas concepções mais amplas e suas concepções mais estreitas. Essa complicada mistura de erro específico e generalização correta fez com que fosse, para nós, uma tarefa difícil e demorada separar o que é verdadeiro daquilo que é falso na teoria psicanalítica. Mas, como dissemos antes com Rank, parece razoavelmente conclusivo que, se você acentua os terrores de natureza externa — como fez Freud em sua obra ulterior —, estará falando da condição humana em geral, e não mais de impulsos eróticos específicos. Poderíamos dizer que a criança, então, procuraria se fundir com a onipotência parental não por *desejo*, mas por *covardia*. E agora estamos num terreno inteiramente novo. O fato de que a transferência poderia levar a uma completa submissão prova não o seu "caráter erótico", mas algo bastante diferente: o seu caráter "verdadeiro", por assim dizer. Como Adler viu com inteira clareza muito antes dos trabalhos posteriores de Freud: transferência é, fundamentalmente, um problema de *coragem*.[30] Como aprendemos de forma conclusiva com Rank e Brown, devemos atribuir a motivação das paixões humanas mais à ânsia da imortalidade do que ao componente sexual. O que é que essa decisiva mudança de ênfase significa para a nossa compreensão da transferência? Uma visão realmente fascinante e abrangente da condição humana.

A Transferência como Controle de Fetiche

Se a transferência se relaciona com a covardia, podemos compreender o motivo pelo qual ela recua até a infância. Ela reflete todas as tentativas da criança no sentido de criar um ambiente que lhe dê segurança e satisfação.

Ela aprende a agir e a perceber o seu ambiente de tal maneira que elimina dele a angústia. Agora, porém, a fatalidade da transferência: quando você monta o seu mundo de percepção e ação para eliminar aquilo que é básico nele (a angústia), fundamentalmente você o adultera. É por isso que os psicanalistas sempre entenderam a transferência como um fenômeno regressivo, acrítico, ansioso, uma questão de *controle automático* do nosso mundo. Silverberg dá uma clássica definição psicanalítica:

> A transferência indica uma necessidade de exercer um controle total sobre as circunstâncias externas. (...) Com toda a sua variedade e multiplicidade de manifestações (...) a transferência pode ser considerada como o duradouro monumento à profunda rebelião do homem contra a realidade e à sua teimosa persistência nos caminhos da imaturidade.[31]

Para Erich Fromm, a transferência reflete a alienação do homem:

> A fim de superar seu sentimento de vazio interior e impotência, [o homem] (...) escolhe um objeto no qual projeta todas as suas qualidades humanas: seu amor, sua inteligência, sua coragem etc. Ao se submeter a esse objeto, ele se sente em contato com suas próprias qualidades; sente-se forte, inteligente, corajoso e seguro. Perder o objeto significa o perigo de perder a si mesmo. Esse mecanismo, a adoração idólatra de um objeto, baseado no fato da alienação individual, é o dinamismo central da transferência, aquilo que dá à transferência sua força a sua intensidade.[32]

O ponto de vista de Jung era semelhante: o fascínio por alguém é, basicamente, uma questão de sempre tentarmos nos entregar ao poder de um parceiro que pareça possuir todas as qualidades que não conseguimos concretizar em nós mesmos.[33]

E o mesmo acontecia com a opinião adleriana:

> [a transferência] (...) é basicamente uma manobra, ou tática, pela qual o paciente procura perpetuar o seu estilo familiar de existência que depende de uma continuada tentativa de despir-se do poder e colocá-lo nas mãos do "Outro".[34]

Estou citando vários autores, com detalhes, por duas razões: mostrar a verdade geral de seu entendimento e, mais tarde, também abordar os imensos problemas que essas verdades provocam. Já podemos ver que a transferência não é uma questão de covardia fora do comum, mas sim de problemas básicos da vida do ser humano, problemas de poder e controle: a força para se opor à realidade e mantê-la ordenada para a expansão e a realização humanas.

O que é mais natural do que escolher uma pessoa com quem possamos estabelecer esse diálogo com a natureza? Fromm usa a palavra "ídolo", que é uma outra maneira de falar no que está mais à mão. É assim que compreendemos a função até da transferência "negativa" ou "de ódio": ela nos ajuda a nos fixarmos no mundo, a criarmos um alvo para os nossos sentimentos, muito embora esses sentimentos sejam destrutivos. Como seres humanos, podemos estabelecer nosso apoio básico mediante o ódio, ou também através da submissão. De fato, o ódio nos estimula mais, e é por isso que vemos um ódio mais intenso nos estados de ego mais fracos. O problema é que o ódio também amplia a estatura da outra pessoa, tornando-a maior do que ela merece. Como disse Jung, a "forma negativa da transferência, sob forma de resistência, antipatia ou ódio, confere, desde o início, uma grande importância à outra pessoa. (...)"[35] Precisamos de um objeto concreto que possamos controlar, e nós o conseguiremos da maneira que pudermos. Na ausência de pessoas para o nosso diálogo de controle, podemos até usar o próprio corpo como um objeto de transferência, como mostrou Szasz.[36] As dores que sentimos, as doenças reais ou imaginárias nos dão algo com que nos relacionarmos, evitam que escorreguemos para fora do mundo, que nos atolemos no desespero da completa solidão e do vazio total. Em uma palavra, a doença é um objeto. Nós nos transferimos para o nosso próprio corpo como se ele fosse um amigo no qual podemos nos apoiar para conseguir força ou um inimigo que nos ameace com o perigo. Pelo menos, ela nos faz sentir reais e nos dá um pouco de influência sobre o nosso destino.

De tudo isso, já podemos tirar uma importante conclusão: a transferência é uma forma de fetichismo, uma forma de controle limitado que ancora os nossos problemas. Pegamos nossa desvalia, nossa culpa, nossos conflitos, e os fixamos num ponto do ambiente. *Nós* podemos criar *qualquer lugar* para projetar no mundo nossas inquietações, até mesmo em nossos braços e pernas. O que conta são as nossas inquietações; e se olhamos para os problemas básicos de escravização humana, o que vemos são sempre as inquietações. Como disse Jung, em belas palavras: "...a menos que prefiramos ser feitos de bobos por nossas ilusões, iremos, mediante a cuidadosa análise de cada fascínio, extrair dele uma parte de nossa personalidade, como uma quintessência, e pouco a pouco passaremos a reconhecer que nós nos encontramos, repetidas vezes, sob mil disfarces, ao longo da vida."[37]

A Transferência como Temor da Vida

Mas esta discussão nos afastou ainda mais de uma abordagem simples, clínica, do fenômeno da transferência. O fato é que o fascínio é um reflexo da fatalidade da condição humana. E como vimos na Parte I deste livro, a condição humana é simplesmente demais para que um animal possa suportá-la; ela é avassaladora. É desse aspecto do problema da transferência que vamos tratar agora. De todos os pensadores que o compreenderam, ninguém escreveu com maior extensão e profundidade sobre os significados da transferência do que Rank.

Vimos, em vários contextos diferentes, que o sistema de pensamentos de Rank se apóia sobre o fato do temor que o homem sente, o temor da vida e da morte. Quero aqui acentuar o quanto esse temor é global ou total. Como disse William James, temor é "temor do universo". É o temor da infância, o temor de sair para o universo, de concretizar a individualidade independente, a própria vida e suas experiências. Como disse Rank, "O adulto pode sentir temor da morte ou temor do sexo; a criança tem temor da própria vida".[38] Essa idéia foi amplamente divulgada por Fromm em vários livros, como o "medo à liberdade". Schachtel expressou-se bem ao falar do medo de sair do "entranhamento". É assim que compreendemos a "incestuosidade" da simbiose com a mãe e com a família: a pessoa continua, por assim dizer, enfiada dentro de um ventre protetor. É o que Rank queria dizer quando falava do "trauma do nascimento" como sendo o paradigma de todos os outros traumas do surgimento do ser humano. É lógico: se o universo é fundamental e globalmente aterrorizante para as percepções naturais do imaturo animal humano, como este poderá ter a confiança de entrar nesse mundo? Só mesmo removendo o terror que nele existe.

É assim que podemos compreender a essência da transferência: como uma *subjugação do terror*. Realisticamente, o universo detém um poder esmagador. Para além de nós, percebemos o caos. Na verdade, não podemos fazer muita coisa a respeito desse inacreditável poder, com uma exceção: podemos dotar de poder certas pessoas. A criança pega o temor respeitoso e o terror naturais e os focaliza em seres individuais, o que lhe permite encontrar o poder e o terror juntos num só lugar, em vez de espalhados por todo um universo caótico. Milagre! O objeto da transferência, por estar dotado dos poderes transcendentes do universo, agora tem, em si mesmo, o poder de controlar, comandar e combater esses poderes.[39] Nas palavras de Rank, o objeto da transferência passa a representar, para o indivíduo, "as grandes forças biológicas da natureza, às quais o ego se vincula emocionalmente, e que formam, então, a essência do humano e seu destino".[40] Por esse meio, a criança pode controlar o seu destino. Como, em última análise, poder significa poder sobre a vida e a morte, a criança pode, agora, emergir em segurança em relação ao objeto de transferência. O objeto se torna o seu local de operação segura. Tudo o que ela tem a fazer é agir de acordo com ele, das maneiras que aprender: aplacá-lo se ele se tornar terrível ou usá-lo serenamente para atividades diárias automáticas. Por essa razão, Angyal podia muito bem dizer que a transferência não é um "erro emocional", mas a experiência do outro como o *mundo todo* do indivíduo — tal como o lar é, para a criança, o seu mundo todo.[41]

Essa totalidade do objeto de transferência também ajuda a explicar a sua ambivalência. De certas maneiras complexas, a criança tem que lutar contra o poder dos pais na espantosa miraculosidade destes. Eles são tão esmagadores quanto o meio da natureza de onde surgem. A criança aprende a naturalizá-los por técnicas de acomodação e manipulação. Ao mesmo tempo, porém, ela tem que focalizar neles todo o problema de terror e poder, tornando-os o centro desse problema, a fim de reduzir e naturalizar o mundo à volta deles. Assim percebemos por que o objeto da transferência suscita tantos problemas. A criança realmente controla, em parte, o seu destino maior por intermédio desse objeto, mas ele se torna o seu novo destino. Ela se vincula a uma pessoa para controlar automaticamente o terror, para mediar o milagre e derrotar a morte graças à força daquela pessoa. Mas aí ela experimenta o "terror da transferência": o terror de perder o objeto, de desagradá-lo, de não ser capaz de viver sem ele. O terror de sua própria finitude e impotência ainda a assalta, mas agora na forma precisa do objeto da transferência. Como a vida humana é implacavelmente irônica! O objeto da transferência sempre se apresenta em tamanho exagerado, porque representa toda a vida e, daí, todo o destino do indivíduo. Ele se torna o foco dos problemas da liberdade da pessoa, porque esta é compulsivamente dependente dele, que resume todas as outras dependências e emoções naturais.[42] Essa qualidade é verdadeira tanto para os objetos de transferência positiva como para os de transferência negativa. Na transferência negativa, o objeto se torna o centro do terror, mas agora sentido como maldade e coação. Ele também é a força de grande parte das lembranças amargas da infância e de nossas acusações aos nossos pais. Tentamos fazer deles a causa única de nossa infelicidade num mundo fundamentalmente demoníaco. Parece que fingimos que não é no mundo que existe terror e maldade, mas apenas em nossos pais. Também na transferência negativa, então, vemos uma tentativa de controlar o nosso destino de uma maneira automática.

Não admira que Freud pudesse dizer que a transferência era um "fenômeno universal da mente humana" que "domina toda a relação de cada pessoa com o seu ambiente humano".[43] Ou que Ferenczi pudesse falar sobre a "paixão neurótica pela transferência", sobre os "afetos famintos de estímulo dos neuróticos".[44] Não temos que falar apenas nos neuróticos, mas na fome e na paixão de todas as pessoas por um *estímulo localizado* que toma o lugar do mundo inteiro. Poderíamos dizer melhor que a transferência prova que todo mundo é neurótico, uma vez que ela é uma distorção universal da realidade em conseqüência da fixação artificial dessa mesma realidade. Segue-se, é claro, que quanto menor for o poder do ego que se tem e quanto maior o medo, mais forte será a transferência. Isso explica a peculiar intensidade da transferência esquizofrênica: a total e desesperada focalização do horror e do milagre numa só pessoa, a abjeta submissão a ela e a completa adoração numa espécie de forma deslumbrada e hipnótica. Só ouvir a sua voz, tocar num pedaço de sua roupa, ou receber o privilégio de beijar e lamber-lhe os pés — isso seria um verdadeiro paraíso. Esse é um destino lógico para a pessoa extremamente desamparada: quanto mais você teme a morte e quanto mais vazio você for, mais você povoa o seu mundo com figuras de pai e mãe onipotentes, com auxiliares extramágicos.[45] A transferência esquizofrênica nos ajuda a compreender o quanto ficamos naturalmente colados ao objeto, mesmo na transferência "normal": todo o poder de curar as doenças da vida e os males do mundo, está presente no objeto da transferência. Como não ficar enfeitiçado por ele?

Lembrem-se de que dissemos que a transferência não comprova o "erotismo", como pensara Freud antes, mas, na verdade, uma certa "veracidade" em relação ao terror da condição do homem. A transferência extremada do esquizofrênico nos ajuda a compreender essa afirmativa também. Afinal, uma das razões pelas quais o seu mundo é tão terrorífico é que o esquizofrênico, sob muitos aspectos, vê o mundo não borrado pela repressão. E com isso ele também vê o objeto humano de transferência em todo o seu espanto e esplendor — algo de que falamos num dos primeiros capítulos. O rosto humano é realmente um espantoso milagre primário; ele paralisa a pessoa naturalmente pelo seu esplendor, se ela cede a ele como a coisa fantástica que ele é. Mas, na maioria das vezes, reprimimos essa miraculosidade para que possamos funcionar com tranqüilidade e usar rostos e corpos para os nossos próprios fins rotineiros. Podemos nos lembrar de que, quando crianças, havia pessoas com as quais não ousávamos falar, ou para as quais não ousávamos olhar — dificilmente algo que pudéssemos levar para a vida adulta sem nos prejudicar seriamente. Mas agora podemos salientar, também, que esse medo de olhar o objeto da transferência cara a cara não é necessariamente aquilo que Freud disse que era: o temor do terrível pai primitivo. É, isso sim, o medo da realidade da intensa focalização do milagre e do poder naturais. O medo de ser arrasado pela verdade do universo tal como ele existe, quando essa verdade é focalizada em um rosto humano. Mas Freud está certo quanto a pais tirânicos: quanto mais aterrorizador o objeto, mais forte é a transferência; quanto mais o poderoso objeto incorpora em si mesmo o poder natural do mundo, mais aterrorizador ele pode ser, na realidade, sem qualquer imaginação de nossa parte.

A Transferência como Temor da Morte

Se o temor da morte é um dos aspectos da transferência, o temor que acompanha a transferência é bem visível. À medida que a criança cresce e toma conhecimento da morte, tem uma dupla razão para abrigar-se nos poderes do objeto da transferência. O complexo de castração faz do corpo um objeto de horror, e agora é o objeto da transferência que carrega o peso do projeto *causa sui* abandonado. A criança usa o objeto para garantir a sua imortalidade. O que é mais natural? Não posso resistir a citar de outro trabalho o famoso sentimento de Gorki em relação a Tolstoi, porque resume muito bem esse aspecto da transferência: "Não estou abandonado nesta terra, enquanto esse velho estiver vivendo nela."[46] Isso vem do fundo da emoção de Gorki; não é um simples desejo ou um pensamento reconfortante: parece mais uma crença de que o mistério e a solidez do objeto da transferência darão ao indivíduo proteção enquanto ele viver.

Esse uso do objeto da transferência explica a ânsia de deificação do outro, a constante colocação de certas pessoas selecionadas em pedestais, a atribuição a elas de poderes extraordinários: quanto mais elas têm, mais passa delas para nós. Nós participamos de sua imortalidade e, por isso, criamos imortais.[47] Como Harrington disse pitorescamente: "Estou causando uma impressão mais profunda no cosmos, porque conheço essa pessoa famosa. Quando a arca partir, estarei nela."[48] O homem está sempre com fome de material para a sua imortalização, como disse tão bem Rank. Os grupos também precisam disso, o que explica a constante ânsia por heróis:

> Todo grupo, por menor ou maior que seja, tem, como tal, um impulso "individual" à eternização, que se manifesta na criação de heróis nacionais, religiosos e artísticos e no desvelo que se tem para com eles (...) o indivíduo abre o caminho para esse impulso coletivo à eternidade. (...)[49]

Esse aspecto da psicologia de grupo explica um fenômeno que, sob certos aspectos, abala a nossa imaginação: temos ficado abismados com as fantásticas demonstrações de tristeza de povos inteiros quando um de seus líderes morre. O descontrolado extravasamento emocional, as massas aturdidas acotovelando-se de pé nas praças da cidade, às vezes dias a fio, adultos prostrando-se histericamente e rasgando as próprias roupas, sendo pisoteados pela onda humana em direção ao caixão ou à pira funerária — como entender esse gigantesco e neurótico "espetáculo de desespero"?[50] Só há uma explicação: ele mostra o profundo estado de choque do indivíduo que perde o seu baluarte contra a morte. As pessoas percebem o seguinte, em determinado nível remoto de sua personalidade: "A nossa fonte de poder para controlar a vida e a morte *pode* morrer; portanto, a nossa própria imortalidade está em perigo." Todas as lágrimas e todas as manifestações de desespero são, no final das contas, pelo próprio indivíduo: não pelo adeus de uma grande alma, mas pela iminente despedida do próprio indivíduo. Logo depois, os homens começam a trocar os nomes de ruas das cidades, praças e aeroportos pelo nome do falecido: é como se fosse para declarar que ele será imortalizado fisicamente na sociedade, *apesar* de sua morte física. Comparem o recente pesar dos americanos pelos Kennedys, dos franceses por De Gaulle, e em especial dos egípcios por Nasser, que foi o extravasamento mais primitivo e elementar: imediatamente, foi dado o grito para que se renovasse a guerra com Israel. Como aprendemos, só os bodes expiatórios podem aliviar o indivíduo de seu total medo da morte: "*Eu* estou ameaçado de morrer — vamos matar bastante." Quando do desaparecimento de uma figura que representa a imortalidade, a ânsia de procurar um bode expiatório deve ser de uma intensidade especial. O mesmo acontece, também, com a suscetibilidade ao pânico absoluto, como mostrou Freud.[51] Quando o líder morre, o artifício que o indivíduo vinha usando para negar o terror do mundo entra imediatamente em colapso. O que é mais natural, então, do que sentir o mesmo pânico que sempre se constituía numa ameaça lá no fundo?

O vazio de substância da imortalidade que seria deixado pelo abandono absoluto do líder é, evidentemente, demasiado doloroso para ser suportado, em especial se o líder tiver possuído um mana admirável ou sintetizado algum grande projeto heróico que levava as pessoas para a frente. Não se pode deixar de meditar sobre o fato de que uma das mais avançadas sociedades científicas do século XX apelou para aperfeiçoamento de antigas técnicas egípcias de mumificação para embalsamar o líder de sua revolução. É como se os russos não pudessem largar Lenin mesmo em caso de morte e, por isso, sepultaram-no como símbolo permanente da imortalidade. Aí está uma sociedade supostamente "secular" que organiza peregrinações a um túmulo e que enterra figuras heróicas no "muro sagrado" do Kremlin, um lugar "santificado". Não importa quantas igrejas são fechadas ou quão humanistas um líder ou um movimento possam parecer: nunca haverá nada de inteiramente secular em relação ao medo humano. O terror, afinal, do homem é, sempre, um "santo terror" — o que é uma frase popular admiravelmente adequada. O terror sempre se refere aos extremos da vida e da morte.[52]

Os Dúplices Motivos Ontológicos

Grande parte do que dissemos até agora sobre a transferência coloca a humanidade sob uma luz nada lisonjeira. Chegou a hora de mudar de tom. É verdade que a transferência é um reflexo da covardia diante tanto da vida como da morte, mas é também um reflexo do anseio pelo heroísmo e pelo desenvolvimento pessoal. Isso coloca a nossa discussão da transferência em um nível diferente, abrindo uma nova perspectiva.

Uma coisa que tem sempre deixado o homem espantado é o seu anseio íntimo de ser bom, uma sensibilidade íntima sobre "como as coisas deveriam ser", e uma atração aflitivamente calorosa e comovente pela "correção" da beleza, da bondade e da perfeição. Chamamos de "consciência" essa sensibilidade íntima. Para o grande filósofo Immanuel Kant, ela era um dos dois sublimes mistérios da criação, essa "lei moral interna" do homem, e não havia como explicá-la — ela era simplesmente um dom. A natureza leva o sentimento bem no "coração", no interior dos seres vivos em atividade. Esse sentimento próprio da natureza é mais fantástico do que qualquer fato de ficção científica. Qualquer filosofia ou qualquer ciência que for falar de maneira inteligente sobre o significado da vida tem que levá-lo em consideração e tratá-lo com a mais alta reverência — como compreenderam pensadores do século XIX como por exemplo Vincenzo Gioberti e Antonio Rosmini.[53] Curiosamente, essa vital ontologia de sentimento próprio — que era fundamental para pensadores como Thomas Davidson e Henri Bergson — mal chegou a provocar ressonância na ciência moderna até o aparecimento da nova "psicologia humanista". A mim parece que só esse fato explica a inacreditável esterilidade das ciências humanas de nossa época e, mais especialmente, a disposição com que elas manipulam e negam o homem. Penso que a verdadeira grandeza da contribuição de Freud se torna visível quando a vemos diretamente relacionada a essa tradição do pensamento ontológico. Freud mostrou como as regras específicas de bondade e consciência eram incutidas na criança numa determinada sociedade, como essa criança aprende as *regras para sentir-se* boa. Ao mostrar a artificialidade dessas regras sociais para a pessoa sentir-se boa, Freud planejou com detalhes o sonho de liberdade do Iluminismo: revelar os artificiais embaraços morais ao expansivo sentimento próprio da força vital.

Mas o reconhecimento dessas restrições sociais ainda deixa sem explicação a ânsia íntima do ser humano de sentir que é bom e correto — exatamente aquilo que espantava Kant e que parece existir independentemente de quaisquer regras. Até onde podemos afirmar — "todos os seres gostam de 'sentir-se bons' em relação a si mesmos".[54] Eles se esforçam para levar ao máximo esse sentimento. Como os filósofos perceberam há muito tempo, é como se o coração da natureza estivesse pulsando em sua própria e feliz auto-expansão. Quando chegamos ao nível do homem, é claro, esse processo adquire o seu maior interesse. Nele a intensidade é maior e relativamente indeterminada — o homem pode pulsar e expandir-se tanto biológica quanto simbolicamente. Essa expansão toma a forma da tremenda ânsia que o homem tem de um sentimento de total "correção" quanto a si mesmo e ao seu mundo. Essa maneira, talvez desajeitada de falar me parece resumir o que o homem está realmente tentando fazer e porque a consciência é o seu destino. O homem é o único ser, na natureza, destinado a desvendar o que significa de fato sentir-se "correto".

No topo desse fardo especial, porém, a natureza trabalhou para que fosse impossível o homem sentir-se "correto" de maneira direta. A esta altura, temos de apresentar um paradoxo que parece ir direto ao cerne da vida do ser e que é acentuado de maneira especial no homem. O paradoxo tem a forma de dois motivos, ou impulsos, que parecem fazer parte da consciência de criatura e apontam em duas direções opostas. De um lado, a criatura é impelida por um poderoso desejo de identificar-se com o processo cósmico, fundir-se com o restante da natureza. De outro, ele quer ser sem igual, destacar-se como algo diferente e à parte. O primeiro motivo — fundir-se e perder-se em algo maior — vem do horror que o homem tem pelo isolamento, de ser obrigado a voltar a viver apenas de suas débeis energias. Ele se sente temeroso, pequeno e impotente diante da natureza transcendente. Quando se entrega ao seu sentimento natural de dependência cósmica, ao desejo de fazer parte de algo maior, isso o faz sentir-se em paz e integrado, dá-lhe uma sensação de auto-expansão num além maior e, assim, eleva o seu ser, dando-lhe verdadeiramente um sentimento de valor transcendente. Este é o motivo cristão do Ágape — a combinação natural da vida criada na "Criação-com-amor" que a transcende. Como disse Rank, o homem anseia por um "sentimento de afinidade com o Todo". Ele quer ser "liberado de seu isolamento" e tornar-se "parte de um todo maior e mais alto". A pessoa estende as mãos para um eu além do seu próprio eu, para saber quem ela é, enfim, para sentir que faz parte do universo. Muito antes de Camus escrever as palavras que serviram de epígrafe a este capítulo, Rank disse: "Porque só vivendo em íntima ligação com um deus-ideal, erigido fora de seu próprio ego, a pessoa será capaz de viver."[55]

A força da obra de Rank, que lhe possibilitou traçar esse infalível e completo retrato psicológico do homem, estava no fato de unir o discernimento clínico psicanalítico aos motivos ontológicos básicos da criatura humana. Dessa maneira, ele penetrou o máximo que pôde nos motivos humanos e produziu uma psicologia de grupo que era, na realidade, uma psicologia da condição humana. Primeiro, podíamos ver que aquilo que os psicanalistas chamam de "identificação" é um impulso natural de unir-se aos poderes superiores que transcendem ao indivíduo.[56] A identificação na infância é, então, apenas um caso especial desse impulso: a criança se funde com os representantes do processo cósmico — o que chamamos de "focalização de transferência" do terror, da majestade, e do poder. Quando a pessoa se funde com os pais ou o grupo social autotranscendente, ela está, em certo sentido, tentando viver em alguma expansibilidade de significado maior. Não compreenderemos a complexidade do heroísmo se não conseguirmos entender esse detalhe. O domínio completo da pessoa por parte do heroísmo não se reflete apenas no poder que a autotranscendência dá *a ela*, mas também no controle *de* todo o seu ser na alegria e no amor. A ânsia pela imortalidade não é um simples reflexo da angústia da morte, mas um estender de braços, por todo o ser, em direção à vida. Talvez só essa expansão natural da criatura possa explicar por que a transferência é uma paixão tão universal.

Com base nesse ponto de vista podemos também compreender a idéia de Deus como a realização lógica do aspecto de Ágape da natureza do homem. Freud parece ter menosprezado o Ágape como menosprezou a religião que o pregava. Ele achava que a fome do homem por um Deus no céu representava tudo o que havia de imaturo e egoísta no homem: seu desamparo, seu medo, sua ganância pelo máximo possível de proteção e satisfação. Rank, porém, entendia que a idéia de Deus nunca foi um simples reflexo de um medo supersticioso e egoísta, como têm alegado os céticos e os "realistas". Em vez disso, ela é um fruto da autêntica aspiração pela vida, uma tentativa de alcançar uma plenitude de significado — como James nos ensinou.[57] Parece que o elemento de entrega, no relacionamento heróico, é inerente à própria força vital, um dos mistérios realmente sublimes da vida criada. Parece que a força vital se estende naturalmente até para além da própria terra, o que é uma das razões pelas quais o homem sempre colocou Deus no céu.

Dissemos que é impossível o homem sentir-se "correto" de maneira direta, e agora podemos ver por quê. Ele pode expandir o sentimento de si mesmo não apenas pela fusão através do Ágape, mas também através do outro motivo ontológico: Eros, a ânsia por mais vida, pela experiência emocionante, pelo desenvolvimento de poderes próprios, pela singularidade da criatura individual, pelo destacamento e brilho na natureza. A vida é, afinal de contas, um desafio para a criatura, uma fascinante oportunidade de expandir-se. Psicologicamente, é a ânsia de individualização: como realizar meus dons característicos e dar a minha contribuição para o mundo através de minha auto-expansão?

Vemos agora o que poderíamos chamar de tragédia ontológica ou da criatura, que é tão peculiar ao homem: se ele cede ao Ágape, corre o risco de não se desenvolver, o que é a sua contribuição ativa ao resto da vida. Se expande Eros em demasia, arrisca-se a separar-se da dependência natural, do dever para com uma criação mais ampla afastando-se do poder curativo da gratidão e da humildade que deve sentir naturalmente por ter sido criado, por lhe ter sido concedida a oportunidade de experimentar a vida.

O homem tem, assim, a tensão absoluta do dualismo. Individualização significa que a criatura humana tem que se opor ao restante da natureza. Ela cria precisamente o isolamento que a pessoa não suporta — e do qual precisa, no entanto, para poder desenvolver-se de forma distinta. Ela cria a diferença que se torna um fardo muito pesado; acentua a pequenez do indivíduo e, ao mesmo tempo, a vontade de sobressair. Isso é culpa *natural*. A pessoa sente isso como "demérito" ou "maldade" e um surdo descontentamento íntimo.[58] E a razão é realista. Comparado com o restante da natureza, o homem não é uma criação muito satisfatória. Está cheio de medo e impotência.

O problema passa a ser o de arranjar um meio de livrar-se da maldade, da culpa natural, que é realmente uma questão de inverter a posição *vis-à-vis* do universo. É uma questão de alcançar tamanho, importância, durabilidade: como ser maior e melhor do que realmente se é. Toda a base da ânsia pela bondade está em ser algo valoroso e duradouro.[59] Parece que a conhecemos intuitivamente quando consolamos nossos filhos depois que tiveram pesadelos ou outros sustos. Dizemos-lhes que não se preocupem, que eles são "bons" e nada poderá magoá-los, e assim por diante. Bondade equivalendo a segurança e imunidade especial. Poder-se-ia dizer que a ânsia pela moralidade é baseada inteiramente na situação física da criatura. O homem é moral porque sente a sua verdadeira situação e o que o aguarda, ao contrário de outros animais, não. Ele usa a moralidade para tentar conseguir um lugar de integração e perpetuação especial no universo, de duas maneiras. Primeiro, supera a maldade (pequenez, falta de importância, finitude) seguindo as regras feitas pelos representantes do poder (os objetos de transferência). Dessa maneira, fica assegurada a sua integração. Isso também é natural: dizemos à criança quando ela é boa, para que ela não tenha que ter medo. Segundo, o homem tenta superar a maldade desenvolvendo um dom heróico realmente valioso, tornando-se especialíssimo.

Será que conseguimos imaginar por que uma das principais características do homem é a sua torturante insatisfação consigo mesmo, a sua constante autocrítica? É a única maneira que ele tem para vencer a sensação de inevitável limitação inerente à sua situação verdadeira. Ditadores, evangelizadores e sádicos sabem que as pessoas gostam de ser vergastadas com acusações arrasadoras, porque isso reflete o que elas realmente sentem em relação a si mesmas. O sádico não cria o masoquista; já o encontra pronto. Assim, é oferecida às pessoas uma maneira de vencerem o demérito: a oportunidade de idealizar o eu, de elevá-lo a níveis realmente heróicos. Dessa forma, o homem estabelece o diálogo complementar consigo mesmo, natural à sua condição. Ele se critica porque fica aquém dos ideais heróicos que precisa atingir a fim de ser uma criação realmente superior.

Fica claro que o homem quer o impossível: perder o seu isolamento e, ao mesmo tempo, mantê-lo. Não pode suportar o sentimento de separação e, no entanto, não pode concordar com a completa sufocação de sua vitalidade. Quer expandir-se mesclando-se com o poderoso além que o transcende e no entanto quer, enquanto se mistura a ele, continuar individual e distante, resolvendo a sua auto-expansão particular e em menor escala. Mas essa façanha é impossível, porque desmente a verdadeira tensão do dualismo. É óbvio que não se pode ter, ao mesmo tempo, a fusão com um poder externo e o desenvolvimento do poder pessoal sem que ocorram ambivalência e auto-ilusão. Mas é possível contornar o problema, de certa maneira: pode-se, por assim dizer, "controlar a evidência da contradição". Pode-se procurar escolher o tipo adequado de além, aquele em que se ache mais natural praticar a autocrítica e a auto-idealização.[60] Em outras palavras, o indivíduo tenta preservar o seu além. O uso fundamental da transferência, daquilo que poderíamos melhor chamar de "o exagero da transferência", é a prática de um heroísmo seguro. Nele, vemos o dualismo ontológico de motivos chegar até o problema da transferência e do heroísmo.

A Transferência como a Ânsia por um Heroísmo Superior

A intenção de nossa breve exposição sobre motivos ontológicos é deixar claro que a transferência está ligada aos fundamentos da vida do ser humano. Podemos agora entender como seria errôneo olhar a transferência de maneira totalmente depreciativa, quando ela satisfaz impulsos vitais para a integridade humana. O homem precisa infundir valor em sua vida, a fim de que possa declará-la "boa". O objeto da transferência é, então, uma fetichização natural para os mais elevados anseios e esforços do homem. Uma vez mais, vemos que "talento" maravilhoso é a transferência. É uma forma de fetichismo criativo, o estabelecimento de um local do qual nossas vidas podem extrair os poderes de que necessitam e que desejarem. O que é mais desejado do que o poder da imortalidade? Como é maravilhoso e fácil ser capaz de pegar todo o nosso empenho em alcançar a imortalidade e torná-lo parte de um diálogo com um único ser humano! Não sabemos, neste planeta, o que o universo quer de nós ou está preparado para nos dar. Não temos uma resposta para a pergunta que preocupava Kant, sobre qual é o nosso dever, sobre o que deveríamos estar fazendo na Terra. Vivemos numa escuridão total quanto a quem somos e por que estamos aqui, e no entanto sabemos que isso deve ter algum significado. O que é mais natural, então, do que pegar esse execrável mistério e dissipá-lo sem hesitação, dirigindo nosso desempenho de atos de bravura para outro ser humano, sabendo, assim, diariamente, se esse desempenho é suficientemente bom para nos fazer merecer a eternidade? Se ele for mau, sabemos que é mau pelas reações daquele ser humano e, assim, podemos alterá-lo de imediato. Rank resume essa questão vital em um parágrafo particularmente rico:

> Chegamos, aqui, ao antiqüíssimo problema do bem e do mal, originalmente designando a qualificação para a imortalidade, em sua importância emocional de ter o apreço ou a antipatia da outra pessoa. Nesse plano (...) a personalidade é moldada e formada segundo a necessidade

vital de agradar à outra pessoa a quem tornamos o nosso "Deus", e não cair no desagrado dela. Todas as contorções do (...) eu, com o seu empenho artificial de obter a perfeição e as inevitáveis "recaídas" na maldade, são o resultado dessas tentativas de humanizar a necessidade espiritual de ser bom.[61]

Como iremos ver nos próximos capítulos, o indivíduo pode nutrir e expandir a sua identificação de todos os tipos de "deuses", tanto no céu como no inferno. A maneira pela qual uma pessoa resolve os seus anseios naturais pela auto-expansão e pelo significado determina a qualidade de sua vida. Os atos heróicos da transferência dão ao homem precisamente aquilo de que ele precisa: um certo grau de individualidade nitidamente definida, um ponto de referência definitivo para a prática da bondade, e tudo dentro de um certo nível garantido de segurança e controle.

Se os atos heróicos de transferência fossem um heroísmo seguro, poderíamos considerá-los humilhantes. O heroísmo é, por definição, um desafio à segurança. Mas o que estamos querendo dizer é que todos esses esforços em prol da perfeição, as contorções e reviravoltas para agradar ao outro, não são necessariamente covardes ou anormais. O que torna os atos heróicos de transferência degradantes é que o processo é inconsciente e reflexo, não estando inteiramente sob o controle da pessoa. A terapia psicanalítica se dedica diretamente a esse problema. Além disso, a outra pessoa é o destino do homem, e um destino natural. Ele é obrigado a dirigir aos seus semelhantes o seu desempenho para qualificar-se como bondoso, já que eles formam o seu mais poderoso e imediato ambiente, não no sentido físico ou evolucionário no qual criaturas semelhantes se juntam em grupos, porém no sentido espiritual. Os seres humanos são as únicas criaturas que transmitem um significado, o que quer dizer que fornecem o único significado humano que podemos conhecer. Jung escreveu algumas páginas particularmente brilhantes e perspicazes sobre a transferência, e viu que a ânsia é tão forte e tão natural que chegou até a chamá-la de "instinto" — uma "libido de afinidade". Esse instinto, diz ele, não pode ser satisfeito de qualquer maneira abstrata:

Ele quer a conexão *humana*. Este é o cerne de todo o fenômeno da transferência, e é impossível eliminá-lo com argumentos, porque o relacionamento com o eu é, ao mesmo tempo, relacionamento com o nosso semelhante. (...)[62]

Um século antes, Hermann Melville colocara o mesmo pensamento na boca de Ahab:

Aproxime-se! Fique perto de mim, Starbuck. Deixe-me olhar para um olho humano; é melhor do que contemplar o mar ou o céu; melhor do que contemplar Deus. Pela terra verde! Pela lareira brilhante! Isso é a luneta mágica, rapaz; vejo minha mulher e minha filha em seus olhos.[63]

O significado dessa necessidade de outros homens para afirmar a si mesmo foi admiravelmente entendido pelo teólogo Martin Buber. Ele a chamou de "imaginando o real": ver, na outra pessoa, o autotranscendente processo vital que dá ao eu do indivíduo o sustento maior de que ele precisa.[64] Em termos de nossa discussão anterior, poderíamos dizer que o objeto da transferência contém a sua própria capacidade natural de impressionar, sua própria miraculosidade, que nos contagia com o significado de *nossas* vidas se cedemos a ela. Paradoxalmente, então, a rendição transferencial à "verdade do outro", ainda que apenas em seu ser físico, nos dá uma sensação de heróica autoconfirmação. Não admira que Jung pudesse dizer que é "impossível eliminá-la com argumentos".

Não admira também que a transferência seja, afinal, uma paixão universal. Ela representa, através da heróica auto-expansão no "outro", uma tentativa natural de ser curado e de ser integral. A transferência representa a maior realidade de que a pessoa precisa, motivo pelo qual Freud e Ferenczi já podiam dizer que a transferência representa a psicoterapia, as "tentativas autodidatas, por parte do paciente, de se curar".[65] As pessoas criam a realidade de que precisam a fim de descobrirem a si mesmas. As implicações dessas declarações talvez não sejam evidentes de imediato, mas são imensas para uma teoria da transferência. Se a transferência representa os naturais esforços heróicos por um "além" que dê autoconfirmação, e se as pessoas precisam dessa confirmação para que possam viver, então a teoria psicanalítica da transferência como simplesmente uma projeção irreal é destruída.[66] A projeção é necessária e desejável para a auto-realização. Caso contrário, o homem fica esmagado pela sua solidão e seu isolamento, e anulado justamente pelo fardo de sua própria vida. Como Rank observou com tanta inteligência, a projeção é um *alívio necessário* do indivíduo. O homem não pode viver fechado em si mesmo e para si mesmo. Deve projetar para fora o significado e a razão de sua vida, e até mesmo a culpa por ela. Nós não criamos a nós mesmos, mas temos de agüentar viver conosco. Tecnicamente, dizemos que a transferência é uma distorção da realidade. Agora, porém, vemos que essa distorção tem duas dimensões: aquela movida pelo medo da vida e da morte e aquela devida à tentativa heróica de assegurar a auto-expansão e a ligação íntima do eu interior com a natureza que cerca o indivíduo. Em outras palavras, a transferência reflete toda a condição humana e levanta a questão filosófica sobre essa condição.

De que tamanho pode ser o pedaço da "realidade" que o homem pode morder sem reduzi-la a ponto de distorcê-la? Se Rank, Camus e Buber estiverem certos, o homem não pode ficar sozinho, mas tem que tentar conseguir apoio. Se a transferência é uma função natural do heroísmo, uma projeção necessária a fim de que se possa suportar a vida, a morte e o próprio indivíduo, a questão passa a ser: o que é *projeção criativa*? O que é ilusão *intensificadora da vida*? São perguntas que nos levam muito além do âmbito deste capítulo, mas iremos ver o alcance delas em nossa seção final.

CAPÍTULO 8

Otto Rank e a Aproximação Entre a Psicanálise e Kierkegaard

Parece difícil, para o indivíduo, perceber que existe uma divisão entre as necessidades espirituais e as necessidades puramente humanas de cada um, e que a satisfação ou a realização de cada uma delas tem que ser encontrada em diferentes esferas. De maneira geral, vemos os dois aspectos inapelavelmente confundidos nas relações modernas, onde uma pessoa é transformada em juiz divino do bem e do mal que há na outra pessoa. A longo prazo, esse relacionamento simbiótico se torna prejudicial para ambas as partes, pois ser Deus é tão insuportável quanto continuar sendo um escravo total.

— OTTO RANK[1]

Uma das coisas que percebemos quando passamos os olhos pela História é que a consciência de criatura é sempre absorvida pela cultura. A cultura se opõe à natureza e a transcende. A cultura, em sua mais recôndita intenção, é uma negação heróica da condição de criatura. Essa negativa, porém, é mais eficiente em certas épocas do que em outras. Quando vivia em segurança sob o pálio do quadro mundial judaico-cristão, o homem fazia parte de um grande conjunto. Usando os nossos termos, o seu heroísmo cósmico estava inteiramente traçado e era inconfundível. O homem viera do mundo invisível para o visível por um ato de Deus e cumpria o seu dever para com Deus ao levar sua vida com dignidade e fé, casando-se por obrigação, procriando por obrigação, oferecendo enfim a vida inteira —

como fizera Cristo — ao Pai. Em troca, era absolvido pelo Pai e recompensado com a vida eterna na dimensão invisível. Pouco importava se a terra fosse um vale de lágrimas, de sofrimentos horríveis, de incomensurabilidade, de torturante e humilhante mesquinharia diária, de doença e de morte, um lugar ao qual o homem não se sentia integrado, "o lugar errado", como disse Chesterton,[2] o lugar no qual o homem nada podia esperar e realizar para si mesmo. Pouco importava porque esse lugar servia a Deus e, por isso, serviria ao servo de Deus. Em suma, o heroísmo cósmico do homem estava assegurado, mesmo que o homem nada fosse. Esta é a mais notável realização do quadro mundial cristão: o fato de poder pegar escravos, aleijados, imbecis, os simples e os poderosos e tornar todos eles heróis garantidos, simplesmente recuando um passo do mundo e entrando em outra dimensão das coisas, a dimensão chamada céu. Ou poderíamos dizer melhor que o cristianismo pegava a consciência da criatura — a coisa que o homem mais queria negar — e a transformava na própria *condição* para o heroísmo cósmico do homem.

A Solução Romântica

Uma vez entendido o que fez a solução religiosa, podemos agora ver como o homem se meteu numa situação insustentável. Ele ainda precisava sentir-se heróico, saber que sua vida tinha importância no plano das coisas. Ainda tinha que ser especialmente "bom" para algo realmente especial. Além disso, devia se fundir com um significado mais elevado, auto-absorvente, com confiança e gratidão — aquilo que vimos como o motivo universal da fusão do Ágape. Se ele já não tinha Deus, como é que iria fazer isso? Um dos primeiros meios que lhe ocorreram, como percebeu Rank, foi a "solução romântica": fixou sua ânsia de heroísmo cósmico em *outra pessoa*, sob a forma de um objeto de amor.[3] A autoglorificação de que ele precisava em sua natureza mais íntima ele agora procurava em seu parceiro amoroso. O parceiro amoroso se torna o ideal divino no qual se realiza a própria vida. Todas as necessidades espirituais e morais passam, agora, a ser focalizadas num só indivíduo. A espiritualidade, que outrora se referia a uma outra dimensão das coisas, é agora trazida aqui para baixo, na Terra, e recebe a forma de outro ser humano individual. A própria salvação já não é referida a uma abstração como Deus, mas pode ser procurada "na beatificação do outro". Poderíamos chamar isso de "beatificação de transferência". O homem vive agora numa "cosmologia de dois".[4] Sem dúvida, ao longo de toda a História tem havido uma certa concorrência entre objetos de amor humanos e divinos — pensamos em Heloísa e Abelardo, Alcebíades e Sócrates, ou mesmo no Cântico dos Cânticos. Mas a principal diferença está em que na sociedade tradicional o parceiro humano não absorvia toda a dimensão do divino; na sociedade moderna, absorve.

Caso estejamos inclinados a esquecer o quanto o objeto de amor romântico é deificado, as canções populares estão sempre aí nos lembrando disso. Elas nos dizem que a pessoa amada é a "primavera", tem o "brilho dos anjos", tem olhos "como se fossem estrelas", que a experiência do amor será "divina", "como um paraíso", e assim por diante. Não há dúvida de que as canções populares de amor têm esse conteúdo desde a antiguidade, e é provável que continuem a tê-lo enquanto o homem continuar sendo um mamífero e primo dos primatas. Essas canções refletem a fome de uma experiência real, um sério anseio emocional por parte da criatura. O detalhe está em que, se o objeto de amor é de uma perfeição divina, o eu do indivíduo se eleva ao unir a ele o seu destino. A pessoa tem o mais alto limite para o seu esforço em busca do ideal; todos os conflitos e contradições íntimas, os muitos aspectos da culpa — tudo isso ela pode tentar expiar numa perfeita consumação com a própria perfeição em pessoa. Isso se torna uma verdadeira "justificação moral no outro".[5] O homem moderno realiza a sua ânsia de auto-expansão no objeto de amor, tal como certa vez ela era realizada em Deus: "Deus, como (...) representação de nossa própria vontade, não resiste a nós, exceto quando nós mesmos queremos, e pouco resiste a nós a pessoa amada que, ao se entregar, sujeita-se à nossa vontade."[6] Em suma, o objeto do amor é Deus. Como diz uma canção hindu: "Meu amor é como Deus; se ele me aceitar, minha existência é utilizada." Não admira que Rank pudesse concluir que o relacionamento amoroso do homem moderno é um problema *religioso*.[7]

Compreendendo isso, Rank pôde dar um grande passo além de Freud. Freud achava que a dependência moral do homem moderno em relação ao outro era resultado do complexo de Édipo. Mas Rank pôde ver que era resultado de uma continuação do projeto *causa sui* de negar a condição de criatura. Como agora não havia cosmologia religiosa alguma onde encaixar essa negação, a pessoa se agarrava num parceiro. O homem procurou um "tu" quando a visão mundial da grande comunidade religiosa supervisionada por Deus morreu. A dependência do homem moderno do parceiro amoroso, então, é resultado da perda de ideologias espirituais, tal como acontece com a sua dependência dos pais ou do psicoterapeuta. Ele precisa de *alguém*, alguma "ideologia individual de justificativa" para substituir as definhantes "ideologias coletivas".[8] A sexualidade, que Freud pensava estar no cerne do complexo de Édipo, é agora entendida pelo que realmente é: outra contorção e reviravolta, um tatear à procura do significado da vida do indivíduo. Se não há um Deus no céu, uma dimensão invisível que justifique a dimensão visível, agarra-se aquilo que estiver mais à mão, e com isto são resolvidos os problemas.

Como sabemos por experiência própria, esse método traz grandes e reais benefícios. O indivíduo está oprimido pelo fardo da vida? Então, pode depositá-lo aos pés de seu parceiro divino. A consciência de si mesmo, a sensação de ser um indivíduo separado, tentando encontrar algum significado em quem ele é, do que é a vida e coisas assim, é dolorosa demais? Então, pode-se eliminar isso na rendição emocional ao parceiro, esquecer de si mesmo no delírio do sexo, e ainda assim ficar maravilhosamente estimulado com a experiência. Estará a pessoa vergada pela culpa do seu corpo, pelo estorvo de sua animalidade que põe em risco a sua vitória sobre a decadência e a morte? Mas é para isso que serve o confortável relacionamento sexual: no sexo, o corpo e a consciência desse corpo já não estão separados; o corpo já não é mais algo que vemos como estranho a nós mesmos. Tão logo ele é plenamente aceito *como um corpo* pelo parceiro, a nossa consciência própria se desvanece; ela se funde com o corpo e com a consciência de si mesmo e o corpo do parceiro. Quatro fragmentos da existência se fundem numa só unidade, e as coisas já não são desarticuladas e grotescas: tudo é "natural", funcional, expresso como devia ser — e por isso é aplacado e absolvido. A culpa é ainda mais eliminada quando o corpo encontra a sua utilização natural na produção de um filho. A própria natureza proclama, então, a inocência da pessoa, e proclama que é adequado a pessoa ter um corpo, ser basicamente um animal procriador.[9]

Mas também sabemos, pela experiência, que as coisas não funcionam assim tão fácil e inequivocamente. Não é difícil perceber a razão: ela está bem no cerne do paradoxo da criatura. O sexo faz parte do corpo, e o corpo é da morte. Como Rank nos lembra, este é o significado do relato bíblico sobre o fim do paraíso, quando a descoberta do sexo traz a morte para o mundo. Como também na mitologia grega, Eros e Tânatos são inseparáveis; a morte é a irmã gêmea natural do sexo.[10] Prestemos atenção nisso por um momento, porque é assunto fundamental para o malogro do amor romântico como solução para problemas humanos e tem grande participação na frustração do homem moderno. Quando dizemos que sexo e morte são gêmeos, entendemos isso em pelo menos dois níveis. O primeiro é filosófico-biológico. Animais que procriam morrem. Seu tempo de vida relativamente pequeno está ligado, de alguma maneira, à sua procriação. A natureza vence a morte não ao criar organismos eternos, mas tornando possível que os organismos efêmeros procriem. Do ponto de vista da evolução, isto parece ter tornado possível que organismos realmente complexos surjam no lugar de organismos simples que se autodividem — quase literalmente eternos.

Aí, porém, há uma dificuldade para o homem. Se o sexo é uma concretização do seu papel como animal na espécie, então o sexo também o leva a lembrar que o homem nada mais é do que um elo na corrente do ser, cambiável com qualquer outro e completamente dispensável por si mesmo. O sexo representa então conscientização da espécie e, como tal, a derrota da individualidade, da personalidade. Mas é exatamente essa personalidade que o homem quer desenvolver: a idéia dele próprio como um herói cósmico especial, com uma especial contribuição para o universo. Ele não quer ser um mero animal fornicador como qualquer outro — isso não é um significado realmente humano, uma contribuição realmente característica para a vida no mundo. Desde o início, então, o ato sexual representa uma dupla negação: pela morte do corpo e de dádivas pessoais características. Esse detalhe é decisivo, porque explica por que os tabus sexuais têm estado no cerne da sociedade humana desde o início. Eles afirmam o triunfo da personalidade humana sobre a uniformidade animal. Com os complexos códigos de renúncia sexual, o homem conseguiu impor ao corpo animal o mapa cultural para a imortalidade pessoal. Criou os tabus sexuais porque precisava triunfar sobre o corpo, e sacrificou os prazeres carnais em prol do mais alto de todos os prazeres: a autoperpetuação como ser espiritual por toda a eternidade. É esta a substituição que Roheim estava descrevendo quando fez sua perspicaz observação sobre os aborígines australianos: "A repressão e sublimação da cena primária estão por trás do ritual e da religião totemísticos",[11] isto é, a negação do corpo como transmissor de vida peculiarmente humana.

Isso explica por que as pessoas se sentem inquietas e molestadas com o sexo, por que se ofendem ao serem reduzidas ao corpo, por que o sexo as aterroriza até certo ponto: ele representa dois níveis da negação de si mesmo. A resistência ao sexo é uma resistência à fatalidade. Aqui, Rank escreveu algumas de suas mais brilhantes linhas. Ele viu que o conflito social é, assim, um conflito universal porque o corpo é um problema universal para uma criatura que deve morrer. A pessoa se sente culpada em relação ao corpo, porque o corpo é uma limitação, lança uma sombra sobre a nossa liberdade. Rank percebeu que essa culpa natural começava na infância e provocava as angustiosas perguntas da criança sobre assuntos sexuais. Ela quer saber por que sente culpa. Ainda mais, quer que os pais lhe digam que esse sentimento de culpa é *justificado*. Aqui, temos que nos lembrar da perspectiva que usamos na Parte I para introduzir o problema da natureza humana. Vimos que a criança se coloca bem na encruzilhada do dualismo humano. Ela descobre que tem um corpo falível e está aprendendo que existe toda uma visão mundial cultural que lhe permitirá triunfar sobre o corpo. As perguntas sobre sexo que a criança faz não são, assim — num nível fundamental —, em absoluto perguntas sobre sexo. São perguntas sobre o significado do corpo, o terror de viver com um corpo. Quando os pais dão uma resposta biológica direta a perguntas sexuais, não respondem, em absoluto, à pergunta da criança. Ela quer saber por que tem um corpo, de onde o corpo veio e o que significa para uma criatura consciente de si mesma ser limitada pelo corpo. Está perguntando sobre o mistério extremo da vida, não sobre a mecânica do sexo. Como diz Rank, isso explica por que o problema sexual faz os adultos sofrerem tanto quanto a criança: a "solução biológica do problema da humanidade é também tão desagradável e inadequado para o adulto quanto para a criança".[12]

O sexo é uma "resposta decepcionante para o enigma da vida", e, se fingirmos que ela é adequada, estaremos mentindo para nós mesmos e para nossos filhos. Como Rank argumenta com brilhantismo, nesse sentido a "educação sexual" é uma espécie de *wishful thinking*, uma racionalização, e uma presunção: tentamos fazer de conta que, se dermos instruções sobre a mecânica do sexo, estaremos explicando o mistério da vida. Poderíamos dizer que o homem moderno tenta substituir o espanto e o milagre vital por um manual de "Como Fazer".[13] Nós sabemos por quê: ao ocultar o mistério da criação nas etapas fáceis das manipulações humanas, expulsa-se o terror da morte que está reservado para nós, animais sexuados. Rank chega até a concluir que a criança é sensível a esse tipo de mentira. Ela recusa a "correta explicação científica" da sexualidade assim como recusa, também, o mandato de desfrute do sexo livre de culpa que ela implica.[14] Eu acho que a razão talvez seja que, se a criança quiser crescer e se tornar um imortal herói cultural, deverá ter um antagonista definido, em especial no começo de sua tentativa de incorporar o projeto cultural *causa sui*. Como o corpo é o problema definido sobre o qual a criança tem que triunfar a fim de formar uma personalidade cultural, ela precisa resistir, em certo nível, à tentativa adulta de negar que o corpo é um adversário. Poderíamos dizer que a criança ainda é muito fraca para poder suportar o conflito de tentar ser simultaneamente uma personalidade e um animal da raça humana. O adulto também o é, mas ele conseguiu desenvolver os necessários mecanismos de defesa, repressão e negação que lhe permitem viver com o problema de servir a dois senhores.

Depois dessa recordação dos problemas fundamentais da criança e do adulto, sobre os quais falamos na Parte 1, espero que possamos entender melhor as raízes da crítica de Rank ao tipo psicológico "romântico" que surgiu na era moderna. Torna-se, então, perfeitamente claro o que ele tem em mente quando diz que "a personalidade acaba sendo destruída pelo sexo e através dele".[15] Em outras palavras, o parceiro sexual não representa e não pode representar uma solução completa e duradoura para o dilema humano.[16] O parceiro representa uma espécie de realização na liberdade da autoconsciência e da culpa. Mas ao mesmo tempo representa a negação da personalidade característica do indivíduo. Poderíamos dizer que quanto mais o sexo estiver livre de culpa, melhor, mas só até certo ponto. No hitlerismo, vimos a tragédia que resultou quando o homem confundiu dois mundos, quando tentou obter um triunfo nítido sobre o mal, uma perfeição neste mundo que só poderia ser possível em um mundo mais perfeito. Os relacionamentos pessoais contêm o mesmo perigo de confundir as realidades do mundo físico e as imagens ideais dos reinos espirituais. A "cosmologia de dois" do amor romântico pode ser uma tentativa engenhosa e criativa, mas, por ainda ser uma continuação do projeto *causa sui* neste mundo, é uma mentira que deve fracassar. Se o parceiro se torna Deus, com a mesma facilidade ele se torna o Diabo, e não é difícil saber o motivo. Primeiro, a pessoa se torna *presa* ao objeto de dependência. Precisa dele para a sua autojustificação. A pessoa pode ser muitíssimo dependente, quer precise do objeto como fonte de força, de forma masoquista, quer precise dele para sentir a sua própria força auto-expansiva, ao manipulá-lo com sadismo. Em qualquer dos dois casos, o autodesenvolvimento da pessoa é restringido pelo objeto, absorvido por ele. É uma fetichização demasiado restrita do significado, e a pessoa passa a ter ressentimento e irritação com esse objeto. Se você encontra o amor ideal e tenta transformá-lo no único juiz do que há de bom e de mau em você, transformá-lo em medida de suas realizações, você se torna simplesmente o reflexo da outra pessoa. Você se perde na outra pessoa, assim como a criança obediente se perde na família. Não admira que a dependência, quer do deus, quer do escravo no relacionamento, contenha tanto ressentimento subjacente. Como disse Rank, explicando a falência histórica do amor romântico: uma "pessoa já não queria mais ser usada como a alma de outra, mesmo com as compensações daí resultantes".[17] Quando a pessoa confunde amor pessoal e heroísmo cósmico, está fadada a fracassar em ambas as esferas. A impossibilidade do heroísmo solapa o amor, mesmo que este seja verdadeiro. Como diz Rank com tanta propriedade, esse fracasso duplo é que provoca o sentimento de extremo desespero que vemos no homem moderno. É impossível tirar sangue de uma pedra, tirar espiritualidade de um ser físico, e por isso a pessoa se sente "inferior", sente que sua vida de algum modo não obteve sucesso, que ela não concretizou seus verdadeiros dons, e assim por diante.[18]

Não é de surpreender. Como pode um ser humano ser um "tudo" divino para outro ser humano? Nenhum relacionamento humano pode suportar o ônus da divindade, e essa tentativa tem que ter o seu preço. É fácil entender as razões. O que faz de Deus o objeto espiritual perfeito é precisamente o fato de ele ser abstrato — como percebeu Hegel.[19] Ele não é uma individualidade concreta, e por isso não limita o nosso desenvolvimento por Suas vontades e necessidades pessoais. Quando procuramos pelo objeto humano "perfeito", estamos procurando alguém que nos permita expressar a nossa vontade por completo, sem nenhuma frustração, sem nenhuma falha. Queremos um objeto que reflita a imagem verdadeiramente ideal de nós mesmos.[20] Mas nenhum objeto humano pode fazer isso. Os homens têm vontades e contravontades próprias, há mil maneiras de poderem se colocar contra nós, seus próprios apetites nos ofendem.[21] A grandeza e o poder de Deus são algo em que podemos nos nutrir, algo que não pode ser abalado pelos acontecimentos deste mundo. Nenhum parceiro humano pode oferecer essa garantia, porque o parceiro é real. Por mais que possamos idealizá-lo e idolatrá-lo, ele reflete, inevitavelmente, a decadência e a imperfeição terrenas. E como ele é a nossa medida ideal de valor, essa imperfeição recai em cima de nós. Se o seu parceiro é o seu "Tudo", qualquer deficiência dele se torna uma grande ameaça *para você*.

Se uma mulher perde a beleza, ou mostra que não tem a força e a confiança que alguma vez pensávamos que tivesse, ou perde a sua agudeza intelectual, ou fica aquém de nossas necessidades peculiares, em qualquer uma dentre mil maneiras, todo o investimento que fizemos nela fica prejudicado. A sombra da imperfeição cai sobre nossas vidas, e com ela... a morte e a derrota do heroísmo cósmico. "Ela decresce" = "Eu morro". É essa a razão de tanta amargura, tanta falta de paciência e tanta recriminação em nossas vidas familiares quotidianas. Recebemos de volta um reflexo de nossos objetos amados que nada tem da grandiosidade e da perfeição de que precisamos para nos nutrir. Sentimo-nos diminuídos pelas suas deficiências humanas. Nossos interiores se sentem vazios e angustiados, nossas vidas, sem valor, quando vemos a inevitável insignificância do mundo expressa através dos seres humanos que vivem nele. Por essa razão, também, muitas vezes atacamos pessoas amadas e tentamos reduzi-las ao seu tamanho natural. Vemos que os nossos deuses têm pés de barro, e por isso temos que romper as ligações com eles para nos salvarmos, para esvaziar o irreal superinvestimento que fizemos neles, para assegurar a nossa apoteose. Nesse sentido, a deflação do parceiro, pai ou amigo em que houve o superinvestimento é um ato criativo, necessário para corrigir a mentira que estivemos vivendo e reafirmar a nossa liberdade interior de crescimento, que transcende o objeto e não está a ele vinculado. Mas nem todo mundo pode fazer isso, porque muitos de nós precisam da mentira para viver. Poderemos não ter nenhum outro Deus, e preferir deflacionar *a nós mesmos* a fim de manter o relacionamento, muito embora vislumbremos a impossibilidade disso e a escravidão a que ele nos reduz.[22] Esta é uma explicação direta — como veremos — do fenômeno da depressão.

Afinal de contas, o que é que queremos quando elevamos o parceiro amoroso à posição de Deus? Queremos redenção — nada menos do que isso. Queremos que nos livrem de nossos defeitos, de nosso sentimento de nada. Queremos ser absolvidos, saber que a nossa criação não foi em vão. Recorremos ao parceiro amoroso para a experiência do heróico, para a confirmação perfeita; esperamos que elas "nos façam bons" através do amor.[23] Não é preciso dizer que parceiros humanos não podem fazer isso. O amante não distribui heroísmo cósmico e não pode dar absolvição em seu próprio nome. A razão é que, por ser um ser finito, ele também está condenado, e vemos essa condenação em sua falibilidade, na sua própria deterioração. A redenção só pode vir de fora do indivíduo, do além, da nossa conceituação da fonte máxima das coisas, da perfeição da criação. Ela só pode vir, como compreendeu Rank, quando sacrificamos nossa individualidade, abrimos mão dela, admitimos nossa condição de criatura e nosso desamparo.[24] Que parceiro iria permitir que fizéssemos isso ou suportar-nos se o fizéssemos? O parceiro precisa de nós para ser como Deus. Por outro lado, que parceiro poderia querer dar a redenção, a menos que fosse louco? Até mesmo o parceiro que faz o papel de Deus no relacionamento não pode suportar isso por muito tempo, uma vez que em determinado nível ele sabe que não possui os recursos de que o outro precisa e que reivindica. Ele não tem a força perfeita, a firmeza perfeita, o heroísmo seguro. Não pode suportar o ônus da divindade, e por isso tem que se irritar com o escravo. Além disso, deve estar sempre lá a incômoda percepção: como se pode ser um deus autêntico, se o seu escravo é tão miserável e indigno?

Rank também viu, com a lógica de seu pensamento, que os ônus espirituais do moderno relacionamento amoroso eram tão grandes e impossíveis para ambos os parceiros, que eles reagiam desespiritualizando ou despersonalizando por completo o relacionamento. O resultado é a mística da *Playboy*: excesso de ênfase sobre o corpo como um objeto puramente sensual.[25] Se eu não puder ter um ideal que preencha a minha vida, pelo menos posso ter sexo livre de culpa — assim parece raciocinar o homem moderno. Mas logo podemos concluir que essa solução é enganosa, porque ela nos traz de volta à temível constatação de que sexo é igual a inferioridade e a morte, de que o sexo está a serviço da espécie e constitui uma negação da personalidade característica da pessoa, o verdadeiro heroísmo simbólico. Não admira que a mística sexual seja um credo tão superficial. Ela tem de ser praticada por aqueles que perderam a esperança no heroísmo cósmico, que reduziram seus significados somente ao corpo e a este mundo. Não admira, também, que as pessoas que a praticam se tornam tão confusas e desesperançadas quanto os amantes românticos. Querer demasiado pouco do objeto amoroso provoca tanto o próprio fracasso quanto querer demais.

Quando você reduz os seus significados a este mundo, ainda está à procura do absoluto, do supremo autotranscendente poder, mistério e majestade. Só que agora tem que encontrá-los nas coisas deste mundo. O amante romântico os procura na profunda interioridade da mulher, em seu mistério natural. Ele a procura para que seja uma fonte de sabedoria, de intuição segura, um poço inesgotável de força continuamente renovada. O sensualista já não procura mais o absoluto na mulher, ela é uma simples coisa de que ele se utiliza. Ele terá que encontrar o absoluto em si mesmo, na vitalidade que a mulher provoca e liberta. É por isso que a virilidade se torna um problema tão predominante para ele — ela é a sua absoluta autojustificação neste mundo. Mike Nichols contrastou, recentemente, o romântico e o sensualista em seu brilhante filme *Ânsia de Amar* (*Carnal Knowledge*): o romântico acaba ficando com uma *hippie* de dezoito anos que é "mais experiente do que o normal para sua idade" e que diz coisas inesperadas, do fundo de sua feminilidade natural. O sensualista acaba um período de vinte anos de conquistas sexuais envolto com o problema de sua virilidade. Na cena final, vemos a bem treinada prostituta provocando-lhe uma ereção ao convencê-lo de seus próprios poderes interiores e de seu vigor natural. Esses dois tipos se encontram, no filme, no terreno intermediário da confusão total sobre o que se deve obter de um mundo de seios e nádegas e de rebelião contra o que a espécie exige deles. O sensualista tenta evitar o casamento, com todas as suas forças, tenta esquivar-se do papel que a espécie biológica lhe reservara, fazendo da sexualidade um caso puramente pessoal de conquistas e virilidade. O romântico se eleva acima do casamento e do sexo, tentando espiritualizar seu relacionamento com as mulheres. Nenhum dos dois tipos consegue compreender o outro, exceto ao nível do desejo físico elementar. O filme nos deixa com a reflexão de que os dois estão lamentavelmente mergulhados na procura cega da condição humana, na busca de um absoluto que possa ser visto e experimentado. É como se o próprio Rank tivesse ajudado a escrever o roteiro, mas foi o moderno "rankiano" artístico das relações amorosas Jules Feiffer quem o escreveu.

    Às vezes, é fato, Rank parece tão concentrado em chamar nossa atenção para problemas que transcendem o corpo, que se tem a impressão de que ele não chegou a considerar o lugar vital que esse corpo tem em nossas relações com os outros e com o mundo. Mas isso não é, em absoluto, verdade. A grande lição da depreciação da sexualidade por parte de Rank não foi o fato de ele ter menosprezado o amor físico e a sensualidade, mas o de ter visto — como Santo Agostinho e Kierkegaard viram — que o homem não pode criar um absoluto de dentro de sua condição, que o heroísmo cósmico deve transcender as relações humanas.[26] O que está em jogo em tudo isso é, naturalmente, a questão da liberdade, a qualidade de vida da pessoa e a sua individualidade.

Como vimos no capítulo anterior, as pessoas precisam de um "além", mas estendem os braços, primeiro, para o que estiver mais perto. Isso lhes dá a satisfação de que precisam, mas ao mesmo tempo as limita e escraviza. É assim que se pode entender todo o problema de uma vida humana. Podem-se fazer as perguntas: em que tipo de além essa pessoa tenta expandir-se? E quanto de individualização ela consegue com isso? A maioria das pessoas não se arrisca: escolhe o seu além nos habituais e comuns objetos de transferência como os pais, o patrão ou o líder. Estas pessoas aceitam a definição cultural de heroísmo, dentro da qual tentam ser "bons provedores" ou cidadãos "exemplares". Dessa maneira, conseguem a sua imortalidade na espécie como agentes de procriação, ou a imortalidade coletiva ou cultural como parte de algum tipo de grupo social. A maioria das pessoas vive dessa maneira, e não é minha minha intenção dar a entender que haja algo de falso ou anti-heróico com relação à solução cultural padronizada instituída para os problemas do homem. Ela representa tanto a verdade quanto a tragédia da condição humana: o problema da consagração da vida do indivíduo, o significado dessa vida, a rendição natural a algo maior — essas necessidades propulsoras que inevitavelmente são resolvidas por aquilo que estiver mais à mão.

As mulheres são, caracteristicamente, envolvidas nesse dilema que o "movimento de liberação feminina" ainda não conceitualizou. Rank o compreendeu, tanto em seu aspecto necessário como no seu aspecto constritivo. A mulher, como fonte de uma nova vida, parte da natureza, pode achar fácil submeter-se por sua livre vontade ao papel procriador no casamento, como uma realização natural do motivo de Ágape. Ao mesmo tempo, no entanto, esse papel se presta à auto-anulação ou ao masoquismo quando ela sacrifica sua personalidade e seus dons individuais transformando o homem e as realizações deste em símbolo de sua própria imortalidade. A entrega de Ágape é natural e representa uma auto-realização liberadora; mas a internalização reflexa do papel vital do macho é uma rendição à própria fraqueza, um apagamento do necessário motivo de Eros da própria identidade. A razão pela qual as mulheres estão tendo tanta dificuldade em separar os problemas de seus papéis social e de fêmea do problema de suas individualidades características é que essas coisas são intricadamente complexas. A linha entre a auto-rendição natural, por querer fazer parte de algo maior, e a rendição masoquista ou a auto-anulação é realmente tênue, como percebeu Rank.[27] O problema se torna ainda mais complicado por causa de uma coisa que as mulheres — como todos os demais — relutam em admitir: sua natural incapacidade de ficarem sozinhas em liberdade. É por isso que quase todo mundo acomoda-se em conseguir sua imortalidade segundo as formas aceitas, traçadas pela sociedade, em toda parte, nos aléns dos outros, não nos seus.

A Solução Criativa

O resultado final de tudo isso é que o heroísmo pessoal através da individualização é uma empresa muito ousada, precisamente porque separa a pessoa de confortáveis "aléns". É preciso uma força e uma coragem que o homem comum não tem e nem poderia compreender — como Jung salienta tão bem.[28] O ônus mais aterrorizador da criatura é ficar isolada, que é o que acontece na individualização: a pessoa se separa do rebanho. Esse movimento a expõe à sensação de estar completamente esmagada e aniquilada porque ela se destaca muito e tem tanto para carregar em si mesmo. São esses os riscos quando a pessoa começa a criar consciente e criticamente o seu próprio arcabouço de auto-referência heróica.

Aqui está, precisamente, a definição do tipo artístico, ou do tipo criativo em geral. Atravessamos um umbral e entramos em um novo tipo de reação à situação do homem. Ninguém escreveu sobre esse tipo de resposta humana de forma mais penetrante do que Rank; e de todos os seus livros, *Art and Artist* é o mais sólido monumento ao seu gênio. Não quero, aqui, entrar no tipo de percepções verdadeiramente sutis do artista, que Rank apresentou, nem vou tentar apresentar a sua descrição abrangente. Mas será compensador nos aprofundarmos, um pouco mais do que já fizemos até aqui, no problema da dinâmica da personalidade. Isso irá nos preparar, também, para uma discussão das opiniões de Rank sobre a neurose que, pelo que sei, não têm paralelos na literatura psicanalítica.

A chave para o tipo criativo está em que ele fica separado do conjunto comum de significados compartilhados. Existe algo, em sua experiência da vida, que o faz entender o mundo como um *problema*. Em conseqüência, tem que entendê-lo pessoalmente. Isso é verdadeiro para todas as pessoas criativas, em maior ou menor grau, mas é especialmente óbvio no artista. A existência se torna um problema que precisa de uma resposta ideal. Mas quando você já não aceita mais a solução coletiva para o problema da existência, você terá que criar a sua solução. A obra de arte é, então, a resposta ideal do indivíduo criativo para o problema da existência tal como ele o entende — não apenas a existência do mundo exterior, mas especialmente a sua própria existência: quem é ele como pessoa dolorosamente separada, sem coisa alguma partilhada em que se apoiar. Ele tem que responder ao ônus de sua extrema individualização, de seu isolamento tão doloroso. Quer saber como conseguir a imortalidade como resultado de seus dotes sem igual. Seu trabalho criativo é, ao mesmo tempo, a expressão de seu heroísmo e a justificação desse heroísmo. É a sua "religião particular" — como disse Rank.[29] A originalidade desse trabalho lhe dá a imortalidade pessoal; ela é o seu "além", e não o de outras pessoas.

Mal acabamos de dizer isso e já podemos ver o imenso problema proposto. Como é possível justificar o próprio heroísmo? Seria preciso ser como Deus. Vemos ainda mais, agora, como a culpa é inevitável para o homem: mesmo como criador, ele é uma criatura assoberbada pelo próprio processo criativo.[30] Se você se destaca tanto da natureza que tem que criar a sua própria justificativa heróica, isso é demais. Eis como compreendemos algo que parece ilógico: quanto mais você se desenvolve como um ser humano característico, livre e crítico, *maior é a culpa* que sente. Seu próprio trabalho o acusa, fazendo-o sentir-se inferior. Que direito você tem, afinal, de bancar Deus? Em especial se o seu trabalho for grandioso, absolutamente novo e diferente. Fica imaginando onde vai conseguir autoridade para introduzir novos significados no mundo e força para suportar tamanha empreitada.[31] Tudo se resume no seguinte: a obra de arte é a tentativa do artista de justificar o seu heroísmo de forma objetiva, na criação concreta. Ela é o testemunho de sua absoluta originalidade e de sua transcendência heróica. Mas o artista ainda é uma criatura, e pode sentir isso de maneira mais intensa do que qualquer outra pessoa. Em outras palavras, ele sabe que a obra é ele, e portanto "má", efêmera, potencialmente desprovida de sentido — a menos que justificada *de fora dele mesmo* e *de fora da própria obra*.

Para Jung, a obra é a projeção da transferência do artista, e ele sabe disso consciente e criticamente. Faça o que fizer, ele não tem como se livrar de si mesmo, não pode, com segurança, sair e ir além de si mesmo.[32] Também não pode se livrar da própria obra de arte. Como qualquer realização material, ela é visível, terrena, impermanente. Por maior que seja, ela ainda empalidece de certas maneiras se comparada com a transcendente majestade da natureza; e por isso é ambígua, nada tendo de um sólido símbolo de imortalidade. Em seu maior gênio, o homem ainda é motivo de escárnio. Não admira que, historicamente, a arte e a psicose tenham tido um relacionamento tão íntimo e que a estrada da criatividade passe tão perto do hospício — com freqüência terminando nele. O artista e o louco estão presos por suas próprias maquinações. Eles chafurdam em sua própria analidade, no seu protesto de que são realmente algo de especial na criação.

Tudo isso se resume no seguinte paradoxo: se você vai ser um herói, deverá dar um presente. Se for um homem comum, dá o seu presente heróico à sociedade em que vive, e dá o presente que a sociedade especifica por antecipação. Se você for um artista, cria um presente caracteristicamente pessoal, a justificativa de sua identidade heróica, o que significa que ela está sempre visando, pelo menos em parte, a um ponto acima da cabeça de seus semelhantes. Afinal, eles não podem conceder a imortalidade de sua alma pessoal. Como Rank argumentou nos impressionantes capítulos finais de *Art and Artist*, não há meios de o artista ficar em paz com a sua obra ou com a sociedade que a aceita. O donativo do artista é, sempre, à própria criação, ao significado máximo da vida, a Deus. Não devemos nos surpreender pelo fato de Rank ter sido levado exatamente à mesma conclusão de Kierkegaard: que a única saída para o conflito humano é a renúncia total, dar a vida como uma oferenda aos mais altos poderes. A absolvição tem de vir do além absoluto. Tal como Kierkegaard, Rank mostrou que essa regra se aplicava aos mais fortes, ao mais heróicos dos tipos — não aos temerosos e vazios poltrões. Renunciar ao mundo e a si mesmo, submeter o significado dessa renúncia aos poderes da criação, é a coisa mais difícil de o homem realizar — e por isso é justo que essa tarefa recaia sobre o tipo de maior personalidade, aquele que tiver o maior ego. O grande cientista que abalou o mundo, Newton, era o mesmo homem que sempre andava com a Bíblia debaixo do braço.

Mesmo em casos assim, a combinação da mais plena auto-expressão e renúncia é rara, como vimos no Capítulo Seis, quando especulamos sobre o problema de Freud durante sua vida toda. Com base em tudo o que abordamos até agora — o eu na história e na criatividade pessoal —, talvez possamos chegar ainda mais perto do problema de Freud. Sabemos que ele era um gênio, e agora entendemos o verdadeiro problema que o gênio tem: como desenvolver um trabalho criativo, com toda a força de sua paixão, uma obra que salve a sua alma, e ao mesmo tempo renunciar a essa mesma obra porque ela não pode, por si mesma, dar a salvação? No gênio criador, vemos a necessidade de combinar o mais intenso Eros da auto-expressão com o mais completo Ágape da auto-rendição. É quase demais pedir aos homens que dêem um jeito de experimentar plenamente essas duas intensidades de esforço ontológico. É provável que os homens menos dotados tenham mais facilidade: basta uma pequena dosagem de Eros e um Ágape confortável. Freud viveu o *daímôn* de seu Eros com o máximo de intensidade e mais honestamente do que a maioria, e isso o consumiu e consumiu os outros à sua volta, como mais ou menos sempre acontece. A psicanálise foi o seu lanço heróico pessoal para conseguir a imortalidade. Como disse Rank: "...ele mesmo podia confessar com muita facilidade o seu agnosticismo enquanto criava para si mesmo uma religião particular. (...)"[33] Mas isso era precisamente o problema de Freud. Como agnóstico, ele não tinha a quem oferecer a sua dádiva — ninguém, quer dizer, que tivesse maior garantia de imortalidade do que a que ele próprio tinha. Nem mesmo a própria humanidade estava segura. Como ele confessou, o espectro dos dinossauros ainda persegue o homem e sempre irá persegui-lo. Freud era anti-religioso porque de algum modo não podia dar pessoalmente a dádiva de sua vida a um ideal religioso. Ele considerava um passo desses como fraqueza, uma passividade que iria prejudicar o seu próprio impulso criador, desejoso de mais vida.

Nesse ponto Rank se junta a Kierkegaard na crença de que a pessoa não deve parar e circunscrever a vida com aléns que estejam logo à mão, ou um pouco distantes, ou que sejam criados por ela mesma. A pessoa deve tentar alcançar o mais elevado além da religião: o homem deve cultivar a passividade da renúncia aos mais altos poderes, por mais difícil que isso seja. Qualquer coisa inferior a isso não é um pleno desenvolvimento, ainda que pareça fraqueza ou concessão para os melhores pensadores. Nietzsche vituperava contra a moralidade conciliatória judaico-cristã; mas, como disse Rank, "não via a profunda necessidade precisamente desse tipo de moralidade que há no ser humano. (...)"[34] Rank chega até a dizer que a "necessidade de uma ideologia verdadeiramente religiosa (...) é inerente à natureza humana, e sua satisfação é básica para qualquer tipo de vida social."[35] Será que Freud e outros imaginam que a entrega a Deus é masoquista, que se despojar é humilhante? Ora, responde Rank, isso representa, pelo contrário, o ponto mais distante que o eu pode alcançar, a mais alta idealização que o homem pode conseguir. Representa a realização da expansão amorosa do Ágape, a realização do indivíduo realmente criativo. Só assim, diz Rank, só ao se render à grandeza da natureza ao nível mais elevado, menos fetichizado, o homem poderá vencer a morte. Em outras palavras, a verdadeira confirmação heróica da vida da pessoa está acima do sexo, acima do outro, acima da religião particular — que são, todos eles, artifícios que puxam o homem para baixo ou o encurralam, deixando-o perturbado pela ambigüidade. O homem se sente inferior precisamente quando lhe faltam "verdadeiros valores íntimos na personalidade", quando é simplesmente um reflexo de algo que está a seu lado e não possui um giroscópio interior para manter o equilíbrio, nenhum centramento em si mesmo. E para obter esse centramento o homem tem que olhar acima do "tu", acima do consolo dos outros e das coisas deste mundo.[36]

O homem é um "ser teológico", conclui Rank, e não biológico. Em tudo isso, é como se Tillich[37] estivesse falando e, por trás dele, Kierkegaard e Santo Agostinho; mas o que torna o fato fantástico no mundo da ciência de hoje é o de serem as conclusões do trabalho de uma vida inteira de um psicanalista, não de um teólogo. O efeito líquido disso é esmagador, e para uma pessoa treinada limitadamente num campo da ciência, tudo parece confuso. Essa mistura de um intensivo discernimento clínico e pura ideologia cristã é absolutamente estonteante. Não se sabe que tipo de atitude emocional tomar em relação a ela; ela parece puxar a pessoa, ao mesmo tempo, para várias direções inconciliáveis.

A essa altura, o cientista "cabeça-dura" (que é como ele gosta de chamar a si mesmo) fecha com força o livro de Rank e se afasta com um estremecimento. "Que pena que o mais íntimo colaborador de Freud tenha enlouquecido e entregue aos fáceis consolos da religião os conhecimentos da psicanálise obtidos com tanta dificuldade!" É o que ele iria pensar — e estaria enganado. Rank acabou fazendo uma completa aproximação entre a psicanálise e o pensamento de Kierkegaard, mas não fez isso por fraqueza ou movido pela expressão de um desejo. Ele o fez com base na lógica da compreensão histórico-psicanalítica do homem. Simplesmente não há como o crítico de Rank fugir a isso. Se ele pensa que Rank não foi suficientemente sagaz ou empírico, é porque não entendeu bem o cerne de sua obra total — seu estudo minucioso da natureza da neurose. *Esta* é a resposta de Rank àqueles que imaginam que ele estacou em sua pesquisa científica ou amoleceu por motivos pessoais. A compreensão do neurótico de Rank é a chave de todo o seu pensamento. Ela é de vital importância para uma plena compreensão pós-freudiana do homem e, ao mesmo tempo, representa o ponto em que se dá a fusão íntima do pensamento de Rank com o de Kierkegaard, em condições e numa linguagem que o próprio Kierkegaard teria achado adequadas. Exploremos isso em maiores detalhes no próximo capítulo.

CAPÍTULO 9

O Efeito Atual da Psicanálise

Se o homem será tanto mais normal, saudável e feliz quanto mais ele conseguir (...) reprimir, deslocar, negar, racionalizar, dramatizar a si mesmo e enganar os outros, chega-se à conclusão de que o sofrimento do neurótico provém (...) da dolorosa verdade. (...) Espiritualmente, o neurótico tem estado, há muito tempo, no lugar em que a psicanálise tenta colocá-lo, sem conseguir, ou seja, no ponto de entender o logro do mundo dos sentidos, a falsidade da realidade. Ele sofre, não devido a todos os mecanismos patológicos que são psiquicamente necessários à vida e saudáveis, mas à recusa desses mecanismos, que é o que lhe rouba as ilusões importantes para que viva. (....) [Ele] está muito mais próximo, psicologicamente, da verdade verdadeira, do que os outros, e é justamente por isso que ele sofre.

— OTTO RANK[1]

Rank escreveu sobre a neurose ao longo de toda a sua obra, uma linha ou um parágrafo aqui, uma página ou duas ali, e dela apresentou muitas definições diferentes e até contraditórias. Em algumas, ele a fazia parecer normal e universal; em outras, ele a via como mórbida e particular; às vezes usava o termo para indicar pequenos problemas da vida, outras vezes usava-o para incluir a psicose real. Essa elasticidade de Rank não é devida a um raciocínio confuso: a verdade é que — como veremos dentro em pouco — a neurose resume todos os problemas de uma vida humana. Mas Rank poderia ter dado uma ajuda enorme à sua obra se tivesse posto numa ordem conceitual suas visões intuitivas da doença mental. Se um pensador apresenta um número demasiado de entendimentos assistemáticos e ricos, não há lugar em que se possa captar o seu pensamento. Aquilo que ele está tentando esclarecer parece tão indefinível e vago quanto antes. É certo que a proeminência de Freud se deve, numa escala que nada tem de pequena, à sua capacidade de tornar claras, simples e sistemáticas todas as suas compreensões e de reduzir, sempre, a teoria mais complexa a uns poucos pontos fundamentais. É possível fazer isso com Rank, também, mas o problema é que você precisa fazer isso sozinho, colocando sua própria ordem na maior parte da obra de Rank. Embora Rank soubesse que essa exigência não era justa para com o leitor ou para com ele próprio, nunca encontrou alguém que reescrevesse seus livros. Por isso, nós mesmos é que temos que tentar ir além da confusão de seu entendimento e penetrar no cerne do problema.

Como ponto de partida, façamos primeiro um resumo de tudo o que a neurose abrange e abordemos uma coisa de cada vez para mostrar como todas elas se encaixam. A neurose tem três aspectos interdependentes. Em primeiro lugar, a neurose refere-se a pessoas que estão tendo dificuldade de viver com a verdade da existência; ela é universal, nesse sentido, porque todo mundo tem uma certa dificuldade de viver com a verdade da vida e paga um certo tributo para viver com essa verdade. Em segundo lugar, a neurose é particular, porque cada pessoa forma o seu peculiar modo de reação à vida. Por fim, acima dessas duas está, talvez, a dádiva sem igual da obra de Rank: a de que a neurose é também, em grande parte, histórica, porque todas as ideologias tradicionais que a disfarçavam e a absorviam desapareceram, e as ideologias modernas são demasiado tênues para contê-la. Assim, temos o homem moderno: cada vez mais caindo em divãs de analistas, fazendo peregrinações a centros de gurus psicológicos, entrando para grupos de terapia e ocupando um número cada vez maior de leitos em hospitais de doentes mentais. Vejamos cada um desses três aspectos, de maneira mais detalhada.

O Tipo Neurótico

Primeiro, como um problema de caráter pessoal. Quando dizemos que a neurose representa a verdade da vida, uma vez mais queremos dizer que a vida é um problema esmagador para um animal desprovido de instinto. O indivíduo tem que se proteger contra o mundo, e só pode fazê-lo como faria qualquer outro animal: reduzindo o tamanho do mundo, barrando a entrada da experiência, desenvolvendo uma alienação tanto dos terrores do mundo quanto de suas próprias angústias. Caso contrário, ficaria incapacitado para agir. Nunca será demais repetir a grande lição da psicologia freudiana: a de que a repressão é a autoproteção normal, uma auto-restrição criativa — numa acepção verdadeira, o substituto natural do instinto, para o homem. Rank tem um termo-chave perfeito para esse talento natural do homem: ele o chama de "parcialização" e percebe que a vida é impossível sem ela. Aquilo que chamamos de homem bem-ajustado possui exatamente essa capacidade de parcializar o mundo para poder agir de maneira satisfatória.[2] Empreguei antes o termo "fetichização", que reflete exatamente a mesma idéia: o homem "normal" abocanha da vida aquilo que ele tem condições de mastigar e digerir, e nada mais. Em outras palavras, os homens não são feitos, para serem deuses para assimilarem o mundo inteiro; são feitos, como outras criaturas, para assimilar o pedaço de terra que está diante de seus focinhos. Os deuses podem assimilar a totalidade da criação, porque só eles podem entendê-la, saber de que se trata e para que serve. Mas assim que o homem levanta o nariz do chão e começa a farejar problemas eternos, como a vida e a morte, o significado de uma rosa ou um grupo de estrelas — aí ele se complica. A maioria dos homens se poupa dessa complicação, mantendo a mente concentrada nos pequenos problemas de suas vidas, tal como a sociedade em que vivem traça esses problemas para eles. São os que Kierkegaard chamava de homens "imediatos" e de "filisteus". Eles "se tranqüilizam com o trivial" — e assim podem levar vidas normais.

Logo de imediato, podemos perceber o horizonte imensamente fértil que se abre em todo o nosso pensamento sobre saúde mental e comportamento "normal". A fim de funcionar normalmente, o homem tem que realizar, desde o início, uma séria redução do mundo e de si mesmo. Podemos dizer que a essência da normalidade é a *recusa da realidade*.[3] Aquilo que chamamos de neurose entra precisamente neste ponto: algumas pessoas têm mais dificuldades com suas mentiras do que outras. O mundo é pesado demais para elas, e as técnicas que elas desenvolveram para mantê-lo afastado e reduzi-lo às devidas proporções começam, por conseqüência, a sufocar a própria pessoa. Isso é a neurose, em poucas palavras: o fracasso das precárias mentiras que utilizamos para encobrir a realidade.

Mas podemos ver, de imediato, também, que não existe um limite entre normal e neurótico, já que todos nós mentimos e estamos comprometidos, de certas maneiras, pelas mentiras. A neurose é, então, algo de que todos nós partilhamos; ela é universal.[4] Ou, dizendo de outra forma, normalidade é neurose, e vice-versa. Chamamos um homem de "neurótico" quando a sua vida começa a mostrar efeitos prejudiciais sobre ele ou sobre as pessoas que o cercam e ele procura ajuda clínica para isso — ou outros a procuram para ele. De outra maneira, chamamos a recusa da realidade de "normal" porque ela não provoca quaisquer problemas visíveis. É realmente elementar, assim. Afinal, se alguém vive sozinho e quer se levantar da cama meia dúzia de vezes para ver se a porta está *realmente* trancada, ou se alguém lava e seca as mãos exatamente três vezes sempre que vai lavá-las, ou usa meio rolo de papel higiênico toda vez que defeca — não há, na verdade, nenhum problema humano nisso. Essas pessoas estão fazendo por merecer sua segurança diante da realidade de sua condição de criaturas, de maneiras relativamente inócuas e que não perturbam.

Mas a coisa toda se torna mais complexa quando vemos que as mentiras sobre a realidade começam a dar errado. Aí, então, temos que começar a usar o rótulo de "neurótico". E são inúmeras as ocasiões para isso, de muitas esferas da experiência humana. Falando de maneira geral, chamamos de neurótico qualquer estilo de vida que comece a constringir demais, que evita o livre impulso para a frente, as novas escolhas, e o crescimento que uma pessoa possa querer ou do qual possa precisar. Por exemplo, uma pessoa que esteja tentando encontrar a salvação somente num relacionamento amoroso mas que esteja sendo derrotada por esse foco demasiado estreito, é neurótica. Ela pode tornar-se excessivamente passiva e dependente, temerosa de se aventurar sozinha, de fazer a sua vida sem o seu parceiro, não importa como esse parceiro a trate. O objeto tornou-se o seu "Tudo", o seu mundo por inteiro, e ela fica reduzida à condição de um simples reflexo de outro ser humano.[5] Esse tipo de pessoa procura, com freqüência, auxílio terapêutico. Ela se sente presa em seu horizonte estreito, precisa de seu "além" particular, mas tem medo de passar por ele. Em termos que usamos mais atrás, poderíamos dizer que a sua "segura" atividade heróica não está funcionando; ela a está sufocando, envenenando-a, com a obscura percepção de que ela é tão segura que não tem nada de heróica. Mentir para si mesmo sobre o próprio potencial de desenvolvimento é outra causa de culpa. É um dos mais traiçoeiros sofrimentos íntimos diários que uma pessoa pode ter. A culpa, lembre-se, é o vínculo que o homem experimenta quando é humilhado e contido de formas que não compreende, quando é eclipsado em suas energias pelo mundo. Mas a infelicidade do homem está em que ele pode sentir essa culpa de duas maneiras: como frustração vinda de fora ou de dentro — neste caso, por ser paralisado no seu próprio desenvolvimento potencial. A culpa resulta da vida não utilizada, do "não-vivido que há em nós".[6]

Mais sensacionais são os outros conhecidos fracassos das mentiras sobre a realidade, aquilo que chamamos de obsessões e compulsões, fobias de todos os tipos. Vemos, aqui, o resultado de um excesso de fetichização ou parcialização, um excesso de redução do mundo que termina dificultando a ação. O resultado é que a pessoa fica entalada na estreiteza. Uma coisa é lavar ritualmente as mãos três vezes; outra coisa é lavá-las até sangrarem e a pessoa ficar no banheiro a maior parte do dia. Vemos, aqui, em puro caldo de cultura, por assim dizer, o que está em jogo em toda a depressão humana: o medo da vida e da morte. A segurança diante do verdadeiro terror da existência como criatura está se tornando um problema real para a pessoa. Ela se sente vulnerável — o que é verdade! Mas reage com demasiada totalidade, demasiada inflexibilidade. Tem medo de sair à rua, ou andar de elevador, ou entrar em qualquer tipo de meio de transporte. Nessa situação extrema, é como se dissesse a si mesma: "Se fizer qualquer coisa... eu morro."[7]

Podemos perceber que o sintoma é uma tentativa de viver, uma tentativa de desbloquear a ação e manter o mundo seguro. O temor da vida e da morte está encapsulado no sintoma. Se você se sente vulnerável, é porque se sente mau e inferior, não grande ou forte bastante para enfrentar os terrores do universo. Você resolve a sua necessidade de perfeição (grandeza, invulnerabilidade) no sintoma — digamos, na lavagem das mãos ou na abstenção do sexo no casamento. Poderíamos dizer que o próprio sintoma representa o local da prática do heroísmo. Não admira que a pessoa não possa abrir mão dele: isso iria liberar, por si só, toda a enxurrada de terror que a pessoa está tentando negar e sobrepujar. Quando a pessoa coloca todos os ovos num só cesto, tem que segurar esse cesto como se fosse a própria vida. É como se fosse pegar o mundo inteiro e fundi-lo em um único objeto ou um único temor. Reconhecemos, imediatamente, isso como a mesma dinâmica criativa que a pessoa usa na transferência, quando funde todo o terror e a majestade da criação no objeto da transferência. Era isso que Rank tinha em mente quando dizia que a neurose representa o poder criativo desviado e confuso. A pessoa não sabe realmente qual é o problema, mas descobre um meio engenhoso de ultrapassá-lo. Note-se, também, que o próprio Freud usou a expressão "neurose de transferência" como termo coletivo para indicar os temores histéricos e as neuroses de compulsão.[8] Podemos dizer que Rank e a psiquiatria moderna meramente simplificam e levam adiante esse discernimento básico, mas agora colocando o ônus da explicação nos temores da vida e da morte, não apenas na dinâmica do complexo de Édipo. Um jovem psiquiatra resumiu, recentemente, toda essa questão de forma brilhante, nas seguintes palavras:

> Deve ficar claro que o desespero e a angústia de que o paciente reclama não são resultado desses sintomas, mas sim a razão para a sua existência. Na verdade, são exatamente esses sintomas que o protegem do tormento das profundas contradições que estão no cerne da existência humana. Uma determinada fobia ou obsessão é justamente o meio pelo qual o homem (...) alivia o peso das tarefas de sua vida (...) consegue (...) minorar a sua sensação de insignificância (...). Assim, os sintomas neuróticos servem para reduzir e estreitar — para, num passe de mágica,

transformar o mundo de maneira que o paciente possa ter a atenção desviada de suas preocupações com a morte, a culpa e a insignificância. O neurótico preocupado com o seu sintoma é levado a acreditar que a sua tarefa principal é enfrentar essa determinada obsessão ou fobia. Em certo sentido, sua neurose lhe permite assumir o controle de seu destino — transformar todo o significado da vida num significado simplificado, originários do seu mundo peculiar.[9]

O detalhe irônico do estreitamento provocado pela neurose é que a pessoa procura evitar a morte, mas o faz anulando tanto de si mesma e um espectro tão grande de seu mundo de ação, que, na realidade, se isola e se diminui, ficando como se estivesse morta.[10] Simplesmente não há como a criatura viva evitar a vida e a morte, e talvez haja uma justiça poética no fato de que, se ela se esforçar demais para evitá-las, destrói a si mesma.

Mas ainda não esgotamos a gama de comportamentos que podemos chamar de neuróticos. Uma outra maneira de abordar a neurose é pelo lado oposto do problema. Há um tipo de pessoa que tem dificuldade de fetichizar e reduzir; tem uma imaginação vívida, assimila experiência em demasia, assimila um pedaço do mundo grande demais — e esse tipo também tem que ser chamado de neurótico.[11] Nós o apresentamos no capítulo anterior, onde falamos da pessoa criativa. Vimos que essas pessoas sentem o seu isolamento, sua individualidade. Elas se destacam, estão menos inseridas na sociedade normal, estão programadas com uma segurança menor para a ação cultural automática. Ter dificuldade de parcializar a experiência é ter dificuldade de viver. A incapacidade de fetichizar torna a pessoa suscetível ao mundo como um problema total — com todo o inferno vivo que essa exposição provoca. Dissemos que parcializar o mundo é abocanhar aquilo que um animal pode mastigar. Não ter esse talento significa abocanhar, constantemente, mais do que se pode mastigar. Rank explica da seguinte maneira:

> O tipo neurótico (...) faz da realidade que o cerca uma parte de seu ego, o que explica a sua dolorosa relação com essa realidade. Pois todos os

processos externos, por mais insignificantes que possam ser em si
mesmos, acabam por lhe dizer respeito (...) ele está preso numa espécie
de unidade mágica com a totalidade da vida à sua volta, muito mais do
que o tipo ajustado que pode sentir-se satisfeito com o seu papel de ser
uma parte dentro de um todo. O tipo neurótico colocou dentro de si,
potencialmente, a realidade inteira.[12]

Podemos, agora, ver como o problema da neurose pode ser exposto ao longo das linhas dos dúplices motivos ontológicos: de um lado, a pessoa se funde com o mundo à sua volta e se torna uma parte demasiado grande do mundo e, com isso, perde o direito à vida. De outro lado, a pessoa se separa do mundo a fim de reclamar o seu direito *completo* e, com isso, perde a capacidade de viver e agir no mundo segundo as condições desse mundo. Como disse Rank, certos indivíduos são incapazes de se separarem, e outros são incapazes de se unirem. O ideal, é claro, é encontrar algum equilíbrio entre os dois motivos, como o que caracteriza a pessoa mais bem ajustada; ela se sente à vontade com ambos. O neurótico representa precisamente "um extremo numa ponta ou na outra"; acha que um ou outro é um fardo.[13]

A questão, para uma caracterologia, é saber por que certas pessoas não podem equilibrar seus impulsos ontológicos, por que se apegam tanto aos extremos. A resposta deve, obviamente, ser encontrada na história da vida de cada um. Há aqueles que se retraem da experiência, porque sentem maiores angústias relativas à vida e à morte. Eles crescem sem se entregar livremente aos papéis culturais à sua disposição. Não conseguem entregar-se despreocupadamente ao jogo que outros jogam. Uma das razões é que têm dificuldade de se relacionar com os outros porque não conseguiram desenvolver as necessárias habilidades interpessoais. Jogar o jogo da sociedade com uma facilidade automática significa jogar com os outros, sem angústia. Se você não estiver envolvido naquilo que os outros consideram o indiscutível sustento de suas vidas, a sua vida se torna um problema total. No seu extremo, esta situação caracteriza o tipo esquizóide por excelência. Na acepção clássica, esse estado era chamado de "neurose narcísica" ou psicose. O psicótico é aquele que não pode isolar-se do mundo exterior, alguém cujas repressões estão todas na superfície, cujas defesas já não funcionam; e por isso ele se isola do mundo e se volta para si mesmo e suas fantasias. Ergue uma cerca à sua volta e se torna o seu próprio mundo (narcisismo).

Pode parecer corajoso incorporar o mundo inteiro, em vez de apenas retirar pedaços e agir de acordo com eles, mas como Rank salientou, isso também é, precisamente, uma defesa contra o envolvimento com o mundo:

> ... esse evidente egocentrismo é, originalmente, apenas um mecanismo de defesa contra o perigo da realidade. (...) [O neurótico] procura constantemente completar o seu ego (...) sem pagar por isso.[14]

Viver é engajar-se na experiência, pelo menos em parte, segundo as condições da própria experiência. A pessoa tem que arriscar o pescoço na ação, sem quaisquer garantias de satisfação ou segurança. Nunca se sabe qual será o resultado ou até que ponto vai-se parecer um tolo, mas o tipo neurótico quer essas garantias. Não quer arriscar a sua auto-imagem. Rank chama isso, muito apropriadamente, de a "obstinada supervalorização do eu", através da qual o neurótico tenta enganar a natureza.[15] Ele não quer pagar o preço que a natureza quer que pague: envelhecer, ficar doente ou ferir-se e morrer. Em vez de viver a experiência, ele a idealiza; em vez de organizá-la na ação, exaure-a toda em sua cabeça.

Podemos ver que a neurose é, por excelência, o perigo em que incorre um animal simbólico cujo corpo lhe constitui um problema. Em vez de viver biologicamente, ele vive simbolicamente. Em vez de viver da maneira parcial, para a qual a natureza lhe deu condições, ele vive da maneira total tornada possível pelos símbolos. A pessoa substitui o mundo real, fragmentário da experiência pelo mundo mágico do eu, que a tudo abrange. Uma vez mais, nesse sentido, todos são neuróticos, já que todo mundo, de algum modo, hesita em manter contato com a vida e deixa que a visão simbólica que tem do mundo arranje as coisas: é para isso que serve a moralidade cultural.[16] Nesse sentido, também, o artista é o mais neurótico, porque também toma o mundo como uma totalidade e o transforma num problema em sua maior parte simbólico.

Se essa neurose caracteriza todo mundo, até certo ponto, e ao artista mais do que a ninguém, onde é que cruzamos a fronteira e entramos na "neurose" como um problema clínico? Uma forma, como vimos, é a produção de um sintoma incapacitante ou de um estilo de vida demasiadamente restritivo. A pessoa tentou enganar a natureza restringindo sua experiência, mas continua sensível ao terror da vida, em determinado nível de sua consciência. Além do mais, ela não pode organizar o seu triunfo sobre a vida e a morte, em sua mente, ou em suas restritas ações de heroísmo, sem pagar um preço: o sintoma, ou um atolamento em sentimentos de culpa e inutilidade, devido a uma vida não vivida.

Uma segunda maneira de cruzar a fronteira para uma neurose clínica se segue, naturalmente, de tudo o que dissemos. Rank perguntou por que o artista evita, com tanta freqüência, a neurose clínica, quando ele é um candidato tão forte a ela, devido à sua imaginação vívida, à sua receptividade aos melhores e mais amplos aspectos da experiência, ao seu isolamento em relação à visão cultural do mundo, satisfatória aos demais. A resposta é que o artista assimila o mundo, mas, em vez de ficar oprimido pelo mundo, remodela-o em sua personalidade e o recria na obra de arte. O neurótico é precisamente aquele que não sabe criar — o *artiste manqué*, como tão bem o chamou Rank. Poderíamos dizer que tanto o artista como o neurótico abocanham mais do que podem mastigar, mas o artista cospe de novo e torna a mastigar de uma maneira objetivada, como se fosse um projeto de trabalho externo, ativo. O neurótico não pode elaborar essa resposta criativa incorporada num trabalho específico, e por isso engasga com as suas introversões. O artista tem introversões de larga escala semelhantes, mas as utiliza como matéria-prima[17]. Na inspirada conceitualização de Rank, a diferença é explicada da seguinte maneira:

> ...é exatamente esse fato da ideação de conflitos puramente psíquicos que faz a diferença entre os tipos produtivos e os improdutivos, o artista e o neurótico; pois o poder criativo do neurótico, como o do mais primitivo dos artistas, está sempre ligado ao seu eu e se exaure nele, ao passo que o tipo produtivo consegue transformar esse processo criativo puramente subjetivo em um processo objetivo, o que significa que ao ideá-lo ele o transfere do seu eu para o seu trabalho.[18]

O neurótico se exaure não apenas em autopreocupações, como temores hipocondríacos e todo tipo de fantasias, mas também em *terceiros*: aqueles que estão à sua volta e dos quais ele depende tornam-se seu projeto de trabalho terapêutico; ele descarrega neles seus problemas subjetivos. Mas as pessoas não são um barro que possa ser moldado; elas têm necessidades e vontades contrárias próprias. A frustração do neurótico como artista fracassado não pode ser curada por coisa alguma, exceto por um objetivo trabalho criativo seu. Outra maneira de ver o caso é dizer que quanto mais totalmente a pessoa assimila o mundo como um problema, tanto mais inferior ou "má" ela vai se sentir, no íntimo. Ela pode tentar resolver essa "maldade" lutando pela perfeição, e então o sintoma neurótico se torna o seu trabalho "criativo"; ou pode tentar tornar-se perfeita por meio do seu parceiro. Mas para nós é óbvio que a única maneira de trabalhar pela perfeição é sob a forma de um trabalho objetivo que esteja inteiramente sob o seu controle e tenha condições de ser aperfeiçoado de algumas maneiras reais. Ou você se devora e devora os outros à sua volta, tentando atingir a perfeição, ou você *objetiva essa imperfeição em um trabalho* no qual, então, descarrega os seus poderes criativos. Nesse sentido, algum tipo de criatividade objetiva é a única resposta que o homem tem para o problema da vida. Assim, ele satisfaz a natureza, que pede que ele viva e aja de forma objetiva como um animal vital mergulhando no mundo. Mas também satisfaz a sua natureza humana característica, porque mergulha sob suas próprias condições *simbólicas*, e não como um reflexo do mundo e entregue à mera experiência física. Ele incorpora o mundo, transforma-o em um problema total e depois elabora uma resposta adaptada, humana, ao problema. Este, como Goethe viu em *Fausto*, é o ponto mais alto que o homem pode alcançar.

Desse ponto de vista, a diferença entre o artista e o neurótico parece resumir-se, em grande parte, a uma questão de talento. É como a diferença entre o esquizofrênico analfabeto e um Strindberg: um acaba ficando para trás, o outro se torna um herói da cultura — mas ambos experimentam o mundo de maneiras semelhantes, e só a qualidade e a força da reação diferem. Se o neurótico se sente vulnerável diante do mundo que incorpora reage criticando a si mesmo de forma excessiva. Não consegue suportar a si mesmo ou o isolamento em que a sua individualidade o mergulha. Por outro lado, ainda precisa ser um herói, ainda precisa conseguir a imortalidade com base em suas qualidades ímpares, o que significa que ainda tem que glorificar a si mesmo, de certas formas. Mas só pode glorificar-se *na imaginação*, já que não pode desenvolver um trabalho criativo, que tenha a sua marca, graças à perfeição objetiva desse trabalho. Cai num círculo vicioso, porque sente a irrealidade da autoglorificação fantasiada. Não há, na verdade, nenhuma convicção possível para o homem, a menos que venha de terceiros ou de fora dele mesmo, de certa maneira — pelo menos, não por muito tempo. A pessoa simplesmente não pode justificar seu heroísmo em sua fantasia simbólica interior, e é isso o que leva o neurótico a sentir-se mais desprezível e inferior. Isso se parece muito com a situação do adolescente que não descobriu seus dons interiores. O artista, por outro lado, sobrepuja a sua inferioridade e se glorifica *porque tem talento* para isso.[19]

De tudo isso, podemos concluir o quanto há de semelhanças entre neurose, adolescência, normalidade, arte — com apenas variáveis graus de diferença, ou com um aditivo característico, de tipo "talento", de muitíssima importância. O talento é, em geral, em grande parte, circunstancial, resultado de sorte e trabalho, o que torna fiel à realidade a visão que Rank tinha da neurose. Os artistas tanto são neuróticos quanto são criativos; os maiores dentre eles podem ter sintomas neuróticos incapacitantes, e podem incapacitar também as pessoas que os cercam, com suas exigências e necessidades neuróticas. Veja o que Carlyle fez com sua mulher. Não há dúvida de que o trabalho criativo é feito sob um impulso muitas vezes impossível de ser distinguido de uma obsessão puramente neurótica. Nesse sentido, aquilo que chamamos de dom criativo é meramente a licença, socialmente admitida, para ser obcecado. E o que chamamos de "rotina cultural" é uma licença semelhante: o proletariado exige a obsessão de trabalhar, porque esta evita que se fique maluco. Houve época em que eu ficava imaginando como é que as pessoas agüentavam trabalhar em torno daqueles infernais fogões em cozinhas de hotéis, o frenético torvelinho de servir uma dúzia de mesas ao mesmo tempo, a loucura do escritório de um agente de viagens no auge da temporada de turismo, ou a tortura de trabalhar o dia inteiro na rua com uma perfuratriz pneumática, num verão calorento. A resposta é tão simples, que nem a percebemos: a loucura dessas atividades é exatamente a da condição humana. Elas estão "certas" para nós, porque a alternativa é o desespero natural. A loucura diária desses empregos é uma repetida vacina contra a loucura de hospício. Veja a alegria e a disposição com que os trabalhadores voltam das férias para suas rotinas compulsivas. Mergulham no seu trabalho com tranqüilidade e alegria, porque o trabalho abafa algo mais sinistro. Os homens têm que ficar protegidos contra a realidade. Tudo isso levanta outro gigantesco problema para um marxismo sofisticado, ou seja: qual é a natureza das obsessivas negações da realidade que uma sociedade utópica irá proporcionar, para evitar que os homens enlouqueçam?

O Problema da Ilusão

Estudamos a neurose como um problema de caráter, e vimos que ela pode ser abordada de duas maneiras: como um problema de excessiva estreiteza em relação ao mundo, ou de uma abertura demasiada. Há aqueles que estão inseridos em seu mundo com um excesso de estreiteza e há aqueles que estão flutuando, com demasiada liberdade, longe de seu mundo. Rank considera um tipo especial o neurótico hipersensível, declarado; e se colocarmos esse neurótico na série contínua esquizóide, é provável que isso seja verdade. Mas é muito arriscado tentar ser rígido a respeito de tipos de personalidade; existem todos os tipos de mesclas e combinações que desafiam uma compartimentação precisa. Afinal, uma das razões pelas quais fazemos uma redução demasiada é o fato de termos que sentir, a determinado nível de consciência, que a vida é um problema demasiadamente grande e ameaçador. E se dizemos que o homem comum faz a redução "no ponto mais ou menos certo", temos que perguntar quem é esse homem comum. Ele pode evitar o hospital psiquiátrico, mas alguém que esteja por perto tem que pagar por isso. Isso nos faz lembrar aqueles bustos romanos que entopem os nossos museus: o indivíduo que vive de modo tão sisudo, sempre como um bom cidadão comum, deve ter provocado um inferno na sua vida diária. É claro que não estamos falando apenas das mesquinharias diárias e dos pequenos atos de sadismo que são praticados contra a família ou os amigos. Ainda que o homem comum viva numa espécie de esquecimento da angústia, é porque erigiu um maciço muro de repressões para esconder o problema da vida e da morte. Sua analidade pode protegê-lo, mas ao longo de toda a história têm sido os "homens normais, comuns" que, como gafanhotos, têm devastado o mundo a fim de se esquecerem de si mesmos.

Talvez essa mistura de normalidade e neurose se torne ainda mais clara se olharmos o problema não apenas como sendo de caráter, mas também sob outro aspecto geral: como uma questão de realidade e ilusão. Aqui, Rank tornou a obter um superior discernimento. Em termos de tudo o que dissemos até agora, essa maneira de ver a neurose será de fácil compreensão. Vimos que aquilo que chamamos de caráter humano é, de fato, uma mentira sobre a natureza da realidade. O projeto *causa sui* é uma presunção de que o indivíduo é invulnerável porque está protegido pelo poder dos outros e da cultura, que é importante por natureza e pode fazer alguma coisa em relação ao mundo. Mas por trás do projeto *causa sui* sussurra a voz da possível verdade: de que a vida humana pode não passar de um interlúdio insignificante de um perverso drama de carne e osso que chamamos de evolução; que o Criador talvez não se importe com o destino do homem ou com a autoperpetuação de indivíduos mais do que parece ter-se importado com os dinossauros ou com os tasmânios. Essa voz que sussurra é a mesma que nos chega incongruentemente da Bíblia, nas palavras do Eclesiastes: tudo é vaidade, vaidade das vaidades.

Certas pessoas são mais sensíveis à mentira da vida cultural, às ilusões do projeto *causa sui* em que outras estejam empenhadas de modo tão irrefletido e confiante. O neurótico é um indivíduo que tem dificuldade de manter o equilíbrio entre a ilusão da sua cultura e a realidade da sua natureza. A possível verdade terrível sobre si mesmo e o mundo vai penetrando em sua consciência. O homem comum está, pelo menos, certo de que o jogo cultural é a verdade, a inabalável e duradoura verdade. Ele pode fazer por merecer a sua imortalidade na ideologia de imortalidade dominante e agindo segundo essa ideologia, e ponto final. É tudo muito simples e nítido. Mas já o neurótico...:

> [Ele] se percebe irreal, e percebe que a realidade é insuportável, porque no caso do neurótico ele mesmo conhece os mecanismos da ilusão, e sua consciência de si mesmo os desmonta. O neurótico já não pode enganar-se a respeito de si mesmo e desengana até o seu ideal de personalidade. Percebe que é mau, está cheio de culpa, é inferior, é uma criatura pequena, fraca, desamparada, o que é a verdade quanto à humanidade, como Édipo também descobriu no colapso de seu destino heróico. Tudo o mais é ilusão, logro, mas um logro necessário para que se possa suportar o próprio eu e, com isso, a vida.[20]

Em outras palavras, o neurótico se isola dos outros, não pode engajar-se livremente na parcialização que os outros fazem do mundo e, por isso, não pode viver segundo os enganos que eles utilizam em relação à condição humana. Ele se ergue acima da "terapia natural" da vida quotidiana, do engajamento ativo nessa vida que faz a pessoa esquecer de si mesma. Por isso as ilusões que os outros compartilham lhe parecem irreais. Isso é artificial.[21] Ele tampouco pode, como faz o artista, *criar novas ilusões*. Como diz Anaïs Nin pitorescamente: "O aspecto caricatural da vida aparece sempre que acaba a embriaguez da ilusão."[22] E não é verdade que certas pessoas bebem para evitar o desespero da realidade tal como sentem que ela é na verdade? O homem deve sempre imaginar e acreditar numa "segunda" realidade ou em um mundo melhor do que aquele que lhe é dado pela natureza.[23] Nesse sentido, o sintoma neurótico é uma comunicação sobre a verdade: a ilusão de que se é invulnerável é desmascarada. Rank recapitula esse problema de ilusão e realidade:

> Com a verdade não se pode viver. Para poder viver, a pessoa precisa de ilusões, não apenas ilusões externas, como as proporcionadas pela arte, pela religião, pela filosofia, pela ciência e pelo amor, mas também ilusões internas, que primeiro condicionam as externas [isto é, uma firme sensação de possuir poderes ativos e de ser capaz de contar com os poderes de terceiros]. Quanto mais o homem puder aceitar a realidade

como verdade, a aparência como essência, tanto mais sadio, mais bem ajustado e mais feliz ele será (...) esse processo constantemente eficiente de autotapeação, fingimento e equívocos não é nenhum mecanismo psicopatológico (...)[24]

Rank chama isso de compreensão paradoxal, mas profunda, da essência da neurose e resume-a nas palavras que usamos como epígrafe a este capítulo. Na verdade, é isso e mais: essa compreensão abala de forma absoluta as fundações de nossa conceituação de normalidade e saúde. Transforma-os inteiramente em um problema de valor relativo. O neurótico opta por sair da vida porque sente dificuldade de manter suas ilusões a respeito dela — o que prova, nada mais nada menos, que a vida só é possível com ilusões.

E assim, a indagação, para a ciência da saúde mental, deve tornar-se absolutamente nova e revolucionária e, no entanto, refletir a essência da condição humana: em que nível de ilusão vive o indivíduo?[25] Vamos ver a importância disso no final deste capítulo, mas neste momento devemos nos lembrar de que, quando falamos em necessidade de ilusão, não estamos sendo irônicos. É verdade que há muita falsidade e autotapeação no projeto cultural *causa sui*, mas também existe a *necessidade* desse projeto. O homem precisa de um "segundo" mundo, um mundo de significado criado humanamente, uma nova realidade na qual ele possa viver, dramatizar, e da qual possa se nutrir. "Ilusão" significa representação criativa no seu mais alto nível. A ilusão cultural é uma ideologia de autojustificativa necessária, uma dimensão heróica que é a própria vida para o animal simbólico. Perder a segurança da ilusão cultural heróica é morrer — é este o significado da "desaculturação" dos primitivos, e é isso que ela faz. Ela os mata ou os reduz ao nível animal da luta e fornicação crônicas. A vida só se torna possível em um contínuo estupor alcoólico. Muitos dos índios norte-americanos mais velhos ficaram aliviados quando os Grandes Chefes em Ottawa e Washington assumiram o controle e impediram que eles guerreassem e mantivessem as rixas entre si. Foi um alívio da angústia constante da morte para seus entes queridos, se não para eles mesmos. Mas eles também sabiam, com tristeza, que aquele eclipse de seus tradicionais sistemas de heróis deixava-os, ao mesmo tempo, como se estivessem mortos.[26]

A Neurose como Dimensão Histórica

Nossa terceira abordagem geral ao problema da neurose é a da dimensão histórica. E a mais importante de todas, realmente, porque absorve as outras. Vimos que a neurose podia ser vista, em um nível básico, como um problema de caráter e, em outro nível, como um problema de ilusão, de representação cultural criativa. O nível histórico é um terceiro nível no qual essas duas se fundem. A qualidade da representação cultural e da ilusão criativa varia de acordo com cada sociedade e cada período histórico. Em outras palavras, o indivíduo pode atravessar a fronteira para a neurose clínica, com maior facilidade, precisamente no ponto em que é atirado de volta para si mesmo e seus próprios recursos a fim de justificar a sua vida. Rank pôde levantar, de forma válida, a questão de que a neurose é um problema histórico, e não clínico. Se a história é uma sucessão de ideologias de imortalidade, então os problemas dos homens podem ser interpretados diretamente em relação a essas ideologias. Podemos questionar até que ponto são elas abrangentes, convincentes e facilitadoras para os homens, fazendo-os sentirem ou não confiança e segurança em seu heroísmo pessoal. O que caracteriza a vida moderna é a incapacidade de todas as ideologias de imortalidade tradicionais de absorverem e estimularem a fome do homem pela autoperpetuação e pelo heroísmo. A neurose é, hoje, um problema muito difundido, porque desapareceram os dramas convincentes da apoteose heróica do homem.[27] O assunto é resumido de forma sucinta na famosa observação de Pinel, de que o hospital de doentes mentais de Salpêtrière ficou vazio na época da Revolução Francesa. Todos os neuróticos encontraram um drama já pronto, de ação autotranscendente e de identidade heróica. Só isso.

Começa a parecer que o homem moderno não consegue mais encontrar seu heroísmo na vida cotidiana, como o faziam os homens nas sociedades tradicionais, ao cumprirem simplesmente seu dever diário de criar filhos, trabalhar e participar de um culto religioso. Ele precisa de revoluções e guerras e de revoluções "contínuas" que durem depois de terminadas as revoluções e as guerras. Este é o preço que o homem moderno paga pelo eclipse da dimensão do sagrado. Quando ele destronou as idéias de alma e de Deus, foi atirado irremediavelmente de volta aos seus próprios recursos, a si mesmo e aos poucos seres humanos que o cercam. Até mesmo aqueles a quem amamos e os nossos familiares nos preparam armadilhas e nos desiludem, porque não são substitutos para a transcendência absoluta. Poderíamos dizer que eles são ilusões precárias, no sentido que vimos discutindo.[28]

Rank percebeu que essa hiperautoconscientização havia deixado o homem moderno entregue aos seus próprios recursos, e chamou esse homem de "homem psicológico". É um epíteto adequado, em mais de um sentido. O homem moderno tornou-se psicológico porque ficou isolado das protetoras ideologias coletivas. Ele tem que se tornar um ser apto a partir de dentro de si mesmo. Mas também tornou-se psicológico porque o próprio pensamento moderno evoluiu dessa maneira quando se desenvolveu a partir da religião. A vida interior do homem havia sempre sido retratada como a área da alma. Mas, no século XIX, os cientistas quiseram retirar da Igreja e tomar para eles esse último domínio da superstição. Queriam fazer da vida interior do homem uma área sem mistério e sujeita às leis da causalidade. Foram abandonando gradativamente a palavra "alma" e começando a falar do "eu" e a estudar como este eu se desenvolve no relacionamento inicial da criança com a mãe. Os grandes milagres da linguagem, do pensamento e da moralidade podiam, agora, ser estudados como produtos sociais e não intervenções divinas.[29] Foi um grande avanço da ciência que só culminou com a obra de Freud. Mas foi Rank quem percebeu que essa vitória científica suscitava mais problemas do que resolvia. A ciência pensou que se havia livrado para sempre dos problemas da alma ao fazer do mundo interior matéria de análise científica. Mas poucos queriam admitir que esse trabalho ainda deixava perfeitamente intocada a alma, palavra que se usava para explicar a energia interior dos seres humanos, o mistério da criação e da sustentação da matéria viva. Na verdade, não importa se descobrimos que os preceitos interiores do homem a respeito de si próprio e do seu mundo, a sua autoconsciência no que se refere à linguagem, arte, riso e lágrima foram todos introduzidos pela sociedade nesse homem. Ainda não explicamos as forças internas da evolução que levaram ao desenvolvimento de um animal capaz de autoconsciência, que é o que ainda devemos entender por "alma" — o mistério do significado da consciência do ser humano, do dinamismo e das pulsações interiores da natureza. Com base nesse ponto de vista, a reação irada dos crentes do século XIX contra Darwin mostra, apenas, a superficialidade e a falta de imaginação de sua fé. Eles não estavam abertos aos sentimentos de reverência e admiração pura e simples; consideravam demasiadamente a vida como coisa sobre a qual não se devia discutir; e quando Darwin despojou-os de seu senso de "maravilha especial", eles se sentiram totalmente perdidos.

Mas o triunfo obtido pela psicologia científica teve efeitos mais discutíveis do que meramente deixar intacta a alma, o que a ciência começou por querer abolir. Quando se reduz a alma ao eu, e o eu ao condicionamento inicial da criança, o que é que resta? Resta o homem individual, e o problema permanece. Quero dizer que a promessa da psicologia, como de toda a ciência moderna, era de que ela introduziria a era da felicidade do homem ao mostrar a ele como é que as coisas funcionavam, como uma coisa provocava outra. Então, quando o homem conhecesse as causas das coisas, tudo o que tinha a fazer era tomar posse do domínio da natureza, inclusive da sua própria natureza, e sua felicidade estaria assegurada. Aí, porém, esbarramos na falácia da investigação psicológica profunda do eu, que Rank, quase o único entre os discípulos de Freud, compreendeu. A tradicional doutrina da alma mostrava ao homem *por que* ele era inferior, mau e culpado, dando a ele os meios para se livrar dessa maldade e ser feliz. A psicologia também queria mostrar ao homem o motivo pelo qual ele se sentia assim; a esperança era de que, encontrando-se os motivos do homem e mostrando-lhe por que ele se sentia culpado e achava que era mau, ele poderia aceitar a si mesmo e ser feliz. Na verdade, porém, a psicologia só conseguiu descobrir *uma parte* da causa dos sentimentos de inferioridade, maldade e culpa — a parte causada pelos objetos: a tentativa de ser bom para com eles, o temor a eles, o medo de deixá-los, e coisas assim. Não queremos negar que esse tanto já seja muito. Ele representa uma grande libertação de algo que poderíamos chamar de "falsa maldade", os conflitos provocados artificialmente pelo meio ambiente inicial da pessoa e os acidentes de nascimento e lugar. Como a pesquisa desses fatores revela uma parte da mentira do *causa sui*, ela libera um nível de honestidade e maturidade que proporciona à pessoa mais controle de si mesma e de fato acrescenta, concomitantemente, um certo grau de liberdade e felicidade.

Agora, porém, o ponto a que queremos chegar: condicionamento inicial e conflitos com os objetos, culpa em relação a pessoas específicas e coisas assim são apenas uma parte do problema da pessoa. A mentira do *causa sui* visa a toda a natureza, não apenas aos objetos primitivos. Como expuseram os existencialistas, a psicologia fez descobertas sobre a culpa neurótica ou sobre as culpas pessoais circunstanciais, exageradas, não investigadas de forma minuciosa. Mas não teve nada a dizer sobre a verdadeira ou natural culpa da criatura. Ela tentou apresentar uma explicação total do problema da infelicidade, quando tinha apenas uma explicação parcial desse problema. É isso que Rank tinha em mente quando disse que:

> ...psicologia, que está tentando gradativamente suplantar a ideologia religiosa e moral, está apenas parcialmente qualificada para fazer isso, porque é uma ideologia preponderantemente negativa e desintegradora (...)[30]

A psicologia reduz a causa da felicidade pessoal à própria pessoa, e então esta fica sem saber o que fazer consigo mesma. Mas nós sabemos que a causa universal e geral da maldade, da culpa e da inferioridade pessoais são o mundo natural e o relacionamento da pessoa com esse mundo — como animal simbólico, ela precisa encontrar nele um lugar seguro. Nem toda a análise do mundo poderá permitir que a pessoa descubra *quem ela é* e por que está aqui na Terra, por que tem que morrer, e como fazer de sua vida um triunfo. É quando a psicologia pretende fazer isso, quando ela se apresenta como uma plena explicação da infelicidade humana, que ela se torna uma fraude e faz da situação do homem moderno um impasse do qual ele não pode sair. Ou, falando de outra maneira, a psicologia limitou a sua compreensão da infelicidade humana à história da vida pessoal do indivíduo, e não compreendeu em que medida a infelicidade individual é um problema histórico no sentido mais amplo, um problema do eclipse das garantidas ideologias comunitárias da redenção. Rank expressou isso da seguinte maneira:

> No neurótico em que se vê o colapso de toda a ideologia humana de Deus, também tornou-se óbvio o que isso significa do ponto de vista psicológico. Isso não foi explicado pela psicanálise de Freud, que só compreendia o processo destruidor no paciente com base em sua história pessoal, sem considerar o desenvolvimento cultural que produziu esse indivíduo.[31]

Se você não compreender isso, arrisca-se a fazer com que o neurótico fique ainda pior, ao isolá-lo dessa visão mais ampla do mundo, que lhe é necessária. Como disse Rank:

> ...foi finalmente o psicanalista compreensivo quem mandou o neurótico autoconsciente de volta ao próprio autoconhecimento do qual ele queria escapar. De modo geral, a psicanálise fracassou, do ponto de vista terapêutico, porque agravou a psicologização do homem, em vez de curá-lo de sua introspecção.[32]

Ou melhor, diríamos nós, a psicanálise fracassou, do ponto de vista terapêutico, nas situações em que fetichizou as causas da infelicidade humana como sexualidade, e quando se arvorou em visão total do mundo. Podemos concluir, com Rank, que a religião é "uma psicologia tão boa" quanto a psicologia que teve a pretensão de substituí-la.[33] De certa maneira, é claro que ela é ainda melhor, porque chega às causas reais da culpa universal; de outra maneira, é muito pior, porque em geral reforça as autoridades paternas e sociais e torna o vínculo da culpa circunstancial ainda mais forte e mais incapacitante.

Não há como responder à devastadora relativização da psicologia moderna feita por Rank.[34] Basta olharmos à nossa volta, para o crescente número de gurus psicológicos no mercado, para sentir o sabor histórico vivido da coisa. O homem moderno começou a olhar para dentro no século XIX, porque esperava encontrar a imortalidade de uma maneira nova e segura. Ele queria a apoteose heróica, como queriam todos os homens históricos — mas agora não há ninguém para lhe dar isso, a não ser o seu guru psicológico. Ele criou o seu próprio impasse. Nesse sentido, como disse Rank, os psicoterapeutas "são, por assim dizer, o produto do neurótico, devido à doença deste".³⁵ O homem moderno precisa de um "tu" ao qual possa recorrer à procura de dependência moral e espiritual, e como Deus se achava em eclipse, o terapeuta teve que O substituir — assim como O substituíram os pais ou um ser amado. Há gerações os psicanalistas, não compreendendo esse problema histórico, vêm tentando descobrir por que o "término da transferência" na terapia é um problema tão difícil em muitos casos. Tivessem eles lido e compreendido Rank, teriam visto logo que o "tu" do terapeuta é o novo Deus que deve substituir as velhas ideologias coletivas de redenção. Como o indivíduo não pode servir como Deus, deve criar um problema realmente *difícil*.³⁶* O homem moderno está condenado a procurar o significado de sua vida na introspecção psicológica, e por isso o seu novo confessor tem de ser a autoridade suprema em introspecção — o psicanalista. Como é isso o que acontece, o "além" do paciente fica limitado ao divã analítico e à visão do mundo ali transmitida.**

---

*Uma exceção é Alan Wheelis, que debate exatamente essas coisas: a necessidade de transferência, o problema da mudança e da neurose históricas, a insuficiência da terapia psicanalítica para encontrar uma identidade, e assim por diante. (*The Quest for Identity* [N. Y.: Norton, 1958], pp. 159-173.) O debate todo é Rank sem tirar nem pôr, embora Wheelis tenha, evidentemente, chegado a suas conclusões de forma independente.

**Se a psicologia representa a decomposição e a dissipação analíticas do eu e, em geral, limita o mundo à ideologia científica do terapeuta, podemos ver algumas das razões pelas quais Jung desenvolveu suas idéias peculiares. Sua obra representa, em parte, uma reação às próprias limitações da análise psicológica. Em primeiro lugar, ele revitalizou as dimensões internas da psique para protegê-la *contra* a sua decomposição analítica, autofrustradora. Ele a aprofundou a ponto de deixá-la fora do alcance da análise, ao vê-la como uma fonte de arquétipos que curam a si mesmos, de renovação natural, bastando que o paciente assim o permita. Em segundo lugar, ampliou a psique além de sua base individual, ao transformá-la em um "inconsciente coletivo". Não importava o que o indivíduo fizesse à sua psique, ele era transcendido por ela, como indivíduo. Dessas duas maneiras, a pessoa podia obter a sua validação heróica a partir de dentro de sua própria psique até mesmo ao analisá-la — na verdade, especialmente ao analisá-la! Dessa maneira, o sistema de Jung é uma tentativa de ter as vantagens da análise psicológica e de negá-las e transcendê-las ao mesmo tempo; de fazer dois proveitos caberem num saco só. Como argumentou Rieff de forma tão convincente, a insatisfação e as críticas dirigidas a Jung devem originar-se, em grande parte, da impossibilidade de se conseguir a redenção psicológica do homem psicológico — como iremos concluir na Parte III (Philip Rieff, *The Triumph of the Therapeutic: Uses of Faith After Freud* [N. Y.: Harper Torchbooks, 1966], Cap. 5).

Nesse sentido, como percebeu Rank, a psicanálise, na realidade, empobrece a vida emocional do paciente. O homem quer focalizar o seu amor numa medida absoluta de poder e valor, e o analista lhe diz que tudo é redutível ao seu condicionamento inicial e, portanto, é relativo. O homem quer encontrar e experimentar o maravilhoso, e o analista lhe diz que tudo é prosaico, que nossos mais profundos motivos ontológicos e culpas são clinicamente explicáveis. O homem fica, assim, privado do absoluto mistério de que precisa, e a única coisa onipotente que então resta é o homem que explica tudo.[37] E por isso o paciente se apega ao analista com toda a sua força e tem pavor de dar a análise por encerrada.*

Rank e Kierkegaard:
A Fusão do Pecado e da Neurose

Quanto mais se estende o estudo de Rank, mais seus escritos se fundem com os de Kierkegaard — o que é mais notável, como agora percebemos perfeitamente, devido à muito maior sofisticação da psicanálise clínica. A esta altura, deveria estar claro que essa fusão de Rank e Kierkegaard não é uma rendição sem resistência diante da ideologia, mas uma real elaboração científica do problema do caráter humano. Os dois homens chegaram à mesma conclusão depois da mais completa investigação psicológica: a de que, nos mais remotos confins da descrição científica, a psicologia tem que dar lugar à "teologia" — isto é, a uma visão do mundo que absorva os conflitos e a culpa do indivíduo e lhe ofereça a possibilidade de algum tipo de apoteose heróica. O homem não pode suportar a própria insignificância, a menos que a possa transformar em importância no maior nível possível. Aqui, Rank e Kierkegaard se encontram em uma dessas impressionantes fusões históricas de pensamentos: a de que pecado e neurose são duas maneiras de se falar da mesma coisa — o total isolamento do indivíduo,

---

*O empobrecimento emocional da psicanálise deve estender-se, também, a muitos dos próprios analistas e aos psiquiatras que se acham sob o domínio de sua ideologia. Esse fato ajuda a explicar a terrível apatia emocional que se sente em ambientes psiquiátricos, o enorme peso da couraça do caráter erguida contra o mundo.

sua desarmonia com o resto da natureza, seu hiperindividualismo, sua tentativa de criar seu próprio mundo partindo de dentro de si mesmo. Tanto o pecado como a neurose representam o indivíduo ampliando a si mesmo para um tamanho maior do que o verdadeiro e mostram a sua recusa em reconhecer a sua dependência cósmica. A neurose, como o pecado, é uma tentativa de forçar a natureza, de fingir que o projeto *causa sui* é realmente o bastante. No pecado e na neurose, o homem se fetichiza em algo estreito ao seu alcance, fingindo que todo o significado e toda a miraculosidade da criação estão limitados àquilo que pode lhe trazer beatificação.[38]

O resumo que Rank faz da visão de mundo do neurótico é, ao mesmo tempo, o daquela do pecador clássico:

> O neurótico perde todo tipo de espiritualidade coletiva e faz o gesto heróico de se colocar inteiramente dentro da imortalidade de seu ego, como mostram de forma tão clara as observações e as fantasias cósmicas de psicóticos.[39]

Mas sabemos que essa tentativa está fadada ao fracasso, porque o homem simplesmente não pode validar o seu heroísmo; não pode encaixar-se em seu próprio plano cósmico e torná-lo verossímil. Ele tem de viver com dúvidas torturantes se continuar em contato mínimo que seja com a realidade maior. Só quando perde o contato é que as dúvidas desaparecem — e é esta a definição de psicose: uma crença totalmente irreal na concretização do heroísmo cósmico. "*Eu* sou Cristo." Neste sentido, como disse Rank, a neurose representa o empenho por uma "religião individual", uma imortalidade alcançada por decisão própria.[40]

O pecado e a neurose têm outro lado, que é não apenas sua irreal autopresunção na recusa em admitir a condição de criatura como também um castigo por uma intensificada consciência de si próprio: o fato de não ser consolado por ilusões compartilhadas com outras pessoas. O resultado é que o pecador (o neurótico) fica hiperconsciente daquilo mesmo que tenta negar: sua condição de criatura, sua desdita e sua indignidade.[41] O neurótico é atirado de volta às suas verdadeiras percepções da condição humana que, em primeiro plano, causaram seu isolamento e sua individuação. Ele tentou construir um glorificado mundo interior privado, devido a suas angústias mais profundas, mas a vida se vinga. Quanto mais ele se separa e se infla, mais angustiado se torna. Quanto mais se idealiza artificialmente, mais exagerada é a crítica que faz de si mesmo. Ele se alterna entre os extremos de "eu sou tudo" e "eu não sou nada".[42] Mas está claro que se a pessoa vai ser *algo*, terá que ser uma parte segura de algo mais. Não há como evitar pagar a dívida da dependência e da rendição ao significado maior do resto da natureza, ao ônus do sofrimento e à morte que esta exige; e, no íntimo, não há como justificar esse pagamento, por mais que a pessoa se esforce.

Mas agora vemos a diferença histórica entre o pecador clássico e o neurótico moderno: ambos experimentam a naturalidade da insuficiência humana, só que hoje o neurótico é despojado da simbólica visão do mundo, a ideologia do Deus que daria sentido à sua indignidade e iria transformá-la em heroísmo. A religião tradicional transformava a consciência do pecado numa condição para a salvação. Já o torturado senso de nulidade do neurótico qualifica-o, agora, apenas para a extinção miserável, para o alívio misericordioso na morte solitária. Tudo bem se não se é coisa alguma perante Deus, o único que tudo pode em Seus caminhos misteriosos. Mas uma outra coisa é o indivíduo não ser nada diante de si mesmo, não sendo ele nada. Como definiu Rank:

> O tipo neurótico sofre de uma consciência do pecado, tanto quanto sofria o seu ancestral religioso, sem acreditar na concepção do pecado. É precisamente isso que o torna "neurótico"; ele se sente um pecador sem a crença religiosa no pecado, para o qual ele precisa, portanto, de uma nova explicação racional.[43]

É essa a situação difícil do homem moderno: um pecador sem um nome para isso ou, pior, que procura o nome para isso num dicionário de psicologia e, assim, só faz agravar o problema de seu distanciamento e de sua hiperconscientização. Uma vez mais, era a esse impasse a que Rank se referia quando chamou a psicologia de uma "ideologia preponderantemente negativa e desintegradora".

A Saúde como um Ideal

Já abordamos os três aspectos do problema da neurose: como resultado da formação do caráter, como um problema de realidade *versus* ilusão, e como resultado de circunstâncias históricas. Todos os três, é claro, se fundem num só. O homem vive suas contradições, para o que der e vier, em algum tipo de projeto cultural num determinado período histórico. Neurose é um outro termo para indicar o problema total da condição humana. Torna-se um termo clínico quando o indivíduo empaca diante do problema — quando o seu heroísmo está em dúvida ou se torna o causador do próprio fracasso. Os homens são naturalmente neuróticos, e sempre o foram, mas há vezes em que têm mais facilidade do que em outras de mascarar sua verdadeira condição. Evitam a neurose clínica quando podem viver com confiança seu heroísmo em certo tipo de drama autotranscendente. O homem moderno vive suas contradições para o pior, porque a condição moderna é uma condição na qual os dramas convincentes de apoteose heróica, de representação criativa ou de ilusão cultural entraram em colapso. Não existe uma visão do mundo abrangente da qual o neurótico possa depender ou com a qual possa fundir-se para mascarar seus problemas, e por isso a "cura" da neurose é difícil em nossa época.⁴⁴

A devastadora conclusão kierkegaardiana de Rank é a seguinte: se a neurose é um pecado, e não uma doença, a única coisa que pode "curá-la" é uma visão do mundo, algum tipo de ideologia coletiva afirmativa, na qual a pessoa possa representar o drama vivo de sua aceitação como criatura. Só assim o neurótico pode sair de seu isolamento para tornar-se parte de um todo maior e mais elevado, que a religião sempre representou. Em antropologia, chamávamos isso de complexos mítico-rituais da sociedade tradicional. Será que falta ao neurótico alguma coisa situada fora dele e capaz de absorver a sua necessidade de perfeição? Será que ele consome a si mesmo com obsessões? O complexo mítico-ritual é uma forma social instituída para canalizar as obsessões. Poderíamos dizer que ela coloca a obsessão criativa ao alcance do homem comum, que é precisamente a função do ritual. Essa função era o que Freud via quando falava sobre a qualidade obsessiva da religião primitiva e comparava-a à obsessão neurótica. Mas ele não percebia como isso era natural, que toda a vida em sociedade é a ritualização obsessiva do controle, de uma maneira ou de outra. Ela arranja, automaticamente, a segurança e elimina o desespero porque mantém a pessoa concentrada na ponta de seu próprio nariz. Vencer o desespero não é, essencialmente, um problema intelectual para um organismo ativo, mas um problema de auto-estimulação através do movimento. Além de um determinado ponto, o que ajuda o homem não é um "saber" mais, mas um viver e um fazer, de uma maneira que o faça esquecer parcialmente de si mesmo. Como disse Goethe, temos de mergulhar na experiência e, então, refletir sobre o significado dela. Só reflexão, sem mergulho, nos leva à loucura; só o mergulho, sem reflexão, nos torna brutos. Goethe escreveu aforismos como esses precisamente na época em que o indivíduo perdeu a capa protetora da sociedade tradicional e a vida cotidiana tornou-se-lhe um problema. Ele já não sabia quais eram as doses adequadas de experiência. Essa dose segura de vida é exatamente o que é receitado pelo costume tradicional, no qual todas as importantes decisões da vida e, até, seus acontecimentos diários são ritualmente demarcados. A neurose é a invenção de um ritual obsessivo privado, destinado a substituir o ritual socialmente aprovado e agora perdido pela extinção da sociedade tradicional. Os costumes e os mitos da sociedade tradicional proporcionavam toda uma interpretação do significado da vida, feita de antemão para o indivíduo; tudo o que ele tinha a fazer era aceitar vivê-la como se aquilo fosse verdade. O neurótico moderno tem que fazer exatamente isso, se quiser ser "curado": tem que se satisfazer com uma ilusão viva.[45]

Uma coisa é imaginar essa "cura"; outra coisa completamente diferente é "receitá-la" para o homem moderno. Como ele deverá achá-la falsa! Primeiro, ele não pode comprar complexos mítico-rituais vivos, as arraigadas tradições sociais herdadas que até agora têm sustentado os homens, na farmácia da esquina, apresentando uma receita. Nem mesmo pode comprá-los em hospitais para doentes mentais ou em comunidades terapêuticas. O neurótico moderno não pode encontrar, por um passe de mágica, o tipo de mundo de que precisa, o que é uma das razões pelas quais ele tenta criar o seu mundo próprio. Nesse sentido muito crítico, a neurose é a tragédia moderna do homem: historicamente, ele é um órfão.

Uma segunda razão para a falsidade de nossa receita para a neurose vem a seguir. Se não existem visões do mundo tradicionais prontas, que permitam à pessoa encaixar-se com dependência e confiança, a religião se torna uma questão muito pessoal — tão pessoal, que a própria fé parece neurótica, como uma fantasia particular e uma decisão a que se chega por fraqueza. A única coisa que o homem moderno não pode fazer é aquilo que Kierkegaard receitava: o salto solitário para a fé, a ingênua confiança pessoal em um tipo de apoio transcendental para a vida. Este apoio é, agora, independente de rituais e costumes externos vivos: a igreja e a comunidade não existem, ou não convencem muito. Essa situação é que ajuda a tornar a fé fantástica. Para que alguma coisa pareça verdadeira para o homem, tem que estar apoiada de alguma maneira visível — vivida, externa, irresistível. Os homens precisam de préstitos, multidões, trajes cerimoniais, dias especiais assinalados nos calendários — um foco objetivo para a obsessão, algo para dar forma e corpo à fantasia interna, algo externo a que se entregarem. Caso contrário, o neurótico é levado de volta ao ponto de partida: como é que ele vai acreditar em seu solitário sentimento interior de que ele é algo especial?*

Um terceiro problema é que o homem moderno é vítima de sua própria desilusão; ele foi deserdado pelo seu poder analítico. A característica da mente moderna é o banimento do mistério, da crença ingênua, da esperança simplória. Damos realce ao visível, ao claro, à relação causa e efeito,

---

*Penso que isso ajuda a explicar a intensa campanha de tantos convertidos que buscam angariar novos adeptos para sua religião. De imediato, podemos ficar imaginando qual o motivo de eles nos fazerem parar na rua com a intenção de nos dizerem como poderemos ser tão felizes quanto eles. Se estão tão felizes, refletimos, por que é que estão nos apoquentando? A razão, segundo aquilo que dissemos, deve estar no fato de que eles precisam do convencimento de várias pessoas a fim de fortalecer e exteriorizar algo que, caso contrário, continuará muito particular e pessoal — e com isso corre o risco de parecer fantástico e irreal. Ver os outros como iguais a nós é acreditar em nós mesmos.

ao lógico — sempre ao lógico. *Sabemos* a diferença entre sonhos e realidade, entre fato e ficção, entre símbolos e corpos. Mas de imediato podemos perceber que essas características da mente moderna são exatamente as da neurose. O que caracteriza o neurótico é que ele "sabe" qual é a sua situação diante da realidade. Ele não tem dúvidas. Não há nada que se possa dizer a ele que o influencie, que lhe dê esperança ou confiança. Ele é um animal miserável cujo corpo se degenera, que irá morrer, que se transformará em pó e será esquecido, que irá desaparecer para sempre não apenas deste mundo, mas de todas as dimensões possíveis do universo. Sua vida não serve a nenhum propósito imaginável, talvez fosse melhor não ter nascido, e assim por diante. Ele conhece a Verdade e a Realidade, os motivos de todo o universo.

Foi G. K. Chesterton quem manteve vivo o espírito de Kierkegaard e o cristianismo ingênuo dentro do pensamento moderno, como quando mostrou, com muito estilo, que as características das quais a mente moderna se orgulha são precisamente as da loucura.[46] Não há ninguém mais lógico do que o lunático, ninguém mais preocupado com as minúcias de causa e efeito. Os loucos são os maiores argumentadores que conhecemos, e essa peculiaridade é uma das companheiras de sua ruína. Todos os seus processos vitais se retraíram para dentro da mente. Qual é a única coisa que lhes falta e que os homens equilibrados possuem? A capacidade de serem descuidados, de não ligarem para as aparências, de se descontraírem e de rirem do mundo. Mas os loucos não podem se descontrair, não podem arriscar toda a sua existência, como fez Pascal, por um capricho. Não podem fazer aquilo que a religião sempre pediu: acreditar numa justificação de suas vidas, que parece absurda. O neurótico não está de acordo com isso: ele é o absurdo, mas nada mais é absurdo; é "apenas verdadeiro demais". Porém a fé pede que o homem se estenda, confiante, pelo não-lógico, pelo realmente fantástico. Essa expansão espiritual é a única coisa que o homem moderno acha mais difícil, precisamente porque ele está retraído para dentro de si mesmo e não tem nada em que se apoiar, nenhum drama coletivo que faça com que a fantasia pareça real porque vivida e compartilhada.

Permitam que me apresse a assegurar que não estou fazendo uma apologia da religião tradicional, mas apenas descrevendo o empobrecimento do neurótico moderno e algumas das razões disso. Quero apresentar algum subsídio para que se compreenda que Rank se situa fundamentalmente na tradição de Pascal, Kierkegaard e Chesterton em relação ao problema da fé e da ilusão ou da representação criativa. Como aprendemos com Huizinga e autores mais recentes como Josef Pieper e Harvey Cox, a única verdade segura que os homens têm é aquela que eles próprios criam e dramatizam. Viver é representar o significado da vida. O resultado final de toda essa tradição de pensamento é que ela nos ensina, de uma vez por todas, que a insensatez infantil é a vocação dos homens maduros. Exatamente dessa maneira Rank receitava a cura para a neurose: como a "necessidade de uma insensatez legítima".[47] O problema da união da religião, da psiquiatria e da ciência social está contido nessa fórmula.

Dissemos, mais atrás, que a questão da vida humana é a seguinte: em que nível de ilusão vive o indivíduo? Esta pergunta levanta uma outra, absolutamente nova para a ciência da saúde mental: qual é a "melhor" ilusão para se viver? Ou, qual é a insensatez mais legítima? Se você for falar sobre a ilusão que torne a vida melhor, poderá realmente tentar responder à pergunta sobre qual é a "melhor". Terá que definir "melhor" em termos que sejam diretamente significativos para o homem, relacionados com a sua condição básica e suas necessidades. Acho que a pergunta toda seria respondida em termos do grau de liberdade, dignidade e esperança que uma determinada ilusão proporciona. Essas três coisas absorvem o problema da neurose natural e o transformam em vida criativa.

Temos que procurar a resposta ao problema da liberdade onde ela está mais ausente: na transferência, a fatal e esmagadora escravizadora de homens. A transferência fetichiza o mistério, o terror e o poder, mantendo o eu preso em suas garras. A religião responde diretamente ao problema da transferência expandindo o assombro e o terror para o cosmo, que é onde devem ficar. Pega, também, o problema da autojustificação e o retira dos objetos ao nosso alcance. Já não temos que agradar àqueles que nos cercam, mas à fonte mesma da criação — os poderes que nos criaram, não aqueles em cuja vida caímos por acaso. Nossa vida deixa de ser um diálogo reflexo com os padrões de nossas esposas, nossos maridos, nossos amigos e líderes e passa a ser medida por padrões do mais alto heroísmo, ideais verdadeiramente aptos a nos fazerem seguir em frente e ir além de nós mesmos. Dessa maneira, nós nos enchemos de valores independentes, podemos tomar decisões livres e, o que é da máxima importância, podemos nos apoiar em poderes que realmente nos sustentem e não se oponham a nós.[48] A personalidade pode começar verdadeiramente a emergir na religião, porque Deus, como uma abstração, não se opõe ao indivíduo, como fazem os outros, mas, ao contrário, dá a ele todos os poderes necessários à autojustificação independente. Haverá maior segurança do que apoiar-se confiante em Deus, a Fonte da criação, o mais terrível de todos os poderes? Se Deus está escondido e é intangível, tanto melhor: isso permite ao homem expandir-se e desenvolver-se sozinho.

O problema da transferência é portanto — como tudo que é humano — em parte um problema de valor, uma questão de ideais. Freud tentou mantê-lo inteiramente científico ao mostrar como eram exageradas e falsas as percepções da realidade pela transferência, o que, na maior parte, é verdade, claro. Mas qual é a norma da "verdadeira" percepção? Aqui, o próprio Freud teve que tergiversar. O que é mais irreal do que as percepções de uma pessoa normal apaixonada, que é levada ao êxtase e à expansão do ser pelos próprios exageros?[49] Van der Leeuw, aquele grande psicólogo da religião, viu o problema das introjeções da transferência de maneira mais ampla do que Freud. Ele cita um antigo texto egípcio no qual um certo Paheri discute sua consciência interior como a voz de Deus que mora no homem; e então Van der Leeuw diz:

> Agora é possível, certamente, com Nietzsche e Freud, atribuir ao infantilismo a "estranheza" da voz que nos aconselha cautela; "Não a voz de Deus no coração do homem, mas a voz de certos homens no homem" [diz Nietzsche].

Mas Van der Leeuw conclui com uma nota surpreendente: "Poderemos, no entanto, preferir a descrição egípcia; sobre isso, a fenomenologia não tem nenhuma conclusão a tirar."[50] Em outras palavras, poderemos preferi-la pela maior expansividade do ser que ela representa, por unir, com mais imaginação, a pessoa com poderes misteriosos mais altos. A consciência de Deus não é apenas uma transferência regressiva, mas também uma possibilidade criativa. Ao contrário, porém, de Van der Leeuw, estamos argumentando que, quanto a este assunto, a psicologia tem uma conclusão a apresentar: ela pode falar sobre formas de transferência menos redutoras.

E o que é melhor, a religião resolve o problema da morte, que nenhum dos indivíduos vivos pode resolver, não importa como sejam apoiados. A religião dá, então, a possibilidade da vitória heróica em liberdade e resolve o problema da dignidade humana em seu mais alto nível. Os dois motivos ontológicos da condição humana são atendidos: a necessidade de entregar-se inteiramente ao resto da natureza, tornar-se uma parte dela ao dar a vida inteira a um significado mais alto; e a necessidade de expandir-se como uma personalidade heróica individual. Por fim, só a religião dá esperança, porque mantém aberta a dimensão do desconhecido e do desconhecível, o fantástico mistério da criação que a mente humana nem tem meios de abordar, a possibilidade de uma multidimensionalidade de esferas de existência, de céus e possíveis corporificações que zombam da lógica terrena — e, ao fazê-lo, atenuam o absurdo da vida terrena, todas as impossíveis limitações e frustrações da matéria viva. Em termos religiosos, "ver Deus" é morrer, porque a criatura é demasiado pequena e finita para poder suportar os significados mais elevados da criação. A religião toma a própria condição de criatura do indivíduo, a insignificância do indivíduo, e a torna uma condição de esperança. A plena transcendência da condição humana significa uma ilimitada possibilidade que, para nós, é inimaginável.[51]

Qual é, então, o ideal para a saúde mental? É uma ilusão vivida, compulsiva, que não minta sobre a vida, a morte e a realidade; uma ilusão honesta o suficiente para seguir seus próprios mandamentos, quero dizer, não matar, não tirar a vida dos outros para justificar a si mesma. Rank considerava o cristianismo como uma insensatez ideal, verdadeiramente grande, no sentido em que o viemos discutindo: uma confiança e uma esperança infantis na condição humana que deixou aberto o reino do mistério. Obviamente, todas as religiões ficam muito aquém de seus ideais, e Rank falava do cristianismo não como ele é praticado, mas como um ideal. O cristianismo, como todas as religiões, tem, na prática, reforçado a transferência regressiva para um vínculo ainda mais sufocante: aos padres é dada a sanção da autoridade divina. Como ideal, porém, o cristianismo, em tudo aquilo que relacionamos, tem uma posição elevada — talvez até a mais alta de todas — em certos pontos vitais, como pessoas como Kierkegaard, Chesterton, os Niebuhrs e tantas outras argumentaram.[52] O curioso — como agora podemos compreender — é que Rank, depois de uma vida inteira de trabalho, fechou o círculo da própria psicanálise sobre essa tradição do pensamento. Nisso, ele fica lado a lado com Jung, como Progoff mostrou tão bem.[53]*

---

*Há muitos outros nomes que se poderiam mencionar na síntese do pensamento psicanalítico, existencial e teológico. Já notamos a obra de Waldman, que recua a síntese até Adler, como Progoff também mostrou. Assim, não estamos falando sobre uma convergência acidental ou uma similaridade fora do comum, mas sobre uma sólida realização cumulativa de várias correntes de pensamento relevantes. O importante livro de Igor A. Caruso, *Existential Psychology: From Analysis to Synthesis* (Nova York: Herder and Herder, 1964), é uma excelente declaração "rankiana" sobre a neurose. Veja também Wilfried Daim, "On Depth-Psychology and Salvation", *Journal of Psychotherapy as a Religious Process*, 1955, 2: 24-37, referente a outra parte do moderno movimento da convergência entre a psicanálise e Kierkegaard. Uma das primeiras tentativas modernas nessa direção — talvez a primeira — foi a do amigo de Freud, o reverendo Oskar Pfister, que escreveu um volumoso trabalho sobre a angústia, traduzido como *Christianity and Fear* (Londres: Allen and Unwin, 1948). O trabalho considerava a angústia uma mola mestra da conduta, desde São João até Kierkegaard, Heidegger e Freud; a intenção do autor era mostrar que a melhor maneira de vencer a angústia é através da ideologia da imortalidade do amor cristão. Aqui não é o lugar para avaliar o extenso estudo e a argumentação de Pfister, mas é importante notar que o trabalho está prejudicado por uma curiosa falha, ao não compreender que a angústia da vida e da morte é uma característica universal do homem. Ele se coloca ao lado daqueles que acreditam que um desenvolvimento saudável da criança pode acontecer sem o sentimento de culpa, e que uma plena expressão de amor pode eliminar o medo: "... tampouco é verdade que essa predisposição para o medo deva necessariamente ser posta em ação pela existência no mundo como tal. (...) Que a existência no mundo como tal causa medo é verdade apenas em relação a pessoas que foram predispostas ao medo por vários 'represamentos' (...)." (p. 49). Diz ele que Kierkegaard tinha uma neurose de temor baseada em sua infância difícil — daí a sua morbidez. O curioso é que Pfister não se colocou por trás da ideologia cultural da imortalidade que absorve e transmuta o medo, muito embora a reconhecesse: "Muitas pessoas, não apenas crianças e velhos, acham possível enfrentar a morte. Podem, até, recebê-la de bom grado, como se fosse uma amiga, e estar prontas para morrer por uma grande causa." *Ibid*. Isso é verdade, mas, como agora sabemos, também é trivial, porque não enfrenta as transmutações de transferência da realidade e do poder. O resultado é um livro que oferece uma espécie de tese de Wilhelm Reich e Norman Brown das possibilidades da vida sem repressões, tendo em Cristo o foco para Eros. E tudo isso leva à ponderação de que, quando o cristianismo liberal se agarra a Freud para tentar fazer do mundo o "lugar prazerosamente *certo*", sócios assim tão incomuns, num empreendimento assim tão anticristão, tendem a produzir alguma coisa falsa.

Por fim, se saúde mental é um problema de ilusão ideal, ficamos com uma grande indagação relativa à questão do caráter humano. Se estamos falando do ideal "melhor", também deveríamos falar dos custos dos ideais inferiores. Qual o preço pago pela personalidade humana por deixar de satisfazer plenamente às dúplices necessidades ontológicas do homem? Voltamos, mais uma vez, ao problema da vida de Freud: Qual é o custo da negação da transcendência absoluta, da tentativa de engendrar uma religião particular? Quando um homem não consegue extrair os poderes de sua existência da fonte mais alta que existe, qual é o custo para este homem e para aqueles que o cercam? Nós nem chegamos a discutir perguntas desse gênero na caracterologia, mas me parece que elas são básicas e necessárias: são as perguntas-chave sem as quais nem sequer podemos ter uma conversa inteligente sobre saúde mental. Rank levantou a questão básica, perguntando se o indivíduo tem alguma possibilidade de "afirmar-se e aceitar-se a partir de si mesmo". Mas esquivou-se rapidamente, declarando que isso "não se pode dizer". Só o tipo criativo, ponderava ele, pode fazer isso até certo ponto, usando seu trabalho como justificativa de sua existência.[54] Eu mesmo tenho levantado essa questão como de importância vital para a ciência do homem, ignorando o trabalho de Rank.[55] Penso que ela pode ser respondida como o próprio Rank a respondeu em outro trabalho, como vimos no capítulo anterior: até mesmo o tipo criativo deve, na forma ideal, render-se a poderes mais altos do que ele.[56] Foi Jung quem viu porque, lembrando que a pessoa fora do comum faz suas projeções de transferência voltarem-se para dentro dela própria. Como dissemos no capítulo anterior, uma das razões para a criatividade dessa pessoa é que ela vê o mundo segundo suas próprias condições e confia em si mesma. Mas isso leva a um tipo perigoso de megalomania, porque o indivíduo se torna demasiado empolgado por seus próprios significados. Além do mais, se não se fetichiza o mundo por percepções de transferência, as totalidades da experiência colocam um fardo pesadíssimo sobre o ego e correm o risco de aniquilá-lo. A pessoa criativa está demasiado empolgada por si mesma e pelo mundo.[57] Uma vez mais, como a pessoa criativa tem os mesmos problemas de personalidade que a pessoa neurótica, e o mesmo aproveitamento parcial da totalidade da experiência, ela precisa de algum tipo de resolução em uma nova e maior dependência — de forma ideal, uma dependência escolhida livremente, como disse Rank.

Como vimos de forma tão pungente com Freud, os mais fortes dentre nós desmaiam como se fossem crianças quando obrigados a assumir o pleno significado da vida, a suportá-la com seus parcos poderes de criatura. Dissemos, no final do Capítulo Seis, que Freud não conseguiu dar o passo da condição de criatura no plano científico para a mesma condição no plano religioso. Como Jung compreendeu muitíssimo bem, isso teria significado o abandono, por parte de Freud, de sua paixão característica como gênio. Jung deve ter compreendido isso com base em experiência própria: ele mesmo nunca se decidiu a visitar Roma porque — segundo admitiu — Roma levantava questões "que estavam além da minha capacidade de responder. Quando fiquei velho — em 1949 — eu quis reparar essa omissão, mas sofri um desmaio enquanto comprava as passagens. Depois disso, os planos de uma viagem a Roma foram postos de lado de uma vez por todas".[58] O que devemos deduzir desses gigantes que desmaiam diante da perspectiva de algo que a nós parece um simples turismo? Freud, também, até uma idade avançada, não tivera condições de visitar Roma e dava meia-volta toda vez que se aproximava da cidade.

Penso que podemos compreender plenamente esse problema, agora que já discutimos a convergência de Rank com o pensamento de Kierkegaard, em especial a sua psicologia do artista. Aqueles homens tinham problemas que nenhum turista comum conhece: eram inovadores que tentavam dar todo um novo significado à criação e à história, o que queria dizer que tinham a responsabilidade de suportar e justificar sozinhos todos os significados anteriores e todas as possíveis alternativas de tais significados. É provável que Roma tenha sintetizado esses significados em si mesma, em suas ruínas e sua história, e por isso fazia com que as pernas deles tremessem. Como era grande a quantidade de sangue humano que encharcava o seu solo; quantos dramas humanos ali foram representados com o que deve parecer, na perspectiva da história, tanto desperdício insensato e extravagante! Isso levanta um problema, tal como o dos dinossauros que perturbavam Freud, ou o das crianças deformadas que zombavam de Lutero, só que agora ao nível de todos os seres humanos. Mencionamos, no Capítulo

Seis, que quando o próprio Freud resolveu analisar suas relutâncias em relação a Roma e sua estranha experiência na Acrópole percebeu que, de algum modo, a lembrança de seu pai estava julgando suas realizações; Freud disse que se sentia perturbado por um sentimento de "piedade" por ele. Acho que se levarmos a análise ao seu ponto extremo, devemos dizer que todo pai terreno nos acusa pela nossa impotência, se nos tornamos personalidades realmente criativas. Ele nos lembra que nascemos de seres humanos, e não de deuses. Nenhuma pessoa viva pode dar ao gênio os poderes de que ele precisa para arcar com o significado do mundo.

No entanto, o que dizer desse problema, se até Jung, que sempre confiava em Deus, ainda desmaiava sob o peso da vida? Provavelmente, em última análise, apenas o seguinte: todos os homens estão aqui para se explorarem até o fim, e o problema da ilusão ideal não poupa homem algum disso. Ele apenas trata da questão da melhor qualidade de trabalho e de vida que os homens podem atingir, dependendo das crenças que tenham e dos poderes nos quais se apóiem. E esse assunto, como dissemos, é tema para discussão a ser desenvolvida pela ciência empírica da própria psicologia. Temos que raciocinar sobre o mais alto nível que o homem pode atingir em termos de realização. Em seu ponto extremo, a ciência da psicologia torna a se encontrar com a figura interrogativa de Kierkegaard. Que visão do mundo? Que poderes? Para que tipo de heroísmo?

CAPÍTULO 10

Uma Visão Geral da Doença Mental

...arquiangústia (angústia primária), essencial e básica, [é] inata a todas as formas isoladas, individuais, da existência humana. Na angústia básica, a existência humana sente temor e também se sente angustiada em relação ao fato de "estar no mundo". (...) Só se compreendermos (...) isso poderemos conceber o fenômeno aparentemente paradoxal de que as pessoas que têm medo de viver sentem, também, um temor especial da morte.

— MÉDARD BOSS[1]

Eu me lembro de um de meus professores da faculdade — homem muito admirado como professor de história medieval — confessando que, quanto mais aprendia sobre aquele período, menos se sentia preparado para ensinar. A época era tão complexa e tão diversificada que não era possível fazer com segurança, sobre ela, afirmativa alguma em termos gerais. O mesmo se pode dizer, sem dúvida, sobre a teoria da doença mental. Como é que alguém se atreve a tentar escrever um capítulo intitulado "Uma Visão Geral" de um fenômeno tão complexo e variado assim — especialmente alguém que nem é psiquiatra? Na verdade, tive uma dificuldade fora do comum para me fazer sentar e escrever este capítulo, muito embora eu ache que ele tem um lugar importante neste livro. A bibliografia está aí para todos verem. Nela está o registro de vidas inteiras de trabalho de alguns dos maiores psicólogos que já existiram, homens dotados das mais ricas sensibilidades pessoais, cujo trabalho reflete dons teóricos fora do comum e baseados em elementos clínicos muitíssimo amplos e diversos. Por que iria alguém tentar remexer nessa área outra vez, de uma forma que só pode ser superficial e ingênua?

Talvez por isso mesmo. Hoje precisamos de ingenuidade para podermos dizer alguma coisa: este é o outro lado da moeda da confissão do medievalista. A grande característica da nossa época é que sabemos tudo o que há de importante para saber sobre a natureza humana. No entanto, nunca houve uma era em que fosse tão raso o conhecimento que se tem com segurança, aquele que ocupa uma parte tão pequena do entendimento comum. A razão é, precisamente, o avanço da especialização e a impossibilidade de fazer declarações genéricas com segurança, o que levou a uma imbecilidade geral. O que eu gostaria de fazer nestas poucas páginas é justamente correr o risco da ingenuidade, a fim de reduzir um pouco da imbecilidade não-intencional provocada pela especialização e suas montanhas de dados. Mesmo que meu sucesso seja medíocre, parece valer a pena. Numa época científica tão sufocante e esmagadora, alguém tem que estar disposto a fazer o papel de bobo para atenuar a miopia geral.

Logo de imediato, o especialista irá dizer que é presunção falar de uma teoria geral da doença mental, que isso é coisa para um futuro remoto, um objetivo distante e talvez inatingível — como se já não tivéssemos essa teoria firmemente alojada nos inúmeros volumes que lotam nossas bibliotecas e nossas livrarias. As figuras gigantescas da psicologia moderna nos deram uma completa compreensão do comportamento humano nos seus aspectos neurótico e psicótico, bem como de suas perversões de todos os tipos. O problema é, como dissemos, como pôr algum tipo de ordem geral nessa abundância de discernimento e conhecimento. Uma das maneiras é fazer os comentários mais genéricos sobre a matéria, o mesmo tipo de comentários que viemos usando até agora neste livro para unir áreas diversas de fatos. Será o homem um animal que teme a morte, que procura a autoperpetuação e a transcendência heróica de seu destino? Neste caso, o fracasso, para esse animal, é não conseguir obter a transcendência heróica. Como disse Adler de forma tão sucinta na epígrafe que tomamos emprestada para esta parte do livro, a doença mental é uma maneira de falar sobre pessoas que perderam a coragem, o que significa dizer que ela reflete o fracasso do heroísmo. Essa conclusão se segue logicamente da discussão do problema da neurose no capítulo anterior. Vimos, ali, que o neurótico era um indivíduo que, em especial, não podia suportar a sua condição de criatura, que não podia cercar sua analidade de uma ilusão convincente. Foi Adler que viu que o amor-próprio fraco era o problema central da doença mental. Quando é que a pessoa tem o máximo de problema com o seu amor-próprio? Precisamente quando a transcendência heróica de seu destino é mais duvidosa, quando o indivíduo duvida de sua imortalidade, do valor permanente de sua vida. Quando não está convencido de que o fato de ter vivido faça realmente qualquer diferença cósmica. A partir desse ponto de vista, poderíamos dizer que a doença mental representa as maneiras pelas quais a pessoa afunda a negação da sua condição de criatura.

Depressão

Não iríamos muito longe com afirmativas genéricas como essas se não pudéssemos mostrar que elas resumem as *especificações* de cada síndrome. Adler já havia revelado que a depressão ou melancolia é perfeitamente um problema de coragem. Ela se desenvolve em pessoas que temem a vida, que desistiram de qualquer coisa parecida com desenvolvimento independente e têm estado totalmente mergulhadas nos atos e no auxílio de terceiros.[2] Têm vivido vidas de "sistemática auto-restrição", e o resultado é que, quanto menos elas fazem, menos podem fazer. Logo, mais desamparadas e dependentes elas se tornam. Quanto mais se esquivam das dificuldades e das ousadias da vida, mais naturalmente passam a sentir-se ineptas e menos favorável é a sua auto-avaliação. Isso é inelutável. Se a vida de uma pessoa tem sido uma série de "silenciosos recuos",[3] ela acaba encurralada a um canto e não tem mais para onde recuar. Esse estado é o emperramento da depressão. O temor da vida leva a um temor excessivo da morte, como Boss também nos lembra na epígrafe deste capítulo. Por fim, a pessoa não se atreve a se mexer — o paciente fica na cama dias a fio, sem comer, deixando que o trabalho caseiro se acumule.

A moral desse exemplo de fracasso da coragem é que, de certa maneira, o ser humano tem que pagar com a vida e concordar diariamente em morrer, em se entregar aos riscos e aos perigos do mundo, em permitir ser tragado e consumido. Caso contrário, acaba *passando por morto* ao tentar evitar a vida e a morte. É assim que os modernos psiquiatras existencialistas compreendem a depressão, exatamente como fez Adler no início deste século. Médard Boss resume isso em poucas linhas:

> É sempre a existência inteira do paciente melancólico que não conseguiu assumir aberta e responsavelmente todas as possibilidades de relacionamento com o mundo que iriam, na verdade, constituir o seu eu autêntico. Em conseqüência, uma existência dessas não tem uma situação independente, mas está sempre cedendo às exigências, aos desejos e às expectativas dos outros. Esses pacientes tentam corresponder a essas expectativas estranhas, da melhor maneira que lhes for possível, a fim de não perderem a proteção e o amor dos seus ambientes. [Mas se afundam ainda mais em dívidas.] Por conseguinte, os terríveis sentimentos de culpa do melancólico (...) derivam de sua culpa existencial.[4]

A interessante pergunta científica, aqui, é por que tivemos tanto trabalho em chegar a um acordo sobre a simples dinâmica da depressão, quando ela já havia sido revelada há tanto tempo, e de maneira tão lúcida, por Adler e, novamente agora, pela escola da psiquiatria existencial? Uma das razões é que a dinâmica não é tão simples como parece. Ela penetra muito fundo no cerne da condição humana, e não conseguimos compreender esse cerne de nenhuma maneira direta ou fácil. Primeiro, nós mesmos havíamos abolido, com eficiência, a idéia do medo da morte e da vida; não ficamos suficientemente impressionados com o terror da criatura viva. Por isso, não podíamos entender os suplícios e os desvios das pessoas angustiadas que eram empurradas de um lado para outro por esses terrores. Adler, por exemplo, apesar da sua excelente e pioneira teoria geral, nos deixa um tanto desconcertados ao falar do egoísmo da pessoa deprimida, a "criança mimada" que se recusa a tornar-se adulta e aceitar a responsabilidade pela sua vida. É claro que essas coisas são verdadeiras até certo ponto, e Adler percebeu perfeitamente que a própria natureza tinha feito do homem um fraco no reino animal. Mas a ênfase é importante. Adler deveria ter salientado mais o terror absoluto da individuação, da diferença, de estar só, de perder o apoio e o poder delegado. Ele nos revelou a "mentira vital" que as pessoas usam para viver, mas tendemos a não perceber o quanto essa mentira é necessária, de uma forma ou de outra, para a maioria dos homens — eles simplesmente não têm poderes próprios em que se apoiarem. Quando tornamos a nos lembrar de que gigantes como Freud e Jung se esquivam e desmaiam durante a compra de simples bilhetes para uma viagem, talvez possamos ter uma opinião correta da magnitude da tarefa do pobre Sr. Homem Comum, que tenta diariamente manter uma aparência de heroísmo tranquilo ao mergulhar nos poderes de terceiros. Quando essas táticas falham e ele é ameaçado com a revelação de sua mentira vital, é bastante lógico que ceda à sua versão própria de desmaio, atolando-se num retraimento depressivo.

Outra complexidade da dinâmica da depressão que não percebemos foi aquela que Rank nos ensinou: a ânsia pela imortalização e pela autoperpetuação ao agradar o outro, amoldando-se ao código de comportamento que ele representa.[5] As pessoas anseiam pela imortalidade e a conseguem onde podem, seja no pequeno círculo familiar ou no objeto de amor. O objeto de transferência é o local de nossa consciência, de toda a nossa cosmologia do bem e do mal. Não é uma coisa da qual podemos simplesmente nos afastar, já que ela incorpora todo o nosso sistema de heróis. Vimos o quanto a transferência pode ser completa e complexa. Obedecemos a nossas figuras de autoridade a vida toda, como mostrou Freud, devido à angústia da separação. Toda vez que tentamos fazer alguma coisa diferente daquilo que elas queriam despertamos a angústia ligada à possível perda dessas figuras. Perder os poderes e a aprovação delas é, assim, perder a própria vida. Vimos, também, que o objeto de transferência personifica o *mysterium tremendum* da existência. Ele *é* o milagre primordial. Em sua existência concreta, ele transcende as simples ordens simbólicas, e o que é mais natural do que agir de acordo com essa miraculosidade? Devemos acrescentar, com Rank: o que é mais natural do que continuar a empenhar-se pela imortalidade cumprindo o código moral representado pelo objeto? Transferência é o uso positivo do objeto para a autoperpetuação eterna. Isso explica a durabilidade da transferência e sua força, mesmo depois da morte do objeto: "Eu sou imortal ao continuar a agradar a esse objeto que agora pode não estar vivo, mas continua a projetar uma sombra por aquilo que deixou e pode, até, estar exercendo seus poderes lá do invisível mundo dos espíritos." Isso faz parte da psicologia dos antigos adoradores dos ancestrais, e dos modernos que continuam a viver segundo códigos familiares de honra e conduta.

A depressão, então, resume tanto o terror da vida e da morte quanto a sede de autoperpetuação. Até que ponto é possível ser um herói? É natural tentar ser heróico no seguro e pequeno círculo familiar ou junto à pessoa amada e ceder a uma "retirada silenciosa" de vez em quando, para garantir seus atos heróicos. Quantas pessoas têm um dom independente para dar ao cosmo, a fim de garantir sua imortalidade especial? Só a pessoa criativa pode conseguir isso. Quando a pessoa comum já não consegue realizar de maneira convincente seus seguros atos heróicos ou não pode esconder o seu fracasso em ser herói de si mesma, ela se atola na depressão e em seu terrível sentimento de culpa. Eu particularmente gosto da percepção de Gaylin de que o atolamento no total desamparo e na dependência, na depressão, é a última e mais natural das defesas à disposição do animal mamífero:

> A *dependência* é o mecanismo básico de sobrevivência do organismo humano. (...) Quando o adulto perde a esperança de ter capacidade de enfrentar e se considera incapaz de fugir ou de lutar, fica "reduzido" a um estado de depressão. Essa redução, com o seu paralelo com o desamparo da infância, torna-se (...) um apelo por uma solução para o problema de sobrevivência por intermédio da dependência. O próprio desmontar das defesas do indivíduo se torna uma forma de manobra defensiva.[6]

Boss diz que os terríveis sentimentos de culpa da pessoa deprimida são existenciais, isto é, representam o fracasso em viver a própria vida, realizar o próprio potencial, devido aos esforços no sentido de parecer "boa" aos olhos do outro. O outro dá o tom para a aceitabilidade da pessoa para a imortalidade, e por isso o outro assume a vida não vivida da pessoa. O relacionamento é, assim, sempre uma espécie de escravidão, que deixa um resíduo de culpa. Um terapeuta moderno como Frederick Perls trabalhou ativamente contra essa tirania, ao lembrar seus pacientes de que "eles não estavam no mundo para agradar ao parceiro, nem este para agradar a eles". Era uma maneira de interferir na moralidade do "desempenho pessoal em prol da imortalidade". Tudo isso é muito bom, mas não chega a resumir toda a culpa que o paciente sente ou, pelo menos, acusa a si mesmo de ter. A julgar pelas auto-acusações de inutilidade, o paciente sente um enorme fardo de culpa. Temos que compreender essa auto-acusação não apenas como um reflexo da culpa pela vida não vivida, mas também como uma *linguagem* para entender a situação do indivíduo. Em suma, mesmo que ele seja um herói muito culpado, pelo menos é um herói no mesmo sistema de heróis. A pessoa deprimida usa a culpa para se agarrar aos seus objetos e manter inalterada a sua situação. Caso contrário, teria que analisar essa situação ou ser capaz de sair dela e transcendê-la. É melhor a culpa do que o terrível ônus da liberdade e da responsabilidade, em especial quando a escolha chega demasiado tarde na vida para que se possa começar tudo de novo. É melhor a culpa e a autopunição quando não se pode punir o outro — quando não se pode nem mesmo ousar acusá-lo, já que ele representa a ideologia da imortalidade com que nos identificamos. Se o seu deus ficar desacreditado, você morre; o mal deve estar em você mesmo, e não no seu deus, para que você possa viver. Com a culpa, você perde uma parte de sua vida mas evita o mal maior da morte.[7] A pessoa deprimida exagera sua culpa porque isso desobstrui o seu dilema da maneira mais segura e mais fácil.[8] E como Adler salientou, ela também faz com que as pessoas que a cercam se mostrem sensíveis a ela, tenham pena dela, lhe dêem valor e cuidem dela. Ela as controla e exalta sua própria personalidade por meio dessa mesma autopiedade e desse mesmo ódio de si mesma.⁹ Todas essas coisas, então, fazem com que a culpa obsessiva tenha proeminência na síndrome da depressão.

Podemos ver, assim, algumas das complexidades da dinâmica da depressão que fizeram com que tivéssemos dificuldade em compreendê-la de maneira harmônica e direta, muito embora ela seja muito simples quando conceitualizada como o atolamento natural de uma vida humana anti-heróica. Uma das coisas que nos atrapalham, também, são a linguagem e a visão do mundo de Freud. Os freudianos diziam que a depressão da menopausa, por exemplo, era provocada por uma repetição da primitiva angústia de castração. Era fácil zombar dessa explicação. Parecia que os freudianos pretendiam, uma vez mais, reduzir os problemas de uma vida adulta ao período edipiano e à sua visão patriarcal do mundo. Aqui estava ela outra vez, a pobre mulher castrada pagando o pecado de suas desvantagens naturais. Eu mesmo reagi a isso há uma década, com a temeridade que acompanha a inexperiência e a arrogância, e apresentei uma teoria para se opor a ela. Esta teoria ia para o extremo oposto e se concentrava no fracasso do papel social e apenas nele. Vi que muitas vezes as mulheres na menopausa que se achavam em hospitais psiquiátricos estavam lá porque suas vidas já não eram úteis. Em certos casos, o seu papel como esposas havia fracassado em virtude de um divórcio quando já estavam em idade madura; em outras, essa circunstância se combinava com o encerramento de seu papel como mães, porque os filhos haviam crescido e se casado e elas agora estavam sozinhas, sem nada de significativo para fazer. Como nunca haviam aprendido a exercer qualquer papel social, profissão ou habilidade fora de seu trabalho junto à família, quando a família já não precisava mais delas elas se sentiam literalmente inúteis. O fato de a depressão nelas coincidir com a época da menopausa era, a meu ver, uma excelente ilustração de que só o fracasso do papel social útil podia servir como explicação para a doença.

Encontramos a visão do mundo e a linguagem freudianas quase que a todo momento, como um problema científico característico: ele contém uma poderosa verdade, mas enunciada de tal maneira que se torna uma inverdade. E nós mesmos muitas vezes temos dificuldade de separar a verdade da inverdade. Suponho que seja preciso ser atrevido para fazer qualquer coisa no presente estado de proliferação de especialistas. Um zombeteiro ocasional não pode, só pela manifestação de um desejo, afastar meio século de observação clínica e de pensamento. Um perigo constante, na ciência, é que cada avanço corre o risco de abandonar um terreno que já esteve firmemente anexado antes. Em nenhuma área isso é mais verdadeiro do que nas atuais "teorias dos papéis" da doença mental, que ameaçam desbancar as formulações freudianas baseadas em fatos *corporais*.

O fato é que a experiência, pela mulher, de uma repetição da castração na fase da menopausa é verdadeira — não no foco estreito que Freud usava, mas no sentido mais amplo de Rank, dos existencialistas e de Brown. Como Boss disse tão bem, o "medo da castração" é apenas um atalho ou uma abertura pela qual a angústia inerente a toda existência pode irromper no mundo do indivíduo.[10] Para nós, será fácil compreender, a esta altura, que a menopausa simplesmente redesperta o horror ao corpo, o fracasso absoluto do corpo como um projeto *causa sui* viável — aquela experiência que causa a primitiva angústia edipiana de castração. A mulher é relembrada, da maneira mais vigorosa, de que é um animal. A menopausa é uma espécie de "aniversário animal" que assinala, especificamente, a carreira física da degeneração. É como se a natureza estivesse impondo um marco físico definido à pessoa, erguendo uma parede e dizendo: "Agora, você não vai mais avançar na vida: vai seguir em direção ao fim, ao absoluto determinismo da morte." Como os homens não têm desses aniversários animais, desses marcos específicos de um tipo físico, em geral não sentem outro rude descrédito do corpo como um projeto *causa sui*. Uma vez já foi o bastante, e eles enterram o problema com os poderes simbólicos da visão cultural do mundo. Mas a mulher tem menos sorte. Ela é colocada na posição de ter, sem aviso prévio, que se atualizar psicologicamente em relação às realidades físicas da vida. Parafraseando o aforismo de Goethe, a morte não fica simplesmente batendo à sua porta até que a esqueçam (como os homens ignoram seu envelhecimento), mas arromba a porta com um pontapé para mostrar-se de corpo inteiro.*

Uma vez mais, vemos que a psicanálise precisa ser ampliada para abranger também o medo da morte, em vez do temor de um castigo por parte dos pais. Não são os pais os "castradores", mas sim a natureza. É provável que os sentimentos de culpa do paciente também expressem a nova e *verdadeira* auto-avaliação por ser ele meramente um animal fecal, sujo e realmente inútil. Mas agora vemos, também, que o ponto de vista freudiano e o sociológico se fundem naturalmente em um só. Normalmente, o projeto cultural *causa sui* disfarça a reexperiência da angústia da castração. Mas é precisamente o fracasso do papel social, o projeto cultural, que reforça o natural desamparo animal. Ambos os projetos, o corporal e o cultural, se juntam num fracasso mútuo e fragoroso. Não admira, portanto, que a depressão da menopausa seja, caracteristicamente, um fenômeno daquelas sociedades nas quais as mulheres em processo de envelhecimento não têm

---

*Podemos fazer um aparte, aqui, dizendo que, desse ponto de vista, um dos projetos cruciais da vida de uma pessoa, de verdadeira maturidade, é resignar-se com o processo de envelhecimento. É importante, para ela, ir assimilando gradativamente sua verdadeira idade, parar de exibir e alardear sua juventude, de fingir que sua vida não terá fim. Eliot Jacques, em seu pequeno e excelente ensaio, *Death and the Mid-Life Crisis*, in H. M. Ruitenbeek, org., *Death: Interpretations* (Nova York: Delta Books, 1969), Capítulo 13, desenvolve a idéia da necessidade do "luto por si mesmo", o luto pela morte, afinal, da própria pessoa. Dessa forma o indivíduo poderia tirar do inconsciente esse luto, que bloqueia a sua maturidade emocional. A pessoa tem, por assim dizer, que arranjar uma maneira de sair de seu próprio sistema. Por meio de um estudo dessa dinâmica, vemos como é importante, para o homem, resignar-se com a sua condição terrena, sua condição de criatura. E parece que assim fizemos uma plena convergência científica com a primitiva compreensão de James, referente à importância do colapso emocional interior para o crescimento pessoal (James, *Varieties*, p. 99). Poderíamos dizer que, nesse sentido, Freud desenvolveu a dinâmica para a resignação total, que ele mesmo não conseguiu ter. Sua engenhosa descoberta do processo chamado "trabalho do luto" pode ser, agora, considerada básica para a resignação da própria pessoa. (Ver a importante análise feita por Perls in *Ego, Hunger, and Aggression* [Nova York: Vintage Books], pp. 96-97, que reafirma toda a natureza corporal desse processo.) Podemos, também, entender melhor como as forças culturais conspiram para provocar a depressão da menopausa em qualquer sociedade que minta para o indivíduo sobre as etapas da vida, que não tenha, em sua visão do mundo, previsão para o luto pela condição de criatura do indivíduo, e que não ofereça algum tipo de projeto heróico mais amplo com o qual a pessoa possa resignar-se em segurança, como iremos ver.

como continuar a exercer uma função útil ou ter algum veículo para o heroísmo que transcenda o corpo e a morte. Não admira também que, em vez da eternidade da vida, que a pessoa tem o direito de ter como certa sob a proteção de um seguro esquema de autoperpetuação, a pessoa deprimida se sinta condenada a uma eternidade de destruição.[11] Falando dessa posição vantajosa, temos que admitir que no final das contas a ênfase sobre o papel social como a chave para a síndrome está correta, porque é o nível superior dos problemas que absorve o nível corporal. O heroísmo transmuta o medo da morte na segurança da autoperpetuação, a tal ponto que as pessoas podem enfrentar a morte com alegria e, até, cortejá-la em algumas ideologias.

Além do mais, do ponto de vista prático, é mais realista enfatizar o papel social de apoio porque não podemos, de fato, esperar que as pessoas em geral sejam capazes de sair de uma situação de incrustação dentro de seus objetos que durou a vida toda. Sem um continuado veículo para o heroísmo, elas não conquistam a autoconfiança e a capacidade de se autossustentar. A existência é simplesmente um peso excessivo. A incrustação dentro do objeto e a decadência física são, universalmente, o destino do homem. Sem algum tipo de "ideologia de justificação", as pessoas naturalmente empacam e fracassam. Uma vez mais podemos ver, aqui, como Rank enfatizou corretamente a dimensão histórica da doença mental: a questão nunca é em relação apenas à natureza, mas também às ideologias sociais para a transcendência da natureza. Se você não pode ser um herói dentro de uma ideologia comunitária, deve ser um fracasso ranzinza e lamuriento junto à sua família. Com base nessa perspectiva, o problema do heroísmo e da doença mental seria: "quem chateia quem?". Será que os homens arengam com os deuses, com os exércitos de outras nações, com os líderes de seu próprio estado, ou com suas mulheres? A dívida para com a vida deve ser paga de alguma maneira. O indivíduo tem que ser um herói da melhor e única maneira que puder em nossa cultura empobrecida. Nem que seja herói, como disse Harrington com tanta exatidão, "pelo menos por sua habilidade em controlar os ricochetes da bolinha num jogo de fliperama".[12]

Esquizofrenia

Com base na perspectiva histórica, a psicose esquizofrênica se torna mais compreensível. Existe um tipo de pessoa para quem a vida é um problema mais intransponível do que para outras, para quem o ônus da angústia e do medo é quase tão constante quanto a sua respiração quotidiana. Rank usava o termo "neurótico" para um tipo de pessoa que não tinha ilusões, que via as coisas tal como eram, que era esmagada pela fragilidade do empreendimento humano; e nessa acepção, o termo descreve perfeitamente o tipo esquizofrênico. Ele é o "realista" de quem falava William James quando dizia que a reação correta aos horrores da vida humana neste planeta é a do psicótico.[13] Mas esse tipo de "realismo", como disse Rank, é o mais autodestruidor de todos.

Adler mostrou, muito cedo, que o esquizofrênico era mutilado pelo temor da vida e suas exigências, sentindo-se inferiorizado diante das mesmas. Ele desconfia não só de si mesmo, mas também do conhecimento e da capacidade dos outros. Nada lhe parece ser capaz de vencer os inevitáveis horrores da vida e da morte — exceto, talvez, o fantástico sistema ideacional que ele inventa para a sua salvação.[14] Seus sentimentos de onipotência e imortalidade mágicas são uma reação ao terror da morte, vivenciados por uma pessoa que é totalmente incapaz de se opor a esse terror com os seus poderes firmes. Poderíamos até dizer que o psicótico usa abertamente e de forma exagerada os mesmos tipos de defesas mentais que a maioria das pessoas usa ocultamente, e de forma mais controlada. O melancólico usa espalhafatosamente as defesas das depressões mais brandas, assim como os mais "normais" de nós podem entregar-se ocasionalmente ao desespero, a um ódio secreto dos nossos entes queridos, a uma íntima auto-acusação e a uma culpa contrita. Nesse sentido, as psicoses são uma caricatura dos estilos de vida de todos nós — o que talvez seja uma parte da razão pela qual elas nos deixam tão constrangidos.

A linha de pensamento de Adler foi desenvolvida por muita gente. Alguns estão entre os mais profundos e sutis estudiosos da condição humana: H. S. Sullivan, H. F. Searles e R. D. Laing — para citar os poucos mais próximos. O resultado é que temos, hoje, uma excelente teoria geral da esquizofrenia nos arquivos científicos. Quero aqui apenas mencionar a principal característica da síndrome — o motivo pelo qual o esquizofrênico vive num estado de terror tão extraordinário. Demoramos muito tempo para compreender esse estado, porque estávamos lidando com um fenômeno tão estranho que parece realmente um caso de ficção científica. Refiro-me ao fato de que a experiência humana é dividida em dois modos — o eu simbólico e o corpo físico — e que esses dois modos de experiência podem ser muito diferentes. Em certas pessoas eles são tão diferentes que chegam a não se integrar, e são essas pessoas que chamamos de esquizofrênicas. O esquizofrênico é o indivíduo hiper-sensível que reage ao seu corpo como a algo que lhe é estranho, algo extremamente indigno de confiança, algo que não está sob o seu controle firme.[15]

Logo de imediato, vemos que o esquizofrênico arca com o ônus, como todos nós, de um corpo animal "alienígena". O que torna maior a sua carga é o fato de ele não estar firmemente enraizado em seu corpo. No seu desenvolvimento na infância, não criou um "assento" seguro em seu corpo: em conseqüência, o seu eu não está intimamente ancorado em sua neuroanatomia. Ele não tem como colocar à sua própria disposição a natural expansão organísmica que outros usam para amortecer e absorver o medo da vida e da morte. Ele não sente essa natural plenitude animal. Poderíamos dizer com Santayana que a saudável "Fé Animal" lhe é negada, motivo pelo qual ele tem que desenvolver complexos sistemas ideacionais de pensamento. Sabemos, hoje, que o sentido cultural de espaço, tempo e percepção de objetos está literalmente embutido na estrutura neural.[16] Como a ideologia cultural da imortalidade vem a estar ligada aos músculos e aos nervos do indivíduo, ele a vive com naturalidade, como uma parte segura e confiante de sua atividade diária. Podemos dizer que o esquizofrênico fica privado precisamente dessa segurança neurocultural contra a morte e de uma programação para a vida. Ele se apóia, em vez disso, numa hiperampliação de processos mentais para tentar garantir sua transcendência da morte; precisa tentar ser um herói quase que inteiramente de forma ideacional, partindo de dentro de um mau embasamento corporal, e de modo muito pessoal. Daí a natureza maquinal de seus esforços. Ninguém compreendeu melhor do que Chesterton como os homens se tornam excêntricos quando precisam apoiar-se apenas em pensamentos, separados das generosas emoções em um corpo expansivo e seguro.[17]

A esquizofrenia assume o risco da evolução ao seu ponto extremo no homem: o risco de criar um animal que percebe a si mesmo, reflete-se em si mesmo e chega à conclusão de que seu corpo animal é uma ameaça. Quando não se está nem mesmo firmemente ancorado a esse corpo, este se torna realmente um problema. O terror se torna inabsorvível por qualquer coisa neural ou carnal no ponto em que a pessoa se encontra. A consciência simbólica do indivíduo flutua inteiramente sozinha com o máximo de intensidade. Isso é, na verdade, um animal amaldiçoado em evolução, um animal que se extraviou além dos limites naturais. Não conseguimos imaginar um animal inteiramente aberto à experiência e às suas próprias angústias, um animal extremamente sem reatividade neurofísica programada a segmentos do mundo. Só o homem consegue essa aterrorizante condição que vemos em toda a sua pureza nos extremos da psicose esquizofrênica. Nesse estado, cada objeto no meio ambiente cria um problema enorme, porque a pessoa não tem em seu corpo reação alguma que ela possa dirigir para reagir confiantemente àquele objeto. Pelo menos poderíamos desejar que um animal sem instintos pudesse entrar de novo, segundo sua vontade, numa receptiva massa de carne que ele pode chamar de sua propriedade íntima e básica, ainda que ela não lhe "diga" que reação deve ter. O esquizofrênico não pode nem fazer isso. Seu corpo lhe "aconteceu" por completo, é uma massa de fedor e decadência. A única coisa de íntimo em relação a ele é o fato de ser um canal direto de vulnerabilidade, o meio direto que o mundo tem de conseguir acesso ao seu eu mais recôndito. O corpo é a sua traição, sua ferida continuadamente aberta, o objeto de sua repulsa — como Catherine Deneuve retratou tão bem no filme *Repulsa ao Sexo*, de Polanski. Não admira que essa "doença" seja a que mais intriga e fascina o homem. Ela leva ao limite máximo o seu protesto contra a sua condição dualista. Ela representa a abertura neurótica levada ao seu extremo de desamparo. Freud chamou, com muita propriedade, essa síndrome de "neurose narcísica": a expansão do eu na fantasia, a completa auto-inflação megalomaníaca como a última defesa, como uma tentativa de alcançar o *absoluto poder simbólico* na ausência do poder físico vivenciado.

Uma vez mais, é isso que o homem cultural, em toda parte, lutou para alcançar, mas a pessoa "normal" é neuralmente programada de modo a achar, pelo menos, que seu corpo lhe pertence e pode ser usado em confiança.

Ao empurrar o problema do homem até os seus limites, a esquizofrenia também revela a natureza da criatividade. Se você não estiver fisicamente programado no projeto cultural *causa sui*, terá que inventar o seu; você não vibra em sintonia com nenhuma outra pessoa. Percebe que as maquinações daqueles que o cercam são uma mentira, uma negação da verdade — uma verdade que em geral toma uma forma capaz de mostrar o terror da condição humana de maneira mais ampla do que a maioria dos homens o sente. A pessoa criativa se torna, então, na arte, na literatura e na religião, a mediadora do terror natural e a indicadora de uma nova maneira de triunfar sobre esse terror. Ela revela a escuridão e o pavor da condição humana e inventa uma nova transcendência simbólica em relação a ela. Foi essa a função do indivíduo criativo portador de um desvio, desde os xamãs até Shakespeare.

Mas se o neurótico é o *artiste manqué*, o que é o esquizofrênico que não tem talento, que não é criativo? Deve ser um fracasso inteiramente invertido e patético, como atestam as enfermarias de nossos hospitais para doentes mentais. Uma pessoa empobrecida e impotente — mesmo quando percebe a verdade — não tem um dom para oferecer a seus companheiros ou a si mesma. O psicótico não-criativo fica simplesmente incapacitado por inteiro pelos temores da vida e da morte. Aqui não é o lugar para esgotar, em poucas palavras, um assunto tão complexo, tão pouco compreendido, em especial porque não estudei o problema em profundidade ou de forma detalhada. O óbvio, porém, é que o assunto gira em torno de uma simples questão: se a pessoa tem, ou não, um ego capaz de controlar suas experiências subjetivas, por mais inusitadas que sejam. Se tiver, dará forma a suas percepções inigualáveis; ela pega o processo de vida energética que funciona na fronteira da evolução — no modo dualista da vida humana — e o canaliza e modera, em resposta àquele modo. Ele se torna o trabalho de um gênio. Parece que temos condições de resumir claramente o problema da seguinte maneira: o esquizofrênico não está programado neuralmente para uma resposta automática aos significados sociais, mas não pode dirigir uma resposta do ego, não tem um controle orientador de suas experiências. Não consegue dar qualquer forma criativa aos seus próprios significados emergentes. Poderíamos dizer que, devido ao seu extremo desamparo, o esquizofrênico usa apenas suas experiências simbólicas interiores como uma âncora experiencial, como algo em que se apoiar. Ele existe de forma reflexiva com relação a elas e passa a ser controlado por elas em vez de reformulá-las e utilizá-las. O gênio também não está programado em significados culturais automáticos; mas possui os recursos de um ego forte, ou pelo menos suficiente, para dar uma forma criativa aos seus significados pessoais. Ninguém, pelo que eu saiba, compreendeu essa diferença entre o gênio e o esquizofrênico melhor do que Reich,[18] pelo menos nesses termos genéricos.

Na esquizofrenia, como na depressão, vemos o problema do heroísmo em toda a sua nudez. Como é que a pessoa se torna um herói a partir de uma posição na qual ela praticamente não dispõe de nenhum recurso? Uma posição na qual ela vê, mais claramente do que qualquer outra pessoa, os ameaçadores perigos da vida e da morte e, no entanto, não tem sentimento sólido algum de honra interior para se opor a eles? O esquizofrênico tem que inventar esse sentimento da melhor maneira que puder, que será desajeitada, estropiada e invertida. Não é de admirar que as transferências psicóticas sejam tão totais, tão intensas, tão absorventes, tão assustadoras (quando não patéticas). A única maneira de um inválido solitário tentar uma transcendência heróica em relação à morte é através da total submissão da idolatria pessoal, da total constrição do eu na pessoa do outro. O indivíduo tem tão pouco "lastro" pessoal — para usar a excelente expressão de Adler[19] — que precisa aspirar um outro ser humano por inteiro, para evitar desaparecer ou sair voando.

Perversão

Seria temerário escrever sobre as perversões, hoje, se se quisesse dizer algo de novo; a bibliografia é tão vasta — volumes grandes e grossos como o de Reik sobre o masoquismo, séries de livros como os de Stekel sobre todas as perversões, prateleiras inteiras sobre a homossexualidade; e nas publicações profissionais, um artigo atrás do outro acumulando entendimento e dados clínicos. O problema é abordado de todos os aspectos e com riqueza de detalhes, depois de um século de pesquisa científica. A meu ver, o melhor trabalho em um só volume, resumindo os argumentos-chave de várias escolas e acrescentando sua brilhante contribuição é o de Médard Boss.[20] Depois das contribuições de Erwin Straus durante toda a sua vida, culminando com o seu recente ensaio sobre "The Miser" (O Avarento),[21] temos a mais nítida e mais rica teoria geral que uma ciência poderia desejar. Uma vez mais, porém, o perigo está em que, ao se concentrar em detalhes, não se perceba o todo, porque ficou impossível dizer qualquer coisa sobre as perversões sem dizer tudo. Cabe, aqui, uma espécie de declaração simplista, que tente combinar todos os principais pontos de vista numa única perspectiva inteligível. Em sua maior parte os freudianos, os existencialistas, os adlerianos e os behavioristas continuam a falar sem ouvir uns aos outros. Vejamos, então, se podemos selecionar os ingredientes cruciais do problema da perversão. Isso irá nos proporcionar uma excelente recapitulação e resumo do problema da natureza humana e do heróico, a fim de que finalmente possamos seguir para a conclusão de nosso estudo.

A razão para nos estendermos sobre um assunto aparentemente tão esotérico e marginal quanto as perversões é que elas não têm nada de marginais. Tem-se escrito tanto sobre elas precisamente porque constituem o problema essencial da ação humana. Elas revelam, melhor do que qualquer outro comportamento, o que está em jogo na ação humana e porque a reduzem aos seus pontos essenciais. Nesse sentido, as perversões são verdadeiramente a teoria subatômica das ciências humanas, o núcleo onde se concentram as partículas e as energias básicas. É por isso, também, que em geral elas são reservadas para o estudioso adiantado e sofisticado. Agora, porém, depois de termos avançado tanto, nosso resumo será uma revisão de tudo aquilo que discutimos e assim poderá ser compreendido com facilidade.

Vimos anteriormente, em vários exemplos, que o gênio de Freud desbravou novos territórios inteiros à compreensão e, no entanto, ele expunha suas formulações em termos tão estreitos e simplistas que eles tornavam os assuntos obscuros e provocavam um debate científico que se prolongava muito além do que era necessário. Em parte alguma isso é mais verdadeiro do que com relação ao problema das perversões. Freud tornou possível a conquista desse terreno dificílimo, e no entanto uma vez mais nos fez dar de ombros, num gesto de descrença. Tome-se como exemplo o fetichismo, que, sem dúvida alguma, é o paradigma da perversão, e que o próprio Freud usava como uma espécie de epítome de todo o seu sistema teórico. Por que é que o fetichista precisa de um objeto, como um sapato ou um espartilho, para só então ter condições de fazer amor com uma mulher? Freud respondeu:

> Falando francamente: o fetiche é um substituto do falo da mulher (da mãe), no qual o garotinho certa vez acreditava, e do qual não quer abrir mão — nós sabemos por quê.[22]

Observe a absoluta convicção da última frase. A "razão" é que os órgãos genitais femininos provam a realidade da castração e despertam o horror que isso é para o indivíduo. A única maneira de triunfar sobre essa ameaça é "dar" à mulher um falo, por mais artificial e simbólico que seja. O fetiche é precisamente o "símbolo da vitória sobre a ameaça de castração e uma salvaguarda contra ela (...)". Com ele, o fetichista pode realizar a relação sexual. O fetiche "evita que o fetichista se torne um homossexual, ao dotar as mulheres do tributo que as torna aceitáveis como objetos sexuais". Em resumo, o fetiche dá a ele a coragem para ser um homem. Freud confiava tanto em sua formulação, que declarou, categórico:

> "É provável que nenhum ser humano do sexo masculino seja poupado do apavorante choque da ameaça de castração ao ver os órgãos genitais femininos.(...)" E concluiu, triunfante: "Investigações sobre o fetichismo devem ser recomendadas a todos aqueles que ainda duvidam da existência do complexo de castração (...).[23]"

Quando um homem da estatura de Freud encerra de maneira tão triunfante assim toda a sua obra num trabalho escrito quando sua carreira já ia tão avançada, temos que aceitar que ele contém uma verdade indubitável. Uma vez mais, porém, ele nos envolveu no característico paradoxo da psicanálise — o enunciado da verdade mais crucial numa linguagem tão restrita e concreta que torna essa verdade irreconhecível. Tentemos, então, derrubar esse conceito. A saída desse paradoxo nos foi mostrada por pensadores como Adler, Jung, Rank, Boss, Straus e Brown. O horror da castração não é o horror do castigo pela sexualidade incestuosa, a ameaça do complexo de Édipo. É, sim, a angústia existencial da vida e da morte encontrando o seu foco no corpo animal. Isto já está confirmado. Mas Freud insistia na idéia do corpo da mãe, especificamente, na idéia da mãe fálica, na qual a criança quer acreditar. Em toda a literatura psicanalítica posterior, essa idéia ocorre com freqüência nas fantasias de pacientes, e Robert Bak reafirmou a idéia básica de Freud num trabalho recentíssimo, nos mesmos termos categóricos:

> ...em todas as perversões, a dramatizada ou ritualizada negação da castração é realizada através da restauração regressiva da fantasia do falo materno ou feminino.[24]

E eis uma descrição perfeita da fantasia típica, extraída do precioso trabalho de May Romm:

> Às vezes, o paciente fantasiava, durante a masturbação, que podia colocar o próprio pênis na boca e, ao fazê-lo, tornar-se um *círculo completo*. Nesse período, ele sonhava que olhava para o seu corpo e descobria que tinha seios como os de uma mulher e órgãos genitais masculinos.(...) O sacerdote grego, vestindo sotaina e com os cabelos caindo sobre os ombros, representava, para ele, uma pessoa neutra, celibatária e bissexual.[25]

A Imagem Hermafrodita

A imagem hermafrodita é uma idéia que vai ao cerne da condição humana e nos revela a dinâmica das perversões e aquilo que está em jogo nos desesperados esforços das pessoas inválidas no sentido de encontrar algum tipo de satisfação animal neste mundo. O símbolo hermafrodita não é mistério algum depois dos escritos de Rank, Jung e outros. O problema tem sido, uma vez mais, despojá-lo de suas estreitas conotações sexuais; não é um problema sexual, mas um problema humano. O eu se descobre inserido num corpo estranho e não consegue compreender esse dualismo. O homem sente-se estupefato diante da natureza arbitrária da genitalidade, a acidentalidade de o sexo aparecer em separado nos seres humanos. Não pode aceitar a impermanência do revestimento corporal ou o fato deste ser incompleto — ora masculino, ora feminino. O corpo não tem sentido, para nós, em sua condição de coisa física, o que nos vincula a um determinado tipo de destino, a um papel sexual unilateral. A imagem hermafrodita representa um empenho no sentido de conseguir a unidade, empenho que não é sexual, mas ontológico. É o desejo da criatura em busca de uma retomada da unidade (do Ágape) com o resto da natureza, bem como em busca de ser completo em si mesmo. E um desejo de corrigir as rupturas da existência, o dualismo do eu e do corpo, do eu e do outro, do eu e do mundo. Acrescente-se a isto o desejo que o eu tem de uma autoperpetuação fora e além do corpo, e pode-se compreender que a parcialidade da identidade sexual é mais uma limitação e mais um perigo.

Freud estava certo ao ver a centralidade da imagem da mãe fálica e vinculá-la diretamente ao complexo de castração. Mas estava errado ao fazer do aspecto sexual do problema o seu núcleo central, tomar aquilo que é derivado (o sexual) e transformá-lo em primário (o dilema existencial). O desejo de possuir a mãe fálica e o horror aos órgãos genitais femininos, pode muito bem ser uma experiência universal da humanidade, tanto para as meninas como para os meninos. A razão está em que a criança quer ver a mãe onipotente, a fonte milagrosa de toda a sua proteção, sua nutrição e seu amor, uma criatura realmente divina, completa, que não sofreu a divisão em dois sexos. A ameaça da mãe castrada é, assim, uma ameaça a toda a existência da criança, pelo fato de a mãe ser um animal e não um anjo transcendente. O destino que a criança teme, então, e que a afasta horrorizada da mãe, é o de ser também uma criatura material, exatamente aquilo que ela luta para sobrepujar com o seu treinamento anal. O horror aos órgãos genitais femininos, então, é o choque da criancinha que, de repente — antes dos seis anos — se vê transformada num filósofo, num ator trágico que terá que ficar homem muito antes da época própria e que deve usar reservas de sabedoria e de força que não possui. Uma vez mais, este é o ônus da "cena primária": não que ela provoque insuportáveis desejos sexuais na criança ou o ódio e o ciúme agressivos em relação ao pai, mas sim que ela confunde a criança no que diz respeito à natureza do homem. Romm observou, quanto ao seu paciente:

> Sua desconfiança de todos, ele atribuía, em sua maior parte, à decepção causada pela descoberta do relacionamento sexual entre os pais. A mãe, que era tida como um anjo, revelou-se humana e carnal.[26]

Isso é perfeito: como se pode confiar em pessoas que representam a prioridade do código cultural de moralidade, a transcendência "angelical" acima da degeneração do corpo, e no entanto põem tudo isso de lado em suas mais íntimas relações? Os pais são os deuses que fixam os padrões para a maior vitória do indivíduo; e quanto mais inequivocamente eles a representarem, mais segura será a identidade em formação da criança. Quando eles próprios se entregam a atividades animalescas que incluem grunhidos e gemidos, a criança acha isso "repugnante": o sentimento de repugnância surge quando os significados fáceis de entender são solapados. É por isso — se ele nunca presenciou a cena primária — que o menino muitas vezes resiste à revelação, por parte de seus amigos da rua, de que seus pais têm relações sexuais como todo mundo. Como foi perspicaz a observação de Tolstoi, de que era enorme a diferença que o separava de uma criança recém-nascida e era ínfima a que o separava da criança de cinco anos. Naqueles cinco anos, a criança tinha que carregar ao ombro todo o ônus existencial da condição humana. Na realidade, pouco lhe falta para aprender, no resto da vida, sobre o seu destino básico.

Jung percebeu significação, carregada de desejos, e a centralidade da imagem hermafrodita com uma enorme clareza e alcance histórico,[27] da mesma forma como o perceberam Rank, em toda a sua obra, Boss[28] e Brown.[29] Nada é mais eloquente e objetivo do que as palavras de uma paciente psicanalítica, uma fetichista que "condenava o detestável envoltório de seu corpo", dizendo: "Eu gostaria de arrancar esta pele. Se eu não tivesse este corpo idiota, seria tão pura por fora quanto me sinto por dentro."[30]

O corpo é, indiscutivelmente, o obstáculo para o homem, o estorvo degenerativo da espécie para a liberdade interior e a pureza do seu eu. O problema básico da vida, nessa acepção, é saber se a espécie (o corpo) vai predominar, ou não, sobre a individualidade da pessoa (o eu interior). Isso explica toda a hipocondria, com o corpo sendo a principal ameaça à existência do indivíduo como criatura autoperpetuável. Explica também sonhos que as crianças têm, como aqueles sonhos em que suas mãos vão se transformando em garras. A mensagem emocional diz que elas, as crianças, não têm controle algum sobre o seu destino, que a acidentalidade da forma do corpo inibe e restringe a liberdade delas e as delimita. Uma das brincadeiras favoritas da infância é "pregar o rabo no burro". Haverá melhor maneira de descarregar a angústia sobre a acidentalidade das formas das coisas do que rearrumar a natureza brincando, com a mesma despreocupação com que ela parece ter colocado apêndices corporais? No fundo, as crianças são Picassos protestando contra a arbitrariedade das formas externas e afirmando a prioridade do espírito interior.[31] A angústia em relação ao corpo também aparece em todos os sonhos "anais", quando as pessoas se vêem sujas por vasos sanitários que transbordam, pela urina de alguém que espirra — em meio às mais importantes atividades e vestindo seus melhores trajes sociais. Não há dúvida: o monte de fezes é a verdadeira ameaça à humanidade. Vemos essa confusão entre transferência simbólica e função anal ao longo de toda a literatura psicanalítica. O paciente de Romm, "Sempre que ele se sentia social, financeira ou sexualmente inseguro (...) tinha flatulência e diarréia". Ou mais: "Ele sonhava que via o pai fazendo um discurso para uma platéia. De repente, percebia que o pênis do pai estava de fora."[32]

Qual é, em outras palavras, a verdade sobre a condição humana? Estará a verdade no corpo, ou nos símbolos? Se não for honesta, então deve haver uma mentira em algum ponto, o que representa uma ameaça. Outro paciente colecionava livros, "e sempre sentia vontade de defecar quando entrava numa livraria".[33] A sua obra literária era inibida pelos seus temores corporais. Como dissemos várias vezes, as crianças aprendem realmente sozinhas os hábitos de higiene, devido à angústia existencial do corpo. É muitas vezes patético o grau de confusão que elas atingem quando, por acaso, molham as calças, ou a rapidez e a facilidade com que cedem à moralidade pública e não querem mais urinar ou defecar na rua, "onde alguém pode ver". Fazem isso por decisão própria, mesmo depois de serem criadas por pais muitíssimo desinibidos. É óbvio que são humilhadas pelos próprios corpos. Podemos concluir, de forma muito categórica, que hipocondrias e fobias são focalizações do terror da vida e da morte por um animal que não quer ser animal.

Já ficara claro, num trabalho de Freud no início, sobre o "Homem-rato", que a morte e a decomposição são temas centrais na síndrome da obsessão, e recentemente isso foi desenvolvido de maneira excelente e definitiva na obra dos psiquiatras existencialistas europeus, notadamente Straus.[34] A bibliografia psicanalítica sobre o fetichismo, depois de Freud, mostra muito claramente aquilo que Rank já alegara: a criança é realmente perturbada por corpos. Phyllis Greenacre apresentou a opinião clínica conclusiva sobre isso, numa série de trabalhos muito importantes, que reconheceram que a angústia da castração antecede, de muito, o verdadeiro período edipiano. Trata-se de um problema de vulnerabilidade global, e não de um problema especificamente sexual. Isso é uma importante evolução a partir de Freud. Em sua linguagem técnica favorita, os psicanalistas dizem que a angústia da castração está "especificamente sobrecarregada (...) de uma forte mistura de tendências orais e anais".[35] Em outras palavras, ela é um problema de toda a orientação física para a realidade. Na história de fetichistas, vimos com freqüência que eles estão sujeitos a traumas precoces com relação à decadência física e à morte.

> Os traumas de maior importância são aqueles que consistem no fato de se presenciar um determinado acontecimento particularmente mutilador: uma morte ou um acidente mutilador, uma operação, um aborto, ou um nascimento em casa.(...) Se pegarmos o trabalho de Freud de 1938, no qual ele esboça o desenvolvimento de um caso de fetichismo e enfatiza a visão dos órgãos genitais femininos coincidindo com a masturbação e com as ameaças de castração logo no início da

fase fálica, e substituirmos "ameaça de castração" por "visão de um corpo mutilado e sangrando", penso que poderemos imaginar o que acontece em certo número de crianças.[36]

Isso seria válido, naturalmente — e em especial —, se a própria criança tivesse tido uma doença traumática ou sofrido uma operação dolorosa.[37] Um dos pacientes de Fenichel sofria de prolapso retal e a mãe tinha que empurrar o reto de volta para o lugar toda vez que ele fazia o intestino funcionar. Não é surpresa, então, que ele se visse acossado pelo temor de que seu intestino caísse no vaso sanitário.[38] Imagine ser tão vulnerável a ponto de ter que ser empurrado de volta para o lugar. Não admira que ele estivesse obcecado com o medo da morte, que a sua angústia de castração fosse esmagadora, que ele achasse que sua falecida mãe ou o pênis de sua irmã pudessem ter descido pelo esgoto, tal como descem as fezes e a água do banho ou, então, como bem poderiam descer seus intestinos. O mundo não dá explicações quanto ao que tira dos corpos e despeja pela descarga; as coisas simplesmente desaparecem de forma misteriosa. Um dos pacientes de Lorand, um menino de quatro anos, não conseguia entender por que uma menina que ele havia visto no acampamento não tinha dedo algum na mão, ou por que um de seus parentes não tinha uma perna. O menino não podia entrar no mesmo recinto com o homem e saía correndo e gritando ao ouvir a sua voz. Ele perguntou ao médico, em voz baixa e com olhar aflito: "O senhor não vai me fazer desaparecer, vai?"[39] Aqui vemos, uma vez mais, a criança como um filósofo, expressando a preocupação de Whitehead com um dos dois grandes males da vida humana: o de que "as coisas desaparecem".

Uma das principais conclusões a que Greenacre chegou a respeito dos fetichistas foi a de que o desenvolvimento inicial defeituoso dessas pessoas era devido a uma série de coisas semelhantes: traumas excessivos, relações mãe/filho perturbadas, vida familiar desfeita e pai ausente, ou pai muito fraco, que representam um modelo inadequado para a força da criança. Esses tipos de perturbações levam a uma perturbação principal: aquelas pessoas eram fracas no que dizia respeito à confiança que tinham no corpo — para usar termos não-clínicos. Simon Nagler, em importante trabalho, atribuiu todo o problema do fetichismo a um amor-próprio muito fraco, à sensação de inadequação e, daí, ao medo do papel masculino. Essas ênfases constituem importantes modificações do que foi dito por Freud, porque salientam o papel do desenvolvimento, ao invés do instinto. A Freud faltava a rica teoria do desenvolvimento que se acumulou de sua época para cá, e por isso tinha que ser um mistério, para ele, o motivo pelo qual algumas pessoas se tornam homossexuais e outros tipos de fetichistas e, no entanto, a grande maioria dos homens não vira nem uma coisa nem outra, conseguindo superar o horror aos órgãos genitais femininos.[40] Se se tratasse de uma questão de instinto relativamente não afetado pela experiência vivida no desenvolvimento, essas coisas seriam, realmente, um mistério. Esse foco no instinto uniforme e não no desenvolvimento diferencial foi uma das principais deficiências do trabalho inicial de Freud. Simon Nagler, de fato, chega até a querer descartar por completo o medo da castração e também questiona a idéia da mãe fálica.[41] Houve época em que concordei com ele em algumas de minhas ousadas tentativas de compreender o fetichismo.[42] Mas agora está claro que esse excesso de ênfase é tolice. Uma teoria perfeita do fetichismo tem que reconhecer a centralidade da invulnerável mãe fálica, a imagem hermafrodita; precisa aceitar o medo de castração generalizado como a sensação básica de vulnerabilidade do corpo. Finalmente, deve incluir a história do desenvolvimento pessoal que faz com que certas pessoas sejam mais fracas e mais angustiadas do que outras diante da experiência.

A idéia do amor-próprio muito fraco é, naturalmente, crucial, mas devemos nos lembrar de que o amor-próprio não é, a princípio, um problema simbólico, mas um problema ativo, organísmico. Ele cria raízes na experiência física elementar da criança, quando a sua experiência lhe dá um narcisismo confiante, uma sensação de invulnerabilidade. Amor-próprio elevado significa essa sensação de invulnerabilidade, e a pessoa o adquire de três maneiras básicas. Ele deriva, primeiro, do poder do outro — da mãe, quando ela é um apoio confiável e não interfere demais na atividade da criança, e de um pai forte, com o qual a criança possa se identificar. A segunda fonte de poder para sobrepujar a vulnerabilidade é uma que já mencionamos: a posse do próprio corpo como um lugar seguro que está sob o controle da pessoa. Vemos que essa segurança pode ser enfraquecida por traumas, bem como pela qualidade do ambiente familiar inicial. A terceira maneira de se obter o poder é, naturalmente, junto ao projeto cultural *causa sui*, os símbolos e a dramatização de nossa transcendência de vulnerabilidade animal. (Veremos, daqui a pouco, como essa terceira fonte é importante no fetichismo.) Só essas três coisas reunidas podem nos dar uma visão coerente da dinâmica do fetichismo.

O Problema da Liberdade Pessoal *versus* Determinismo da Espécie

A maioria das pessoas, portanto, evita o fetichismo extremado porque, de alguma maneira, consegue o poder de usar o corpo "tal como planejado pela natureza". Exerce o papel ditado pela espécie, de relações sexuais com o parceiro, sem ser maciçamente ameaçada por ele. Mas quando o corpo realmente representa uma ameaça maciça ao próprio indivíduo, então, logicamente, o papel ditado pela espécie se torna uma tarefa assustadora, uma experiência possivelmente aniquiladora. Se o corpo é tão vulnerável, o indivíduo sente o temor de morrer se participar plenamente dos atos desse corpo. Penso que essa idéia resume simplesmente aquilo que o fetichista sente. Graças a essa vantagem do nosso ponto de observação, poderíamos considerar toda a perversão como um protesto contra a subjugação da individualidade pela padronização da espécie.

Rank desenvolveu essa teoria ao longo de toda a sua obra. A única maneira pela qual a humanidade poderia realmente *controlar* a natureza e colocar-se acima dela era converter a imortalidade sexual em imortalidade individual. Rank resume as implicações disso de modo muito vigoroso e sugestivo:

> ...em essência, a sexualidade é um fenômeno coletivo que o indivíduo, em todos os estágios de civilização, quer individualizar, isto é, controlar. Isso explica todos [!] os conflitos sexuais do indivíduo, da masturbação às mais variadas perversões e perversidades, acima de tudo a manuten-

ção, por parte de indivíduos, de segredo em relação a tudo que diga respeito ao sexo, como expressão de uma tendência pessoal de individualizar, tanto quanto possível, elementos coletivos que existem nele.[43]

Em outras palavras, perversão é um protesto contra a mesmice da espécie, contra a submersão da individualidade no corpo. É, até, um foco de liberdade pessoal em relação à família, a maneira secreta do indivíduo afirmar-se contra toda a padronização. Rank chega a fazer a emocionante especulação de que o complexo de Édipo, no clássico entendimento freudiano, pode ser uma tentativa da criança de resistir à organização familiar, ao papel obediente de filho ou de filha e à absorção pelo coletivo ao afirmar o seu ego.[44] Mesmo em sua expressão biológica, então, o complexo de Édipo poderia ser uma tentativa de transcender o papel da criança obediente, de encontrar a liberdade e a individualidade através do sexo, por meio de uma ruptura da organização familiar. Para compreender isso, temos de enfatizar, uma vez mais, o motivo básico do homem, sem o que nada de vital importância poderá ser compreendido — a autoperpetuação. O homem está dividido em dois tipos distintos de experiência — física e mental, ou corporal e simbólica. O problema da autoperpetuação se apresenta, assim, de duas formas distintas. Uma, o corpo, é padronizada e determinada; a outra, o eu, é personalizada e conquistada. Como é que o homem vai suceder a si mesmo, como vai deixar, ao partir, uma réplica de si mesmo ou uma parte de si mesmo para continuar vivendo? Vai deixar uma réplica do seu corpo, ou do seu espírito? Se ele procriar fisicamente, satisfaz o problema da sucessão, mas de uma forma mais ou menos padronizada ditada pela espécie. Embora se perpetue em sua prole, que poderá parecer-se com ele e levar um pouco do seu "sangue" e a qualidade mística de seus ancestrais familiares, poderá não achar que esteja realmente perpetuando o seu eu interior, a sua personalidade característica, seu espírito, por assim dizer. Ele quer conseguir algo mais do que uma simples sucessão animal. O característico problema humano, desde tempos imemoriais, tem sido a necessidade de espiritualizar a vida humana, erguê-la para um plano imortal especial, acima dos ciclos de vida e morte que caracterizam todos os demais organismos. Esta é uma das razões pelas quais a sexualidade está, desde os primórdios, sujeita a tabus; ela precisava ser erguida do plano da fertilização física para um plano espiritual.

Ao abordar o problema da sucessão ou autoperpetuação segundo a sua natureza plenamente dualista, Rank pôde compreender os significados mais profundos da homossexualidade grega:

> Visto sob esse aspecto, o amor a rapazes, que, como nos diz Platão, visava eternamente ao melhoramento e à perfeição do jovem amado, aparece, sem dúvida alguma, como (...) um aperfeiçoamento espiritual na outra pessoa, que se torna transferida para o seu digno sucessor aqui na terra; e isso não com base na procriação biológica do próprio corpo, mas no sentido do simbolismo da imortalidade espiritual no discípulo, o mais jovem.[45]

Em outras palavras, o grego procurava incutir o seu eu interior, seu espírito ou sua alma, no jovem adorado. Essa amizade espiritual estava destinada a produzir um filho no qual a alma da pessoa iria sobreviver:

> No amor a rapazes, o homem fertilizava tanto espiritualmente como de outra maneira a imagem viva da própria alma, que parecia materializada em um ego tão idealizado e tão parecido com o seu corpo quanto possível.[46]

Essa brilhante especulação nos permite compreender alguns dos motivos ideais da homossexualidade não apenas dos gregos, mas de pessoas especialmente individualizadas e criativas como Miguel Ângelo. Para uma pessoa assim, aparentemente, a homossexualidade nada tem a ver com os órgãos sexuais da pessoa amada mas, ao contrário, representa uma luta para criar o próprio renascimento com "a maior semelhança possível" que, como diz Rank, obviamente se encontra no próprio sexo da pessoa.[47] Em termos de nossa discussão, podemos perceber que essa tentativa representa o projeto *causa sui* completo: criar, inteiramente sozinho, uma réplica espiritual, intelectual e fisicamente semelhante de si mesmo: a autoperpetuação ou o símbolo de imortalidade perfeitamente individualizado.

Se o complexo de castração representa a admissão, por parte da criança, de que seu corpo animal é um projeto *causa sui* fracassado, haverá melhor maneira de desafiar o corpo do que abandonar inteiramente o seu papel sexual? Nesse sentido, as perversões equivaleriam a uma total liberdade em relação ao complexo de castração. Elas são um hiperprotesto contra a mesmice da espécie. Mas Rank estava tão empenhado em acentuar o positivo, o lado ideal da perversão, que quase obscureceu o quadro geral. Não somos mais os gregos antigos, e muito poucos de nós são Miguel Ângelos. Em suma, não estamos dominados por motivos ideais nem possuímos os poderes maiores do gênio. As perversões comuns são protestos de fraqueza, e não de força. Representam a falência do talento, e não a sua quintessência. Se o neurótico é o *artiste manqué*, mais se justifica dizer que o homossexual comum é o "grego *manqué*", o Miguel Ângelo sem poder e sem talento firmes. O pervertido é o artista desajeitado que tenta desesperadamente uma contra-ilusão que preserve a sua individualidade — partindo, porém, de talento e poderes limitados: daí o medo do papel sexual, de ser devorado pela mulher, de ser arrastado pelo próprio corpo, e assim por diante. Como salientou F. H. Allen — um dos primeiros seguidores de Rank —, o homossexual é, com freqüência, uma pessoa que escolhe um corpo igual ao seu, por causa do terror que sente pela diferença da mulher, pela falta de forças para suportar essa diferença.[48] Na verdade, poderíamos dizer que o pervertido representa uma luta pela individualidade precisamente porque não se sente nem um pouco individual e tem pouca força para sustentar uma identidade. As perversões representam uma exaurida e ridícula reivindicação de uma personalidade perfeitamente definida por parte daqueles menos equipados, pelo treinamento no início de sua formação para exercer tal reivindicação. Se, como diz Rank, as perversões são uma luta pela liberdade, devemos acrescentar que, em geral, representam uma luta dessas por parte daqueles menos aptos a suportarem a liberdade. Eles fogem da escravidão da espécie, não por serem fortes, mas por serem fracos, por uma incapacidade de suportar o lado puramente animal de sua natureza. Como vimos acima, a experiência na infância é decisiva na formação de um sentimento seguro do próprio corpo, uma firme identificação com o pai, um forte controle do ego sobre si mesmo, e aptidões interpessoais de confiança. Só se o indivíduo conseguir essas coisas poderá "desempenhar o papel ditado pela espécie" de maneira generosa, uma maneira que não ameaça afundá-lo na angústia do aniquilamento.

Quando resumimos todo esse problema, podemos perceber que há várias maneiras de se sobrepujar a questão do sexo vivenciado como ameaça de padronização do indivíduo dentro da sua espécie, ameaça que vem principalmente de uma mistura de desespero, ingenuidade e imaturidade — e não de autoconfiança e controle. A maneira mais ideal, a "mais elevada", está, é claro, na experiência do amor. Aqui, a pessoa se identifica totalmente com o parceiro e elimina a ameaça de isolamento, desamparo, de angustiada autoconsciência em relação ao corpo. O amante se entrega com alegria e com realização desinteressada, o corpo se torna o estimado veículo para a apoteose do indivíduo, e este sente uma gratidão verdadeira precisamente *pela* mesmice da espécie. A pessoa fica satisfeita por ter um corpo padronizado, porque isso permite a união amorosa. Mesmo sem o amor ideal, a pessoa pode ceder ao forte desejo físico e deixar-se "levar" de maneira generosa, de modo que a espécie não representa ameaça alguma ao seu eu interno característico. Vemos isso no narcisismo fálico e em algumas formas do fenômeno chamado "ninfomania". Neste caso, a pessoa parece ceder exageradamente à identidade com a espécie, afundar-se nela de forma total. Talvez essa atividade proporcione à pessoa um alívio dos ônus do seu eu e do seu dualismo. Com freqüência, pode ser o que os psicanalistas chamam de atitude "contrafóbica": aderir irrestritamente àquilo que se teme, como meio de proclamar que isso não traz angústia. Em muitas formas de sadomasoquismo, isso deve também representar o mergulho na "verdade" do corpo, a afirmação do físico como a área primeira da realidade, como tão bem conjecturou Fromm. Por fim, nas pessoas esquizóides, a angústia ligada ao corpo biológico é tão grande, que elas simplesmente se dissociam de seus corpos, mesmo durante o ato sexual. Dessa maneira, preservam a santidade de seus eus interiores em relação às degradações do corpo. Dizem que as prostitutas, também, praticam ativamente esse tipo de dissociação do próprio corpo, a fim de manterem suas identidades pessoais intactas e puras, não importa o quanto possam sentir-se fisicamente degradadas. Como observou uma moça esquizofrênica, da maneira mais indiferente: "*Acho* que fui estuprada quando vinha para cá."

Isso é uma afirmação, com vigor exagerado, da transcendência do espírito interior, uma completa isenção de contaminação pelo corpo. Uma vez mais, vemos que a esquizofrenia representa o limite extremo da condição humana, uma solução desesperada do problema do dualismo que a evolução jogou sobre os nossos ombros. Esse tipo de desespero tem necessariamente algo de caricato: o homem não pode se livrar de seu corpo, mesmo se jogá-lo fora — para parafrasear Goethe. Não pode haver nenhuma transcendência absoluta do papel ditado pela espécie enquanto os homens forem vivos. Quando até mesmo os maiores talentos, como um Miguel Ângelo, nos deixam cheios de dúvidas sobre a vitória humana, o que dizer dos esforços patéticos de seres mais inferiores, que têm que arrastar seus corpos ao longo da vida e usá-los para se relacionarem com os outros?

O Objeto do Fetiche e a Dramatização

Desde que compreendamos os problemas da totalidade hermafrodita, eu e corpo, força e fraqueza, determinismo da espécie e liberdade pessoal, teremos condições de fazer alguma idéia do que os fetichistas estão tentando fazer. Esta é, sem dúvida, a área mais fascinante desse problema.

Um dos enigmas principais deste assunto tem sido o que o objeto do fetiche representava, qual era o significado de um sapato ou de um espartilho, do couro e de peles, ou mesmo de uma perna artificial.[49] Freud e seus seguidores afirmavam, convictamente, que esse objeto representava "um pênis muito especial" — o da mãe.[50] Alegava-se, também, que o fetiche representava uma negação do pênis, uma vagina, fezes, e coisas semelhantes. Tudo isso parece indicar que o que ele representava não estava claro, que podia representar muitas coisas para muitos fetichistas diferentes, o que, sem dúvida, é a verdade. Mas outra coisa é certa: o fetiche tinha relação com um problema criado pelo ato sexual. Boss mostrou isso de maneira brilhante.[51] De seu estudo, bem como da sucessão de trabalhos de autoria de Greenacre, saiu uma nova e mais completa compreensão do objeto do fetiche. Se o fetichismo representa a angústia do ato sexual, o perigo do funcionamento ditado pela espécie para um animal simbólico, o que é que o fetiche deve ser, se não algum tipo de amuleto mágico? O objeto do fetiche representa o meio mágico de transformar a animalidade em algo transcendente e, com isso, garantir que a personalidade se liberte da sua condição corporal padronizada, débil e terrena. Essa libertação dá ao indivíduo a coragem para realizar o ato sexual, uma vez que ele não está ligado a esse ato de uma maneira animal, mas já o transcende de forma simbólica. Freud tinha razão quando dizia que o fetiche salvava a pessoa da homossexualidade, mas não porque fosse um pênis — exceto, talvez, como diz Boss,[52] para o mais fraco dos homens. Ao contrário, o fetiche é uma maneira de transformar a realidade. Diz Boss a respeito de um de seus pacientes:

> Sempre que ele via ou tocava botas femininas "o mundo sofria uma transformação milagrosa", dizia ele. O que parecera apenas "cinzento e sem sentido no quotidiano melancólico, solitário e malogrado, afasta-se de mim, de repente, e a luz e o encanto se irradiam do couro para mim". Esses objetos de couro pareciam ter "um halo estranho" que lançava sua luz sobre todas as outras coisas. "É ridículo, mas a sensação é de ser um príncipe encantado. Um poder incrível, mana, se desprende dessas luvas, dessas peles e dessas botas, e me fascina por completo." (...) Mulheres nuas, a mão de uma mulher sem luva, ou especialmente o pé de uma mulher sem sapato (...) parecia um pedaço de carne sem vida num açougue. Na verdade, o pé descalço de uma mulher lhe era realmente repugnante.(...) No entanto, quando a mulher usava uma luva, uma peça de pele, ou uma bota de montaria, imediatamente ela "se colocava acima de seu nível arrogante, demasiado pessoal sob o aspecto humano". Ela se erguia, então, acima da "insignificância e da corrompida concretude da mulher comum" com seus "abomináveis órgãos sexuais", e subia para a esfera superindividual, "a esfera em que o sobre-humano e o subumano se mesclam, na divindade universal".[53]

Não resta muita coisa a dizer depois de uma revelação impressionante como essa. O fetiche toma a "carne biológica" e a envolve em um feitiço. A exigência animal impessoal, concreta, é arrogante, insultuosa: você se vê diante de um corpo e é obrigado a se relacionar com esse corpo inteiramente nas condições por ele impostas, condições impostas, em sua totalidade, pela carne e pelo sexo desse corpo. Diz o paciente de Boss: "De certa forma, sempre penso que as relações sexuais são uma grande desgraça para os seres humanos."[54] O fetiche muda tudo isso, ao transformar toda a qualidade do relacionamento. Tudo fica espiritualizado, etéreo. O corpo já não é carne, já não é mais uma exigência impessoal por parte da espécie; ele tem um halo, irradia luz e liberdade, torna-se uma coisa realmente pessoal, individual.[55]

Como Greenacre argumentou tão bem, pílulas e comprimidos são formas de fetiches também, meios de vencer a angústia e o terror do corpo de um modo mágico que tranqüiliza.[56] O fetichismo existe numa faixa que vai das pílulas até peças de pele, couro, seda, e sapatos. Temos, então, artigos desenvolvidos para o exercício de um tipo de mágica simbólica: a pessoa hipnotiza a si mesma com o fetiche e cria a sua própria aura de fascinação que transforma por completo a realidade ameaçadora.[57] Em outras palavras, os homens usam invenções da cultura, seja lá que forma tenham, como amuletos com os quais tentam transcender a realidade natural. Isso é, na realidade, a extensão de todo o problema da infância: o abandono do corpo como projeto *causa sui*, em favor da nova magia da transcendência cultural. Não admira que o fetichismo seja universal, como o próprio Freud observou: todas as invenções culturais são artifícios auto-hipnóticos — do automóvel ao foguete da viagem à Lua —, meios que um animal extremamente limitado pode inventar para se convencer de que tem o poder de transcender a realidade natural. Como ninguém pode ficar propriamente tranqüilo quando sente o seu eu interior único ser engolfado no determinismo biológico, toda pessoa usa uma certa dose de encantamentos mágicos no seu relacionamento com o mundo.

Se o objeto do fetiche for um amuleto mágico, ele exerce naturalmente algumas das qualidades da magia, isto é, deve ter algumas das propriedades daquilo que ele procura controlar. Para controlar o corpo, então, ele deve demonstrar um certo relacionamento íntimo com o corpo — ter uma estampa de sua forma, possuir um pouco do seu odor, atestar sua concretude e sua animalidade. É por isso, acho eu, que o sapato é o fetiche mais comum. Ele é a coisa mais próxima *do* corpo, e no entanto não é *o* corpo, e está associado àquilo que quase sempre impressiona aos fetichistas como a mais feia das coisas: o desprezado pé, com seus dedos calejados e suas unhas amareladas. O pé é o testemunho absoluto e consumado de nossa animalidade degradada, da incongruência entre o nosso orgulhoso, rico, animado, infinitamente transcendente, livre espírito interior e o nosso corpo materialista. Uma pessoa conhecida resumiu isso à perfeição: "O pé é uma coisa que parece idiota." Freud achava que o sapato era fetichizado porque, como era a última coisa que o bebê via antes de erguer os olhos para os temidos órgãos genitais, ele podia parar ali, em segurança, para a sua negação.[58] Mas o pé é o horror dele próprio; e o que é mais, ele vem acompanhado pela sua própria negação e seu próprio contraste notável e transcendental — o sapato. Os órgãos genitais e os seios, é verdade, são realçados pelas roupas íntimas e por espartilhos duros, freqüentemente tornados objeto de fetiche, mas nada é igual ao pé no que se refere a feiúra, ou ao sapato no que diz respeito a realce e a invenção cultural. O sapato tem cordões, fivelas, o couro mais macio de todos, uma elegantíssima curvatura, o salto mais duro, mais macio, mais brilhante de todos.[59] Não há, em toda a natureza, nada que se compare ao salto alto fino, arrisco-me a dizer. Em resumo, eis aí a quintessência da invenção cultural e do contraste, tão diferente do corpo, que leva a pessoa para um mundo seguro, longe dele, enquanto continua intimamente associada a ele.

Além disso, se o fetiche é um amuleto, tem de ser um amuleto muito pessoal e secreto, como afirma Greenacre. Há muito que sabemos, graças à sociologia e aos escritos de Simmel, como o segredo é importante para o homem. O ritual secreto, o clube secreto, a fórmula secreta — isso cria uma nova realidade para o homem, uma maneira de transcender e transformar o mundo quotidiano da natureza, de dar a ele dimensões que ele não teria não fosse isso, e de controlá-lo por meios arcanos. O segredo implica, acima de tudo, poder de controlar o dado pelo escondido e, assim, poder de transcender o dado — a natureza, o destino, a destinação animal. Ou, como disse Greenacre, "...o segredo se relaciona, em seu nível mais primitivo, a órgãos e processos físicos (...) contém mais fundamentalmente a luta contra o medo da morte. (...)"[60]

O segredo, em outras palavras, é a ilusão do homem por excelência, a negação da realidade física de seu destino. Não admira que o homem tenha estado sempre à procura de fontes da juventude, de santos grais, de tesouros enterrados — algum tipo de poder onipotente que invertesse instantaneamente o seu destino e alterasse a ordem natural das coisas. Greenacre lembra, também, com brilhante pertinência, que Herman Goering escondeu cápsulas de veneno no ânus, usando-as para acabar com a própria vida num último gesto de poder desafiador.[61] Isso é a inversão das coisas ao exagero: usar o local da falibilidade animal como fonte de transcendência, o receptáculo para o amuleto secreto que vai enganar o destino. E no entanto é esse, afinal, o significado perfeito da analidade: ela é a afirmação solene de que todas as invenções culturais do homem constituem magia anal, para provar que, de todos os animais, só ele leva uma vida encantada, devido ao esplendor do que ele pode imaginar e criar, daquilo que ele pode desfiar simbolicamente de seu ânus.

A característica final dos rituais misteriosos é que eles devem ser dramatizados. E as atividades dos fetichistas e dos pervertidos afins, como os travestis, sempre fascinaram os observadores precisamente por causa disso. Eles montam um drama complicado, no qual a sua satisfação depende de uma montagem minuciosamente correta da cena. Qualquer pequeno detalhe ou pequena falha em agir segundo uma fórmula exata estraga tudo. As palavras certas têm que ser pronunciadas no momento exato, os sapatos arrumados de certa maneira, o espartilho, vestido e amarrado de forma correta, e assim por diante.[62] O fetichista se prepara para a relação sexual *da maneira correta*, para torná-la segura. A angústia da castração só pode ser dominada se prevalecerem as *formas adequadas* das coisas. Esse padrão resume toda a idéia de ritual — e, uma vez mais, de toda a cultura: as formas das coisas, criadas pelo homem, prevalecendo sobre a ordem natural e subjugando-a, transformando-a e tornando-a segura.

É no travestismo que vemos uma encenação especialmente rica da transcendência. Em nenhuma outra situação vemos com tanta clareza o dualismo cultura e natureza. Os travestis acreditam que podem transformar a realidade animal ao vesti-la com uma roupagem cultural — exatamente como fazem os homens em toda parte, que se vestem com pompas para negar, como disse Montaigne, que sentam "sobre o traseiro", como qualquer animal, por mais grandioso que seja o trono. O travesti clínico, entretanto, é ainda mais dedicado do que o homem comum, completamente obcecado pelo poder que tem a roupa de criar uma identidade. Muitas vezes há um passado de vestir bonecas ou de fazer brincadeiras com a irmã nas quais as roupas eram trocadas e, com isso, era trocada a identidade de cada um deles.[63] É óbvio que, para essas pessoas, "o negócio é representar", e elas são tão dedicadas quanto personalidades do teatro no sentido de serem realmente aquilo que as roupas fazem delas.

O que é que elas querem ser? Parece que querem refutar o complexo de castração, superar a identidade dentro da espécie, a separação em sexos, a acidentalidade do sexo único e seu destino limitante. Querem eliminar a sensação de ser incompleto que há em cada um de nós e o fato de que somos um fragmento não apenas da natureza, mas até mesmo de um corpo completo. O travesti parece querer provar a realidade do hermafroditismo, por possuir um pênis e, no entanto, aparentar ser uma mulher.[64] "Quero ser minha irmã e, no entanto, manter o meu pênis", disse um paciente:

> Quando se dedicava a suas práticas pervertidas, ele costumava, tão logo acabava a ejaculação, arrancar o mais rápido possível os trajes tomados por empréstimo. Com relação a isso, ele tinha a associação de que havia sido prevenido de que, se uma pessoa fizesse caretas e o relógio batesse as horas, seu rosto permaneceria daquele jeito. Por isso, temia a possibilidade de "continuar metido" no seu papel feminino, e isso iria implicar ficar privado do pênis.[65]

É óbvio que isso é uma maneira de afirmar que a brincadeira é para valer, a representação é a realidade, e se a pessoa for apanhada quando o relógio bater a meia-noite a tendência é perder tudo. Bak se manifesta de maneira semelhante sobre seu paciente:

> Vestir-se e despir-se em frente a um espelho era uma atividade que dominava seus atos durante muito tempo. O pênis era envolto em ataduras e amarrado com força para trás, e os testículos eram empurrados para dentro do canal inguinal. Esses episódios eram seguidos de uma intensa angústia de castração — ele temia que o corpo do pênis estivesse quebrado, que o pênis tivesse ficado torto, que o canal espermático estivesse rompido e ele fosse ficar estéril.[66]

O controle do sexo mediante a representação provavelmente também não absorve a angústia por completo, porque o perigo desse controle aumenta o senso da realidade da própria representação. Com o inevitável senso de culpa pelo fato de que o eu está, agora, inteiramente num plano secundário em relação ao corpo em *ambas* as suas formas sexuais, o resultado só pode significar que a individuação atrofia-se.

Não há dúvida de que é simplória a crença na eficácia mágica do vestuário. O paciente de Fenichel, em certa ocasião em que viu um menino aleijado, "teve ímpetos de trocar de roupa com ele. Significava negar que o menino fosse realmente um aleijado".[67] Muitas vezes, porém, essas fantasias podem ser transformadas em realidade. Um dos pacientes de Greenacre tinha muitas fantasias de transformar meninos em meninas e vice-versa, e acabou se tornando um endocrinologista![68] Com base nisso podemos concluir que o travesti e o fetichista não vivem inteiramente na ilusão. Eles vislumbraram a verdade que todos os homens vivem, que a cultura pode realmente transformar a realidade natural. Não existe linha alguma definida entre criatividade cultural e criatividade natural. Cultura é um sistema de símbolos que realmente dá poderes para dominar o complexo de castração. O homem pode, em parte, criar a si mesmo. De fato, a partir desse ponto de vista, podemos entender o travestismo como a forma perfeita do *causa sui*, o relacionamento sexual direto *consigo* mesmo, sem ter que passar pelo caminho "indireto" de uma parceira. Como salientou Buckner de maneira estimulante, o travesti parece desenvolver uma personalidade feminina dentro de si mesmo; isso lhe dá um relacionamento interno de duas pessoas, na verdade um "casamento interno".[69] Ele não depende de ninguém para a satisfação sexual, já que pode representar o seu próprio "contrapapel". Esta é a conseqüência lógica da unidade hermafrodita, de se tornar um mundo completo para si mesmo.

Em parte alguma existe melhor exemplo da falta de nitidez da linha entre criatividade fetichista e criatividade cultural do que no antigo hábito chinês de amarrar os pés das mulheres. Essa prática mutilava os pés, que, então, mesmo deformados, eram objeto de veneração por parte dos homens. O próprio Freud comentou esse hábito com relação ao fetichismo e observou que o "o homem chinês parece querer agradecer à mulher por ela ter-se submetido à castração".⁷⁰ Uma vez mais, um entendimento profundo, mas conceituado e exposto de forma ligeiramente fora de propósito. Deveríamos dizer, isso sim, que essa prática representa o triunfo perfeito da invenção cultural sobre o pé animal — exatamente aquilo que o fetichista consegue com o sapato. A veneração, então, é a mesma: gratidão pela transformação da realidade natural. O pé mutilado é uma homenagem e um sacrifício simbólico à eficácia da cultura. Os chineses estão, neste caso, reverenciando a si mesmos, a sua cultura, no pé, que agora tornou-se sagrado precisamente porque deixou a realidade dada e mesquinha do mundo animal cotidiano.

Em algum ponto, porém, temos que traçar a linha entre criatividade e fracasso, e em nenhum outro ponto essa linha é mais nítida do que no fetichismo. O protesto anal de cultura pode provocar o próprio fracasso, em especial se gostarmos que nossas mulheres andem ou se quisermos nos relacionar com elas como seres humanos plenos. Isso é exatamente o que o fetichista não pode fazer. A magia secreta e a dramatização privada podem ser um controle da realidade, a criação de um mundo pessoal, mas também separam o praticante da realidade, tal como fazem as invenções culturais ao nível mais padronizado. Greenacre compreendeu isso com muita perspicácia, observando que o segredo tem duas caras, um subterfúgio que enfraquece o relacionamento da pessoa com os outros.⁷¹ O travesti, no seu secreto casamento interno, na verdade vive inteiramente destituído do relacionamento que existe no matrimônio. Em tudo isso, não devemos esquecer o empobrecimento geral do fetichista e do travesti: a insegura identificação com o pai, o fraco ego corporal.⁷² A perversão tem sido chamada de uma "religião particular" — e é isso que ela é, mas evidencia medo e tremor, e não fé. É um protesto idiossincrático, simbólico, de controle e segurança por parte daqueles que nada têm em que se apoiar — nem em seus próprios poderes, nem no mapa cultural comum para a atividade interpessoal. É isso que torna patética a sua ingênua engenhosidade. O fetichista, ao contrário de quem executa com naturalidade as atividades culturais, não está seguro em suas repressões e seu ego corporal ainda se acha assoberbado pela questão do ato sexual, pela exigência de fazer algo *responsável* a outra pessoa com o corpo inteiro. Romm diz o seguinte, a respeito de seu paciente: "Embora ele tivesse uma necessidade muito sensível de obter a aquiescência sexual da esposa, o desejo o abandonava por completo sempre que a mulher mostrava qualquer impulso sexual."[73] Podemos considerar isso a recusa do papel impessoal, instrumental e ditado pela espécie, mas uma recusa baseada na insegurança, quando a pessoa é *exortada* a atuar. Lembre-se de que dissemos, com Rank, que uma importante característica da neurose era ver o mundo tal como ele é, em toda a sua ordenação superior, seu poder, sua irresistibilidade. O fetichista tem que sentir a verdade de seu desamparo em relação ao difícil objeto e à tarefa que tem que realizar. Ele não está neuralmente "programado" por sólidas repressões e pelo ego corporal com uma segurança suficiente para poder *falsificar* a sua verdadeira situação e, com isso, desempenhar seu papel animal com indiferença. O objeto tem que ser avassalador em sua imponência de cabelos, seios pendurados, nádegas e barriga. Que atitude tomar quanto a todos esses sinais de "condição de coisa" quando a pessoa se sente tão vazia por dentro? Uma das razões pelas quais o objeto do fetiche é tão esplêndido e fascinante para o fetichista deve ser o fato de este transferir para ele o caráter aterrador da outra presença humana. O fetiche é, então, o milagre viável, enquanto o parceiro não o é. O resultado é que o fetiche se torna supercarregado com um efeito semelhante ao de um halo.

O paciente de Romm via as coisas no seu estado primitivo, e nunca se recuperou do efeito que isso lhe causou:

> A mais antiga lembrança do paciente era de sua mãe lavando os cabelos. Quando secava os cabelos ao sol, ela os jogava sobre o rosto. Ele ficava ao mesmo tempo fascinado e horrorizado por não poder ver-lhe o rosto, e aliviado quando o rosto tornava a ficar visível. A mãe penteando os cabelos era um ato que exercia um grande fascínio sobre ele.[74]

Em determinado nível, poderíamos compreender isso como uma expressão da angústia da criança pelo fato de que a parte mais pessoal e humana do objeto — o rosto — pode ser ocultada pelos cabelos animais. Mas a sensação toda da cena é de assombro diante do milagre do objeto criado. A maioria de nós consegue vencer a qualidade hipnótica de objetos naturais, e nós o fazemos, acho eu, de duas maneiras relacionadas entre si. Uma delas é adquirindo um senso de nosso próprio poder e, com isso, estabelecendo uma espécie de equilíbrio entre nós e o mundo. Podemos, então, dirigir nossos desejos para o objeto sem sermos desequilibrados por ele. Mas há uma segunda coisa que também deve ser feita: o desejo tem que ser fetichizado. Não podemos nos relacionar com o objeto total tal como ele é, e por isso precisamos de definições padronizadas de atração sexual. Essas definições, nós as conseguimos sob a forma de "dicas" que servem para reduzir o objeto a um tamanho viável: olhamos para o seio ou para a peça íntima preta, o que nos permite não levar em conta a pessoa total com que estamos nos relacionando.[75] Dessas duas maneiras, despojamos a parceira do medo e do poder e, com isso, vencemos o nosso desamparo geral diante dela. Um dos pacientes de Greenacre transmite o problema de forma perfeita:

> Se ele continuasse a ver a moça, ela iria se tornando cada vez mais repulsiva para ele, em especial devido ao fato de que a sua atenção parecia focalizada inevitavelmente nos orifícios do corpo da jovem. Até os poros de sua pele começavam a chamar demais a atenção, a aumentar de tamanho e tornavam-se repelentes.(...) Aos poucos, ele também descobriu que podia ter mais sucesso se se aproximasse de uma moça por trás e não tivesse que estar demasiado ciente, pela visão ou pelo tato, da diferença entre eles.[76]

(Penso, também, neste momento, no famoso relato que Rousseau fez da repulsa que sentiu pela excitante meretriz veneziana ao notar uma ligeira imperfeição em um de seus seios.) Quando o objeto esmagador não é reduzido a um veículo claro do desejo ele pode tornar-se repulsivo, porque suas qualidades animais se desligam dele e começam a ficar cada vez maiores. Isso, acho eu, poderia explicar o paradoxo de que o fetichista se vê inteiramente dominado pelo temor respeitoso pelo objeto, pela superioridade dele, e, no entanto, o acha repulsivo em sua animalidade. O pé só se torna um problema como paradigma da feiúra quando não podemos fundi-lo no corpo sob a onda segura do nosso desejo e da nossa vontade. Fora disso, ele é uma parte neutra de uma mulher atraente. A dificuldade do fetichista, então, é exatamente igual à da criança: a incapacidade de dominar situações de atividade pragmática com a tranqüilidade necessária. Penso que isso ajuda a explicar, também, por que o narcisista fálico típico, o tipo dom-juan, pega qualquer objeto — feio ou bonito — que apareça, com a mesma indiferença: na realidade, ele não o leva em conta pelo conjunto de suas qualidades pessoais.*

Todas as perversões, então, podem ser verdadeiramente consideradas como "religiões particulares", como tentativas de transcender com heroísmo a condição humana e obter algum tipo de satisfação nessa condição. É por isso que os pervertidos sempre dizem que seu modo de ser é superior e torna a vida melhor, que não compreendem por que todo mundo não prefere esse seu modo de ser. É o mesmo sentimento que anima todos os verdadeiros crentes, quando alardeiam quem é o verdadeiro herói e qual é o único caminho autêntico para a glória eterna.

Neste ponto, as perversões e a chamada normalidade se encontram. Não há como experimentar a vida em sua totalidade. Cada pessoa tem que isolar

---

*Isso suscita o problema existente há muito tempo, de querer saber o motivo pelo qual são tão poucas as mulheres fetichistas, um problema resolvido por Greenacre e Boss. Eles são de opinião de que o homem, a fim de cumprir seu papel ditado pela espécie, tem que realizar o ato sexual. Para isso, precisa de poderes próprios garantidos e, também, de sinais que despertem e canalizem seus desejos. Nesse sentido, o macho, natural e inevitavelmente, é um fetichista, até certo ponto e grau. Quanto menor for o poder próprio, quanto maior o terror do corpo feminino que se agiganta, mais se tornam necessários a limitação e o simbolismo do fetiche. A fêmea não precisa ter esse problema, porque seu papel é passivo; poderíamos dizer que o seu fetichismo é absorvido pela entrega do corpo. Como diz Boss, as mulheres que são avessas ao aspecto físico do amor, à concretude do parceiro, podem simplesmente reagir com uma frigidez total (*Sexual Perversions*, pp. 53-54). Ou, como também observou Greenacre: "A sensação de fracasso devido à frigidez na mulher é atenuada pela possibilidade de disfarçar" ("Further Considerations", p. 188, nota). "A frigidez pode ser disfarçada até certo ponto, o que não acontece com as perturbações da potência no homem" ("Further Notes", p. 192). Além disso, a mulher, no seu papel passivo, submisso, muitas vezes obtém sua segurança ao identificar-se com o poder do macho; supera o problema da vulnerabilidade ao receber poderes delegados — tanto do próprio pênis como da visão cultural do mundo. Mas o fetichista masculino é precisamente aquele que não recebe poderes delegados seguros de nenhuma fonte e não pode consegui-los com uma submissão passiva à fêmea (Cf. Greenacre, "Certain Relationships", p. 95). Poderíamos resumir isso tudo dizendo que a mulher frígida é aquela que se submete mas não está convencida de que está segura no poder do homem; não precisa fetichizar coisa alguma, uma vez que não tem que realizar um ato. O macho impotente também não está convencido de que esteja seguro, mas não lhe basta deitar-se passivamente para exercer o seu papel ditado pela espécie. Ele cria o fetiche, então, como um lugar de poder de negação, para que possa realizar o ato; a mulher nega com o corpo inteiro. Usando um termo habilidosamente adequado de von Gebsattel, poderíamos dizer que a frigidez é a forma feminina de "autofetichismo passivo" (Cf. Boss, *Sexual Perversions*, p. 53).

grandes partes dela, tem que "parcializar", como disse Rank, a fim de evitar ser esmagada. Não há como evitar a morte e transcender com certeza a morte, porque todos os organismos perecem. Os maiores, mais ativos, mais seguros, mais corajosos espíritos só podem, assim mesmo, abocanhar pedaços do mundo. Os menores, os mais medíocres, os mais assustados simplesmente abocanham os menores pedaços possíveis. Lembro-me do episódio do ilustre Immanuel Kant, quando um copo se quebrou em uma de suas reuniões: com que cuidado ele pesou as alternativas para encontrar um lugar perfeito, no jardim, onde os cacos pudessem ser enterrados em segurança, para que ninguém se machucasse casualmente com eles. Mesmo nossos espíritos mais elevados precisam entregar-se ao drama da magia e do ritual do fetichista, para evitar um acidente, devido à vulnerabilidade animal.

A Naturalidade do Sadomasoquismo

Embora nada exista de novo a dizer sobre este problema, a despeito de todos os numerosos escritos que o abordaram, quero voltar a salientar a naturalidade dessas perversões. Sadismo e masoquismo parecem idéias assustadoramente técnicas, segredos sobre os recessos mais íntimos do homem, que só se revelariam, em sua plenitude, na atividade psicanalítica. Mais ainda do que isso, parecem raras e grotescas aberrações de conduta humana normal. Essas duas suposições são falsas. O masoquismo surge naturalmente no homem, como temos visto repetidas vezes nestas páginas. O homem é, por natureza, humilde, agradecido, culpado, transcendido, um sofredor. Ele é pequeno, lastimoso, fraco, um tomador passivo que se aninha naturalmente em um além de poder superior, terrível e universal. O sadismo, da mesma forma, é a atividade natural da criatura, o impulso em direção à experiência, ao domínio e ao prazer, a necessidade de tirar do mundo aquilo de que precisa para aumentar a si mesmo e prosperar;[77] e mais, uma criatura humana que tem que esquecer a si mesma, resolver suas dolorosas contradições íntimas. O termo composto sadomasoquismo expressa uma complementaridade natural de extremos opostos: não há fraqueza sem uma intensa concentração de poder, e não há uso de poder que não volte a cair numa fusão segura com uma fonte poderosa maior. O sadomasoquismo reflete, então, a condição humana em geral, a vida diária da maioria das pessoas. Reflete o homem vivendo segundo a natureza do mundo e segundo a sua própria natureza, tal como esta lhe foi legada. Na verdade, então, reflete uma saúde mental "normal".[78]

Será que temos dúvidas, por exemplo, de que os casos de estupro estejam aumentando no mundo confuso de hoje? As pessoas se sentem cada vez mais impotentes. De que modo podem expressar suas energias, conseguir um equilíbrio melhor entre a avassaladora entrada de estímulos e a débil saída? O estupro dá uma sensação de poder pessoal através da capacidade de provocar sofrimento, de manipular e dominar totalmente uma outra criatura. O dirigente autocrático, como tão bem observa Canetti, obtém o máximo na experiência de domínio e controle ao transformar todas as pessoas em animais e tratá-las como escravos. O estuprador obtém o mesmo tipo de satisfação de uma maneira que parece perfeitamente natural; são muito poucas as situações na vida em que as pessoas podem ter uma sensação de perfeita adequação de suas energias: a reanimada vitalidade que surge quando provamos que nossos corpos animais têm o poder necessário para assegurar o domínio neste mundo — ou, pelo menos, de um segmento vivo deste mundo.*

---

*Isso explica, também, a naturalidade da conexão entre sadismo e sexualidade, sem colocá-los sobre uma base instintiva. Eles representam um sentido mutuamente reforçador de poder adequado, de maior vitalidade. Por que, por exemplo, um menino se masturba com fantasias sobre um conto tão horripilante quanto "O Poço e o Pêndulo", de Edgar Allan Poe? Temos que imaginar que a fantasia lhe dá uma sensação de poder que a masturbação reforça. A experiência é uma negação da impotência e da vulnerabilidade. É muito mais do que uma simples experiência sexual; é muito menos do que uma expressão de impulsos destruidores gratuitos. A maioria das pessoas responde, secretamente, a fantasias sadomasoquistas não porque todo mundo é pervertido por instinto, mas porque essas fantasias representam realmente a perfeita adequação de nossas energias e nossas limitações como organismos animais. Não podemos ter uma satisfação maior do que a de dominar inteiramente um setor do mundo ou de ceder aos poderes da natureza entregando-nos por completo. Muito apropriadamente, essas fantasias acontecem, em geral, quando as pessoas estão tendo problemas com o estresse dos assuntos simbólicos do mundo cotidiano, e um indivíduo pode ficar imaginando por que — numa reunião para discutir estratégia empresarial ou acadêmica — não consegue tirar da cabeça cenas de *A Bela da Tarde (Belle de Jour)*, de Luis Buñuel.

Ficamos sempre perplexos diante da disposição com que o masoquista sente dor? Ora, em primeiro lugar, a dor leva o corpo à linha de frente da experiência. Coloca a pessoa novamente no centro das coisas, de maneira eficaz, como um animal sensível. É, assim, um complemento natural do sadismo. Ambos são técnicas para experimentar um vigoroso sentimento de si mesmo, ora numa ação voltada para o exterior, ora num sofrimento passivo. Ambos dão intensidade, em lugar de indefinição e vazio. Além do mais, sentir dor é "usá-la" com a possibilidade de controlá-la e de triunfar sobre ela. Como argumentou Irving Bieber em seu importante trabalho,[79] o masoquista não "quer" a dor, ele quer ter condições de identificar a sua causa, localizá-la e, assim, controlá-la. O masoquismo é, assim, um meio de pegar a angústia da vida e da morte e o avassalador terror da existência e solidificá-los numa dose pequena. A pessoa, então, sente a dor causada pelo poder aterrador e, no entanto, sobrevive a essa dor sem sentir a ameaça extrema de aniquilamento e morte. Como observou Zilboorg, a combinação sadomasoquista é a fórmula perfeita para transmudar o medo da morte.[80] Rank chamou o masoquismo de "o pequeno sacrifício", "o castigo mais leve", "o apaziguamento" que permite que a pessoa evite a maldade extrema da morte. Quando aplicado à sexualidade, o masoquismo é, por isso, um modo de aceitar o sofrimento e a dor "que, em última análise, são símbolos da morte", e transmutá-los em desejadas fontes de prazer.[81] Como Henry Hart também observou tão bem, essa é uma forma de tomar doses autoministradas, homeopáticas; o ego controla a dor total, a derrota total e a humilhação total ao experimentá-las em pequenas doses, como se fossem uma vacina.[82] Segundo outro ponto de vista, então, vemos a fascinante engenhosidade das perversões: a transformação da dor, o símbolo da morte, em êxtase e experiência de mais vida.*

Mais uma vez, porém, os limites da engenhosidade da perversão são evidentes. Se numa pessoa é possível circunscrever magicamente o terror

---

*Boss atribui um intuito ainda mais criativo ao sadomasoquismo, pelo menos em algumas de suas formas (ver pp. 104 e ss.) Não sei até que ponto se pode seguir suas generalizações com base nos poucos casos que ele menciona. E eu me sinto um pouco constrangido com o que parece ser a sua tendência a aceitar as racionalizações de seus pacientes como motivos realmente ideais. Penso que isso deve ser examinado mais cautelosamente.

da vida e da morte como sendo a fonte de sua dor, esse terror é controlado mas ao mesmo tempo superinflaciona essa pessoa. Isso é uma religião particular que "faz crer" em demasia e, com isso, humilha o masoquista ao colocá-lo sob o poder de outra pessoa. Não admira que o sadomasoquismo seja, no fim, humilhante, um delicado drama de controle e transcendência representado por personagens diminutos. Todo heroísmo é relativo a algum tipo de "além". A pergunta aqui é: que tipo? Essa pergunta nos faz lembrar algo que discutimos lá atrás: o problema dos aléns demasiado limitados. Desse ponto de vista, as perversões não passam de uma demonstração da rigorosa limitação dos aléns que a pessoa escolhe para o seu drama de apoteose heróica. O sadomasoquista é alguém que representa o seu drama de heroísmo diante de uma só pessoa; está exercitando seus dois motivos ontológicos — Eros e Ágape — apenas sobre o objeto amoroso. De um lado, está usando esse objeto para expandir o seu senso de plenitude e poder próprios; de outro, dando vazão à sua necessidade de liberar, de abandonar a sua vontade, de encontrar paz e realização por meio de uma fusão total com algo que está além dele. O paciente de Romm mostrou perfeitamente essa redução de um problema cósmico para uma única parceira:

> Numa tentativa de aliviar sua grave tensão, ele lutava entre a vontade de ser um macho dominador, agressivo e sádico em relação à sua mulher, e o desejo de abrir mão de sua masculinidade, de ser castrado pela mulher e, assim, voltar a um estado de impotência, passividade e desamparo.[83]

Como seria fácil se pudéssemos satisfazer os anseios de toda a condição humana em segurança, no quarto do nosso chalé! Como disse Rank, nós queremos que o parceiro seja igual a Deus, todo-poderoso para suportar nossos desejos, e universal, para nele fundirmos nossos desejos — mas isso é impossível.

Se, então, o sadomasoquismo reflete a condição humana, a representação de nossos motivos ontológicos geminados, podemos realmente falar em masoquismo honesto, ou masoquismo maduro, exatamente como fez Rank em seu extraordinário exame em *Beyond Psychology*.[84] Uma das limitações de Freud foi não poder levar seu pensamento a esse tipo de conclusão, muito embora tivesse tocado nele de leve, repetidas vezes. Ele ficara tão impressionado com a intensidade, a profundidade e a universalidade do sadismo e do masoquismo que os chamou de instintos. Viu realmente que esses impulsos tinham a ver com o âmago da criatura humana. Mas tirou uma conclusão pessimista, lamentando o fato de a humanidade não poder se livrar desses impulsos. Uma vez mais, ele estacou na teoria dos instintos, que fazia com que considerasse esses impulsos como remanescentes de uma condição evolucionária e ligados a apetites sexuais específicos. Rank, que tinha uma visão mais correta, pôde transformar o sadismo e o masoquismo de práticas clinicamente negativas para atitudes humanamente positivas. A maturidade do masoquismo, então, iria depender do objeto para o qual fosse dirigido e do grau de controle de si mesmo que o masoquista maduro possuísse. Segundo Rank, uma pessoa seria neurótica não por ser masoquista, mas por não ser realmente submissa e apenas se fazer passar como tal.[85] Estendamo-nos um pouco sobre esse tipo de fracasso, porque ele resume todo o problema de doença mental que abordamos.

A Doença Mental como Heroísmo Frustrado

Surge de nosso sumário da doença mental uma conclusão muito interessante e consistente: a de que Adler estava certo ao dizer que os doentes mentais têm, todos, um problema básico de coragem. Não conseguem assumir a responsabilidade por suas vidas independentes e são exageradamente medrosos em relação à vida e à morte. Graças a esse ponto de observação vantajoso, a teoria da doença mental é, na verdade, uma teoria geral dos fracassos na transcendência à morte. A abstenção da vida e o terror da morte se tornam emaranhados na personalidade a tal ponto que ela fica incapacitada — incapaz de exercer o "heroísmo cultural normal" de outros membros da sociedade. O resultado é que a pessoa não pode se permitir a rotineira auto-expansão heróica nem a fácil entrega à superior visão cultural do mundo que outros membros podem ter. É por isso que ele se torna, de certa maneira, um fardo para os outros. A doença mental, então, é também uma maneira de falar sobre essas pessoas que sobrecarregam outras com os seus excessivos temores da vida e da morte, com seus heroísmos frustrados.

Como vimos, a pessoa deprimida é aquela que se encaixou tão à vontade nos poderes e na proteção de terceiros, que perdeu o direito à própria vida. Como Adler nos ensinou há muito tempo, as pessoas que cercam o deprimido têm que pagar por isso. Culpa, autotortura e acusações também são meios de coagir os outros.[86] O que é mais coator do que a transferência mágica do esquizofrênico, que reflete com tanta evidência o fracasso da coragem? Ou a paranóia, na qual a pessoa está tão fraca e tão solitária, que cria objetos de ódio imaginários, a fim de ter um relacionamento qualquer?[87] Temos que concordar em sermos odiados, para que o paranóico possa sentir um pouco de vitalidade. Isso é o máximo em matéria de lançar sobre outra pessoa qualquer a responsabilidade pela "viagem" do indivíduo. Trata-se realmente de uma "viagem" pela vida e em direção à morte aquilo que as pessoas fracas e amedrontadas atiram com força sobre os ombros de terceiros. O que importa é que *nós* somos coagidos pela transferência mágica e pela paranóia — e pode ser que as duas não sejam problemas *nossos*.*

---

*Em nenhum outro trabalho isso fica mais claro do que no estudo de Waite, fundamentado em pesquisas de alto nível e em cuidadosas ponderações, sobre Hitler ("Adolf Hitler's Guilt Feelings", *Journal of Interdisciplinary History*, 1971, 1, N° 2: 229-249), no qual ele afirma que seis milhões de judeus foram sacrificados em função do sentimento pessoal de Hitler de indignidade e de hipervulnerabilidade do corpo à sujeira e à decomposição. Tão grandes eram as angústias de Hitler com relação a essas coisas, tão psiquicamente inválido era ele, que parece ter desenvolvido uma perversão sem igual para lidar com elas, para triunfar sobre elas. "Hitler obtinha satisfação sexual mandando uma jovem — com a mesma diferença de idade em relação a ele que sua mãe tinha em relação a seu pai — acocorar-se em cima dele para urinar ou defecar sobre a sua cabeça" (*Ibid.*, p. 234). Esta era a sua "religião particular": a transcendência pessoal de sua angústia, a hiperexperiência e a resolução dela. Aquilo era uma viagem pessoal de cuja execução ele incumbia não apenas os judeus e a nação alemã, mas diretamente suas amantes. É altamente significativo o fato de que cada uma delas cometeu suicídio ou tentou suicidar-se; é mais do que uma simples coincidência. É muito possível que elas não pudessem suportar o fardo de sua perversão; esse fardo estava inteiramente sobre os seus ombros e elas tinham que viver com ele — não pelo ato em si mesmo, como um simples e repugnante ato físico, mas em seu flagrante absurdo e sua total incongruência com o papel público de Hitler. O homem que é objeto de toda a veneração social, a esperança da Alemanha e do mundo, o vitorioso sobre o mal e a sujeira, é o mesmo que, daqui a uma hora, irá implorar, em segredo, que você seja "atenciosa" para com ele, brindando-o com a totalidade de suas excreções. Eu diria que é insuportável essa discrepância entre estética privada e estética pública, é demasiadamente insuportável, a menos que a pessoa consiga algum tipo de posto elevado ou vantajoso, do qual possa zombar dessa discrepância ou então desprezá-la, por exemplo, como faria uma prostituta ao considerar seu cliente um simples pervertido, uma forma inferior de vida.

Nas perversões específicas, vemos essa coação em uma cultura quase pura, na qual ela se torna a negação de nós mesmos como pessoas totais. A razão de as mulheres fazerem objeções a relações pervertidas e ficarem ofendidas com o auxílio artificial que o fetichista utiliza está precisamente no fato de que isso nega a existência delas como pessoas totais, ou pura e simplesmente como pessoas.[88] O que une todos os pervertidos é a incapacidade de ser um animal humano responsável. Erich Fromm já havia descrito bem o masoquismo como uma tentativa de se livrar do ônus da liberdade.[89] Do ponto de vista clínico, verificamos que há pessoas tão fracas diante da responsabilidade que chegam até a ter medo da liberdade proporcionada por um bom estado de saúde e vigor, como nos lembrou Bieber.[90] Na mais extrema das perversões, a necrofilia, vemos o mais extremo medo da vida e das pessoas, como descreveu Fromm.[91] Um dos pacientes de Brill tinha tanto medo de cadáveres, que quando venceu esse medo tornou-se necrófilo, porque ficara fascinado pela liberdade que acabara de conquistar. Poderíamos dizer que ele usava a necrofilia como seu ato de heroísmo e que as capelas funerárias eram o palco para o seu drama de apoteose. Os cadáveres são perfeitos em seu desamparo: não podem prejudicá-lo ou desgraçá-lo; não é preciso se preocupar com a segurança deles ou com suas reações.[92]

Boss descreveu um coprófilo cuja existência estava tão restrita que ele só podia encontrar atos heróicos criativos nos produtos do reto.[93] Nesses casos, vemos perfeitamente o terror diante do papel ditado pela espécie e a incapacidade de se relacionar com o corpo do parceiro sexual. Nesse paciente, esse terror e essa incapacidade são tão grandes que praticamente o impedem por completo de expressar seus desejos num relacionamento interpessoal. Ele é, na verdade, "salvo" pelas fezes e pela sua original racionalização de que elas são a verdadeira fonte da vida. Pouco lhe importa que as necessidades de seus atos heróicos tenham reduzido sua esposa a nada mais do que um reto. Nada poderia constituir exemplo mais vívido do que as perversões para se demonstrar que o temor e a fraqueza levam a uma vida não vivida, e que disso resultam atos heróicos sob forma frustrada. Straus chega, até, a ligar a necrofilia à avareza e à depressão involutiva, como parte do mesmo problema do indivíduo que tem afastamento geral para longe da vida.[94] Não temos o que refutar nessa formulação.

Na época atual, com a nossa segura compreensão teórica, podemos saltar ligeira e quase anedoticamente por cima de todo o espectro da doença mental e da perversão sem grande risco: todas elas dizem respeito ao terror da condição humana em pessoas que não podem suportá-la. Precisamente neste ponto, a nossa discussão das perversões como atos heróicos frustrados finalmente fecha um círculo em torno de todo o problema da natureza humana em suas dimensões ideais. O heroísmo é, no final das contas, um assunto ideal. O problema da doença mental, desde Kierkegaard e passando por Scheler, Hocking, Jung, Fromm e muitos outros, tem-se tornado inseparável do problema da idolatria.[95] Em que cosmologia o indivíduo vai realizar seus atos heróicos? Se — como alegamos — mesmo a mais forte das pessoas tem que exercitar seu motivo de Ágape, tem que depositar o fardo de sua vida em algum lugar além de si mesma, somos levados de volta às grandes perguntas: qual é a realidade mais elevada, o verdadeiro ideal, a aventura realmente grande? Que tipo de heroísmo é exigido, em que tipo de drama, na submissão a que tipo de deus? Os gênios religiosos da história têm alegado que ser realmente submisso significa ser submisso ao mais alto poder, ao verdadeiro infinito e ao verdadeiro absoluto — e não a quaisquer substitutos humanos, amantes, líderes, nações-estados.

Com base nesse ponto de vista, o problema da doença mental é o problema de a pessoa não saber que tipo de ato heróico está praticando, ou não ser capaz — quando sabe — de tirar seus atos heróicos da estreiteza incapacitante em que se encontram e expandi-los. Por mais paradoxal que possa parecer a doença mental é, assim, uma questão de fraqueza e estupidez. Reflete ignorância quanto à maneira pela qual a pessoa vai satisfazer seus dúplices motivos ontológicos. O desejo de se afirmar e o de se entregar são, afinal, muito neutros: podemos escolher qualquer caminho para eles, qualquer objeto, qualquer nível de atos heróicos. O sofrimento e o mal que provêm desses motivos não são uma conseqüência da natureza dos próprios motivos, mas de nossa estupidez em satisfazê-los. Este é o significado mais profundo de entendimento que teve Rank, que até poderia parecer leviano. Numa carta de 1937, ele escreveu:

> De repente (...) enquanto eu descansava na cama, ocorreu-me o que realmente estava (ou está) "Além da Psicologia". Sabe o que é? A estupidez! Toda essa explicação complicada e rebuscada do comportamento

humano não passa de uma tentativa de dar um significado a um dos mais poderosos motivos de comportamento, ou seja, à estupidez! Comecei a achar que ela é ainda mais poderosa do que a maldade, a mesquinhez — porque muitas ações ou reações que parecem mesquinhas são simplesmente estúpidas e até mesmo o fato de chamá-las de más é uma justificação.[96]

Por fim, então, podemos ver como são realmente inseparáveis os domínios da psiquiatria e da religião, já que ambas lidam com a natureza humana e com o significado máximo da vida. Deixar a estupidez para trás é tornar-se ciente da vida como um problema de atos heróicos, o que inevitavelmente se torna uma reflexão sobre o que deveria ser a vida em suas dimensões ideais. Com base nesse ponto de vista, podemos ver que as perversões das "religiões particulares" não são "falsas" em comparação com as "religiões verdadeiras". São simplesmente menos expansivas, menos humanamente nobres e responsáveis. Todos os organismos vivos estão condenados à perversidade, à estreiteza de serem meros fragmentos de uma totalidade maior que os assoberba, que eles não conseguem compreender ou enfrentar de verdade — e no entanto ainda têm que viver e lutar nessa totalidade. Ainda devemos perguntar, então, à feição do sábio velho Epicteto, que tipo de perversão é adequada ao homem.*

---

*Não posso encerrar este capítulo sem chamar a atenção para um dos mais valiosos pequenos ensaios sobre a perversão que já encontrei — infelizmente, tarde demais para discutir aqui, mas que se harmoniza com esses pontos de vista e os aprofunda, das maneiras mais sugestivas e imaginativas: "Self-Destruction and Sexual Perversion", de Avery D. Weisman, em *Essays in Self-Destruction*, organizado por E. S. Shneidman (Nova York: Science House, 1967). Observe, em especial, o caso da paciente que recebeu da mãe o seguinte recado: "Se você tiver relações sexuais, irá prejudicar sua vida inteira." O resultado foi a paciente inventar a técnica de meio estrangular-se ou meio sufocar-se para poder chegar ao orgasmo. Em outras palavras, *se ela pagasse o preço de quase morrer*, podia sentir prazer sem sentir uma culpa esmagadora; o fato de ser a vítima no ato sexual tornou-se o fetiche que permitia que o ato acontecesse. Todos os pacientes de Weisman tinham uma imagem medieval da realidade e da morte: viam o mundo como mau, esmagadoramente perigoso; equiparavam a doença, a derrota e a depravação, tal como os penitentes medievais; e como eles, também, tinham que se tornar vítimas para merecerem continuar vivos, subornando a morte. Weisman os chama, com propriedade, de "românticos virginais", que não podem suportar a flagrante evidência da realidade física e procuram transformá-la em algo mais idealizado, por meio da perversão.

PARTE III
RETROSPECTO E CONCLUSÃO: OS DILEMAS DO HEROÍSMO

CAPÍTULO 11

Psicologia e Religião:
O Que É o Indivíduo Heróico?

Se houver alguma ciência de que o homem realmente precise, é a que eu ensino, de como ocupar de forma adequada o lugar na criação atribuído ao homem, e como aprender com ela o que se deve ser para ser um homem.

— IMMANUEL KANT

Quando jovens, muitas vezes nos sentimos confusos com o fato de que cada pessoa que admiramos parece ter uma versão diferente daquilo que a vida deveria ser, do que é um homem bom, de como viver, e assim por diante. Se formos excepcionalmente sensíveis, isso parece mais do que intrigante, é desanimador. O que a maioria costuma fazer é seguir as idéias de determinada pessoa, e depois as de outra, dependendo de quem se destaque mais no seu horizonte na época. Aquele que tiver a voz mais grave, a aparência mais vigorosa, maior autoridade e mais sucesso é, em geral, o que conquista a nossa fidelidade temporária; e nós tentamos moldar os nossos ideais a ele. Mas à medida que a vida continua, passamos a ter uma perspectiva disso, e todas essas diferentes versões da verdade se tornam um pouco patéticas. Cada um pensa ter a fórmula para triunfar das limitações da vida e sabe, com autoridade, o que significa ser um homem, e em geral tenta conquistar seguidores para a sua patente particular. Hoje, sabemos que as pessoas se esforçam tanto para conquistarem convertidos para o seu ponto de vista porque este é mais do que meramente uma perspectiva da vida: é uma fórmula de imortalidade. Nem todo mundo, é claro, tem a autoridade de Kant dizendo as palavras que usamos em nossa epígrafe a este capítulo, mas em matéria de imortalidade cada um tem a convicção de que seu ponto de vista é o certo. A coisa parece perversa, porque cada idéia diametralmente oposta é apresentada com a mesma certeza irritante. E autoridades que são igualmente incontestáveis defendem pontos de vista opostos!

Veja, por exemplo, as amadurecidas opiniões de Freud sobre a natureza humana, e sua idéia de onde ele se achava a na pirâmide da humanidade que luta:

> ...descobri pouca coisa que seja "boa" em relação aos seres humanos de maneira geral. Pela minha experiência, a maioria não sabe nada, não importa se apóiam publicamente esta ou aquela doutrina ética, ou não apóiem doutrina alguma. (...) Se formos falar de ética, eu apóio um alto ideal do qual a maioria dos seres humanos com quem me deparei afasta-se de maneira lamentabilíssima.[1]

Quando aquele que foi, talvez, o maior psicólogo que já existiu, usa, como que por acaso, a frase feita "pela minha experiência", ela tem a autoridade de uma bula papal na era medieval. É claro que ele também dá a entender que, se a maioria das pessoas não vale nada, algumas valem, e podemos presumir quem constitui uma das poucas exceções. Vêm-nos à lembrança aqueles outrora populares livros sobre eugenia, que sempre traziam na portada um belo retrato do autor irradiando sua vitalidade e sua personalidade, como o tipo ideal para o tema do livro.

Como seria de esperar, a auto-avaliação de Freud dificilmente iria merecer uma aprovação unânime. Quase todos os seus principais discípulos dissidentes conseguiram encontrar nele alguma coisa capaz de levá-los a depreciar o mestre, e a ter dele uma certa pena condescendente. Wilhelm Reich declarou, certa vez, que Freud estava envolvido no movimento psicanalítico, aprisionado por seus discípulos e pela sua própria criação, e que o próprio câncer era o resultado de se haver fechado em si mesmo, incapaz de falar como um agente livre.[2] Entendem? Aí está o nosso problema outra vez: o julgamento de Reich teria tido maior autoridade se tivesse partido de um deus, em vez de um homem que estava ainda mais envolvido pelo próprio movimento e que foi arruinado por ele de maneira mais decisiva e mais ignomiosa. Jung também achava que Freud tinha grandes limitações, mas considerava essas limitações como uma parte necessária do *daímôn* de Freud, de seu gênio e de sua mensagem característica. Talvez, porém, essa compreensão fosse, na verdade, um reflexo da demoníaca inclinação de Jung para a alquimia, da qualidade quase xamanista de sua vida interior.[3] Um estudioso do homem da estatura de Erich Fromm escreveu as mais acerbas linhas a respeito de Jung, denunciando-o como inimigo da ciência. Pobre do leigo, tentando escapulir de ser pisoteado por esses gigantes a disparar investidas tão pesadas.

Nem sequer mencionei as enérgicas opiniões de Rank sobre as limitações de Freud. No sistema de idéias de Rank, o julgamento mais generoso que talvez pudesse ser feito com relação às limitações de Freud era que ele partilhava da fraqueza humana do neurótico: faltava-lhe a capacidade de ter uma ilusão, de ter um mito criativo quanto às possibilidades de criação. Via as coisas de maneira excessivamente "realista", sem a aura do milagre e da possibilidade infinita, A única ilusão que ele se permitia era a da sua ciência — e uma fonte dessas tende a ser um suporte fraco, porque provém das energias da própria pessoa, e não de um poderoso além. Em geral, este é o problema do artista: ele cria novos significados próprios e precisa, por isso, ser sustentado por eles. O diálogo tem inversões demais para ser seguro. Daí a ambivalência de Freud, a vida inteira, sobre o valor da posteridade e da fama, a segurança de todo o panorama da evolução. Tocamos em todas essas questões na comparação que fizemos entre Freud e Kierkegaard, e agora estamos de volta a ela. Só se pode falar de um caráter humano ideal quando se o vê de uma perspectiva de absoluta transcendência. Kiekegaard diria que Freud ainda tinha orgulho, que lhe faltava a consciência de criatura do homem verdadeiramente analisado, que não tinha completado seu aprendizado na escola da angústia. Na compreensão que Kierkegaard tinha do homem, o projeto *causa sui* é o complexo de Édipo, e para ser um homem o indivíduo tem que abandoná-lo por completo. Com base nesse ponto de vista, Freud ainda não havia eliminado o seu complexo de Édipo através da análise, por mais que ele e os primeiros psicanalistas se orgulhassem de tê-lo eliminado. Ele não podia admitir emocionalmente o poder superior ou conceitualmente admitir a dimensão transcendental. Vivia, ainda, inteiramente na dimensão do mundo visível e estava limitado pelo que era possível apenas naquela dimensão. Portanto, todos os seus significados tinham que provir daquela dimensão.

Kierkegaard tinha uma fórmula própria para o que significa ser um homem. Ele a expôs naquelas páginas admiráveis nas quais descreve o que chama de "o cavaleiro da fé".[4] Essa figura é o homem que vive na fé, que entregou o significado da vida ao seu Criador e que vive concentrado nas energias do seu Deus Aceita sem reclamar o que quer que aconteça nessa dimensão visível, vive a vida como um dever, enfrenta a morte sem receio. Nenhuma ninharia e tão insignificante a ponto de ameaçar seus significados. Tarefa nenhuma é amedrontadora demais para estar acima de sua coragem. Ele se encontra plenamente no mundo segundo as condições impostas por esse mundo, e totalmente fora do mundo na sua confiança na dimensão invisível. Isso é muito parecido com o velho ideal pietista que foi vivido pelos pais de Kant. A grande força de um ideal desses está em permitir que o indivíduo seja franco, generoso, corajoso, que tenha contato com a vida dos outros e, em troca, enriqueça-os e os torne francos. Como o cavaleiro da fé não tem uma viagem de medo da vida e da morte para jogar nos ombros de outras pessoas, ele não faz com que elas voltem a se recolher em si mesmas, não as coage ou manipula. O cavaleiro da fé representa, então, aquilo que poderíamos chamar de ideal de saúde mental, a continuada abertura da vida, liberta dos estertores do medo da morte.

Colocado nesses termos abstratos, o ideal do cavaleiro da fé é, sem dúvida, um dos mais belos e desafiadores ideais jamais propostos pelo homem. Está incluído na maioria das religiões, de uma forma ou de outra, embora ninguém, acho eu, o tenha descrito em detalhes com tanto talento quanto Kierkegaard. Como todos os ideais, é uma ilusão criativa, com a finalidade de liderar os homens, e liderar homens não é a coisa mais fácil que se possa fazer. Como disse Kierkegaard, a fé é o que há de mais difícil: ele se colocava entre a crença e a fé, incapaz de dar o salto. Afinal, o salto não depende do homem — e aí é que está a dificuldade: fé é uma questão de graça. Como disse Tillich mais tarde: a religião é, primeiro, uma mão aberta para receber doações (graça) e, depois, uma mão fechada quando se trata de fazê-las. Não se pode fazer as doações do cavaleiro da fé sem, primeiro, receber o grau de cavaleiro de alguma Majestade Superior. O que estou procurando salientar é que, se tomarmos a vida de Kierkegaard como um cristão crente e a compararmos com a de Freud como agnóstico, não há como armar um balancete. Quem irá calcular qual dos dois fez com que os outros se retraíssem mais ou se expandissem mais plenamente? Para cada deficiência que possamos apontar em Freud, podemos encontrar uma equivalente em Kierkegaard. Se é possível dizer que Freud errou no lado do visível, não há dúvida de que se pode dizer que Kierkegaard errou igualmente do lado do invisível. Ele se afastou da vida por causa, em parte, do medo que tinha da vida, abraçou a morte com maior facilidade porque havia fracassado na vida. Sua vida não era um sacrifício voluntário realizado por sua livre vontade, mas um sacrifício conduzido de maneira patética. Ele não viveu nas categorias em que pensou.[5]

Estou falando de modo prosaico a respeito de alguns dos mais indubitáveis gigantes da história da humanidade apenas para dizer que, no jogo da vida e da morte, ninguém se destaca mais do que os outros, a menos que se trate de um verdadeiro santo, e só para concluir que a santidade é uma questão de graça, e não de esforço humano. Meu objetivo é dizer que, para o homem, nem tudo é possível. Qual é a escolha entre condição religiosa de criatura e condição científica de criatura? O máximo que o indivíduo pode conseguir é uma certa descontração, uma abertura à experiência que diminua a sua condição de fardo lançado sobre os outros. E grande parte disso depende do talento que ele possuir, da pressão que um *daímôn* esteja exercendo sobre ele; é mais fácil desfazer-se de fardos leves do que de pesados. Como é que um homem cria, a partir de todas as suas energias vivas, um sistema de pensamento, como fez Freud, um sistema voltado inteiramente para os problemas deste mundo, e depois abre mão dele em favor do mundo invisível? Como, em outras palavras, é possível ser um santo e ainda assim organizar movimentos científicos de importância histórica mundial? Como é que alguém se apóia em Deus e entrega tudo a Ele e, ainda assim, continua vivendo como um ser humano cheio de paixões? Estas não são perguntas retóricas, são perguntas reais que vão direto ao cerne do problema de "como ser um homem" — um problema sobre o qual ninguém pode aconselhar ninguém de forma satisfatória, como sabia o judicioso William James. O assunto todo está carregado de uma ambigüidade impossível de solucionar. Como disse James, cada indivíduo resume toda uma gama de experiências muito pessoais, de modo que a sua vida constitui um problema muito característico que precisa de tipos de soluções muito individuais. Kierkegaard havia dito a mesma coisa ao responder àqueles que faziam objeções ao seu estilo de vida: ele dizia que aquele estilo era singular porque era aquele singularmente destinado a ser o que ele precisava para viver; só isso, e nada mais.

James, uma vez mais, sabia o quanto era difícil viver abarcando os dois mundos, o visível e o invisível. Um tendia a puxar a pessoa para longe do outro. Um de seus preceitos favoritos, que ele repetia com freqüência, era: "Filho do homem, fique de pé sozinho, para que eu possa falar com você." Se os homens se apoiarem demais em Deus, não irão conseguir o que precisam fazer neste mundo com suas próprias forças. Para fazer qualquer coisa é preciso, primeiro, ser homem, acima de qualquer outra coisa. Isso põe em dúvida todo o esplêndido ideal de santidade, porque são muitas as maneiras de ser um homem bom. Norman Bethune foi menos santo do que Vicente de Paula? Isso, suponho, é outra maneira de dizer que, neste mundo, cada organismo vive para ser consumido pelas próprias energias. E aqueles que são consumidos da maneira mais implacável, e ardem com a mais viva das chamas, parecem atender melhor aos objetivos da natureza no que se refere a realizar alguma coisa neste planeta. É outra maneira também — com Rank — de falar sobre a prioridade da força vital "irracional" que usa as formas organísmicas só para consumi-las.

O Heroísmo Impossível

À luz de toda essa ambigüidade, podemos olhar com maior compreensão alguns dos modernos profetas da natureza humana. Tenho dito que o homem não pode evoluir além de seu caráter, que ele está preso a esse caráter. Goethe disse que o homem não pode livrar-se de sua natureza, mesmo se jogá-la fora. Ao que podemos acrescentar: mesmo se tentar jogá-la para Deus. Chegou a hora de ver que, se o homem não pode evoluir além do seu caráter, não há dúvida de que não pode evoluir *sem* o caráter. Isso traz à baila um dos grandes debates do pensamento contemporâneo. Se falarmos sobre a força vital irracional vivendo as limitações dos organismos, não vamos dar o passo seguinte e nos deixar levar para abstrações muito populares hoje em dia, nas quais a força vital, súbita e milagrosamente, parece surgir da natureza sem quaisquer limites. Estou me referindo, é claro, ao novo profetismo de pessoas como Marcuse, Brown e tantos outros, sobre aquilo que o homem pode realizar, sobre o que realmente significa ser um homem. Prometi, no início deste livro, estender-me um pouco sobre os detalhes desse problema, e chegou a hora de fazê-lo.

Veja-se *Life Against Death*, de Norman Brown: é raro aparecer um trabalho tão brilhante. É raro um livro tão cheio de uma argumentação rigorosamente racional e inquietante alcançar tamanha popularidade. Mas, como a maioria das outras mensagens que abalam alicerces, esta é popular por razões erradas. O livro é apreciado não pelas suas demolidoras revelações sobre morte e analidade, mas por conclusões inteiramente falsas como sua defesa da vida sem repressões, da ressurreição do corpo como sede do prazer primário, da abolição da vergonha e da culpa. Brown conclui que a humanidade só pode transcender o terrível custo cobrado pelo temor da morte se viver plenamente o corpo e não permitir que qualquer vida não vivida envenene a existência, mine o prazer e deixe um resíduo de tristeza. Se a humanidade fizesse isso, diz Brown, o temor da morte não iria mais levá-la à loucura, ao desperdício e à destruição; os homens teriam sua apoteose na eternidade ao viverem plenamente no agora da experiência.[6] O inimigo da humanidade é a repressão básica, a negação da vibrante vida física e o fantasma da morte. A mensagem profética é a favor de uma vida totalmente livre de repressão, o que faria nascer um novo homem. Umas poucas linhas das palavras do próprio Brown nos dão o essencial de sua mensagem:

> Se pudermos imaginar um homem não-reprimido — um homem forte bastante para viver e, portanto, forte bastante para morrer, ou seja aquilo que nenhum homem foi até agora: um indivíduo —, esse homem [teria] (...) vencido a culpa e a angústia. (...) Nesse homem seria concretizada na Terra a esperança mística da Cristandade, a ressurreição do corpo,

> numa forma, como disse Lutero, livre da morte e da imundície. (...) Com esse corpo transfigurado a alma humana pode reconciliar-se, e o ego humano pode se tornar uma vez mais aquilo que foi destinado a ser desde o início, um ego corporal e a superfície de um corpo.(...) O ego humano teria que ficar forte bastante para morrer; e forte bastante para pôr a culpa de lado. (...) [A] plena consciência psicanalítica seria forte bastante para cancelar o débito [da culpa] ao atribuí-la à fantasia infantil.[7]

O que dizer de um programa tão eloqüente assim, quando ele despreza tudo o que sabemos a respeito do homem e a maior parte do que o próprio Brown escreveu sobre o caráter humano nas quase trezentas páginas que o antecederam? Essas poucas linhas contêm falácias tão óbvias, que se fica chocado com o fato de que um pensador da força de Brown tenha deixado que elas se demorassem em sua mente e, o que é pior, as tenha apresentado por escrito como argumentos racionais. Uma vez mais, e sempre, estamos de volta às coisas básicas que não proclamamos o suficiente de cima dos telhados ou não publicamos em letras de fôrma suficientemente grandes: a culpa não é resultado da fantasia infantil, mas da realidade adulta autoconsciente. Não há força que possa vencer a culpa, a menos que se trate de um deus. E não há como vencer a angústia da criatura, a menos que se seja um deus, e não uma criatura. A criança nega a realidade de seu mundo como milagre e como terror; isso é tudo. Para onde quer que nos voltemos, ali encontramos essa realidade básica que precisamos repetir uma última vez: a culpa é conseqüência de algo realmente esmagador, da severa majestade dos objetos do mundo da criança. Se nós, os adultos, estivermos bem calejados e com uma couraça para nos proteger contra tudo isso, basta lermos poetas como Thomas Traherne, Sylvia Plath ou R. L. Stevenson, que não neutralizaram seus receptores no que se refere à experiência nova:

> À medida que vou seguindo nesta vida, dia a dia, vou me tornando cada vez mais numa criança perplexa; não consigo me acostumar a este mundo, à procriação, à hereditariedade, à visão, à audição; as coisas mais simples constituem um fardo. A superfície afetada, obliterada, polida da vida, e as amplas, dissolutas e orgiásticas — ou bacantes — fundações formam um espetáculo com o qual não há hábito que me reconcilie.[8]

Toda a visão que Brown tem de um homem futuro falha redondamente, porque não consegue compreender a culpa.[9] Ela não nasce da "fantasia infantil", mas da realidade.

Em outras palavras — e isso também é suficientemente crucial para merecer ser destacado uma última vez — a criança "reprime a si mesma". Ela assume o controle do próprio corpo como uma reação à totalidade da experiência, não apenas aos seus próprios desejos. Como Rank argumentou de forma tão exaustiva e definitiva, os problemas da criança são existenciais: referem-se ao seu mundo total — para que servem os corpos, o que fazer com eles, qual o significado de toda essa criação.[10] A repressão exerce a função vital de permitir que a criança atue sem angústia, realize a experiência e crie respostas confiáveis em relação a ela. Como é que chegaríamos a ter um novo homem sem culpa e sem angústia, se toda criança, para se tornar humana, estabelece necessariamente limites para o próprio ego? Não pode haver nascimento algum em "segunda inocência",[11] porque teríamos uma repetição da própria dinâmica que Brown deplora, aquela que elimina a possibilidade dos terrores da inocência. É a necessária dinâmica da humanização, da evolução do ego.

Brown mergulha nas primeiras causas aristotélicas e alega saber que o ego humano "foi destinado a ser, antes de tudo, um ego corporal..." Ora, Brown não é o primeiro a alegar que entende que a evolução do animal humano é algum tipo de contratempo; ele tem predecessores de destaque, como Trigant Burrow e L. L. Whyte, e agora tem de ser incluído entre eles pelos absurdos e também pelas boas coisas que escreveram. Como podemos dizer que a evolução cometeu um erro em relação ao homem, que o desenvolvimento do prosencéfalo, do poder de simbolizar, de retardar a experiência, de limitar o tempo não era o que a natureza "pretendera" e, assim, representam uma autoderrota corporificada em um animal improvável? O ego, ao contrário, representa o imenso alargamento da experiência e do controle potencial, um passo para um verdadeiro tipo de subdivindade na natureza. A vida que há no corpo não é "tudo o que temos"[12] se tivermos um ego. E o ego representa, tanto quanto nos é dado julgar, uma ânsia natural, por parte da própria força vital, por uma expansão da experiência e da vida. Se a ânsia por mais vida é um erro crasso evolucionário, estamos pondo em dúvida toda a criação e encaixando-a no molde estreito de nossas preferências quanto ao que "mais vida" deveria ser. É forçoso admitir que, quando a evolução deu ao homem um eu, um mundo simbólico interior de experiência, ela o dividiu em dois, dando-lhe mais um ônus. Mas esse ônus parece ser o preço que tinha que ser pago, pelo desenvolvimento da força vital do ponto mais distante que a experiência e a autoconsciência pudessem alcançar para que os organismos conseguissem mais vida, Brown alega que a "reunificação do ego e do corpo não é uma dissolução, mas um fortalecimento do ego humano".[13] Mas essa frase, a propósito, soa falsa. Na verdade, ela evita tudo aquilo que sabemos sobre o ego. Falar de um "novo homem" cujo ego se funde totalmente com o seu corpo é falar de uma criatura subumana, não super-humana.

O ego, para obter algum grau de desenvolvimento, precisa negar e limitar o tempo, além de deter o corpo. Em outras palavras, o tipo de homem novo que o próprio Brown deseja teria que ter um ego, a fim de experienciar o corpo — o que significa que o ego tem que se desligar do corpo e opor-se a ele. Isso é outra maneira de dizer que a criança deve ser bloqueada em suas experiências, a fim de ter condições de registrar essa experiência. Se nós não "detivermos" a criança, ela irá desenvolver muito pouco o senso de si mesma, irá tornar-se um autômato, um reflexo da superfície de seu mundo influindo na sua própria superfície. Clinicamente, temos uma vasta documentação referente a esse tipo de caráter a que chamamos de psicopata; fenomenologicamente, compreendemos isso desde o livro *Experience and Nature*, de Dewey.[14] Toda a tese de Brown se baseia, então, numa falha dupla: não apenas no fato de ele não compreender a verdadeira psicodinâmica da culpa, mas por ignorar a maneira pela qual a criança registra a experiência no seu corpo. Neste caso, é grande a necessidade de se desenvolver de forma dualista para ser capaz de tornar-se um rico repositório de vida.[15]

Para um pensador da amplitude e da penetração de Brown, essas falhas são muito estranhas, e nós as percebemos com um sentimento de relutância em encontrar lapsos tão gritantes assim em quem é, na realidade, um pensador de dimensões heróicas. Fico menos perturbado quando encontro lapsos semelhantes em Marcuse, que é um reintérprete de Freud muito menos ousado, mas que também reivindica o surgimento de um novo tipo de homem desreprimido. De um lado, Marcuse exige uma revolução da desrepressão, porque sabe que não basta alterar a estrutura da sociedade para fazer nascer um novo mundo; a psicologia do homem também tem que ser modificada. Mas, de outro lado, ele admite que essa desrepressão é impossível, porque existe a morte: "A cruel realidade da morte nega, de uma vez por todas, a realidade de uma existência não-repressiva."[16] As últimas páginas de seu livro são uma admissão realista e pesarosa de que, para o homem ser homem, o seu ego deve expandir-se para além dos prazeres do corpo. Mas o dedicado revolucionário social que deseja um mundo novo e um novo homem mais do que qualquer outra coisa não aceita a realidade que ele próprio vê. Ele ainda acredita na possibilidade de algum tipo de "liberação final", o que também soa como pensamento vazio e superficial. Marcuse chega, até, a desprezar inteiramente a experiência viva e se deixa levar por suas abstrações: "Os homens poderão morrer sem angústia se souberem que aquilo que amam está protegido contra o sofrimento e o esquecimento [pela nova sociedade utópica]."[17] Como se os homens pudessem saber disso um dia, como se você ou eu pudéssemos ter a certeza de que a qualquer instante nossos filhos não serão eliminados por um absurdo acidente ou de que o planeta inteiro não será estraçalhado por um meteoro gigante.

Por que será que pensadores brilhantes se tornam tão débeis, esbanjando com tanta falta de cuidado seus preciosos argumentos? Provavelmente porque acham que a sua tarefa é séria e gigantesca: a crítica de toda uma maneira de viver. Eles se vêem num papel profético igualmente gigantesco, responsável por indicar uma saída, de uma vez por todas, e nos termos mais categóricos. É por isso que sua popularidade é tão grande: eles são profetas e simplificadores. Tal como Brown, Marcuse quer um indicador seguro de alienação, um ponto focal da natureza, e o encontra na ideologia e no temor da morte. Por ser um verdadeiro revolucionário, ele quer mudar isso ainda em vida, quer ver nascer um mundo novo. Está tão empenhado nessa realização que não pode se permitir parar no meio do projeto e atentar para as implicações de suas reservas em relação à desrepressão, tendo que admitir a inevitável crueldade da morte. O temor da morte é, obviamente, mais profundo do que a ideologia. Admitir isso tornaria ambígua toda a sua tese — e qual revolucionário deseja isso? O correto seria apresentar um programa que não fosse totalmente revolucionário, que admitisse a repressão, que questionasse o que os homens podem vir a ser. Que visse que os homens agem inevitavelmente contra seus melhores interesses, isolando-se da vida e do prazer e seguindo sistemas heróicos irracionais. Este programa deveria, principalmente, enxergar que há um demonismo nas relações humanas que nem mesmo a maior e mais radical das revoluções pode desfazer. No entanto, tendo que admitir essas coisas, Marcuse seria uma anomalia — um "revolucionário trágico" — e iria estragar o seu papel de profeta cheio de certezas. Quem pode esperar que ele faça isso?

Não adianta demorarmo-nos nas falácias dos revolucionários da desrepressão. Poderíamos falar sem parar, mas tudo iria voltar à mesma coisa básica: a impossibilidade de viver sem repressão. Ninguém afirmou essa impossibilidade com maior autoridade do que Philip Rieff em seu livro recente, e a meu ver este trabalho deve encerrar o assunto.[18] Rieff inverte todo o movimento: a repressão não é a falsificação do mundo, é a "verdade" — a única verdade que o homem pode conhecer, já que não pode experimentar tudo. Rieff está nos chamando de volta para o freudianismo básico, para uma estóica aceitação dos limites da vida, dos fardos da vida e de nós mesmos. Num trecho especialmente bonito, ele afirma o seguinte:

> As cruzes mais pesadas são internas, e os homens as fazem de tal maneira que, sustentados por um esqueleto, possam suportar o fardo de sua carne. Sob o sinal dessa cruz interna, obtém-se uma certa distância interior do desejo infantil de ser e ter tudo.[19]

O ponto essencial da argumentação de Rieff é o clássico: para ter-se uma existência verdadeiramente humana, deve haver limites; e aquilo que chamamos de cultura ou de superego fixa esses limites. A cultura é uma solução conciliatória com a vida que torna possível a vida humana. Ele cita a desafiadora frase revolucionária de Marx: "Eu nada sou e deveria ser tudo." Para Rieff, isso é o puro inconsciente infantil falando — ou, como eu preferiria dizer junto com Rank, a consciência neurótica: o "tudo ou nada" da pessoa que não consegue "parcializar" o seu mundo. O indivíduo explode numa megalomania infinita, transcendendo todos os limites, ou se atola na classe dos vermes, como um pecador realmente indigno. Não há um seguro equilíbrio do ego para limitar a assimilação da realidade ou para ajustar a saída das forças do indivíduo.

Se existe uma trágica limitação na vida, também existe a possibilidade. O que chamamos de maturidade é a capacidade de ver as duas num certo tipo de equilíbrio no qual possamos nos encaixar de forma criativa. Como disse Rieff: "O caráter é a formação restritiva da possibilidade."[20] Tudo se reduz, outra vez, ao fato de que os profetas da desrepressão simplesmente não compreenderam a natureza humana; eles imaginam uma utopia com uma liberdade perfeita no que se refere a restrições internas e autoridade exterior. Essa idéia despreza o fundamental dinamismo da não-liberdade que descobrimos em cada indivíduo, que é a universalidade da transferência. Esse fato praticamente não influencia Rieff, que percebe que os homens precisam da transferência porque gostam de ver sua moralidade corporificada e precisam de pontos de apoio no interminável fluxo da natureza:

> Abstrações nunca serão suficientes. Os termos divinos têm que ser exemplificados. (...) Os homens anseiam por verem seus princípios encarnados em personagens que possam ser representados, que sejam mediadores seletivos entre eles e o politeísmo da experiência.[21]

Esse insucesso em levar o entendimento da psicodinâmica até o máximo de seus limites é um obstáculo que nenhum dos utópicos pode saltar; ele acaba invalidando seus melhores argumentos. Estou pensando aqui, também, no trabalho escrito por Alan Harrington sobre o temor da morte como a mola mestra da conduta humana. Tal como Brown, ele baseia num entendimento muito penetrante e danoso uma tese inteiramente fantasiosa e contraditória. O medo da morte é o inimigo? Então, a cura é óbvia: abolir a morte. É fantasia? Não, responde ele, a ciência está trabalhando para solucionar o problema. Vale confessar que talvez não possamos abolir a morte por completo, mas podemos prolongar muito a vida — sabe-se lá até que ponto. Podemos visualizar uma utopia na qual as pessoas terão vidas tão longas que o medo da morte irá acabar, e com ele a demoníaca pressão que tem acossado o homem de forma tão humilhante e destruidora ao longo de sua história, pressão essa que agora promete levá-lo a uma total derrota de si mesmo. Os homens poderão, então, viver num "agora eterno" de puro prazer e paz, tornando-se as criaturas divinas que sempre tiveram potencial para ser.[22]

Uma vez mais, os modernos utópicos continuam o unilateral sonho do Iluminismo. Condorcet já tivera visão idêntica em 1794:

> ...um dia, chegará um período em que a morte não será nada mais do que o efeito de acidentes extraordinários ou da lenta e gradativa decadência das forças vitais: e no qual a duração do intervalo entre o nascimento de um homem e sua decadência não terá um limite que lhe possa ser atribuído.[23]

Mas Choron faz uma advertência quanto a essa visão, que vai direto ao seu cerne e a arrasa: o "adiamento da morte não é uma solução para o problema do temor da morte (...) ainda restará o temor de morrer prematuramente".[24] O menor dos vírus ou o mais estúpido dos acidentes iria privar um homem não de noventa anos, mas de novecentos — e seria então dez vezes mais absurdo. O fato de Condorcet não compreender a psicodinâmica era perdoável, mas a de Harrington, hoje, não é. Se alguma coisa for dez vezes mais absurda, será dez vezes mais ameaçadora. Em outras palavras, a morte seria "hiperfetichizada" como fonte de perigo, e os homens da utopia da longevidade seriam ainda menos expansivos e pacíficos do que são hoje em dia!

Vejo essa utopia assemelhando-se, de certa maneira, às crenças de muitas sociedades primitivas. Elas negavam que a morte fosse o fim total da experiência e acreditavam que, ao contrário, a morte seria a última promoção ritual para uma forma de vida mais elevada. Isso significava, também, que espíritos invisíveis dos mortos tinham poderes sobre os vivos, e que, se alguém tivesse morte prematura, esta era considerada efeito de espíritos malévolos ou da quebra de tabus. A morte prematura não acontecia como um acidente impessoal. Esse raciocínio significava que o homem primitivo atribuía a mais alta prioridade aos meios de evitar as más intenções e os atos prejudiciais, motivo pelo qual ele parece ter circunscrito suas atividades de formas muitas vezes compulsivas e fóbicas.[25] A tradição tem exercido uma forte influência nos homens, em toda parte. O homem utópico poderia viver o mesmo "agora eterno" dos primitivos mas, também não há dúvida, com as mesmas compulsões e fobias verdadeiras. A menos que se esteja falando da verdadeira imortalidade, estará se falando apenas sobre uma intensificação das defesas do caráter e das superstições do homem. Curiosamente, o próprio Harrington parece sentir isso, quando especula sobre o tipo de deuses que os utópicos iriam adorar:

> ...os filhos da eternidade poderão adorar variações do Acaso, ou Aquele Que Não Pode Ser Controlado. (...) O Acaso será (...) a única coisa que poderá matá-los, e por isso é possível que eles se ponham de joelhos diante dele. (...) [Eles] poderão realizar cerimônias diante do futuro equivalente de uma gigantesca máquina caça-níqueis ou roda de roleta.[26]

Que grandes criaturas divinas! A falácia em todo esse utopismo estéril é que o temor da morte não é o único motivo da vida. Transcendência heróica, vitória sobre o mal para a humanidade como um todo e para gerações vindouras, a consagração da existência a significados mais elevados: esses motivos são tão vitais quanto aquele, e são eles que dão ao animal humano a nobreza, mesmo diante de seus temores animais. O hedonismo não é heroísmo para a maioria dos homens. Os pagãos do mundo antigo não compreendiam isso e, assim, foram derrotados pelo "desprezível" credo judaico-cristão. Os homens modernos também não percebem isso, e assim vendem a alma ao capitalismo do consumidor ou ao comunismo do consumidor ou ainda substituem a alma — como disse Rank — pela psicologia. A psicoterapia é moda tão crescente hoje porque as pessoas querem saber por que são infelizes no hedonismo e procurar os defeitos dentro de si mesmas. A desrepressão tornou-se a única religião depois de Freud, como tão bem argumentou Philip Rieff num livro recente. É evidente que ele não percebeu que sua argumentação era uma atualização e uma expansão exatamente daquilo que Rank afirmara com relação ao papel histórico da psicologia.[27]

Os Limites da Psicoterapia

Como já abordamos este problema no Capítulo Quatro, onde mencionamos pela primeira vez o dilema da vida, refresquemos aqui nossa memória. Vimos que não havia, realmente, como dominar o *verdadeiro* dilema da existência, o do animal mortal que, ao mesmo tempo, tem consciência de sua mortalidade. Uma pessoa leva anos para formar sua individualidade, desenvolver seu talento, seus dons ímpares, aperfeiçoar suas discriminações com relação ao mundo, ampliar e aguçar o apetite, aprender a suportar as desilusões da vida, amadurecer, tornar-se moderada — enfim, uma criatura ímpar na natureza, situando-se com certa dignidade e nobreza e transcendendo a condição animal; não mais movida só por impulsos, não mais puro reflexo, não estampada por nenhum molde. E aí vem a verdadeira tragédia, como escreveu André Malraux em *The Human Condition*: são necessários sessenta anos de incríveis sofrimentos e esforços para formar um indivíduo desses, e aí ele só serve para morrer. Esse doloroso paradoxo a pessoa não o ignora, de modo algum. Ela se sente dolorosamente um ser especial, mas sabe que isso não faz diferença alguma no que se refere a coisas definitivas. Ela tem que seguir a mesma sina da cigarra, ainda que isso, no seu caso, demore mais.

Dissemos que o detalhe importante era que, mesmo com o máximo desenvolvimento e a máxima liberação pessoal, o indivíduo enfrenta o verdadeiro desespero da condição humana. De fato, devido a esse desenvolvimento seus olhos ficam abertos à realidade das coisas; não há como retornar ao conforto de uma vida segura e totalmente protegida. A pessoa fica com a totalidade do problema de si mesma e, no entanto, não pode ter certeza de encontrar algum sentido nisso. Para uma pessoa assim, como disse Camus, "o peso dos dias é pavoroso". O que significa, então, perguntamos no Capítulo Quatro, usar expressões que parecem bonitas como "cognição do Ser", "a pessoa inteiramente concentrada", "humanismo pleno", "a alegria de experiências máximas" ou seja lá o que for, a menos que alteremos seriamente o seu significado com o ônus e o terror que lhes são inerentes? Por fim, com essas perguntas vimos que podíamos pôr em dúvida as pretensões de todo o empreendimento terapêutico. Que alegria e que conforto ele pode dar a pessoas plenamente despertas? Desde que o homem aceite a situação verdadeiramente desesperada em que se encontra, ele passa a perceber não só que a neurose é normal, mas que até mesmo o fracasso psicótico representa apenas um pequeno empurrão adicional nos rotineiros tropeços ao longo do caminho da vida. Se a repressão torna vivível uma vida insuportável, para algumas pessoas o conhecimento de si mesmo pode destruí-la por completo. Rank foi muito sensível a esse problema, e falava sobre ele na intimidade. Eu gostaria de citar um longo trecho de sua autoria, aqui, numa reflexão psicanalítica de uma maturidade e de uma seriedade fora do comum, que resume os melhores pontos da estóica visão que Freud tinha do mundo:

> Uma mulher vem fazer uma consulta; o que é que ela tem? Sofre de certos sintomas relacionados com o intestino, ataques dolorosos de algum problema intestinal. Está doente há oito anos, e tentou todo tipo de tratamento físico. (,..) Chegou à conclusão de que deve ser algum problema emocional. É solteira, tem trinta e cinco anos. Para mim, parece (e ela mesma admite) ser muito bem equilibrada. Mora com uma irmã casada; as duas se dão bem. Gosta de viver; vai para o interior no verão. Tem um pequeno problema no estômago; por que não ficar com ele, digo-lhe eu, porque, se conseguirmos acabar com esses ataques, que aparecem mais ou menos de duas em duas semanas, não sabemos que problema iremos descobrir por trás dele. É provável que esse mecanismo de defesa seja o equilíbrio dela, é provável que seja este o preço que ela tem que pagar. Ela nunca se casou, nunca amou, e assim nunca desempenhou plenamente o seu papel. Não se pode ter tudo sempre, é provável que ela tenha que pagar. Afinal, que diferença faz se ela tem, de vez em quando, esses ataques de indigestão? Eu tenho isso de vez em quando, você também, provavelmente, e não por motivos físicos, como talvez você saiba. Há quem tenha dor de cabeça. Em outras palavras, não é tanto uma questão de saber se temos condições, ou não, de curar um paciente, se podemos ou não curá-lo, mas de saber se devemos ou não curá-lo.[28]

Nenhuma vida organísmica pode ser francamente auto-expansiva em todas as direções. Cada um deve retrair-se para dentro de si mesmo em certas áreas e pagar um alto preço pelos seus temores e suas limitações naturais.

Está certo que se diga, com Adler, que a doença mental é devida a "problemas do viver" — mas devemos nos lembrar de que a própria vida é o problema intransponível.

Isso não quer dizer que a psicoterapia não possa dar grandes contribuições para pessoas torturadas e acabrunhadas e até mesmo maior dignidade a quem dá valor ao conhecimento de si mesmo e pode usar esse conhecimento. A psicoterapia pode permitir que as pessoas se afirmem, derrubem os ídolos que restrinjam o amor-próprio, tirem o peso da culpa neurótica — a culpa extra colocada em cima da culpa existencial natural. Pode eliminar o desespero neurótico — o desespero causado por um foco demasiado restrito para a segurança e as satisfações do indivíduo. Quando uma pessoa se torna menos fragmentada, menos bloqueada e contida, então de fato sente uma alegria de verdade: a alegria de descobrir mais a si mesma, de se libertar da armadura e dos reflexos escravizantes, de quebrar os grilhões da dependência servil e frustrante, de governar as próprias energias, de descobrir aspectos do mundo. Ela aprende a ter experiência intensa no presente momento, agora mais livre de percepções prefixadas e com novas possibilidades de escolha e ação. Sim, a psicoterapia pode fazer tudo isso, mas há muitas coisas que ela não pode fazer, e essas coisas não têm sido divulgadas com a amplitude suficiente. Com freqüência, a psicoterapia parece prometer o impossível: uma alegria mais constante, encanto, celebração da vida, amor perfeito e liberdade perfeita. Ela parece prometer que é fácil atingir essas coisas através do conhecimento de si mesmo, e que essas coisas deviam e poderiam caracterizar toda a consciência do indivíduo que vem sendo despertada. Como disse uma paciente que acabara de ser submetida a uma terapia do "grito primário": "Eu me sinto ótima e maravilhosa, mas isso é apenas o começo. Espere para me ver daqui a cinco anos: vai ser *formidável!*" Só nos resta esperar que ela não fique muito triste. Nem todo mundo é tão honesto quanto Freud ao dizer que curava as misérias do neurótico só para torná-lo capaz de sentir a miséria normal da vida. Só os anjos conhecem a alegria espiritual absoluta — ou são capazes de suportá-la. No entanto, vemos livros escritos por curandeiros de almas, com seus títulos extravagantes: "Alegria!", "O Despertar", e coisas assim. Vemos esses curandeiros em pessoa, em salões de palestras ou em grupos, irradiando sua marca característica de bem-estar íntimo, de modo a que ela transmita sua mensagem inconfundível: podemos fazer isso por você, também, bastando que você permita. Eu nunca os vi ou ouvi divulgar os perigos da liberação total que dizem oferecer. Eles poderiam, por exemplo, colocar um pequeno aviso, ao lado daquele que anuncia a alegria espiritual, com dizeres mais ou menos assim: "Perigo: muita probabilidade de despertar o terror e o pavor, dos quais não há retorno." Seria honesto e também iria aliviá-los de uma parte da culpa pelo suicídio que às vezes acontece durante a terapia.

Mas seria também dificílimo tomar a receita infalível para se conseguir o paraíso na Terra e torná-la ambígua; não pode alguém ser um profeta convincente se usar uma mensagem da qual ele próprio desconfia, especialmente se precisa de clientes pagantes e admiradores devotos. Os psicoterapeutas estão envolvidos pela cultura contemporânea e são obrigados a fazer parte dela. O industrialismo comercial prometia ao homem ocidental um paraíso na Terra, descrito de forma muito detalhada pelo Mito de Hollywood, que substituiu o paraíso celestial prometido pelo mito cristão. Agora, a psicologia precisa substituir os dois pelo mito do paraíso por meio do conhecimento de si mesmo. Esta é a promessa da psicologia, e na maioria dos casos os psicoterapeutas são obrigados a vivê-la e a personificá-la. Mas foi Rank quem viu o quanto essa pretensão é falsa. "A psicologia como conhecimento de si mesmo é auto-ilusão", disse ele, porque não dá aquilo que os homens querem, que é a imortalidade. Nada poderia ser mais claro. Quando o paciente emerge de seu casulo protetor, ele desiste da ideologia da imortalidade garantida sob a qual esteve vivendo — tanto em sua forma pessoal-parental (vivendo nos poderes protetores dos pais ou seus substitutos) como em sua forma cultural *causa sui* (vivendo de acordo com a opinião de terceiros e na simbólica dramatização do papel instituído pela sociedade). Que nova ideologia da imortalidade pode a psicoterapia do conhecimento próprio fornecer para substituir isso? É óbvio que não será nenhuma ideologia que parta da psicologia — a menos, disse Rank, que a própria psicologia se torne o novo sistema de crenças.

Só existem três maneiras, acho eu, de a psicologia tornar-se um sistema de crenças adequado. Uma delas é o psicólogo ser um gênio criativo e usar a psicologia como o veículo da imortalidade para si mesmo — como fizeram Freud e os psicanalistas que vieram depois. Outra é usar a linguagem e os conceitos da psicoterapia em grande parte da vida, a fim de que ela se torne um sistema de crenças vivido. Vemos isso com freqüência, quando ex-pacientes analisam seus motivos em todas as situações em que se sentem angustiados: "isso deve ser inveja do pênis, isso deve ser atração incestuosa, medo da castração, rivalidade edipiana, perversidade polimorfa", e assim por diante. Conheci uma pessoa jovem que quase ficou louca e pervertida ao tentar viver o vocabulário de suas motivações segundo a nova religião freudiana. Mas de certa maneira essa atitude é forçada, porque a religião é uma experiência, e não apenas um conjunto de conceitos intelectuais sobre os quais se deva meditar; ela tem que ser *vivida*. Como observou com perspicácia o psicólogo Paul Bakan, essa é uma das razões pelas quais a psicoterapia se afastou do modelo intelectual freudiano e passou para o novo modelo experiencial.[29] Se a psicologia quiser ser a religião moderna, terá que refletir a experiência vivida. Terá que se afastar da simples conversa e da análise intelectual e passar à plena manifestação de afetos, dos "traumas do nascimento" e da infância até a expressão vivencial dos sonhos e da hostilidade, e assim por diante. Isso torna a hora de psicoterapia uma experiência ritual, uma iniciação, uma santa excursão a um reino tabu e sagrado. O paciente assimila outra dimensão da vida, uma dimensão que antes lhe era desconhecida e de cuja existência ele nem desconfiava, verdadeiramente uma "religião misteriosa" separada do mundo secular cotidiano; ele se entrega a comportamentos muito obscuros e que permitem a expressão de aspectos de sua personalidade que ele nunca pensara em expressar ou mesmo imaginara ter. Como em qualquer religião, o adepto "jura por ela" porque a viveu. A terapia é "verdadeira" porque é uma experiência vivida explicada por conceitos que parecem encaixar-se nela com perfeição, que dão forma àquilo que o paciente está realmente vivenciando.

A terceira e última maneira de fazer da psicologia um sistema de crenças adequado é aprofundá-la com associações religiosas e metafísicas, para que ela se torne realmente um sistema de crença religiosa com uma certa extensão e profundidade. Ao mesmo tempo, o próprio psicoterapeuta irradia o firme e tranqüilo poder de transferência e se torna o guru da religião. Não admira que estejamos vendo tamanha proliferação de gurus psicológicos em nossa época. Isso é o perfeito e lógico desenvolvimento da fetichização da psicologia como um sistema de crenças. Ele estende esse sistema até a sua dimensão necessária, que é a imortalidade e o seu concomitante poder de melhorar a vida. Esse poder vem sob duas formas: dos conceitos da religião e, concretamente, da pessoa do terapeuta-guru. Não é coincidência que uma das formas de terapia muito populares hoje em dia — chamada de terapia da *Gestalt* — ignora, em sua maior parte, o problema da transferência, como se alguém pudesse espantá-lo para longe ao dar-lhe as costas.[30] Na realidade, o que acontece é que a aura de infalibilidade do guru continua intata e oferece uma proteção automática para os profundos anseios do paciente no que se refere à segurança e garantia. Não é por acaso, tampouco, que os terapeutas que praticam essas terapias de guru cultivam a si mesmos com barbas e penteados semelhantes a um halo, para estarem a caráter, de acordo com o papel que representam.

Não estou, em absoluto, dando a entender que haja desonestidade, mas apenas que os homens tendem a ficar enredados na conveniência dos paramentos que usam e dos quais precisam. Se a pessoa entender a religião terapêutica como uma necessidade cultural, o máximo de idealismo é tentar atender a essa necessidade, com o coração e a alma. Por outro lado, mesmo com as melhores intenções a transferência é, quer se queira quer não, um processo de doutrinação. Muitos psicanalistas, como sabemos, tentam, de maneira muito conscienciosa, analisar a transferência; outros tentam minimizá-la. Apesar dos melhores esforços, o paciente em geral se torna de alguma maneira um admirador servil do homem e das técnicas de sua libertação, por menor que esta seja. Já sabemos que uma das razões pelas quais a influência de Freud sobre as idéias foi tão grande é o fato de que muitos dos principais pensadores de nossa era foram submetidos a uma análise freudiana e, por isso, saíram com uma participação pessoal e emocional da visão freudiana do mundo.

O importante, com relação à transferência, é que ela cria raízes com muita sutileza, enquanto a pessoa parece estar inteiramente dona de si. Uma pessoa pode ser doutrinada para ter uma visão do mundo, na qual passa a acreditar, sem desconfiar que pode tê-la abraçado *devido* ao seu relacionamento com um terapeuta ou um mestre. Encontramos isso, numa forma muito sutil, nas terapias que procuram colocar o homem novamente em contato com o seu "eu autêntico", quer dizer, com os poderes puros que estão trancados dentro dele. A pessoa recebe ordens no sentido de tentar explorar esses poderes, esse lado de dentro da natureza, de penetrar bem fundo na subjetividade de seu ser. A teoria é que se o indivíduo for progressivamente descascando a fachada social, as defesas do caráter e as angústias inconscientes, chegará ao seu "eu verdadeiro", a fonte de vitalidade e criatividade que está por trás do escudo neurótico do caráter. Para tornar a psicologia um sistema de crenças completo, tudo o que o terapeuta tem a fazer é tomar por empréstimo às religiões místicas tradicionais aquelas palavras que indiquem o recôndito interior da personalidade: esse interior recebe nomes diversos, como "o grande vazio", a "sala íntima" do taoísmo, o "reino da essência", a fonte das coisas, "Aquilo", o "Inconsciente Criativo".

Tudo parece muito lógico, concreto, e fiel à natureza: o homem despe sua armadura e revela seu eu interior, as energias fundamentais vindas da terra do seu ser na qual ele cria raízes. A pessoa não é, afinal de contas, o seu próprio criador; ela é sustentada, o tempo todo, pelo funcionamento de sua fisioquímica — e, abaixo desta, pela sua estrutura atômica e subatômica. Essas estruturas contêm, dentro de si, as imensas forças da natureza, e por isso parece lógico dizer que estamos sendo constantemente "criados e sustentados" pelo "vazio invisível". Como pode a pessoa ser traída pela terapia, se está sendo levada de volta às realidades primitivas? É óbvio, com base em técnicas como o zen-budismo, que a iniciação no mundo do "Aquilo" acontece por um processo de rompimento e reintegração. Esse processo é muito parecido com a terapia ocidental, na qual a máscara da sociedade é retirada aos poucos e a impulsividade se atenua. No zen, entretanto, são as forças primárias que então devem assumir a primazia, devem agir através da pessoa à medida que ela se abre para elas; a pessoa se torna o instrumento e o veículo dessas forças. Na arte zen do arco e flecha, por exemplo, não é mais o arqueiro que dispara a flecha para o alvo, mas "Aquilo"; o interior da natureza irrompe no mundo através do perfeito desprendimento do discípulo e solta a corda. Primeiro, o discípulo tem que passar por um longo processo de sintonizar-se com o seu próprio interior, o que acontece por meio de uma longa sujeição a um mestre, do qual a pessoa se torna discípulo para a vida inteira — um convertido à sua visão do mundo. Se o discípulo tiver sorte, chegará até a ganhar do mestre um de seus arcos, que contém suas forças espirituais; a transferência é selada com uma dádiva concreta. De todo o discipulado hindu, também, a pessoa sai com um mestre, e sem esse mestre, em geral, fica perdida e não consegue funcionar. Ela precisa do mestre em pessoa periodicamente, ou de seu retrato, de suas mensagens pelo correio, ou pelo menos da técnica que o mestre usava: as paradas com a cabeça apoiada no chão, a respiração, e assim por diante. Estes se tornam os meios fetichizados e mágicos, de recriar o poder da figura de transferência. O discípulo pode assim ficar em pé "sozinho", ser uma pessoa "dona" de si mesma.

A fusão da psicologia com a religião é, assim, não apenas lógica; é necessária para que a religião possa funcionar. Não há como ficar sobre o próprio centro sem uma ajuda externa, só que agora se faz com que esse apoio pareça vir de dentro. A pessoa é condicionada a funcionar sob seu próprio controle, a partir de seu próprio centro, com base nas forças espirituais que se acumulam dentro dela. Na verdade, é claro, o apoio vem da confirmação da transferência, por parte do guru, de que aquilo que o discípulo está fazendo é certo e bom. Até as terapias de recondicionamento corporal, como a do outrora famoso F. M. Alexander, acrescentam a suas terapias doses generosas de idéias retiradas do zen-budismo e citam sua afinidade com pessoas como Gurdjieff. Parece não haver como fazer com que o corpo se reintegre sem dar a ele algum tipo de força mágica de sustentação. Pelo menos, não há maneira melhor de se obter um discipulado pleno para com uma religião do que torná-lo ostensivamente religioso.[31]

Não admira que, quando as terapias despem o homem a ponto de deixá-lo na sua solidão nua, com a verdadeira natureza da experiência e com o problema da vida, elas resvalam para algum tipo de metafísica de poder e validação vindo do além. Como pode a pessoa subsistir, tão frágil e só, neste mundo? É preciso oferecer a ela a possibilidade do contato místico com o vazio da criação, com o poder do "Aquilo", com a sua semelhança com Deus ou, ao menos, com o apoio de um guru que dará o testemunho em relação a essas coisas com a sua pessoa irresistível e sua aparência harmoniosa. O homem, para se apoiar, precisa estender a mão para um sonho, uma metafísica de esperança que o sustente e torne sua vida digna de ser vivida. Falar em esperança é dar o foco adequado ao problema. Isso nos ajuda a entender o motivo pelo qual até mesmo os pensadores de grande estatura que chegaram ao cerne dos problemas humanos não se satisfaziam com a idéia da natureza trágica do destino do homem que esse conhecimento proporciona. Sabe-se bem, hoje, que Wilhelm Reich continuou o Iluminismo na direção de uma fusão de Freud com a crítica social marxista para acabar voltando-se para Orgônio, a energia cósmica primária. E sabe-se que Jung escreveu uma apologia intelectual para o texto de antiga magia chinesa, o *I Ching*. Nisso, como Rieff argumentou com tanta mordacidade, esses homens são de uma estatura menor do que a de seu mestre, o grande Estóico, Freud.[32]

Os Limites da Natureza Humana

Numa parte anterior de nossa discussão sobre aquilo que é possível para o homem, dissemos que a pessoa não tem como se livrar do seu caráter, não pode evoluir além dele ou sem ele. Se existe um limite para aquilo que o homem pode ser, devemos também concluir, agora, que há um limite até mesmo para o que a terapia religiosa pode fazer por ele. Mas os fanáticos da psicoterapia religiosa estão alegando justamente o contrário: que a força vital pode surgir milagrosamente da natureza, pode transcender o corpo que usa como veículo e pode romper os limites do caráter humano. Alegam que o homem, tal como é agora, pode ser meramente um veículo para a emergência de algo totalmente novo, um veículo que pode ser transcendido por uma nova forma de vida humana. Muitas das principais figuras do pensamento moderno resvalam para alguma mística desse tipo, alguma escatologia de imanência na qual as entranhas da natureza irão eclodir dando um novo ser. Jung escreveu uma argumentação dessas em seu *Answer to Job*; a resposta às lamentações de Jó era que a condição do homem não seria sempre a mesma, porque um novo homem sairia do ventre da criação. Erich Fromm lamentou, certa vez,[33] que era de admirar o fato de o número de pessoas insanas não ser maior, já que a vida é um fardo muito terrível.

Depois escreveu um livro com o título *You Shall be as Gods*. Deuses à beira da insanidade, é o que se deve presumir.

Felizmente, não é necessário examinarmos os aspectos metafísicos desse problema. Ele é, agora, o centro de uma apaixonada e, ao mesmo tempo, friamente intelectual revisão por parte de algumas de nossas melhores inteligências críticas: não apenas de Rieff, mas também de Lionel Trilling e John Passmore — este último em um importante trabalho histórico-crítico.[34] Tudo pode ser resumido nos termos mais simples e mais precisos: como é que um animal controlado pelo ego pode alterar a sua estrutura, e como pode uma criatura consciente de si mesma alterar o dilema de sua existência? Simplesmente não há meio de transcender os limites da condição humana ou alterar as condições estruturais psicológicas que tornam possível a humanidade. O que pode significar o fato de algo novo surgir de um animal desses e triunfar de sua natureza? Mesmo apesar de homens virem repetindo essa teoria desde os tempos mais remotos e das maneiras mais sutis e influentes, muito embora movimentos inteiros de ação social, bem como de pensamento, tenham sido inspirados por essas idéias, ainda assim elas são fantasiosas — como tão bem nos fez lembrar Passmore. Eu mesmo tenho gostado de usar idéias como o "espírito" em evolução do homem e a promessa de "novo nascimento", mas não acho que alguma vez tenha pensado que elas criassem uma nova criatura. Ao contrário, pensava mais que o novo nascimento trouxesse novas adaptações, novas soluções criativas para os nossos problemas, uma nova abertura no trato das contundentes percepções da realidade, novas formas de arte, música, literatura e arquitetura, que seriam uma permanente transformação da realidade — mas por trás de tudo isso estaria o mesmo *tipo* de criatura evolutiva, criando suas próprias reações peculiares a um mundo que continuava a transcendê-la.*

Se psicoterapeutas e cientistas caem na metafísica com tanta facilidade, não devíamos condenar os teólogos por fazerem o mesmo. Ironicamente,

---

*Philip Rieff me fez ficar mais realista a respeito do uso impreciso que eu fazia das idéias de imanência, durante um debate num painel há dois anos. De uma maneira caracteristicamente honesta e dramática, ele admitiu que era — como todo mundo — "homem só em parte" e fez com que a platéia admitisse que todos nós também éramos, perguntando o que poderia significar ser um "homem completo".

porém, hoje em dia os teólogos têm o máximo de sobriedade no que toca à imanência e suas possibilidades. Veja-se Paul Tillich: ele também tinha a sua metafísica do Novo Ser, a crença no surgimento de um novo tipo de pessoa que estaria mais em harmonia com a natureza, menos movida à base de impulsos, e que poderia vir a formar autênticas comunidades para substituir as coletividades da nossa era. Seriam comunidades de pessoas mais sinceras em lugar das criaturas objetivas criadas pela nossa cultura materialista. Mas Tillich tinha menos ilusões a respeito desse Novo Ser do que a maioria dos fanáticos da psicoterapia religiosa. Ele percebia que a idéia era, na verdade, um mito, um ideal à procura do qual se poderia trabalhar e, por isso, poderia ser parcialmente atingido. Não era uma verdade fixa sobre as entranhas da natureza. Esse detalhe é vital. Como disse ele com honestidade: "O único argumento em favor da verdade desse Evangelho do Novo Ser é que a própria mensagem dá autenticidade *a si mesma*."[35] Ou, como diríamos na ciência do homem, trata-se de uma imposição ideal-típica.[36]

Creio que toda a questão do que é possível para a vida interior do homem foi resumida de maneira excelente por Suzanne Langer na frase "o mito da vida interior".[37] Ela usou esse termo referindo-se à experiência da música, mas parece que ele se aplica a toda a metafísica do inconsciente, incluindo o surgimento de novas energias vindas do cerne da natureza. Acrescentemos, logo, que esse uso do termo "mito" não pretende ser depreciativo ou denotar simples "ilusão". Como Langer explicou, certos mitos são vegetativos, geram um poder conceitual verdadeiro, uma real percepção de uma tênue verdade, algum tipo de entendimento global daquilo que perdemos com um raciocínio preciso, analítico. Acima de tudo, como argumentaram William James e Tillich, as crenças a respeito da realidade afetam as ações reais das pessoas, ajudando a introduzir o novo no mundo. Isso é especialmente verdadeiro no que se refere às crenças a respeito do homem, da natureza humana, e daquilo que o homem ainda possa vir a ser. Se alguma coisa influencia nossos esforços no sentido de mudar o mundo, então essa coisa deve, até certo ponto, mudar o mundo. Isso ajuda a explicar uma das coisas que nos deixam perplexos diante de profetas psicanalíticos como Erich Fromm: como é que podem se esquecer com tanta facilidade dos dilemas da condição humana que limitam de maneira trágica os esforços do homem? A resposta é, a determinado nível, que eles têm que deixar a tragédia para trás, como parte de um programa que tenciona despertar algum esperançoso esforço criativo por parte dos homens. Fromm questionou com perfeição a tese deweyana de que, como a realidade é, em parte, o resultado do esforço humano, a pessoa que se orgulha de ser um "realista teimoso" e se abstém de uma ação esperançosa está, na realidade, abdicando da tarefa humana.[38] Essa insistência no esforço humano, na visão e na esperança humanas para ajudar a dar forma à realidade me parece exonerar Fromm das acusações de que, na verdade, ele é "no fundo, um rabino" impelido pelo desejo de redimir o homem e não pode deixar o mundo em paz. Se a alternativa for a aceitação fatalista da atual situação humana, então cada um de nós é um rabino — ou seria melhor se assim fosse.

Mas, tendo dito isso, e tendo apresentado um argumento pragmático em defesa do mito criativo, não teremos nos livrado da situação difícil relativa à natureza do mundo verdadeiro. Isso só nos deixa mais constrangidos com os fanáticos da terapia religiosa. Se você vai adotar um mito do Novo Ser, então (como Tillich) terá que usar esse mito como um apelo à realização do mais alto e mais difícil dos esforços — e não a simples alegria espiritual. Um mito criativo não é simplesmente uma recaída numa ilusão cômoda; tem que ser tão ousado quanto possível, para que seja verdadeiramente gerador.

O que sobressai nas cogitações de Tillich sobre o Novo Ser é que nelas não há absurdos. Tillich dá a entender que o homem tem que ter a "coragem de ser" ele mesmo, ser independente e enfrentar as eternas contradições do mundo verdadeiro. O ousado objetivo desse tipo de coragem é absorver no próprio ser a máxima quantidade de não-ser. Como um ser, como uma extensão de todo o Ser, o homem tem uma impulsão organísmica: aceitar na sua própria organização o máximo da problemática da vida. Sua vida diária se torna, então, realmente um dever de proporções cósmicas, e a coragem de enfrentar a angústia da sua insignificância se torna um verdadeiro heroísmo cósmico. O indivíduo já não age como Deus manda, comparado a uma figura imaginária que está no céu. Ao contrário, na sua própria pessoa ele tenta conseguir aquilo que poderes criativos do Ser emergente conseguiram até aqui com formas inferiores de vida: vencer aquilo que invalidaria a vida. O problema da insignificância é a forma sob a qual o não-ser se apresenta em nossa era. Neste caso, diz Tillich, a tarefa dos seres conscientes no ápice de seu destino evolutivo é enfrentar e conquistar esse novo obstáculo à vida sensível. Nesse tipo de ontologia da imanência do Novo Ser, o que estamos descrevendo não é uma criatura que é transformada e que, por sua vez, transforma o mundo de certas maneiras milagrosas, mas sim uma criatura que assimila uma parte maior do mundo e desenvolve novas formas de coragem e resistência. Ela não difere muito do ideal ateniense, tal como está expresso em Édipo, ou do que significava, para Kant, ser um homem. Pelo menos, é o ideal para um novo tipo de homem; mostra por que o mito de Tillich, de estar "realmente concentrado" nas próprias energias, é radical. Mostra todas as formas que o homem usa para evadir-se dessa centralização: sempre sendo parte de algo ou de outra pessoa, protegendo-se com forças estranhas. A transferência, mesmo depois de admitirmos suas dimensões necessárias e ideais, reflete uma certa traição universal aos poderes do próprio homem, que prefere abrigar-se sob as grandes estruturas da sociedade. O homem contribui exatamente para as coisas que o escravizam. A crítica às terapias dos gurus também se encerra aqui: não se pode falar em um ideal de liberdade e, ao mesmo tempo, de bom grado, abrir mão dela. Esse fato fez com que Koestler ficasse contra o Oriente,[39] como também levou Tillich a afirmar com muita perspicácia que o misticismo oriental não é para o homem ocidental. Porque é uma evasão da coragem de ser; impede que o homem aprenda o quanto ele é insignificante.[40]* O que Tillich está querendo dizer é que a experiência mística parece estar próxima da fé perfeita, mas não está. Falta ao misticismo precisamente o elemento de ceticismo, e o ceticismo é uma experiência mais radical, uma confrontação mais máscula da insignificância potencial. E ainda mais, não devemos nos esquecer de que grande parte do tempo o

---

*Creio que Tillich não conseguiu enxergar além das aparências em sua procura da coragem de ser. Parece ter gostado da idéia do inconsciente coletivo porque ela expressava a dimensão da profundeza interior do ser e poderia ser um acesso ao reino da essência. Isso me parece um surpreendente lapso em sua costumeira sensatez. Como é que a área do ser podia ser tão acessível quanto Jung imaginava? Parece-me que esse conceito iria destruir toda a idéia da Queda. Como pode o homem ter o reino da essência "à mão", por assim dizer? E se tiver, será que a compreensão que Tillich tinha da graça não perde todo o seu significado de uma dádiva pura que está acima do esforço humano?

misticismo, tal como popularmente praticado, funde-se com uma sensação de onipotência mágica: é, na realidade, uma defesa maníaca e uma negação da condição de criatura.[41]

Uma vez mais, estamos falando sobre as coisas ideais mais elevadas, que sempre parecem muitíssimo irreais — mas como podemos nos contentar com menos? Precisamos dos mais audazes mitos criativos não só para fazer com que os homens sigam em frente, mas também, e talvez em especial, para ajudá-los a perceber a realidade de sua condição. Temos que ser tão teimosos quanto possível no que se refere à realidade e à possibilidade. Desse ponto de vista, podemos ver que a revolução terapêutica levanta dois grandes problemas. O primeiro: qual será o grau de maturidade, crítica e sensatez dessas novas pessoas liberadas? Até que ponto elas se esforçaram na direção da liberdade autêntica? Até que ponto evitaram o mundo real e seus problemas, seus próprios paradoxos amargos? Até que ponto se protegeram para o caso de a liberação não dar certo, mantendo-se ainda presos a terceiros, a ilusões ou a incertezas? Se a revolução freudiana no pensamento moderno pode ter algum significado, deve ser o de que faz nascer um novo nível de introspecção e, também, de crítica social. Já vemos isso refletido não apenas na consciência intelectual acadêmica, mas também até na mente popular, nas cartas e nas colunas de conselhos de jornais de grande circulação. Onde, há trinta e cinco anos, seria possível ler-se o conselho dado a uma jovem que sofre penas de amor para que tome cuidado com o namorado que se recusa a ter relações sexuais com ela, porque ele poderia estar "projetando" nela a sua impotência?

No entanto isso levanta o segundo grande problema provocado pela revolução terapêutica, ou seja: E daí? Mesmo com inúmeros grupos de pessoas realmente liberadas, no melhor de sua forma, não podemos imaginar que o mundo vá ser um lugar mais agradável ou menos trágico. Poderá até ser pior em aspectos ainda desconhecidos. Como Tillich nos alertou, o Novo Ser, segundo as condições e limitações da existência, irá apenas pôr em ação novos e mais penetrantes paradoxos, novas tensões e desarmonias mais dolorosas — um "demonismo mais intenso". A realidade é impiedosa, porque não são os deuses que habitam a Terra. E se os homens pudessem tornar-se nobres repositórios de grandes abismos de não-ser teriam ainda menos paz do que temos, hoje, nós, os loucos alienados e impulsivos. Além do mais, poderá qualquer ideal de revolução terapêutica chegar às imensas massas deste globo, aos modernos homens mecânicos da Rússia, ao quase um bilhão de seguidores que parecem ovelhas na China, às brutalizadas e ignorantes populações de quase todos os continentes? Quando se vive na atmosfera de liberação de Berkeley, Califórnia, ou nas intoxicações de pequenas doses de liberação ministradas num grupo terapêutico na sua cidade natal, está-se vivendo num ambiente de estufa, que deixa do lado de fora a realidade do resto do planeta, a verdadeira maneira de ser das coisas neste mundo. É essa megalomania terapêutica que precisa ser logo entendida, para que não sejamos uns perfeitos idiotas. Os fatos empíricos do mundo não irão desaparecer porque a pessoa analisou o seu complexo de Édipo, como Freud sabia tão bem, ou porque se pode ter relações sexuais com ternura, como tantos acreditam agora. Deixe isso para lá. Nesse sentido, é o grave pessimismo de Freud, em especial de seus trabalhos ulteriores, como *Civilization and Its Discontents*, que o torna tão atual. Os homens estão condenados a viver em um mundo esmagadoramente trágico e demoníaco.

A Fusão de Ciência e Religião

A religião terapêutica jamais substituirá as religiões tradicionais, com as mensagens do judaísmo, da maior parte do cristianismo, do budismo e semelhantes. Elas têm afirmado que o homem está condenado à sua forma atual, que na realidade ele não pode evoluir nem mais um pouco, que tudo aquilo que ele pode conseguir só poderá ser obtido de dentro do verdadeiro pesadelo de sua solidão na criação e das energias que ele agora possui. Ele tem que se adaptar e esperar. O novo nascimento irá mantê-lo em atividade, dar-lhe uma renovação constante, dizem os cristãos; e se ele tiver integridade e fé perfeitas, e se uma parte suficiente delas estiver bastante difundida entre seus semelhantes, então, dizem os hebreus, o Próprio Deus agirá. Os homens devem esperar ao mesmo tempo que usam o máximo de sua inteligência e de seus esforços para garantir sua adaptação e sua sobrevivência. O ideal seria se esperassem numa condição de abertura para o milagre e o mistério na verdade vivida da criação, o que tornaria mais fácil sobreviver e ser redimido, porque os homens seriam menos compelidos a se destruírem e ficariam mais semelhantes à imagem que agrada ao seu Criador: criaturas cheias de um temor respeitoso tentando viver em harmonia com o resto da criação. Hoje, acrescentaríamos também que eles teriam menos probabilidades de envenenar o resto da criação.[42]

O que entendemos por verdade vivida da criação? Temos que entender o mundo tal como ele parece aos homens em estado de relativa desrepressão, isto é, tal como ele pareceria a criaturas que avaliassem sua verdadeira pequenez diante da soberania e da majestade do universo, do indescritível milagre de um único objeto criado. Tal como pareceu, provavelmente, aos primeiros homens do planeta e aos tipos extra-sensitivos que têm representado os papéis de xamã, profeta, santo, poeta e artista. O que é ímpar com relação à percepção que eles têm da realidade é o fato de estarem alertas ao *pânico* inerente à criação: Sylvia Plath, certa vez, deu a Deus o nome de "Rei Pânico". E o Pânico se encaixa muito bem como Rei do Grotesco. Afinal, o que devemos pensar de uma criação na qual a atividade rotineira consiste em os organismos despedaçarem os outros com dentes de todos os tipos, mordendo, triturando carne, talos de plantas e ossos entre os molares, empurrando avidamente a pasta goela abaixo, incorporando sua essência à própria organização e depois evacuando o resíduo com mau cheiro e gases? Cada um tentando incorporar outros que lhes sirvam de alimento. Os mosquitos inchando-se de sangue, os gusanos, as abelhas assassinas atacando com fúria e demonismo, tubarões continuando a estraçalhar e engolir enquanto suas próprias entranhas estão sendo arrancadas. Isso para não falar na mutilação e no massacre diário em acidentes "naturais" de todos os tipos: um terremoto enterra vivos setenta mil corpos no Peru, forma-se uma pirâmide de mais de cinqüenta mil carros velhos por ano só nos Estados Unidos, um maremoto leva mais de duzentas e cinqüenta mil pessoas no Oceano Índico. A criação é um aterrorizante e grandioso espetáculo que se passa num planeta que vem sendo ensopado, durante centenas de milhões de anos, no sangue de todas as suas criaturas. A conclusão mais equilibrada a que poderíamos chegar sobre o que realmente vem acontecendo no planeta há cerca de três bilhões de anos é que ele está sendo transformado numa imensa vala de adubo. Mas o sol distrai a nossa atenção, sempre secando o sangue, fazendo coisas crescerem por cima dele, e com o seu calor dando-nos a esperança que acompanha o conforto e a expansividade do organismo. Como disse Miguel Ângelo, *"Questo sol m'arde, e questo m'innamore"*.

A ciência e a religião se fundem numa crítica ao arrefecimento da percepção desse tipo de verdade, e a ciência nos trai quando se propõe atribuir a si a função de explicar toda a verdade vivida. Neste ponto cessa a crítica a toda a psicologia behaviorista, a todas as manipulações de homens, e a todo utopismo coercitivo. Essas técnicas tentam fazer do mundo uma coisa diferente do que ele é, fazer uma lei acabando com o grotesco, inaugurar uma condição humana "adequada". O psicólogo Kenneth Clark, no seu recente discurso de posse como presidente da American Psychological Association, pediu um novo tipo de produto químico para amortecer a agressividade do homem e, com isso, tornar o mundo um lugar menos perigoso. Os Watsons, os Skinners, os pavlovianos — todos têm suas fórmulas para acabar com os problemas. Até Freud — afinal, ele era homem do Iluminismo — queria ver um mundo mais sensato e parecia disposto a incorporar a verdade vivida à ciência, se isso fosse possível. Certa vez ele ponderou que, para mudar realmente as coisas pela terapia, seria preciso chegar às massas. E que a única maneira de fazer isso seria misturar o cobre da sugestão ao ouro puro da psicanálise. Em outras palavras, forçar, através da transferência, o surgimento de um mundo menos mau. Mas Freud não acreditava nisso, já que aos poucos passou a perceber que o mal do mundo não está apenas nas entranhas das pessoas, mas no lado de fora, na natureza — motivo pelo qual ele passou a ser mais realista e pessimista em seus trabalhos ulteriores.

O problema de todos os manipuladores de ciência é que, de algum modo, eles não levam a vida suficientemente a sério. Nesse sentido, toda ciência é "burguesa", um assunto de burocratas. Acho que levar a vida a sério significa mais ou menos o seguinte: seja lá o que o homem faça neste planeta, tem que ser feito na verdade vivida do terror da criação, do grotesco, do ronco do pânico por baixo de tudo. Caso contrário, será falso. O que quer que seja obtido deverá vir de dentro das energias subjetivas de criaturas, sem subterfúgios, com o pleno exercício da paixão, da visão, da dor e da tristeza. Como vamos saber, como perguntou Rilke, que o nosso papel, dentro dos desígnios do universo, não pode ser um canto de tristeza? A ciência manipuladora e utópica, ao amortecer a sensibilidade humana, iria também privar os homens do heróico em sua ânsia de vitória. E sabemos que, de uma maneira muito importante, isso falsifica a nossa luta porque nos esvazia, porque impede que incorporemos o máximo de experiência. Significa o fim daquilo que é caracteristicamente humano — ou, mesmo, devemos dizer, daquilo que é caracteristicamente do ser vivo.

Na misteriosa forma pela qual a vida nos é dada na evolução deste planeta, ela nos empurra na direção de sua própria expansão. Nós não compreendemos simplesmente porque não sabemos a finalidade da criação. Sentimos apenas a vida vibrando em nós e a vemos afligindo outras pessoas enquanto elas se devoram umas às outras. A vida procura expandir-se numa direção desconhecida, por motivos desconhecidos. Nem mesmo a psicologia deveria se meter com essa sacrossanta vitalidade, concluiu Rank. Este é o significado de sua opção pelo "irracional" como a base da vida; é uma opção baseada na experiência empírica. Há uma força motora por trás de um mistério que não podemos entender, e ele abrange mais do que apenas a razão. A ânsia pelo heroísmo cósmico, então, é sagrada e misteriosa e não deve ser perfeitamente ordenada e racionalizada pela ciência e pelo secularismo. A ciência, afinal, é um credo que tem tentado absorver e negar o medo da vida e da morte. E é apenas mais um competidor no espectro de papéis para o heroísmo cósmico.

O homem moderno está bebendo e se drogando para fugir à conscientização ou fazendo compras, o que é a mesma coisa. Como a conscientização exige tipos de dedicação heróica que a sua cultura já não lhe proporciona, a sociedade dá um jeito de ajudá-lo a esquecer. Ou, então, ele se afunda na psicologia acreditando que a conscientização, por si só, será uma espécie de cura mágica para o seus problemas. Mas a psicologia nasceu com o colapso dos heroísmos sociais compartilhados; ela só pode ser superada com a criação de novos heroísmos que sejam basicamente uma questão de crença e vontade, de dedicação a uma visão. Lifton chegou, recentemente, à mesma conclusão, partindo de um ponto de vista conceitual idêntico ao de Rank.[43] Quando um pensador da estatura de Norman Brown escreveu, numa fase posterior, seu livro *Love's Body*, foi levado a dirigir seu pensamento para esse mesmo detalhe. Ele percebeu que a única maneira de ir além das contradições naturais da existência era usar o secular processo religioso: projetar os problemas numa figura divina, ser curado por um além que a tudo abarca e justifica tudo. Falar nesses termos não é, em absoluto, o mesmo que falar a linguagem dos fanáticos da terapia religiosa. Rank não era tão ingênuo nem tão messiânico: entendia que a orientação dos homens deve, sempre, partir de um ponto acima de seus corpos, estar baseada em repressões saudáveis e apontar para ideologias explícitas de imortalidade e mitos de transcendência heróica.*

Podemos concluir que um projeto tão grandioso quanto a construção científico-mítica da vitória sobre a limitação humana não é algo que possa ser programado pela ciência. E ainda mais, que ele tem origem nas vitais energias de massas de homens suando no pesadelo da criação — e nem mesmo cabe aos homens programá-lo. Quem sabe que forma o impulso da vida para a frente irá tomar no futuro, ou de que modo ele irá usar a nossa angustiada procura? O máximo que qualquer um de nós parece poder fazer é criar alguma coisa — um objeto, ou nós mesmos — e largá-lo na confusão, fazer dele uma oferenda, por assim dizer, à força vital.

---

*Vale a pena observar que o ponto final de chegada de Brown é o logicamente correto, mas eu pessoalmente acho seu livro ulterior muito fraco. Fica-se imaginando por que ele precisa apresentar sua nova posição com tamanha barragem de aforismos, com tão turbulenta mixórdia de pensamentos semivelados, extremamente sucintos, e muitas vezes enigmáticos — só para chegar a um cristianismo místico da mais antiga safra e um pedido para que venha o dia do Juízo Final. Nisso, pelo menos, esse livro combina inteiramente com o anterior: a existência natural nas frustrantes limitações do corpo exige um alívio total, na base do tudo ou nada, na desrepressão ou, afinal, no fim do mundo.

Referências

Nota: Como as seguintes obras de Otto Rank são mencionadas com freqüência, por questão de conveniência são abreviadas nas referências como se segue:

PS   *Psychology and the Soul*, 1931 (Nova York: Perpetua Books Edition, 1961).
ME   *Modern Education: A Critique of Its Fundamental Ideas* (Agathon Press, 1968).
AA   *Art and Artist: Creative Urge and Personality Development* (Agathon Press, 1968).
WT   *Will Therapy and Truth and Reality* (Nova York: Knopf, 1936; One Volume Edition, 1945).
BP   *Beyond Psychology*, 1941 (Nova York: Dover Books, 1958).

Trechos de novas traduções de outros trabalhos de Rank têm aparecido no *Journal of the Otto Rank Association*, juntamente com transcrições de algumas de suas palestras e conferências; essa publicação é citada como JORA.

Também citei com freqüência *Life Against Death: The Psychoanalytical Meaning of History*, de Norman O. Brown (Nova York: Viking Books, 1959) e designei-a pela abreviação LAD.

Abreviei, também, depois da primeira referência completa, títulos muito citados de trabalhos e livros de vários autores.

Prefácio

1. Rank, carta de 8/2/33, na importante biografia *Otto Rank*, de Jessie Taft (Nova York: Julian Press, 1958), p. 175.
2. LAD, p. 322.
3. F. S. Perls, R. E. Hefferline e P. Goodman, *Gestalt Therapy* (Nova York: Delta Books, 1951), p. 395, nota.
4. I. Progoff, *The Death and Rebirth of Psychology* (Nova York: Delta Books, 1964).
5. P. Roazen, *The Virginia Quarterly Review*, Inverno, 1971, p. 33.

Capítulo Um

1. William James, *Varieties of Religious Experience: A Study in Human Nature*, 1902 (Nova York: Mentor Edition, 1958), p. 281.

Capítulo Dois

1. S. Freud, "Thoughts for the Times on War and Death", 1915, *Collected Papers*, Vol. 4 (Nova York: Basic Books, 1959), pp. 316-317.
2. Cf., por exemplo, A. L. Cochrane, "Elie Metschnikoff and His Theory of an '*Instinct de la Mort*'", *International Journal of Psychoanalysis*, 1934, 15:265-270; G. Stanley Hall, "Thanatophobia and Immortality", *American Journal of Psychology*, 1915, 26:550-613.
3. N. S. Shaler, *The Individual: A Study of Life and Death* (Nova York: Appleton, 1900).
4. Hall, "Thanatophobia", p. 562.
5. Cf. Alan Harrington, *The Immortalist* (Nova York: Random House, 1969), p. 82.
6. Ver o excelente estudo de Jacques Choron: *Death and Western Thought* (Nova York: Collier Books, 1963).
7. Ver H. Feifel, organ., *The Meaning of Death* (Nova York: McGraw-Hill, 1959), Capítulo 6; G. Rochlin, *Griefs and Discontents* (Boston: Little, Brown, 1967), p. 67.
8. J. Bowlby, *Maternal Care and Mental Health* (Genebra: Organização Mundial de Saúde, 1952), p. 11. [*Cuidados maternos e saúde mental*. São Paulo: Martins Fontes, 1988.]
9. Cf. Walter Tietz, "School Phobia and the Fear of Death", *Mental Hygiene*, 1970, 54: 565-568.
10. J. C. Rheingold, *The Mother, Anxiety and Death: The Catastrophic Death Complex* (Boston: Little, Brown, 1967).
11. A. J. Levin, "The Fiction of the Death Instinct", *Psychiatric Quarterly*, 1951, 25:257-281.
12. J. C. Moloney, *The Magic Cloak: A Contribution to the Psychology of Authoritarianism* (Wakefield, Mass.: Montrose Press, 1949), p. 217; H. Marcuse, "The Ideology of Death", in Feifel, *Meaning of Death*, Capítulo 5.
13. LAD, p. 270.
14. G. Murphy, "Discussion", in Feifel, *The Meaning of Death*, p. 320.
15. James, *Varieties*, p. 121.
16. Choron, *Death*, p. 17.
17. *Ibid.*, p. 272.
18. G. Zilboorg, "Fear of Death", *Psychoanalytic Quarterly*, 1943, 12:465-475. Ver a boa distinção técnica de Eissler entre a angústia da morte e o terror dela, em seu livro de ensaios cheios de comentários sutis: K. R. Eissler, *The Psychiatrist and the Dying Patient* (Nova York: International Universities Press, 1955), p. 277.
19. Zilboorg, "Fear of Death", pp. 465-467.
20. James, *Varieties*, p. 121.

21. Zilboorg, "Fear of Death", p. 467. Ou, poderíamos dizer mais precisamente, com Eissler, medo de aniquilamento, que é estendido pelo ego até a consciência da morte. Ver *The Psychiatrist and the Dying Patient*, p. 267.
22. *Ibid.*
23. *Ibid.*, pp. 468-471, *passim*.
24. Cf. Shaler, *The Individual*.
25. C. W. Wahl, "The Fear of Death", *in* Feifel, pp. 24-25.
26. Cf. Moloney, *The Magic Cloak*, p. 117.
27. Wahl, "Fear of Death", pp. 25-26.
28. *In* Choron, *Death*, p. 100.
29. Cf., por exemplo, I. E. Alexander *et al.*, "Is Death a Matter of Indifference?", *Journal of Psychology*, 1957, 43:277-283; I. M. Greenberg e I. E. Alexander, "Some Correlates of Thoughts and Feelings Concerning Death", *Hillside Hospital Journal*, 1962, Nº 2:120-126; S. I. Golding *et al.*, "Anxiety and Two Cognitive Forms of Resistance to the Idea of Death", *Psychological Reports*, 1966, 18:359-364.
30. L. J. Saul, "Inner Sustainment", *Psychoanalyticic Quaterly*, 1970, 39:215-222.
31. Wahl, "Fear of Death", p. 26.

Capítulo Três

1. Erich Fromm, *The Heart of Man: Its Genius for Good and Evil* (Nova York: Harper and Row, 1964), pp. 116-117. [*O coração do homem: Seu gênio para o bem e para o mal*. Rio de Janeiro: Guanabara Koogan, 1981.]
2. Erich Fromm, *The Sane Society* (Nova York: Fawcett Books, 1955), p. 34. [*Psicanálise da sociedade contemporânea*. Rio de Janeiro: LTC, 1983.]
3. LAD.
4. Cf. Lord Raglan, *Jocasta's Crime: An Anthropological Study* (Londres: Methuen, 1933), Capítulo 17.
5. LAD, p. 186.
6. *Ibid.*, p. 189.
7. *Ibid.*, pp. 186-187.
8. E. Straus, *On Obsession, A Clinical and Methodological Study* (Nova York: Nervous and Mental Disease Monographs, 1948), Nº 73.
9. *Ibid.*, pp. 41, 44.
10. Freud, *Civilization and its Discontents*, 1930 (Londres: The Hogarth Press, edição de 1969), p. 43. [*O mal-estar na civilização*. Rio de Janeiro: Imago, 1974.]
11. LAD, p. 118.
12. *Ibid.*, p. 120.
13. Sandor Ferenczi, *Final Contributions to the Problems and Methods of Psycho-analysis* (Londres: The Hogarth Press, 1955), p. 66. [Ver obras completas do autor, publicadas pela Martins Fontes Editora.]

14. PS, p. 38.
15. LAD, p. 124.
16. *Ibid.*, p. 123.
17. *Ibid.*
18. *Ibid.*, p. 128.
19. *Ibid.*, p. 127.
20. ME.
21. Freud, *A General Introduction to Psychoanalysis* (Nova York: Garden City Publishing Co., 1943), p. 324.
22. Geza Roheim, *Psychoanalysis and Anthropology* (Nova York: International Universities Press, 1950), pp. 138-139.
23. Ferenczi, *Final Contributions*, pp. 65-66. [Ver obras do autor, publicadas pela Martins Fontes Editora.]
24. Rollo May reavivou a perspectiva rankiana sobre isso; ver sua excelente discussão de "Love and Death" em *Love and Will* (Nova York: Norton, 1971).
25. ME, p. 52.
26. *Ibid.*, p. 53.
27. LAD, pp. 127-128.

Capítulo Quatro

1. Ortega, *The Revolt of the Masses* (Nova York: Norton, 1957), pp. 156-157. [*A rebelião das massas*. São Paulo: Martins Fontes, 2002.]
2. E. Becker, *The Structure of Evil: An Essay on the Unification of the Science of Man* (Nova York: Braziller, 1968), p. 192.
3. Ver seus dois ótimos trabalhos, "The Need to Know and the Fear of Knowing", *Journal of General Psychology*, 1963, 68:111-125; e "Neurosis as a Failure of Personal Growth", *Humanitas*, 1967, 3:153-169.
4. Maslow, "Neurosis as a Failure", p. 163.
5. *Ibid.*, pp. 165-166.
6. Rudolf Otto, *The Idea of the Holy*, 1923 (Nova York: Galaxy Books, 1958).
7. Maslow, "The Need to Know", p. 119.
8. *Ibid.*, pp. 118-119.
9. Cf. Freud, *The Future of an Illusion*, 1927 (Nova York: Anchor Books Edition, 1964), Capítulos 3 e 4. [*O futuro de uma ilusão*. Rio de Janeiro: Imago, 1997.]
10. Freud, *The Problem of Anxiety*, 1926 (Nova York: Norton, 1936), pp. 67 e ss.
11. Cf. também a continuação dos pontos de vista de Heidegger na moderna psiquiatria existencial: Médard Boss, *Meaning and Content of Sexual Perversions: A Daseinanalytic Approach to the Psychopathology of the Phenomenon of Love* (Nova York: Grune and Stratton, 1949), p. 46.
12. F. Perls, *Gestalt Therapy Verbatim* (Lafayette, Calif.: Real People Press, 1969), pp. 55-56. [*Gestalt-terapia explicada*. São Paulo: Summus, 1977.]

13. A. Angyal, *Neurosis and Treatment: A Holistic Theory* (New York: Wiley, 1965), p. 260.
14. Maslow, *Toward a Psychology of Being*, segunda edição (Princeton: Insight Books, 1968), Capítulo 8. [*Introdução à psicologia do ser*. Rio de Janeiro: Eldorado, 1968.]
15. LAD.
16. ME, p. 13; o grifo é meu.
17. Harold F. Searles, "Schizophrenia and the Inevitability of Death", *Psychiatric Quarterly*, 1961, 35: 633-634.
18. Traherne, *Centuries*, C. 1672 (Londres, edição Faith Press, 1963), pp. 109-115, *passim*.
19. Marcia Lee Anderson, "Diagnosis", citado em Searles, Schizophrenia", p. 639.
20. LAD, p. 291.

Capítulo Cinco

1. Kierkegaard, *Journal*, 12 de maio de 1839.
2. O. H. Mowrer, *Learning Theory and Personality Dynamics* (Nova York: Ronald Press, 1950), p. 541.
3. Cf. em especial Rollo May, *The Meaning of Anxiety* (Nova York: Ronald Press, 1950); [*O significado da ansiedade*. São Paulo. Rio de Janeiro: Zahar, 1977.] Libuse Lukas Miller, *In Search of the Self: The Individual in the Thought of Kierkegaard* (Filadélfia: Muhlenberg Press, 1962).
4. Kierkegaard, *The Concept of Dread*, 1844 (Princeton: edição da University Press, 1957, traduzido por Walter Lowrie), p. 41.
5. *Ibid.*, p. 38.
6. *Ibid.*, p. 39.
7. *Ibid.*, p. 139.
8. *Ibid.*, p. 40.
9. *Ibid.*, p. 140.
10. Kierkegaard, *The Sickness Unto Death*, 1849 (edição Anchor, 1954, combinado com *Fear and Trembling*, traduzido por Walter Lowrie), p. 181.
11. Kierkegaard, *Dread*, pp. 110 e ss.
12. *Ibid.*, p. 124.
13. *Ibid.*, pp. 112-113.
14. *Ibid.*
15. *Ibid.*, pp. 114-115.
16. *Ibid.*, pp. 115-116.
17. Cf. Miller, *In Search of the Self*, pp. 265-276.
18. Kierkegaard, *Sickness*, pp. 184-187, *passim*.
19. *Ibid.*, pp. 174-175.
20. *Ibid.*
21. *Ibid.*, pp. 162 e ss.

22. Cf. E. Becker, *The Revolution in Psychiatry* (Nova York: Free Press, 1964); e o Capítulo Dez deste livro.
23. Kierkegaard, *Sickness*, p. 163.
24. *Ibid.*, pp. 164, 165, 169.
25. *Ibid.*, pp. 169-170.
26. *Ibid.*
27. *Ibid.*, p. 165.
28. Becker, *The Revolution in Psychiatry.*
29. Kierkegaard, *Sickness*, pp. 166-167.
30. *Ibid.*, pp. 170-172.
31. *Ibid.*. p. 172.
32. *Ibid.*, p. 173.
33. *Ibid.*, pp. 174-175, *passim.*
34. Freud, *Civilization and Its Discontents*, p. 81. [*O mal-estar na civilização.* Rio de Janeiro: Imago, 1974.]
35. Kierkegaard, *Sickness*, p. 196.
36. *Ibid.*, p. 198.
37. *Ibid.*, p. 199.
38. *Ibid.*, p. 156.
39. Cf. Miller, *In Search of the Self*, pp. 312-313.
40. Kierkegaard, *Dread*. p. 144.
41. *Ibid.*, p. 140.
42. Cf. Miller, *In Search of the Self*, p. 270.
43. Kierkegaard, *Sickness*, p. 199.
44. James, *Varieties*, p. 99.
45. Ortega, *The Revolt of the Masses*, p. 157. [*A rebelião das massas.* São Paulo: Martins Fontes, 2002.]
46. Kierkegaard, *Dread*, pp. 140 e ss.
47. *Ibid.*, pp. 141-142.
48. *Ibid.*. p. 104.
49. *Ibid.*, p 145.
50. Cf. R. May, *The Meaning of Anxiely*, p. 45. [*O significado da ansiedade.* Rio de Janeiro: Zahar, 1977.]

Capítulo Seis

1. Freud, *Civilization and Its Discontents*, p. 43. [*O mal-estar na civilização.* Rio de Janeiro: Imago, 1974.]
2. LAD, p. 188.
3. C. G. Jung, *Memories, Dreams and Reflections* (Nova York: Vintage, 1965), pp. 149-151. [*Memórias, sonhos e reflexões.* Rio de Janeiro: Nova Fronteira, 1989.]

4. *Ibid.*
5. Citado em Vincent Brome, *Freud and His Early Circle* (Londres: Heinemann, 1967), p. 103.
6. LAD, p. 103.
7. Cf. Freud, *The Future of an Illusion*, 1927 (Nova York: edição Anchor Books, 1964), p 32. [*O futuro de uma ilusão*. Rio de Janeiro: Imago, 1997.]
8. Freud, *Beyond the Pleasure Principle*, 1920 (Nova York: edição da Bantam Books, 1959), p. 61. [*Para além do princípio do prazer* — Obras completas. Rio de Janeiro: Imago, 1987.]
9. *Ibid.*, p. 66.
10. Cf. as penetrantes observações de Rank sobre os problemas teóricos de Freud, WT, p. 115; e ver a discussão de Brown, LAD, pp. 97 e ss.
11. Ver *Beyond the Pleasure Principle*, pp. 93, 105 e 106, nota; e LAD, pp. 99-100.
12. LAD, pp. 101 e ss.
13. WT p. 130.
14. Cf. LAD, p. 109.
15. WT, p. 116.
16. *Ibid.*, pp. 121-122: o grifo é meu.
17. *Ibid.*, p. 115.
18. Ver ME, p. 38.
19. Levin, "The Fiction of the Death Instinct", pp. 277-278.
20. E. Jones, *The Life and Work of Sigmund Freud*, edição condensada (Doubleday Anchor, 1963), p. 198. [*A vida e obra de Sigmund Freud*. Rio de Janeiro: Imago, 1989.]
21. *Ibid.*, p. 354.
22. *Ibid.*, p. 194.
23. *Ibid.*, p. 197.
24. *Ibid.*, p. 194, nota.
25. *Ibid.*, p. 197, nota.
26. Jones, Freud, edição condensada, p. 354.
27. Citado em Zilboorg, *Psychoanalysis and Religion* (Londres: Allen and Unwin, 1967), p. 233.
28. *Ibid.*, pp. 232-234, *passim*.
29. *Ibid.*, p. 234.
30. Citado em Roazen, *Brother Animal, The Story of Freud and Tausk* (Londres: Allen Lane the Penguin Press, 1969), p. 172, nota. [*Irmão animal: A história de Freud e Tausk*. Rio de Janeiro: Imago, 1995.]
31. C. G. Jung, *Memories*, p. 156. [*Memórias, sonhos e reflexões*. Rio de Janeiro: Nova Fronteira, 1989.]
32. *Ibid.*, p. 157.
33. Paul Roazen, *Freud: Political and Social Thought* (Nova York: Vintage Books, 1970), pp. 176-181.
34. *Ibid.*, p. 176. Fromm tem uma opinião semelhante, *Freud's Mission*, p. 64.
35. *Ibid.*, p. 178.
36. Cf. Jung, *Memories*, p. 157. [*Memórias, sonhos e reflexões*. Rio de Janeiro: Nova Fronteira, 1989.]

37. Roazen, *Freud*, p. 179.
38. Jung, *Memories*, p. 156. [*Memórias, sonhos e reflexões*. Rio de Janeiro: Nova Fronteira, 1989.]
39. Jones, *The Life and Work of Sigmund Freud*, edição em três volumes (Nova York: Basic Books, 1953), vol. 1, p. 317. [*A vida e obra de Sigmund Freud*. Rio de Janeiro: Imago, 1989.]
40. Citado em Brome, *Freud*, p. 98.
41. Cf. a inteligente e perscrutadora discussão de Brome, *Ibid*., p. 125.
42. Roazen, *Freud*, p. 180.
43. E. Fromm, *The Heart of Man*, pp. 43-44. [*O coração do homem: Seu gênio para o bem e para o mal*. Rio de Janeiro, Guanabara Koogan, 1981.]
44. Jones, *Freud*, vol. 2, p. 55. [*A vida e obra de Sigmund Freud*. Rio de Janeiro: Imago, 1989.]
45. *Ibid*., pp. 145-146.
46. *Ibid*.
47. Cf. E. Becker, *The Structure of Evil*, p. 400; e *Angel in Armor* (Nova York: Braziller, 1969), p. 130.
48. Jones, *Freud*, vol. 1, p. 8 e nota "j". [*A vida e obra de Sigmund Freud*. Rio de Janeiro: Imago, 1989.]
49. Jones, *Freud*, edição condensada, p. 329.
50. Jones, *Freud*, vol. 1, p. 317.
51. Jung, *Memories*, p. 157. [*Memórias, sonhos e reflexões*. Rio de Janeiro: Nova Fronteira, 1989.]
52. Jones, *Freud*, vol. 2, p. 420.
53. *Ibid*. Cf. também Fromm, *Freud's Mission*. p. 50.
54. Citado em Brome, *Freud*, p. 127.
55. Citado em Roazen, *Brother Animal*, p. 40. [*Irmão animal: A história de Freud e Tausk*. Rio de Janeiro: Imago, 1995.]
56. Zilboorg. *Psychoanalysis and Religion*, p. 226.
57. Pp. 133-134, *Psychoanalysis and Faith: The Letters of Sigmund Freud and Oskar Pfister* (Nova York: Basic Books, 1963).
58. Zilboorg, *Psychoanalysis and Religion*, p. 242.
59. *Ibid*., p. 255. Ver também a excelente análise dessa rigidez feita por Puner: *Freud*, pp. 255-256, *passim*.
60. Jung, *Memories*, pp. 152-153. [*Memórias, sonhos e reflexões*. Rio de Janeiro: Nova Fronteira, 1989.]
61. *Ibid*., p. 154.

Capítulo Sete

1. Camus, *The Fall* (Nova York: Knopf, 1957), p. 133. [*A queda*. Rio de Janeiro: Record, 1978.]
2. Levi, *Of Fear and Freedom* (New York: Farrar-Strauss, 1950), p. 135.
3. Ver Olden, "About the Fascinating Effect of the Narcissistic Personality", *American Imago*, 1941, 2:347-355.
4. Jung, *Two Essays on Analytical Psychology* (Cleveland: Meridian Books, 1956).

5. *Vancouver Sun*, 31/8/70, "From Champion Majorette to Frank Sinatra Date", por Jurgen Hesse.
6. Freud, *A General Introduction to Psychoanalysis*, 1920 (Nova York: edição Garden City, 1943), p. 384.
7. Ver o excelente estudo crítico de Benjamin Wolstein: *Transference: Its Meaning and Function in Psychoanalytic Therapy* (Nova York: Grune and Stratton, 1954).
8. Freud, *A General Introduction*. pp. 387-388.
9. S. Ferenczi, "Introjection and Transference", Capítulo 2 de *Contributions to Psychoanalysis* (Londres: Phillips, 1916); e compare com Herbert Spiegel, "Hypnosis and Transference, a Theoretical Formulation", *Archives of General Psychiatry*, 1959, 1:634-639.
10. Ferenczi, "Introjection and Transference", p. 59.
11. *Ibid.*, p. 61.
12. *Ibid.*, pp. 72, 78 e 79; em itálico no original.
13. *Ibid.*, p. 68.
14. Freud, *Group Psychology and the Analysis of the Ego*, 1921 (Nova York: edição Bantam Books, 1965), p. 68. Cf. também a importante avaliação dessa reorientação feita por T. W. Adorno: "Freudian Theory and the Pattern of Fascist Propaganda", *Psychoanalysis and the Social Sciences*, 1951, p. 281, nota de rodapé.
15. Freud, *Ibid.*, p. 60.
16. Otto Fenichel, "Psychoanalytic Remarks on Fromm's Book, *Escape From Freedom*", *Psychoanalytic Review*, 1944, 31:133-134.
17. Freud. *Group Psychology*, p. 16.
18. *Ibid.*, p. 9.
19. Fromm, *Heart of Man*, p. 107. [*O coração do homem*. Rio de Janeiro: Guanabara Koogan, 1981.]
20. Fritz Redl, "Group Emotion and Leadership" , *Psychiatry*, 1942, 573-596.
21. *Ibid.*, p. 594.
22. W. R. Bion, "Group Dynamics — A Re-view", *in* Melanie Klein, org., *New Directions in Psychoanalysis* (Nova York: Basic Books, 1957), pp. 440-447.
23. *Ibid.*, esp. pp. 467-468. Bion também desenvolve seu argumento seguindo as linhas de Redl antes — de que há diferentes tipos de grupos e, assim, diferentes "usos" de líderes.
24. Paul Schilder, *in* M. Gill e M. Brenman, *Hypnosis and Related States* (Nova York: Science Editions, 1959), p. 159.
25. Canetti, *Crowds and Power*, p. 332.
26. Wolstein, *Transference*, p. 154.
27. Freud, "The Dynamics of the Transference", 1912, *Collected Papers*, vol. 2, p. 319; cf. também *A General Introduction*, p. 387. [*A dinâmica da transferência*. Rio de Janeiro: Imago, 1987.]
28. Freud, "The Dynamics of the Transference", p. 315.
29. Freud, *The Future of an Illusion*, 1928 (Nova York: edição Doubleday Anchor, 1964), p. 35; veja todo o Capítulo III. [*O futuro de uma ilusão*. Rio de Janeiro: Imago, 1997.]
30. Heinz e Rowena Ansbacher, organ., *The Individual Psychology of Alfred Adler* (Nova York: Basic Books, 1956), pp. 342-343.
31. W. V. Silverberg, "The Concept of Transference" *Psychoanalytic Quarterly*, 1948, 17:319 e 321.

32. Fromm, *Beyond the Chains of Illusion: My Encounter with Marx and Freud* (Nova York: Simon and Schuster, 1962), p. 52.
33. C. G. Jung, *The Psychology of the Transference* (Princeton: Bollingen Books, 1969), p. 156.
34. Roy Waldman, *Humanistic Psychiatry: From Oppression to Choice* (New Brunswick, N. J.: Rutgers University Press, 1971), p. 84.
35. Jung, *Transference*, p. xii.
36. T. S. Szasz, *Pain and Pleasure: A Study of Bodily Feelings* (Londres: Tavistock, 1957), pp. 98 e ss.
37. Jung, *Transference*, p. 156.
38. ME, p. 178 WT, p. 82.
39. BP, pp. 130 e 136.
40. WT, p. 82.
41. A. Angyal, *Neurosis and Treatment: A Holistic Theory* (Nova York: Wiley, 1965), pp. 120-121.
42. Cf. WT, pp. 82 e ss.
43. Freud, *An Autobiographical Study* (Londres: Hogarth, 1946); cf. também *A General Introduction*, p .387. [*Um estudo autobiográfico — Obras completas*. Rio de Janeiro: Imago, 1987.]
44. Ferenczi, "Introjection and Transference", pp. 38 e 44.
45. Cf. Searles, "Schizophrenia and the Inevitability of Death", p. 638; também Helm Stierlin, "The Adaptation to the 'Stronger' Person's Reality", *Psychiatry*, 1958, 21:141-147.
46. E. Becker, *The Structure of Evil*, p. 192.
47. Cf. AA, p. 407.
48. Harrington, *The Immortalist*, p. 101.
49. AA, p. 411.
50. A maravilhosa frase de Harrington, *The Immortalist*, p. 46.
51. Freud, *Group Psychology*, pp. 37-38.
52. Sobre tudo isso, cf. a excelente reportagem de Harold Orlansky, "Reactions to the Death of President Roosevelt", *The Journal of Social Psychology*, 1947, 26:235-266; e também D. De Grazia, "A Note on the Psychological Position of the Chief Executive", *Psychiatry*, 1945, 8:267-272.
53. Cf. Becker, *The Structure of Evil*, p. 328.
54. *Ibid.*
55. WT, pp. 74 e 155; BP, p. 195; AA, p. 86; ME, p. 142.
56. AA, pp. 370 e 376.
57. Cf. PS, pp. 142 e 148; BP, pp. 194-195.
58. AA, p. 42.
59. BP, p. 198.
60. ME, pp. 232-234.
61. BP, p. 188.
62. Jung, *Transference*, pp. 71-72.

63. Melville, *Moby Dick*, 1851 (Nova York: edição Pocket Library, 1955), pp. 361-362. [*Moby Dick*. São Paulo: Martin Claret, 2004.]
64. Ver minha discussão sobre isso em *Structure of Evil*, p. 261.
65. Ferenczi, "Introjection and Transference", p. 47.
66. Ver também J. A. M. Meerloo e Marie L. Coleman, "The Transference Function: A Study of Normal and Pathological Transference", *The Psychoanalytic Review*, 1951, 38:205-221, um ensaio repleto de importantes revisões de teorias tradicionais; e a importante crítica de autoria de T. S. Szasz, "The Concept of Transference", *International Journal of Psychoanalysis*, 1963, 44:432-443.

Capítulo Oito

1. BP, p. 196.
2. G. K. Chesterton, *Orthodoxy*, 1908 (Nova York: Image Books, 1959), p. 80.
3. Ver AA, Capítulo 2; PS, Capítulo 4; BP, Capítulo 4 etc.
4. BP, p. 168; PS, p. 192; WT, p. 303.
5. ME, p. 232.
6. WT, p. 62.
7. *Ibid.*, p. 304.
8. ME, p. 232.
9. WT, p. 302.
10. BP, p. 234.
11. Roheim, "The Evolution of Culture". p. 403.
12. ME, p. 44.
13. *Ibid.*, pp. 46 e ss.
14. *Ibid.*, p. 43.
15. BP, p. 234.
16. Ver, também, a crítica contemporânea de Rollo May sobre esse problema no seu *Love and Will*.
17. PS, p. 92.
18. BP, pp. 196-197.
19. Cf. WT, p. 62.
20. Cf. E. Becker, *The Birth and Death of Meaning*, segunda edição, Capítulo 12.
21. WT, p. 287.
22. WT, p. 131.
23. BP, p. 197.
24. WT, p. 304.
25. PS, p. 92.
26. Para ver o quanto a análise de Rank da sexualidade e do outro é "cristã", ver o notável estudo de Reinhold Niebuhr, *The Nature and Destiny of Man*, (Nova York: Scribner and Sons, 1941), Vol. 1, pp. 233-240.

27. BP, pp. 186 e 190.
28. Jung, *The Psychology of the Transference*, p 101.
29. AA, p. 86.
30. AA, p. 42; WT, p 278.
31. Cf. E. Becker, *The Structure of Evil*, pp. 190 e ss.
32. WT, pp. 147.
33. BP, p. 272. Jung percebeu que o próprio círculo de Freud era uma religião em que a figura do pai predominava: *Modern Man in Search of a Soul*, 1933 (Nova York: edição Harvest Books), p. 122.
34. *Ibid.*, pp. 273-274.
35. *Ibid.*, p. 194.
36. *Ibid.*, pp. 188-201.
37. Cf. Tillich, *Systematic Theology*, Vol 3, pp. 75-77.

Capítulo Nove

1. WT, pp. 251-252.
2. *Ibid.*, Capítulo 12.
3. *Ibid.*, p 195.
4. *Ibid.*, p. 241: JORA, junho de 1967, p. 17.
5. WT, pp. 73, 155 e 303.
6. *Ibid.*, p. 149: JORA, dez. de 1970. pp. 49-50.
7. WT, pp. 148-149.
8. Freud. *Introductory Lectures* III, p. 445; enfatizado por Jung, *Psychology of the Transference*, p. 8, nota 16.
9. Roy D. Waldman, *Humanistic Psychiatry* (New Brunswick: Rutgers University Press, 1971). pp. 123-124: ver também o excelente trabalho de Ronald Leifer, "Avoidance and Mastery: An Interactional View of Phobias", *Journal of Individual Psychology*, maio de 1966, pp. 80-93; e compare Becker, *The Revolution in Psychiatry*, pp. 115 e ss.
10. WT, p. 149.
11. BP, p. 50.
12. WT, pp. 146-147.
13. JORA, junho de 1967, p. 79.
14. WT, pp. 146-147.
15. *Ibid.*, p. 151.
16. *Ibid.*, p. 149.
17. AA, pp. 376-377.
18. *Ibid.*, p. 372.
19. *Ibid.*, p. 27.
20. WT, p. 93.

21. *Ibid.*, pp. 95 e 173.
22. Nin, JORA, junho de 1967, p. 118.
23. WT, p. 195.
24. *Ibid.*, pp. 251-252.
25. *Ibid.*, p. 173.
26. Turney-High. *Primitive War*, p. 208.
27. WT, pp. 74 e 287.
28. *Ibid.*, p. 288.
29. Ver o crucial trabalho histórico de James M. Baldwin, "The History of Psychology", *International Congress of Arts and Science*, vol. 5, St. Louis, 1904, pp. 606-623; e o importantíssimo trabalho de Stephan Strasser, *The Soul in Metaphysical and Empirical Psychology* (Pittsbutrgh, Pa.: Duquesne University Press, 1962); e PS, Capítulo 1, pp. 84 e ss., e Capítulo 7.
30. PS, p. 192.
31. ME, p. 143.
32. PS, p. 10; cf. também Becker, *The Revolution in Psychiatry*, pp. 120-121.
33. PS, p. 10.
34. Ver BP, Capítulos 1 e 8: PS, Capítulos 1 e 7; e ver o excelente sumário de Progoff, *Death and Rebirth*, pp. 221-228 e 258-259.
35. ME, p. 143.
36. *Ibid.*, pp. 143 e 232.
37. JORA, outono de 1966, p. 42; ME, p. 45; e ver os importantes escritos de O. H. Mowrer, que sofreram muita resistência por parte da vertente central dos psicólogos, *The Crisis in Psychiatry and Religion* (Nova York: Insight Books, 1961), espec. o Capítulo 8.
38. WT, pp. 74, 152, 205, 241 e 303-304.
39. *Ibid.*, pp. 92-93.
40. *Ibid.*; cf. também Waldman, *Humanistic Psychiatry*, p. 59 e suas notáveis pp. 117-127, que agora devem representar a reintrodução definitiva da equação do pecado e da neurose na psiquiatria moderna; e cf. Mowrer, *The Crisis in Psychiatry*, Capítulos 3 e 4.
41. WT, pp. 93 e 304.
42. AA, p. 27; Waldman, *Humanistic Psychiatry*, p. 120. Waldman recorre não a Rank, mas a Adler, de quem Rank também é, evidentemente, devedor. Depois de Adler, Karen Horney escreveu muito, e com grande discernimento, de modo específico com relação à dinâmica da autoglorificação e da autodepreciação na neurose. De particular importância são suas discussões da necessidade de triunfo e perfeição heróicos e o que acontece a eles no neurótico. Ver, em especial, seu *Neurosis and Human Growth* (Nova York: Norton, 1950).
43. BP, p. 193; WT, p. 304; ME, p. 141.
44. ME, pp. 142-144.
45. WT, pp. 150 e 241; AA, p. 86; WT, p. 94.
46. Chesterton, *Orthodoxy*, pp. 18-29; e cf. ME, p. 47.
47. NP, p. 49.

48. Cf. BP, pp. 166 e 197; WT, p. 303; e Becker, *Birth and Death*, segunda edição, Capítulo 13.
49. Freud, "Observations on Transference-love", p. 388.
50. Van der Leeuw, *Religion in Essence*, vol. 2, p. 467.
51. ME, pp. 44-45.
52. Cf. também o importante e desprezado livro de G. P. Conger, the *Ideologies of Religion* (Nova York: Round Table Press, 1940).
53. Cf. Jung, *Psychology of the Transference*, p. 69.
54. ME, p. 232.
55. Becker, *Structure of Evil*, pp. 190-210.
56. AA, p. 429.
57. Jung, *Psychology of the Transference*, pp. 101-102.
58. Jung, *Memories*, p. 288. [*Memórias, sonhos e reflexões*. Rio de Janeiro: Nova Fronteira, 1989.]

Capítulo Dez

1. Boss, *Meaning and Content of Sexual Perversions*, pp. 46-47.
2. Alfred Adler, *The Practice and Theory of Individual Psychology* (Londres: Kegan Paul, 1924), Capítulo 21.
3. O excelente pensamento de Straus — "The Miser", em *Patterns of the Life-World*, org. por J. M. Edie (Evanston: Northwestern University Press, 1970), Capítulo 9.
4. M. Boss, *Psychoanalysis and Daseinanalysis* (Nova York: Basic Books, 1963), pp. 209-210.
5. BP, p. 169.
6. W. Gaylin, organ., *The Meaning of Despair* (Nova York: Science House, 1968), p. 391.
7. Rank, WT, pp. 126. 127 e 131.
8. Cf. Becker, *The Revolution in Psychiatry*.
9. Adler, *Individual Psychology*, p. 252.
10. Boss, *Sexual Perversions*, p. 46.
11. W. Bromberg e P. Schilder, "The Attitude of Psychoneurotics Towards Death", p. 20.
12. Harrington, *The Immortalist*, p. 93.
13. James, *Varieties*, p. 138.
14. Adler, *Individual Psychology*, pp. 256-260.
15. Dentro da psicanálise, ninguém entendeu esse dualismo funcional melhor do que Wilhelm Reich; ver sua brilhante teoria em um de seus primeiros livros, *Character Analysis*, 1933 (Nova York: Noonday Press, terceira edição, 1949), pp. 431-462.
16. Cf. Becker, *The Revolution in Psychiatry*.
17. Chesterton, *Orthodoxy*, esp. o Capítulo 2.
18. Reich, *Character Analysis*, pp. 432 e 450.
19. Adler, *Individual Psychology*, p. 257.
20. Boss, *Sexual Perversions*.
21. Capítulo 9, *in* J. M. Edie, org., *Patterns of the Life-Word*.

22. Freud, "Fetichism", 1927, *Collected Papers*, vol. 5, p. 199. [*Sobre o fetichismo* — Obras completas. Rio de Janeiro: Imago, 1987.]
23. *Ibid.*, pp. 200 e 201.
24. Bak, "The Phallic Woman: the Ubiquitous Fantasy in Perversions", *Psychoanalytic Study of the Child*, 1968, 23:16.
25. M. E. Romm, "Some Dynamics in Fetichism", *Psychoanalytic Quarterly*, 1949, 19:146-147; a ênfase é minha.
26. *Ibid.*
27. Jung, *Transference*, Cap. 10.
28. Boss, *Sexual Perversions*, pp. 24, 32, 33, 37, 119 e 136.
29. LAD, pp. 132-134.
30. Nancy T. Spiegel, "An Infantile Fetish and is Persistence into Young Womanhood", *Psychoanalytic Study of the Child*, 1967, 22:208.
31. Cf. Greenacre, "Perversions: General Considerations Regarding Their Genetic and Dynamic Background", *Psychoanalytic Study of the Child*, 1968, 23:57.
32. Romm, "Some Dynamics", pp. 148-149.
33. S. M. Payne, "Observations on the Ego Development of the Fetichist", *International Journal of Psychoanalysis*, 1938, 20:169.
34. Ver o seu "On Obsession".
35. P. Greenacre, "Certain Relationships Between Fetichism and Faulty Development of the Body Image", *Psychoanalytic Study of the Child*, 1953, 8:84.
36. Greenacre, "Certain Relationships", p. 93; veja, também, o seu "Perversions", pp. 47-62.
37. Cf. Bak, "Phallic Woman", p. 20; Greenacre, "Certain Relationships", p. 80; "Perversions"; "Further Considerations Regarding Fetichism", *Psychoanalytic Study of the Child*, 1955, 10:192.
38. Otto Fenichel, "The Psychology of Transvestism", *International Journal of Psychoanalysis*, 1930, 11:220.
39. A. S. Lorand, "Fetichism in Statu Nascendi", *International Journal of Psychoanalysis*, 11:422.
40. Freud, "Fetichism", p. 201. [*Sobre o fetichismo* — *Obras completas.* Rio de Janeiro: Imago, 1987.]
41. S. Nagler, "Fetichism: A Review and a Case Study", *Psychiatric Quarterly*, 1957, 31:725.
42. CF. Becker, *Angel in Armor*.
43. ME, p. 52.
44. *Ibid.*, pp. 199-200.
45. AA, pp. 54-55.
46. PS, p. 43.
47. *Ibid.*
48. F. H. Allen, "Homosexuality in Relation to the Problem of Human Difference", *American Journal of Orthopsychiatry*, 1940, 10:129-135.
49. M. Balint, "A Contribution on Fetichism", *International Journal of Psychoanalysis*, 1935, 16:481.
50. Freud, "Fetichism", p. 199. [*Sobre o fetichismo* — Obras completas. Rio de Janeiro: Imago, 1987.]

51. Boss, *Sexual Perversions*, pp. 50 e ss.
52. *Ibid.*, p. 52.
53. *Ibid.*, pp. 41-42.
54. *Ibid.*, p. 74.
55. *Ibid.*, p. 51.
56. Greenacre, "Further Notes on Fetichism", *Psychoanalytic Study of the Child*, 1960, 15:191-207.
57. Greenacre, "The Fetish and the Transitional Object". *Psychoanalytic Study of the Child*, 1969, 24:161-162.
58. Freud, "Fetichism", p. 201. [*Sobre o fetichismo* — Obras completas. Rio de Janeiro: Imago, 1987.]
59. Cf. Greenacre, "The Fetish and Transitional Object", p. 150.
60. Greenacre, "Further Notes", p. 200.
61. *Ibid.*, p. 202.
62. Cf. James Glover, "Notes on an Unusual Form of Perversion", *International Journal of Psychoanalysis*, 1927, 8:10-24.
63. Fenichel, "Transvestism", p. 219.
64. Cf. Bak, "Phallic Woman", p. 16: Fenichel, "Transvestism", p. 214.
65. Fenichel, "Transvestism", p. 219.
66. Bak, "Phallic Woman", p. 25.
67. Fenichel, "Transvestism", p. 219.
68. Greenacre, "Certain Relationships", p. 81.
69. H. T. Buckner, "The Transvestite Career Path", *Psychiatry*, 1970, 33 :38 1-389.
70. Freud, "Fetichism", p. 204. [*Sobre o fetichismo* — Obras completas. Rio de Janeiro: Imago, 1987.]
71. Greenacre, "Further Notes", p. 204.
72. *Ibid.*, p. 206.
73. Romm, "Some Dynamics", p. 147.
74. *Ibid.*, p. 140.
75. Cf. Becker, *Angel in Armor*, Capítulo 1.
76. Greenacre, "Certain Relationships", p. 67.
77. Rank, JORA, dez. 1970, p. 49.
78. Cf. Becker, *Angel in Armor*.
79. Bieber, "The Meaning of Masochism", *American Journal of Psychoterapy*, 1953, 7:438.
80. Zilboorg, "Fear of Death", pp. 473-474.
81. WT, pp. 129-131.
82. Hart, "The Meaning of Passivity", *Psychiatric Quarterly*, 1955, 29:605.
83. Romm, "Some Dynamics", p. 145.
84. BP, pp. 185-190; cf. também sua carta a Jessie Taft, 9 de novembro de 1937, p. 240 de Taft, *Otto Rank*.
85. BP p. 189.
86. Cf. Ansbacher, *Alfred Adler*, pp. 271-273.

87. Cf. D. A. Schwartz, "The Paranoid-Depressive Existential Continuum", *Psychiatric Quarterly*, 1964, 38:690-706.
88. Cf. Adler *in* Ansbacher, p. 427.
89. Fromm, *Escape From Freedom* (Nova York: Avon Books, 1941), pp. 173 e ss. [*Liberdade sem medo*. São Paulo: IBRASA, 1987.]
90. Bieber, "The Meaning of Masochism", p. 441.
91. Cf. Fromm, *The Heart of Man*, Capítulo 3. [*O coração do homem: Seu gênio para o bem e para o mal*. Rio de Janeiro: Guanabara Koogan, 1981.]
92. A. A. Brill, "Necrophilia", *Journal of Criminal Psychopathology*, 1941, 2:440-441.
93. Boss, *Sexual Perversions*, pp. 55-61.
94. Straus, "The Miser", pp. 178-179.
95. Cf. Jung, *Transference*, p. 69; Fromm, *Beyond the Chains of Illusion* (Nova York: Simon and Schuster, 1962), pp. 56 e ss.
96. Carta a Jessie Taft, 26 de setembro de 1937, *Otto Rank*, p. 236.

Capítulo Onze

1. Freud, *Psychoanalysis and Faith: Dialogues with the Reverend Oskar Pfister* (Nova York: Basic Books, 1963), pp. 61-62.
2. *Reich Speaks of Freud*, M. Higgins e C. M. Raphael, organs. (Nova York: Noonday Press, 1967), pp. 20-21.
3. Cf. espec. pp. 192 e 199 de seu *Memories, Dreams, Reflections*.
4. Kierkegaard, *Fear and Trembling*, pp. 49 e ss. [*Temor e tremor*. Rio de Janeiro: Ediouro, s/d]
5. Cf. o duro comentário de Lev Shestov em seu clássico *Athens and Jerusalem* (Athens, Ohio: Ohio University Press, 1966), pp. 229 e ss.
6. Cf. LAD, p. 308.
7. *Ibid.*, pp. 291-292.
8. R. L. Stevenson, citado em James, *Varieties*, p. 85, nota.
9. Fracasso que ele, na realidade, admite à p. 268.
10. Cf. a reafirmação dessa visão rankiana feita por David Bakan: *Sigmund Freud and the Jewish Mystical Tradition* (Nova York: Schocken Books, 1965), pp. 275-276.
11. LAD, p. 270.
12. *Ibid.*, p. 293.
13. *Ibid.*, p. 292.
14. Cf. Becker, *Revolution in Psychiatry*.
15. Cf. LAD, pp. 31 e 39.
16. Marcuse, *Eros and Civilization* (Nova York: Vintage Books, 1962), p. 211. [*Eros e civilização*. Rio de Janeiro: LTC, 1999.]
17. *Ibid.*, p. 216.
18. Rieff, "The Impossible Culture: Oscar Wilde and the Charisma of the Artist", *Encounter*, setembro de 1970, pp. 33-44.

19. *Ibid.*, p. 41.
20. *Ibid.* p. 40.
21. *Ibid.*, p. 41.
22. Harrington, *The Immortalist*.
23. Citado em Jacques Choron. *Death and Western Thought*, p. 135.
24. *Ibid.*, pp. 135-136.
25. *Ibid.*, pp. 135-136.
26. Harrington, *The Immortalist*, p. 288.
27. Ver Rieff, *The Triumph of the Therapeutic: Uses of Faith After Freud* (Nova York: Harper and Row, 1966). [*O triunfo da terapêutica*. São Paulo: Brasiliense, 1990.]
28. Citado em Jessie Taft, *Otto Rank*, p. 139.
29. Em conversa particular.
30. Cf. J. Fagan e I. L. Shepherd, orgs., *Gestalt Therapy Now* (Palo Alto: Science and Behavior Book, 1970), pp. 237-238.
31. Cf. F. M. Alexander, *The Use of the Self: Its Conscious Direction in Relation to Diagnosis, Functioning, and the Control of Reaction*, com uma Introdução por John Dewey (Nova York: Dutton, 1932); e G. D. Bowden, *F. M. Alexander and the Creative Advance of the Individual* (Londres: Fowler, 1965).
32. Rieff, *The Triumph of the Therapeutic*. [*O triunfo da terapêutica*. São Paulo: Brasiliense, 1990.]
33. Fromm, *The Sane Society* (Nova York: Fawcett Books, 1955), p. 34. [*Psicanálise da sociedade contemporânea*. Rio de Janeiro: LTC, 1983.]
34. Passmore, *The Perfectibility of Man* (Londres: Duckworth, 1970). [*A perfectibilidade do homem*. Rio de Janeiro: Topbook, 2004.]
35. Tillich, "The Importance of New Being for Christian Theology", *in Man and the Transformation: Papers from the Eranos Yearbooks*, vol. V, organ. por Joseph Campbell, traduzido por Ralph Manheim (Nova York: Pantheon Books, 1964), p. 172 e também p. 64.
36. Para outro cuidadoso uso de conceitos e linguagem sobre o significado de imanentismo, ver os importantes livros de George P. Conger, *The Ideologies of Religion* (Nova York: Round Table Press, 1940); e Frank B. Dilley, *Metaphysics and Religious Language* (Nova York: Columbia University Press, 1964).
37. Langer, *Philosophy in a New Key* (Nova York: Mentor Books, 1942), p. 199. [*Filosofia em nova chave*. São Paulo: Perspectiva, 1989.]
38. Fromm, *Man For Himself* (Nova York: Fawcett Books, 1947), pp. 95 e ss.
39. A. Koestler, *The Lotus and the Robot* (Nova York: Macmillan, 1960).
40. P. Tillich, *The Courage to Be* (New Haven: Yale University Press, 1952). pp. 177 e ss. [*A coragem de ser*. São Paulo: Paz e Terra, 1976.]
41. E. Jacques, "Death and the Mid-life Crisis", pp. 148-149.
42. Cf. J. V. Neel, "Lessons from a 'Primitive' People". *Science*, Vol. 170, Nº 3960, 20 de novembro de 1970, p. 821.
43. R. J. Lifton, no prefácio a *Revolutionary Immortality* (Nova York: Vintage Books, 1968). Creio ser este, também, o argumento do difícil livro de Peter Homan, *Theology After Freud* (Indianapolis: Bobbs-Merrill, 1970).

Índice

Absolvição, 212
Adler, Alfred, a depressão como problema de coragem, 255
Ágape, opinião de Freud sobre, 189
    a desistência do e o papel das mulheres, 209
    motivo cristão do, 188
Agressividade humana e o instinto da vida e da morte, 129
Alma e psicologia científica, 235
Ambigüidade, a angústia como função da, 95
Ambivalência, emocional, 148
    do homem, 75
Amor romântico:
    procriação e sexo, 201
    relacionamento sadomasoquista, 204
Amor-próprio, 106
    e heroísmo, 24
    e narcisismo, 21
    psicose depressiva, 106
Analidade, significado de, 21-57
Anderson, Marcia Lee, 91-92
Angústia:
atração da, 81
    como função da ambigüidade, 95
    como professora, 116
    nas crianças: negação da, 79
    efeito dos terremotos, 42
    psicoterapia, 83
Ânsia de Amar (filme), 208

Anti-heróis:
a "família" de Charles Manson, 26
a religião organizada e os, 26
Art and Artist (Rank), 14, 210, 212
Arte e psicose, 212
Autoconsciência, desenvolvimento de animal capaz de, 235
Autocriação, projeto narcisista de, 61
Auto-exame psicológico, falácia do, 236

Behmen, Jacob, 117
Bergson, Henri, 187
Bloqueio de ação, 68
Boss, Médard, 253
Brown, Norman, 27, 53, 311-314, 338

Cadáveres das turfeiras, 140
Camus, Albert, 161, 188
Caracterologia de Kierkegaard, 96-100
Caráter humano, 71-92
como defesa contra o desespero, 89
    grande ilusão, 81
    e medo da vida e da morte, 77, 222
Caráter:
armadura do, 82
    defesas do, 82, 86
    desenvolvimento do, o novo pensamento psicanalítico e, 87
    a escola da angústia e a destruição do, 116
    estrutura do, destruição da, 102

Cassavetes, John (ator), 45
Castração:
   angústia da:
   complexo de, 59-61
   "mãe castrada", 61
   medo geral da, 277
   período edipiano, 275
Causa sui, projeto:
   ambivalência conceitual do, 153-157
   ambivalência emocional do, 148-153
   uso do corpo pela criança, como, 67
Cena primária, 66-70
Charles Manson, "família", 172-173
Chesterton, G. K., 245
Christianity and Fear (Pfister), 249
Ciência e religião, fusão de, 334-338
Colapso neurótico da ideologia humana de Deus, 237
Comportamento normal, recusa da realidade, 219-220
Compulsões, 221
Comunidades homicidas, 173
   ânsia de auto-expansão heróica, 173
   heroísmo barato, 174
   transformações mágicas, 173
Condição humana, 94
   como neurose, 242
   e transferência, 177-195
Conflitos psíquicos, o artista e o neurótico, 225-226
Consciência organísmica, 235
Consciência, identidade fisioquímica da, 21
Controle da natureza, 278
Coragem, teoria de Maslow, 72
Cosmologia do bem e do mal e o objeto da transferência, 258
Covarde natural, a criança como, 74
Criador (*ver* Deus)

Criança:
   angústia da castração, período edipiano. 270-271, 275
   atitude diante da morte, 34-45
   brincadeira anal, 54
   condicionamento inicial, 236
   consciência sexual da, 68
   corpo *versus* símbolos, 49-52, 274
   culpa sexual, 203
   defesas do caráter, 99, 119, 153-154
   dependência da mãe, 59, 60
   desenvolvimento, 98
   e bloqueio de ação, 68
   liberdade simbólica, 64
   "mãe castrada", 61
   orientação do caráter, 97
   projeto edipiano, 59
   relacionamento inicial com a mãe, 234
   treinamento de higiene, 60
   uso do corpo como projeto *causa sui*, 62, 67-70
Cristianismo:
   como condição para o heroísmo cósmico, solução romântica do, 197-210
   ideal para a saúde mental, 248
Cristo como o foco de Eros, 249
Culpa:
   depressão e, 106, 258
   e transferência, 174
   sentida pelo homem, 221-222
   universal, religião e psicologia, 237
Cultos e heroísmo, 31-32
Cultos misteriosos, do Mediterrâneo Oriental, 32
Cultura (*ver* Cristianismo)

Davidson, Thomas, 187
Death and the Mid-Life Crisis (Jacques), 262
Dependência na depressão, 258

Depressão, 255-263
   da menopausa, 260, 261
   dependência na, 258
   medo da morte ou da vida, 255
Desilusão do homem moderno, 244
Determinação da espécie *versus* liberdade pessoal, 278-284
Deus, 94, 119, 189, 209, 212, 213, 257
   (*ver também* Cristianismo; Freud, Sigmund; Rank, Otto; Religião)
Dinâmica do fetichismo, 278, 282, 290
   amor-próprio e, 277
Dinâmica edipiana, 222
Doença mental:
   depressão, 255-263
   perversão, 268-272
   psicose da esquizofrenia, 264-268
   visão geral, 253-302
Dramatização e objeto de fetiche, 283-294
Dualismo existencial, 104
Dualismo humano, 103

Édipo,
   complexo de, 128, 200
   projeto de, 57-60, 69-70
Ego, desenvolvimento do, 313
Escape from Freedom (Fromm), 168
Esquizofrenia, 88-89
   ambulatória, 105
   eu simbólico, 103
   infinitude, 106
   medo da vida e da morte, 264
   simbólica e o eu físico, 265
Estágio anal, 52-57, 60
Estágio oral, 59-60
Estrutura neurótica, quatro camadas de, 82
Eu Dividido, O (Laing), 104
Evolução e forças interiores, 235
Existência humana, dimensões da, 51-52
Experience and Nature (Dewey), 314

Fantasia, 105
Feitiço das pessoas, 161-195
Ferenczi, S., 165-166
Fetichismo, 273, 283-295
"Fetichização", 219
"Filisteus", 219
"Filistinismo", 101, 109
Filosofia existencial, 78
Frazer, James, 172
Freud, Sigmund, 133-140, 213
   ambivalência emocional de, 148-153
   desmaios de, 140-145
   e o instinto da vida e da morte, 128
   e o pensamento ontológico, 187
   e psicanálise, 13-17, 123-158, 213
   reinterpretações de:
      analidade, 52-57
      cena primitiva, 66-70
      complexo de castração, 61-62
      complexo de Édipo, 57-61
   sobre a morte, 128-136
   teoria de Édipo, 128
   sobre o líder, 170, 171
   teoria da libido, 128
Fromm, Erich, 168, 328
   discussão do caráter de, por Freud, 150-152
   diagnóstico de, por Jung, 139-141

Gaylin, W., 258
Goethe, Johann, 243, 261
Group Psychology and the Analysis of the Ego (Freud), 166
Gurus psicológicos, o homem moderno e os, 237

Heart of Man, The (Fromm), 168
Hedonismo, 319
Hermafrodita, imagem, 271

Heroísmo:
    analidade e complexo de castração, 71
    cósmico, 199-209
    cultural programado, 115
    e medo da morte, 31, 264
    e sociedade, 23
    fracassos do, 159-180
    função natural da, 195
    impossível, 310-319
    justificação do, 211
    narcisismo, 20
    natureza humana do, 20-27
    pessoal, através da individuação, 210
    psicologia profunda do, 29-158
    sistema cultural do, 23-24
    sistema social de heróis, 110
    terreno, 23-24
    transferência, 191
Hipnose:
    dependente da sexualidade, 176
    e transferência, 163
Hipocondria, 275
Homem:
    aceitação da verdade como realidade, 231
    autocriado, raiva demoníaca do, 112
    como ser teológico, 214
    cultural automático, 100
    culturalmente normal, 106
    dilema existencial do, 48
    livre do instinto, 219
    moderno, 114, 234
    normal, 219
    paradoxo do, 95
    psicológico, 235
    realização do, 252
    redenção psicológica do, 238
    tensão absoluta do dualismo, 190
Homens "inautênticos", 100
Homossexualidade, 150-151
    grega, 280, 281

Horda primitiva, 169
Huizinga, 255

I Ching (Jung), 328
Idéias psicanalíticas, reforma das, 47-70
Iluminismo, 154, 187
Ilusão cultural e realidade natural, 230
Ilusão, problema da, 229-233
Imortalidade, 189, 190
    visão da, pelo Iluminismo, 154
Inconsciente coletivo, 238
Independência, recusa à, 108
Individuação, 210-211
    terror na depressão, 257-258
Individualidade e condicionamento inicial, 236
Indivíduo heróico, 305-338
Infância, identificação da, 188
Introvertidos, 110-113

Jacques, Eliot, 262
James, William, 117
    sobre Deus como força vital, 189
Jonas, síndrome de, 72
Jones, interpretações de Freud, 145-148
Jung, Carl, 139-140, 250
    análise psicológica, 238
    imagem hermafrodita, 273
    inconsciência coletiva, 238
Juventude e o sistema cultural do herói, 25-27

Kazantzakis, Nikos, *Zorba, o Grego*, 43
Kierkegaard, Sören, 93-121, 197-215
    caracterologia de, 96-101
    confinamento, 97-99
    e infinitude, 103
    e o introvertido, 110
    e Otto Rank: sobre religião, 214-215
    e raiva demoníaca, 112

significado de maturidade, 113-121
sobre pecado e neurose, 239-242
Kubrick, Stanley, 55

Laing, Ronald, 104
Laranja Mecânica, A (filme), 55
Levi, Carlo, 161, 174-175
Liberdade pessoal *versus* determinação da espécie, 278-283
Libido, teoria da, 128
Líder, resposta do grupo como vítima do, 172
Life Against Death (Brown), 27, 54, 319
Lifton, Robert Jay, 27
Love's Body (Brown), 338
Lutero, Martinho, 117

"Mãe castrada", efeito sobre a criança, 61
Mana, personalidade, 162
Masculinidade, significado de, 113, 120
Maturidade:
    e envelhecimento 260
    máxima, e angústia, 115
Medos históricos, neurose de transferência e, 222
Mente inconsciente, 20
Mentira do caráter, 99
Mentira vital (*ver* Angústia)
Miséria, realidade e, 82
Mítico-ritual, complexo, 243
Moralidade renunciadora judaico-cristã, 214
Morte:
    aceitação da, 32
    atitudes para com a, 32-34, 40
    conhecimento da, 49
    depressão causada pela, 106-107, 255
    e renascimento, 82
    medo da, na esquizofrenia, 264-265
    por parte das crianças, 33-35
    visão religiosa da, 94-96, 246

Motivos ontológicos geminados, 187, 188, 250 (*ver* também Homem)
Mulheres.
    como objeto sexual, 207-208
    entrega do Ágape, 209

Nagler, Simon, 276
Narcisismo, 20-21
Naturalismo sexual, novo culto à sensualidade, 112
Natureza humana:
    heroísmo, 19-27
    limites da, 328-335
    sexualidade e dualismo da, 65-66
Natureza, consciência organísmica da, 235
Nazistas, líderes: uso psicológico da culpa e do medo, 174-175
Neurose, 217-219, 242
    "cura" da, 242-245
    como problema clínico, 226
    dimensão histórica, 233-239
    e fé, 244
    e pecado, 239-242
    ideologias modernas da, 217-218
    narcisista, 225
    normal, 106
    normalidade, 219-220, 230
    poder criativo da, 222, 223
    social, 106
Neuroses da compulsão (medos históricos; neurose da transferência), 220
Neurótico:
    sintoma, 226
    tipo, 217-229
Nexo e não-liberdade, 161-195
Nin, Anaïs, 231
Noch Einmal, problema do caráter de Freud, 123-158
Normalidade e neurose, 220-221, 230

Obsessão neurótica e religião primitiva, 243
Obsessões, 221
Olden, Christine, 162
Onipotência, 19
  narcisista, 20
Órgãos genitais femininos e fetichismo, 270
Ortega, José, 117

Paradoxo existencial, 48, 95
Parcialização, 219
Pecado e neurose, fusão de, 239-242
Pênis, inveja do, 62-66
Período pré-edipiano, transferência e, 163
Perls, Fredrick, 259
Personalidade, dinâmica da, 210
  narcisista, 162
  total, custo da repressão da, 99
Perversão e determinismo da espécie, 278-279
Pfister, Oscar, sobre Kierkegaard, 249
Pieper, Josef, 246
Playboy, mística da, 207
Poder, fascínio da pessoa pelo, 162
Programação instintiva automática no homem, falta de, 76
Projeto narcisista:
  complexo de castração, 61-62
  estágio anal, 60
  Psicanálise:
  conseqüência atual da, 217-252
  e religião, 91
Psicologia:
  científica e a alma, 235
  de grupo, 166-169
  e religião, 95
  humanista, 187
Psicose depressiva, 105-106
Psicoses, Kierkegaard como teórico das, 102
Psicoterapia, limitação da, 320-328

Raiva demoníaca, 112
Rank, Otto, 197-215
  e a neurose definida, 217-252
  e o controle da natureza, 278
  e o homem, 215
  e religião, 189
  e Sören Kierkegaard:
  psicanálise e religião, 214
  sobre Freud, 307-308
  sobre pecado e neurose, 239-242
  sobre religião, 213
Realidade:
  da condição humana, 114
  e medo, 34
  psiquiatria e religião, 93
  recusa da, 220
Recalque, significado de, 219
Redl, Fritz, 169
Reich, Wilhelm, 328
Reis tribais, usados pelas tribos como bodes expiatórios, 172
Relacionamento pessoal e transferência, 163
Religião, 94
  como cura da neurose, 242
  e ciência, fusão de, 334-338
  organizada, sistema cultural de heróis, 24
  primitiva, obsessão neurótica da, 243
  problema da morte, 248
  sociedade e, 24
Revolutionary Immortality (Lifton), 27

Salpêtrière, hospital para doentes mentais, observações de Pinel sobre o, 233
Saúde mental, o cristianismo como ideal para a, 249
Saúde, como ideal, 242-252
Schilder, Paul,
  transe hipnótico, 171

Sexualidade:
    e o homem moderno, 238
    hipnose, dependente da (Freud), 176
Significado cósmico, 22-26
Simbiose, do líder e do grupo, 174-176
Síntese do pensamento psicanalítico, 19-23
Síntese do pensamento, 13
Sistema cultural do herói:
    a juventude e o, 22
    e religião organizada, 24
Sistema cultural, heroísmo e, 23-24
sobre a imaginação humana, 107
sobre a neurose, 249
sobre o desenvolvimento da criança, 97-98
sobre o desenvolvimento da pessoa, 104
sobre o filistinismo, 101
    e a neurose normal, 108
    sobre o heroísmo, 120
    teórico da psicose, 102
    sobre a psicologia de grupo, 166-169
    horda primitiva, 169
    sobre a transferência, 163
    teorias religiosas de, 189
Sociedade, religião e, 24
Solução criativa, 210-215
Sonho, teoria do, 128
Sul da Califórnia, efeito sobre as crianças dos tremores de terra no, 42
Sustentação interna, 43

Talento, 227-228
Talião, princípio de, 40
Terror:
    angústia e, 120
    da autoconsciência, 79
    morte e, 19-27
Totem and Taboo (Freud), 170
Tradição agostiniana-luterana, impotência e morte, 117
    transe hipnótico, 171

Transferência, 174-177
    caráter erótico da, 176
    controle do fetiche, 177-180
    heroísmo mais elevado, 192
    medo da morte, 184-186
    medo da vida, 180-184
    mysterium tremendum da existência, 257
    neurose da, 222-224
    objeto da, 257
    período pré-edipiano e, 163
    problema de coragem, 177
    problema de valor, 247
    reflexo de covardia, 186
    responsabilidade de grupo e, 170
Trivial, necessidade, 107

Van der Leeuw, 247
Verdade, realidade e, 231
Vida:
    depressão, medo da, 255
    experiência da, 225
    medo da, 180-184, 222
    negação da vida, medo da morte e da, 34-35
    psicose da esquizofrenia, medo da, 264-265
    simbólica e biologicamente, 225
Vítima, justificação grupal do assassinato da, 173
Voar É com os Pássaros (filme), 55

Waldman, Roy, 20-27

You Shall Be as Gods (Fromm), 329

Zorba, o Grego (filme), 43

Este livro foi composto na tipografia
Minion, em corpo 11/15, e impresso em
papel off-white no Sistema Cameron da
Divisão Gráfica da Distribuidora Record.